KB172313

칸트전집

Immanuel Kant

Vorkritische Schriften I (1749~1755)

비판기 이전 저작 I
(1749~1755)

임마누엘 칸트

한국칸트학회 기획 | 김상현·이남원 옮김

한길사

『칸트전집』을 발간하면서

칸트는 인류의 학문과 사상 발전에 지대한 영향을 미쳤으며, 지금도 그 영향력이 큰 철학자다. 칸트철학은 여전히 전 세계적으로 가장 많이 논의되며, 국내에서도 많은 학자가 전문적으로 연구하고 있다. 이를 반영하듯 영미언어권에서는 1990년대부터 새롭게 칸트의 저서를 번역하기 시작하여 『케임브리지판 임마누엘 칸트전집』(*The Cambridge Edition of the Works of Immanuel Kant*, 1992~2012) 15권을 완간했다. 일본 이와나미(岩波書店) 출판사에서도 현대 언어에 맞게 새롭게 번역한 『칸트전집』 22권을 출간했다. 국내에서는 칸트를 연구한 지 이미 100년이 훨씬 넘었는데도 우리말로 번역된 칸트전집을 선보이지 못하고 있었다.

물론 국내에서도 칸트 생전에 출간된 주요 저작들은 몇몇을 제외하고는 여러 연구자가 번역해서 출간했다. 특히 칸트의 주저 중 하나인 『순수이성비판』은 번역서가 16종이나 나와 있다. 그럼에도 칸트 생전에 출간된 저작 중 '비판' 이전 시기의 대다수 저작이나, 칸트철학을 이해하는 데 많은 도움을 줄 수 있는 서한집(Briefwechsel), 유작(Opus postumum), 강의(Vorlesungen)는 아직 우리말로 번역되지 않았다. 게다가 이미 출간된 번역서 중 상당수는 관련 분야에 대한 전문성이 부족해 번역이 정확하지 못하거나 원문을 글자대로만 번역해 가독성이 낮아 독자들이 원문의 의미를 제대로 이해하기가 쉽지 않다. 번역자가 전문성을 갖추었다 해도 각기 다른 번역용어를 사용해 학문 내에서 원활하게 논의하고 소통하는 데 장애가 되고 있다. 이 때문에 칸트를 연구하는 학문 후속세대들은 많은 어려움에 빠져 혼란을 겪고 있다. 이런 상황에서 '한국칸트학회'는 학회에 소속된 학자들이 공동으로 작업해 온전한 우리말 칸트전집을 간행할 수 있기를 오랫동안 고대해왔으며, 마침내 그 일부분을 이루게 되었다.

『칸트전집』 번역 사업은 2013년 9월 한국연구재단의 토대연구 분야 총서학 지원 사업에 선정되어 '『칸트전집』 간행사업단'이 출범하면서 본격적으로 시작되었다. 이 사업은 영남대학교 '인문과학연구소' 주관으로 '한국칸트학회'에 소속된 전문 연구자 34명이 공동으로 참여해 2016년 8월 31일까지 진행되었으며, 수정과 보완작업을 거쳐 지금의 모습으로 결실을 맺게 되었다. 이 전집은 칸트 생전에 출간된 저작 중 『자연지리학』(*Physische Geographie*)을 비롯해 몇몇 서평(Rezension)이나 논문을 제외하고는 거의 모든 저작을 포함하며, 아직까지 국내에 번역되지 않은 서한집이나 윤리학 강의(Vorlesung über die Ethik)도 수록했다. 『칸트전집』이 명실상부한 전집이 되려면 유작, 강의, 단편집(Handschriftliche Nachlass) 등도 포함해야 하지만, 여러 제한적인 상황으로 지금의 모습으로 출간하게 되었다. 아쉽지만 지금의 전집에 실리지 못한 저작들을 포함한 완벽한 『칸트전집』이 후속 사업으로 머지않은 기간 내에 출간되길 기대한다.

『칸트전집』을 간행하면서 간행사업단이 세운 목표는 1) 기존의 축적된 연구를 토대로 전문성을 갖춰 정확히 번역할 것, 2) 가독성을 최대한 높일 것, 3) 번역용어를 통일할 것, 4) 전문적인 주석과 해제를 작성할 것이었다. 이를 위해 간행사업단은 먼저 용어통일 작업에 만전을 기하고자 '용어조정위원회'를 구성했다. 위원회는 오랜 조정 작업 끝에 칸트철학의 주요한 전문 학술용어를 통일된 우리말 용어로 번역하기 위해 「번역용어집」을 만들고 칸트의 주요 용어를 필수 용어와 제안 용어로 구분했다. 필수 용어는 번역자가 반드시 따라야 할 기본 용어다. 제안 용어는 번역자가 그대로 수용하거나 문맥에 따라 다른 용어를 사용할 수 있는 용어다. 다른 용어를 사용할 경우에는 번역자가 다른 용어를 사용한 이유를 옮긴이주에서 밝혀 독자의 이해를 돕도록 했다. 사업단이 작성한 「번역용어집」은 '한국칸트학회' 홈페이지에서 확인할 수 있다.

번역용어와 관련해서 그동안 칸트철학 연구자뿐 아니라 다른 분야 연구자와 학문 후속세대를 큰 혼란에 빠뜨렸던 용어가 바로 칸트철학의 기본 용어인 transzendental과 a priori였다. 번역자나 학자마다 transzendental을 '선험적', '초월적', '선험론적', '초월론적' 등으로, a priori를 '선천적', '선험적' 등으로 다양하게 번역해왔다. 이 때문에 일어나는 문제는 참으로 심각했다. 이를테면 칸트 관련 글에서 '선험적'이라는 용어가 나오면 독자는 이것이 transzendental의 번역어인지 a priori의 번역어인지 알 수 없어 큰 혼란을 겪을 수밖에 없었다. 이런 문제점을 해소하기 위해 간행사업단에서는 transzendental과 a priori의 번역용어를 어떻게 구분해야 하는지를 중요한 선결과제로 삼고, 두 차례 학술대회를 개최해 격렬하고도 심도 있는 논의를 진행했다. 하지만 a priori를 '선천적'으로, transzendental을 '선험적'으로 번역해야 한다는 쪽과 a priori를 '선험적'으로, transzendental을 '선험론적'으로 번역해야 한다는 쪽의 의견이 팽팽히 맞서면서 모든 연구자가 만족할 수 있는 통일된 번역용어를 확정하는 일은 거의 불가능한 것처럼 보였다. 이런 상황에서 '용어조정위원회'는 각 의견의 문제점에 대한 다양한 비판을 최대한 수용하는 방식으로 합의를 이끌어내기 위해 오랜 시간 조정 작업을 계속했다. 그 결과 a priori는 '아프리오리'로, transzendental은 '선험적'으로 번역하기로 결정했다. 물론 이 확정안에 모든 연구자가 선뜻 동의한 것은 아니었으며, '아프리오리'처럼 원어를 음역하는 방식이 과연 좋은 번역 방법인지 등은 여전히 숙제로 남아 있다. 그럼에도 이 안을 확정할 수 있도록 번역에 참가한 연구자들이 기꺼이 자기 의견을 양보해주었음을 밝혀둔다. 앞으로 이 용어가 사용되기 시작하면 이와 관련한 논의가 많아지겠지만, 어떤 경우든 번역용어를 통일해서 사용하는 방향으로 진행되길 기대한다.

간행사업단은 전문적인 주석과 해제작업을 위해 '해제와 역주위원회'를 구성하여 전집 전반에 걸쳐 균일한 수준의 해제와 전문적인 주석 작업을 할 수 있도록 '해제와 역주 작성 원칙'을 마련했다. 이 원칙의 구체적인 내용도 '한국칸트학회' 홈페이지에서 확인할 수 있다. 번역자들은 원문의 오역을 가능한 한 줄이면서도 학술저서를 번역할 때 허용하는 범위 내에서 가독성을 높일 수 있도록 번역하려고 많은 노력을 경주했다. 이를 위해 번역자들이 번역 원고를 수차례 상호 검토하는 작업을 거쳤다. 물론 '번역은 반역'이라는 말이 있듯이 완벽한 번역이란 실제로 불가능하며, 개별 번역자의 견해와 신념에 따라 번역 방식도 차이가 날 수밖에 없다. 따라서 번역의 완성도에 대해서는 전적으로 독자의 판단에 맡기겠다. 독자들의 비판을 거치면서 좀더 나은 번역으로 거듭날 수 있는 기회가 있기를 바랄 뿐이다.

『칸트전집』 간행사업단은 앞에서 밝힌 목적을 달성하려고 오랜 기간 공동 작업을 해왔으며 이제 그 결실을 눈앞에 두고 있다. 수많은 전문 학자가 참여하여 5년 이상 공동 작업을 수행한다는 것은 우리 학계에서 그동안 경험해보지 못한 전대미문의 도전이었다. 이런 이유로 간행사업단은 여러 가지 시행착오와 문제점에 봉착했으며, 그것을 해결하는 일은 결코 쉽지 않았다. 그럼에도 이견을 조정하고 문제점을 해결해나가면서 길고 긴 공동 작업을 무사히 완수할 수 있었던 것은 『칸트전집』 간행을 성공적으로 마무리하여 학문 후속세대에게 좀더 정확한 번역본을 제공하고, 우리 학계의 학문연구 수준을 한 단계 끌어올려야겠다는 '한국칸트학회' 회원들의 단결된 의지 덕분이었다. 이번에 출간하는 『칸트전집』이 설정한 목표를 완수했다면, 부정확한 번역에서 비롯되는 칸트 원전에 대한 오해를 개선하고, 기존의 번역서 사이에서 발생하는 용어 혼란을 시정하며, 나아가 기존의 칸트 원전 번역이 안고 있는 비전문성을 극복하여 독자가 좀더 정확하게 칸트의 작품을 이해하게 될 것이다. 물론 『칸트전집』이 이러한 목표를 달성했는지는 독자의 판단에 달려 있으며, 이제 간행사업단과 '한국칸트학회'는 독자의 준엄한 평가와 비판에 겸허히 귀를 기울일 것이다.

끝으로 『칸트전집』을 성공적으로 간행하기 위해 노력과 시간을 아끼지 않고 참여해주신 번역자 선생님 모두에게 진심으로 감사하는 마음을 드린다. 간행사업단의 다양한 요구와 재촉을 견뎌야 했음에도 선생님들은 이 모든 과정을 이해해주었으며, 각자 소임을 다했다. 『칸트전집』은 실로 번역에 참여한 선생님들의 땀과 노력의 결실이라 할 수 있다. 또 한국연구재단의 지원 아래 『칸트전집』 간행사업을 진행할 수 있도록 큰 도움을 주신 '한국칸트학회' 고문 강영안, 이엽, 최인숙, 문성학, 김진 선생님께도 감사의 말씀을 전한다. 『칸트전집』 간행 사업을 원활하게 진행할 수 있었던 것은 무엇보다도 공동연구원 아홉 분이 활약한 덕분이다. 김석수, 김수배, 김정주, 김종국, 김화성, 이엽, 이충진, 윤삼석, 정성관 선생님은 번역 이외에도 용어 조정 작업, 해제와 역주 원칙 작성 작업, 번역 검토 기준 마련 등 과중한 업무를 효율적이고도 성실하게 수행해주었다. 특히 처음부터 끝까지 번역작업의 모든 과정을 꼼꼼히 관리하고 조정해주신 김화성 선생님께는 진정한 감사와 동지애를 전한다. 사업을 진행하기 위해 여러 업무와 많은 허드렛일을 처리하며 군말 없이 자리를 지켜준 김세욱, 정제기 간사에게는 그저 고마울 따름이다. 그뿐만 아니라 열악한 출판계 현실에도 학문 발전을 위한 소명 의식으로 기꺼이 『칸트전집』 출판을 맡아주신 한길사 김언호 사장님과 꼼꼼하게 편집해주신 한길사 편집부에도 심심한 감사의 말씀을 드린다.

2018년 4월
『칸트전집』 간행사업단 책임연구자
최소인

『칸트전집』 일러두기

1. 기본적으로 칸트의 원전 판본을 사용하고 학술원판(Akademie-Ausgabe)과 바이셰델판(Weischedel-Ausgabe)을 참조했다.

2. 각주에서 칸트 자신이 단 주석은 *로 표시했고, 재판이나 삼판 등에서 칸트가 직접 수정한 부분 중 원문의 의미 전달과 상당한 관련이 있는 내용은 알파벳으로 표시했다. 옮긴이주는 미주로 넣었다.

3. 본문에서 [ ] 속의 내용은 독자의 이해를 돕기 위해 옮긴이가 넣었다.

4. 본문에 표기된 'A 100'은 원전의 초판 쪽수, 'B 100'은 재판 쪽수다. 'Ⅲ 100'는 학술원판의 권수와 쪽수다.

5. 원문에서 칸트가 이탤릭체나 자간 늘리기로 강조 표시한 부분은 본문에서 고딕체로 표시했다.

6. 원문에서 독일어와 같이 쓴 괄호 속 외래어(주로 라틴어)는 그 의미가 독일어와 다르거나 칸트의 의도를 파악하는 데 도움이 될 경우에만 우리말로 옮겼다.

7. 칸트철학의 주요 용어에 대한 우리말 번역어는 「번역용어집」(한국칸트학회 홈페이지 kantgesellschaft.co.kr 참조할 것)을 기준으로 삼았지만 문맥을 고려해 다른 용어를 택한 경우에는 이를 옮긴이주에서 밝혔다.

차례

『칸트전집』을 발간하면서 ······ 6
『칸트전집』 일러두기 ······ 13

살아 있는 힘의 참된 측정에 관한 사상과 라이프니츠와 다른 역학자들이 이 논쟁에 사용한 증명에 관한 평가, 그리고 물체의 힘 일반에 관한 몇몇 선행하는 고찰 ······ 17

머리말 ······ 23

제1장
물체 일반의 힘에 대하여 ······ 36

제2장
살아 있는 힘에 관한 라이프니츠 학파의 정리들에 대한 탐구 ······ 56

제3장
자연의 참된 힘의 척도로서 살아 있는 힘의 새로운 측정에 대한 설명 ······ 199

일반 자연사와 천체이론 또는 뉴턴의 원칙에 따라 다룬
우주 전체의 구조와 기계적 기원에 관한 시론 …………… 257

머리말 …………………………………………………… 263

제1부 항성군의 체계적 구조의 개요와 그러한 항성계가
상당히 다수라는 것에 관하여 …………………… 287

제2부 자연의 최초 상태, 천체의 형성, 천체 운동과 이 운동의
체계적 관계의 원인을 특히 행성의 구조 내에서, 그리고
창조 전체에 관해서 논함 ………………………… 306

제3부 자연의 유비에 기초해서 여러 행성의 거주자를
비교하려는 시도 ……………………………………… 404

결론 ……………………………………………………… 423

해제 ……………………………………………………… 425

『살아 있는 힘의 참된 측정에 관한 사상과 라이프니츠와 다른
역학자들이 이 논쟁에 사용한 증명에 관한 평가, 그리고
물체의 힘 일반에 관한 몇몇 선행하는 고찰』· 김상현 …………… 429

『일반 자연사와 천체이론 또는 뉴턴의 원칙에 따라 다룬
우주 전체의 구조와 기계적 기원에 관한 시론』· 이남원 ………… 445

옮긴이주 ………………………………………………… 455

찾아보기 ………………………………………………… 483

살아 있는 힘의 참된 측정에 관한 사상과
라이프니츠와 다른 역학자들이
이 논쟁에 사용한
증명에 관한 평가,
그리고 물체의 힘 일반에 관한
몇몇 선행하는 고찰

김상현 옮김

고귀하게 태어나셨고, 학식이 풍부하며 경륜이 높으신 분, A I; I 3

의학박사이며 쾨니히스베르크 아카데미의 교수이자 왕실 의사이신

요한 크리스토프 볼리우스 경

특별히 존경해 마지않는 나의 후견인께

일러두기

『살아 있는 힘의 참된 측정에 관한 사상과 라이프니츠와 다른 역학자들이 이 논쟁에 사용한 증명에 관한 평가, 그리고 물체의 힘 일반에 관한 몇몇 선행하는 고찰』(*Gedanken von der wahren Schätzung der lebendigen Kräfte und Beurteilung der Beweise, deren sich Herr von Leibniz und andere Mechaniker in dieser Streitsache bedient haben, nebst einigen vorhergehenden Betrachtungen, welche die Kraft der Körper überhaupt betreffen*) 번역은 1747년 발표된 원전을 대본으로 사용했고, 학술원판(Immanuel Kant, *Vorkrtische Schriften I 1747-1756*, in *Kant's gesammelte Schriften*, Bd. Ⅰ, pp.1-181, hrsg. von der Königlich Preußischen Akademie der Wissenschaften, Berlin, 1902)과 바이셰델판(*Vorkritische Schriften bis 1768*, in *Immanuel Kant. Werke in Zehn Bänden*, Bd. Ⅰ, pp.7-218, hrsg. von Willhelm Weischedel, Darmstadt, 1983)을 참조했다.

고귀하게 태어나신 분, 학식이 풍부하고 경륜이 높으신 박사이자 특별히 존경해 마지않는 후견인께![1] A II; I 5

지금 이 저작과 같은 하찮은 문제에서 온갖 이득을 이끌어내려면, 제가 고귀하게 태어나신 당신 외에 누구에게 더 잘 의지할 수 있겠습니까? 당신이 저에게 은혜의 특별한 표징을 보여준 이후 저는 이 자
유가 고귀하게 태어나신 당신에게 제가 감사드린다는 증거로 받아들 A III
여지길 감히 희망합니다. 이 부족한 저작은 그 자체로는 제가 감사함의 증거라고 약간이라도 확신할 만한 어떤 특성도 가지고 있지 않습니다. 왜냐하면 누군가가 자신의 논고를 당신 이름으로 장식하는 영광을 누린다면, 그것은 그 사람이 고귀하게 태어나신 당신에게 선물로 바칠 수 있는 것이 아니기 때문입니다. 어쩌면 그 자체로 부당할지도 모르는 혹은 창안자의 비천함 때문에 아무런 가치가 없을지도 모르는 수많은 불완전한 생각들, 마침내 당신에게 봉헌될 만한 가치가 없다는 것을 충분히 납득하게 된 생각들, 이것들이 고귀하게 태어나신 당신에게 헌정하는 데 필요한 제 모든 능력입니다. 그럼에도 제가 당신의 은혜에 대해 품어왔던 생각이 온당하리라는 것을 구실삼
아, 당신은 제가 스스로 가장 높게 평가하고 있는 것을 수행할 수 있 A IV
도록 베풀어주실 것이라는, 다시 말해 고귀하게 태어나신 당신에게 제
사의를 알릴 수 있도록 베풀어주실 것이라는 희망을 품고 있습니다. I 6
장차 당신에게 받은 은혜로운 결속을 상기할 기회가 제게 더 많이 주어졌으면 합니다. 그러나 이번 기회도 제가 영원한 존경을 간직하고 있음을 공개적으로 알릴 수 있는 최상의 기회 중 하나가 되었으면 합니다.

고귀하게 태어나신 분,

학식이 풍부하고 경륜이 높으신 박사이자

특별히 존경해 마지않는 후견인인

고결한 당신께

비할 바 없는 감사한 마음을 간직한 종복

임마누엘 칸트

쾨니히스베르크, 1747년 4월 22일

머리말 A V; I 7

가야 할 곳이 아니라 앞서 가는 이들이 가는 곳으로
마치 가축의 떼처럼 뒤따르지 않는 것보다 더 중요한 것은 없다.
—세네카, 『행복한 삶에 관하여』, 1장[2]

I

내가 이 글에서 제안하는 세계에 대한 판단이 타당한 견해라고 여길 만한 이유가 있기에, 나는 위대한 인물들과 대립하는 나의 주제넘는 자유가 결코 죄과로 부과되지는 않을 것이라고 믿는다. 그와 같은 모험을 감행하는 것에 대해 두려움이 많았던 때가 있었지만, 이제 그 시기는 지나갔고, 다행히도 인간 지성은 자신을 무지와 경탄으로 속박했던 족쇄에서 이미 풀려났다고 여긴다. 이제부터 우리는 뉴
턴과 라이프니츠의 명성도, 그것이 진리 발견에 위배된다면 담대하게 A VI
무시할 수 있으며, 지성의 견인 외에 다른 어떤 신념에도 결코 굴복할 필요가 없다.

II

라이프니츠, 볼프, 헤르만, 베르누이, 뷜핑거[3] 그리고 그밖에 다른 사람들의 사상을 거부하고 나 자신의 사상이 우월하다는 것을 인정받고자 한다면, 나는 결코 이들보다 더 열등한 판관을 맞이하고 싶지는 않다. 설령 그들의 판단이 내 견해를 배척하더라도 그것이 내 의도를

비난하려는 것이 아님을 알기 때문이다. 이 사람들에게는 우리가 모
든 견해를 자신들의 것조차 예외 없이 모두 그들 앞에서 대담하게 비
I 8 판하는 것보다 더 큰 찬사는 없을 것이다. 비록 다른 문제를 다루기
는 했지만, 이런 종류의 온당함은 고대의 위대한 사람에게는 매우 칭
찬할 만한 것이었다. 티몰레온은 시라쿠사의 자유를 위해 희생했음
에도 법정에 출두하라는 소환을 받았다. 재판관들은 고소자들의 뻔
뻔함에 분개했다. 티몰레온만이 이 사건을 전혀 다르게 보았다. 그의
그러한 태도는 조국이 가장 완전한 자유를 누리고 있다는 데서 온전
한 즐거움을 맛보고자 했던 사람들을 만족시킬 수 있었다. 그는 심지
어 자신들의 자유를 그 자신에게 대항하는 데 사용하는 사람들까지
도 보호했다. 전체 고대 세계가 이러한 대응을 칭송해 마지않았다.[4]

가장 위대한 사람들이 인간 지성의 자유를 위해 쏟았던 저 위대한 노고를 따를 때, 우리가 진정 이 노고를 계승하는 일이 저들을 불쾌하게 만들 것이라고 두려워할 필요가 있겠는가?

Ⅲ

나는 이런 온당함과 공정함을 내 장점으로 사용할 것이다. 하지만
A Ⅶ 이를 공적과 탁월한 학문의 특징이 부각되는 곳에서만 드러내겠다.
이와 별도로, 그럼에도 위대한 인물들에 대한 선입견과 명성에 심하
게 지배되는 많은 사람이 여전히 남아 있다. 학식의 문제에서 기꺼이
판관으로 대접받기를 원하는 이 양반들은 책을 읽지 않고도 그 책을
평가하는 데 대단히 능숙한 것처럼 보인다. 어떤 책을 비평하려면,
우리는 단지 그들에게 책 제목만 보여주면 된다. 만약 저자가 인지도
나 업적이 없어서 잘 알려지지 않았다면 그 책은 시간을 할애할 만한

가치가 없다고 할 것이다. 만약 그가 저명한 사람들을 비판하고 학문을 발전시키고 세계에 대한 자기 생각을 알리고자 하는 거대한 문제를 다룬다면 더욱 그럴 것이다. 만약 이런 일이 학문의 재판석에 배석한 배심원 수에 달려 있다면, 나는 매우 절망스러운 사태에 직면한 셈이다. 그러나 이런 위험이 나를 불안하게 만들지는 못한다. 회자되는 바와 같이, 이런 양반들은 파르나소스산 기슭에서만 사는 자들과 같아서 재산도 없고 선거에 투표권도 없는 사람들일 뿐이다.

Ⅳ

편견은 인간에게는 당연한 것이다. 그것은 인간성 없이는 고칠 수
없는 두 성질인 나태함과 자기애를 조장한다. 이런 편견에 사로잡힌 I 9
자는 자신을 겸허히 평가하여 스스로를 낮추는 일이 쓸모없을 수밖
에 없는 어떤 사람들을 다른 모든 사람을 넘어 도달할 수 없는 경지
에 이르렀다고 치켜세운다. 이런 우월성은 완전한 동등성이라는 가
상을 바탕으로 그밖의 모든 것을 덮어버리고, 편견에 사로잡힌 자가
사람들 사이에 여전히 만연한 차이를 알아채지 못하도록 만든다. 게
다가 여전히 중용을 지키는 사람들에게 얼마나 자주 압도되고 있는
지 살피는 일을 성가신 고찰로만 치부하도록 만든다.

따라서 자만심이 사람들의 마음에 여전히 위력을 발휘하는 한 편 A Ⅷ
견 또한 계속될 것이다. 다시 말해 편견은 결코 중단되지 않을 것
이다.

V

이 논고를 진행하면서, 만약 너무나 위대한 사람이 제시한 명제가 내 지성에 비추어보았을 때 거짓으로 드러난다면, 나는 그 명제를 아무런 망설임 없이 솔직하게 단죄할 것이다. 이런 자유는 나에게 몹시 불쾌한 결과를 안겨줄지도 모른다.[5] 세상 사람들은 이런저런 문제에 대해 위대한 학자보다 더 정확한 지식을 가지고 있다고 생각하는 사람은 위대한 학자보다 자신이 더 우월하다는 자만에도 빠진다고 생각하는 경향이 매우 강하다. 하지만 감히 말하건대, 이런 가상은 매우 기만적이며 여기서도[살아 있는 힘에 대한 문제에 대해서도] 실제로 기만하고 있다.

인간의 신체 구성과 같은 사례에서 볼 수 있는 비례와 유사성은 인간 지성의 완전성에는 결코 존재하지 않는다. 신체에서는 한쪽 팔다리 길이와 다른 쪽 팔다리 길이에서 전체 길이를 도출하는 일이 가능하겠지만, 지성의 능력에 관해서는 사정이 완전히 다르다. 학문은 균형이 잡히지 않고 일관성이 없는 불규칙한 신체와 같다. 보잘것없는 수준의 학식을 갖춘 자가 지식의 어떤 부분에서는 학문 전체 영역에서 볼 때 자신보다 훨씬 탁월한 다른 사람을 종종 능가하곤 한다. 인간의 자만은 어느 모로 보나 이러한 차이를 알아채지 못하게 하며 이런저런 [부분적] 진리에 대한 통찰을 광범위하게 탁월한 인식의 총체와 동일한 것으로 간주하는 정도까지 확장하지는 않는다. [그러므로] 적어도 나는 이것은 알고 있다. 즉 누군가가 나에게 [자만하다는] 이런 비난을 가한다면, 그 사람은 나를 부당하게 대접한 것이다.

Ⅵ

A Ⅸ; Ⅰ 10

학식이 뛰어난 자는 결코 더는 오류에 빠질 위험이 없다고 생각할 만큼 세상이 그렇게 불합리하지는 않다. 다만 비천하고 무지한 저자가 어떤 위대한 사람의 엄청난 명민함마저 그 자신을 구조할 수 없었던 오류들을 피해왔다는 것은 쉽게 이해할 수 없는 어려움이다. 다음과 같은 말에는 심한 오만이 심어져 있다. 인간 인식의 가장 위대한 대가들이 구하려고 애써왔지만 헛수고였던 진리가 나의 지성에는 가장 먼저 떠올랐다. 나는 이런 생각을 감히 정당화하지도 않겠지만, 그렇다고 쉽게 포기하지도 않을 것이다.

Ⅶ

나는 때로 어떤 고귀한 신념을 그 자신의 고유한 힘으로 정립하는 일이 쓸모없는 것만은 아니라고 생각한다. 그와 같은 확신은 우리의 모든 노력에 활기를 불어넣으며, 진리 탐구에 매우 필수적인 어떤 도약을 선사한다. 만약 누군가가 자신의 고찰에 어떤 확신이 있어서 라이프니츠가 저지른 실수를 간파할 수 있다고 자신을 설득해야 하는 상황에 놓이게 된다면, 그 사람은 자기 생각을 정당화하기 위해 모든 수단을 사용할 것이다. 인간은 대담한 시도에서 수천 번 오류를 범한 후에야 얻는 것이 있게 된다. 즉 이를 통해 진리에 대한 인식이 축적된다. 그러므로 이런 대담한 시도가 항상 잘 다져진 길만 고집하는 것보다 훨씬 더 중요하다.

나는 이런 점에 근거를 두고 있다. 나는 이미 내가 가고자 하는 길을 표명했다. 나는 내 길을 갈 것이며, 그 어떤 것도 이 길을 따라 진행하는 데서 나를 막지는 못할 것이다.

Ⅷ

나에 대해 제기되고 그래서 미연에 방지해야만 하는 것처럼 보이
A X 는 새로운 반론이 또 하나 있다. 사람들은 때로 내 말을 자기 명제의
정당성을 강하게 확신하고 모순에 빠지거나 자기 추론이 자신을 기
만할 수도 있음을 전혀 걱정하지 않는 사람의 어조처럼 들을 것이다.
사실 나는 나 자신을 이렇게 생각해야 할 정도로 교만하지는 않으며,
내 명제들을 오류의 가상에서 아주 조심스럽게 배제해야 할 이유도
I 11 없다. 왜냐하면 인간 지성은 모든 시대를 걸쳐 수많은 실패를 거듭해
왔기 때문에 길을 잃고 헤맸다는 것이 더 이상 치욕은 아니기 때문이
다. 이런 것은 내가 다루고자 하는 것에 완전히 다른 의도를 끼워 넣
는 것이다. 이 글의 독자들은 의심할 여지없이 내 논고로 향하기 전
에 살아 있는 힘에 관해 최근 회자되는 정리들을 알고 있고 따라서
이미 준비되어 있다.[6] 독자들은 라이프니츠가 자신의 힘 측정을 세
상에 공표하기 전에 사람들이 생각해왔던 것을 알고 있으며, 이 사람
들의 사상이 또한 라이프니츠에게도 이미 잘 알려져 있음이 분명하
다. 독자들은 틀림없이 두 학파 중 한 학파의 논증이 승리했다고 여
길 것이며, 그것은 어느 모로 보나 라이프니츠 학파다. 오늘날 독일
어디에서든 라이프니츠 학파를 잘 알고 있으니 말이다. 바로 이런 태
도로 그들은 이 글을 읽을 것이다. 살아 있는 힘에 대한 옹호는 기하
학적으로 증명되었다는 모양새를 갖추었기에 그런 독자들의 온 영
혼을 사로잡았다. 그러므로 그런 독자들은 내 생각을 단지 의심에 불
과한 것으로 간주할 것이다. 그리고 내가 운이 아주 좋다면 [나를 비

판하는 대신] 그들은 내 생각을 시간에 그 해결을 맡겨도 무방한 것처럼 보이는 의심으로 그리고 그럼에도 진리에는 아무 방해도 될 수 없는 의심으로 간주할 것이다. 이에 반해 나는 독자들의 주목을 가급적 오래 내 곁에 붙들어놓기 위해 나의 모든 기술을 사용해야만 한다. 나는 그들에게 내 증명이 나에게 보증한 확신을 아주 분명하게 설명하고, 그럼으로써 나에게 이런 확신을 심어준 근거들에 주목하도록 만들어야만 한다.

만약 내가 의심이라는 이름 아래에서만 내 생각들을 설명해야 한 A XI
다면, 그렇지 않아도 그 어떤 것도 더 좋은 것으로 간주하지 않는 경향이 있는 이 세상은 내 생각들을 아주 쉽게 제거할 것이다. 왜냐하면 사람들이 이미 증명되었다고 믿는 의견은, 설사 그 의견을 문제 삼는 의심이 아주 그럴듯하고 쉽사리 해소될 수 없을지라도, 여전히 매우 오랫동안 지지되면서 유지될 것이기 때문이다.

저자는 대개 자신의 독자를 자기 작품을 저술하는 동안 스스로 지녔던 마음 상태로 부지불식간에 이끈다. 따라서 이런 일이 가능하다면, 나는 의심 상태보다는 차라리 믿음 상태에서 독자와 소통하기를 원한다. 의심 상태보다는 믿음 상태가 나에게 그리고 아마도 진리에 더 이득이 될 테니 말이다. 이것은 위대한 사람들의 명성 때문에 한쪽으로 너무 기울어진 천칭의 균형을 조금이라도 맞추기 위해 지금 내가 무시해서는 안 되는 작은 책략이기도 하다.

Ⅸ I 12

내가 여전히 제거해야 할 마지막 난관은 사람들이 나에게 행할지도 모르는 무례를 감당하는 일이다. 이것은 논박을 감행한 저 사람들을 내가 [이 글에서] 실제로 행한 것보다 더 존중했어야 한다는 것을 의미한다. 나는 그들의 명제에 대해 내린 내 판단을 훨씬 더 완곡한 어조로 표현해야 했을 것이다. 나는 그 명제를 오류, 거짓 또는 현혹이라고 하지 말아야 했을 것이다. 저 위대한 이름들을 겨냥한 이 표현들의 냉정함은 그들을 폄하하는 것처럼 보인다. 조야한 관습의 시대이기도 했던 차별의 시대라면 사람들은 '우리는 어떤 명제에 대해 그것을 창시한 자의 모든 인격적 탁월함과 분리하여 평가해야만 한
A XII 다'라고 답변했을 것이다. 그러나 이 세기의 예의범절은 나에게 전적으로 다른 법칙을 부과한다.[7] 내 표현 방식이 위대한 사람들의 업적이 나에게 요구하는 존중을 모욕했다면, 나는 용서받지 못할 것이다. 그러나 나는 이것이 그런 경우가 아니라고 확신한다. 만약 우리가 가장 위대한 발견들과 함께 있는 명백한 오류를 발견한다면, 그것은 인류의 결함이라기보다는 인간성의 결함이다. 그리고 만약 누군가가 학식이 있는 사람을 저 오류에서 배제하고자 한다면, 그는 그 사람의 인간성에 지나치게 많은 명예를 선사한 셈이다. 명제들의 체계를 구축한 위대한 사람은 모든 가능한 측면에 동일한 강도로 자신의 관심을 줄 수는 없다. 그는 특히 특정한 관점에 몰두해 있다. 그리고 이런 경우 그가 이런 몰두에서 벗어나 주의를 기울였다면 틀림없이 회피했을 오류가 어떤 다른 측면에서 간과되었다고 해도, 이것은 전혀 놀라운 일이 아니다.

나는 아무런 장광설 없이 오직 진리만을 인정할 것이다. 내 고찰에서 어떤 명제들이 오류나 거짓으로 나타난다면, 나는 그 명제들을 주저 없이 진정한 오류나 거짓으로 간주할 것이다. 그리고 왜 내가 나 자신을 강제해서 내 글에 담긴 이런 생각들을 마음 졸이면서 감추고, 그렇게 함으로써 내가 생각한 것이 아니라 내가 그것을 생각하기를 세상이 내게 원한 것처럼 보이게 해야 하는가?

그리고 일반적으로 말해 나는 위대한 사람들에 대해 언명하는 내 모든 판단을 격식을 갖추어 포장하는지는 않을 것이다. 즉 그 사람들
에 대해 어떤 열정에 찬 정중함을 표명하거나 표현을 부드럽게 완화 I 13
하거나 이곳저곳에 경의를 표시해 보이는 일을 하지는 않을 것이다. 이런 번거로움은 나에게 때로 언어 선택에 성가신 속박을 가져다줄 테고 피곤한 제한을 가하게 할 것이며, 필시 나로 하여금 무엇보다 도 철학적 고찰의 길에서 벗어나 방황하도록 할 것이다. 그러므로 나
는 이 머리말을, 이제 내가 내 적이라고 부르는 명예를 갖게 될 그리고 나 A XIII
의 부적절한 판단의 자유가 조금도 훼손할 수 없는, 우리 인식의 저 위대한 대가들에 대해 내가 항상 품고 있는 경의와 존중을 공개적으로 선언하는 기회로 활용하고자 한다.

X

내가 지금 제거하려고 애써온 여러 가지 편견과는 별도로, 그럼에도 내 글에 여전히 담긴 어떤 확신에 대해 내가 특별히 감사를 표해야 하는 어떤 적법한 편견이 마지막으로 남아 있다. 만약 검증된 명민함과 판단력을 지닌 위대한 사람들이 때론 다른 경로를 통해, 때론 같은 경로를 통해 동일한 명제를 주장하기에 이른다면, 그들의 증명이 옳다고 하는 것이 부적절한 지성을 가진 어떤 저자가 그 명제에서 엄밀성을 더 정확하게 간파했다고 하는 것보다 훨씬 더 참된 추정일 것이다. 그러므로 후자에게는 자신의 연구 주제를 특별히 명백하고 정확하게 만들고 잘 분석하여 상호 일관되도록 해야 할 분명한 이유가 있다. 그래서 만약 그가 오류 추론을 만난다면, 곧바로 그 오류가 그에게 한눈에 즉각 분명해야만 한다. 왜냐하면 만약 연구가 동등

하게 복잡한 것이라면, 다른 사람보다 명민함에서 우월한 사람이 더 일찍 진리를 발견할 것이라고 가정할 수 있기 때문이다. 그러므로 저 우월한 다른 사람들이 훨씬 더 복잡한 탐구에서 그들의 판단력의 수준에 따라 발휘하는 것과 같은 정도의 명석함과 정당성을 자기 탐구에서 자신의 판단력 수준에 따를 때에도 발휘할 수 있다고 가정할 수 있으려면, 그는 자신의 탐구를 가능한 한 단순하고 간명하게 만들어야만 한다.

쉽게 알 수 있듯이, 나는 과제를 수행할 때 이런 고찰을 하나의 법칙으로 삼고 있다.

A XIV; I 14

XI

이 머리말을 끝맺기 전에 간략하게나마 살아 있는 힘과 관련한 최근의 논쟁 상황에 우리 자신을 친숙하게 만들어보자.

어느 모로 보나 라이프니츠는 자신이 살아 있는 힘을 세상에 처음 제시했던 사례들에서 그 힘을 처음으로 관찰한 것은 아니었다. 어떤 한 견해는 대개 훨씬 더 단순하게 시작하는데, 특히 제곱에 따른 측정과 같은 대담하고 놀라운 어떤 것을 포함하고 있는 견해가 그랬다. 사람들은 상당히 공통된 경험 사례들을 가지고 있었고, 그 사례들을 통해 우리는 예를 들어 충격이나 충돌과 같은 현실적 운동은 그 위력이 같은 강도라면, 죽은 압력[8]보다 항상 더 큰 위력을 자체로 포함하고 있다는 사실을 알고 있다. 아마도 이런 관찰은 라이프니츠 수중에 아무런 성과 없이 남아 있을 수는 없었던, 그리고 그의 능력에 의해 가장 유명한 이론체계 중 하나로 성장하게 된 사유의 맹아였을 것이다.

XII

일반적으로 말해 살아 있는 힘이라는 주제는 소위 어떤 시대건 지
성이 실로 잘못된 길로 인도될 수밖에 없도록 마련되어 있는 것처럼
보인다. 무게로 인한 강력한 장애,[9] 움직여진 물체, 압축된 용수철, 운동
하고 있는 질량, 합성된 운동에 상응하는 속도, 이 모든 것이 제곱에 따른
측정이라는 가상을 성립시키는 데 놀라운 방식으로 일치하고 있다.
증명의 다양성이 다른 시대라면 증명의 엄격함과 명료성이 달성할
수 있는 것과 같은 가치를 갖는 시대가 있다. 지금은 살아 있는 힘의
옹호자들이 득세하는 시대다. 가령 그들이 자신들의 증명들 중 어떤
하나나 나머지 증명들에 대해 거의 확신하지 못할 때에도, [그들이] A XV
진리라고 여긴 가상은 더 많은 측면에서 그런 불확신에 반하는 방식
으로 자신을 드러내고 그럼으로써 그들의 지지를 강화하고 그 지지
가 흔들리지 않게 할 것이다.

XIII

살아 있는 힘과 관련해 지금까지 이어져온 논쟁에서 주로 어느 쪽
이 승리했는지를 말하는 것은 더욱 어렵다. 자신들의 나라에서 철학 I 15
자들의 정상을 차지한 두 베르누이[10] 그리고 라이프니츠와 헤르만[11]
은 유럽에서는 다른 나머지 학자들의 명성에 압도되는 일이 있을 수
없었다. 자신들의 역량에서 기하학이라는 엄청난 무기를 가졌던 이
사람들은 덜 유명한 옹호자 손아귀에 있었더라면 아마도 알려지지
않았을 의견도 홀로 견지할 수 있었다.

데카르트 학파나 라이프니츠 학파 모두 자신들의 의견을 놓고 사

람들이 인간 인식에 대해 흔히 가질 수 있는 강한 확신을 느꼈다. 이 두 학파 사람들은 오직 반대자들의 편견에 대해서만 탄식했을 뿐이다. 그리고 자기 학파의 반대자들이 자기 학파의 의견을 심정의 온전한 균형 상태에서 통찰하려는 노력을 경주하고자 하는 경우에도 두 학파는 자신들의 의견이 의심스럽게 되는 일은 불가능하다고 믿었다.

그럼에도 살아 있는 힘을 주장하는 학파가 견지하려는 방식과 데카르트적 측정이 옹호되는 방식 간에는 어떤 주목할 만한 차이가 나타난다. 데카르트 학파는 단순한 사례에만 근거하고 있으며, 그 사례에서는 진리와 오류를 결정하는 것이 용이하고 확실하다. 그에 반해 라이프니츠 학파는 자신들의 증명을 가능한 한 복잡하고 모호하게 만들어놓고, 아마도 명료성이라는 정당한 빛이 있었다면 일찌감치 패배했을 전투에서 말하자면 야음을 틈타 자신들을 구출한다.

A XVI 라이프니츠주의자들은 또 자신들 편에 유리한 거의 모든 경험 사례들[12)]을 가지고 있는데, 이것이 아마도 데카르트주의자들을 능가하는 유일한 면일 것이다. 폴레니, 그라브산드 그리고 무센브뢱[13)]이 라이프니츠주의자들에게 이 사례들을 제공했는데, 만약 이 자료들이 더 올바르게 사용되었다면 아마 그 결과도 탁월했을 것이다.

살아 있는 힘이라는 주제에 관해 이 논고에서 내가 성취하고자 생각하는 것에 대해 이 머리말에서는 아무 설명도 하지 않겠다. 이 책이 다만 간결성에 기반하여 구축되었다는 것 외에 다른 방식으로 읽히기를 희망하지 않는다. 따라서 독자는 이 책의 핵심 내용에 쉽게 친숙해질 것이다.

만약 나의 고유한 생각에 어떤 신뢰를 덧붙이는 일이 허용된다면, 나는 내 견해가 현재 유럽의 기하학자들 사이에 만연한 최대 분열 중
I 16 하나를 해결하는 데 어느 정도 그리고 불편하지만은 않은 기여를 할

거라고 말하겠다. 하지만 이러한 설득은 쓸모없다. 인간의 판단이 자신의 고유한 문제보다 더 큰 가치를 부여하는 곳은 어디에도 없다. 나는 내 문제에 대해 자기애의 편견에 기꺼이 귀를 기울일 정도로 편협하지는 않다. 설사 이 문제가 그렇게 다루어진다 할지라도, 감히 확신을 가지고 예견하건대, 이 논쟁은 경시되지도 또한 결코 중단되지도 않을 것이다.

A 3; I 17

제1장 물체 일반의 힘에 대하여

§ 1

모든 물체는 본질적 힘을 가지고 있다

내가 먼저 물체 일반의 힘에 대한 몇몇 형이상학적 개념들을 확정한다면, 이런 일은 앞으로 살아 있는 힘에 대한 교설을 확실하고 분명하게 하고자 하는 내 의도에 일조할 것이라고 믿는다. 그래서 나는 이 물체 일반의 힘에 대한 개념에서 시작하려고 한다.

운동하고 있는 물체는 힘을 갖는다고 말한다. 왜냐하면 장애를 극복하는 것, 용수철을 당기는 것, 질량을 움직이는 것, 이런 것을 세상 사람들은 작용한다[14]고 말하기 때문이다. 만약 우리가 감관이 알려주는 것 외에는 더 알 수 없다면, 우리는 이 힘을 오로지 그리고 전적으로 외부에서 물체에 전달된 어떤 것으로 간주할 것이다. 그리고 정지해 있을 때는 물체가 전혀 갖고 있지 않은 것으로 간주할 것이다.
A 4 아리스토텔레스만 제외한다면, 라이프니츠 이전의 모든 철학자는 이런 견해를 가지고 있었다. 사람들은 아리스토텔레스의 엔텔레키[15] 라는 이 모호한 개념이 물체 작용의 비밀이라고 믿었다. 아리스토텔레스를 추종했던 철학자들[16] 중 누구도 이 수수께끼를 이해하지 못

했는데, 어쩌면 그것은 사람들을 이해시키기 위해 만들어진 것이 아닐지도 모른다. 인간 이성이 엄청난 감사를 표해야만 하는 사람인 라이프니츠가 처음으로 물체에는 본질적 힘이 내재하며 심지어 이 힘은 연장에 앞서 물체에 속한다고 주창했다.[17] 연장 외에도, 아니 심지어 연장에 앞서 어떤 것이 존재한다.[18] 이것이 그가 한 말이다.

§ 2 I 18

라이프니츠는 물체의 이 힘을 작용력이라고 했다

이 주창자는 이 힘을 작용력이라는 보편적 이름으로 불렀다.[19] 사람들은 형이상학의 학설 체계에서는 그의 발자취를 단지 추종하기만 했지만, 이 힘에 대해서는 더 정확하게 규정하려고 시도해왔다. 물체는 운동력을 가진다고 말해왔는데, 이는 물체가 운동을 만들어내는 것 외에는 아무것도 하지 않는다고 보았기 때문이다. 물체는 압력을 받으면 운동하려는 성향을 갖게 된다.[20] 하지만 이 경우 힘은 운동이 현실적일 때만 작동한다. 그러나 나는 다음과 같이 주장한다. 즉, 만약 사람들이 운동의 원인에 대한 물음에 이미 준비된 답변을 하려고 본질적인 운동하는 힘(운동력[21])을 물체에 귀속시킨다면, 이는 스콜라 철학자들이 온과 냉의 근거에 대한 탐구에서 '온 또는 냉을 만드는 힘'[22]이라는 개념에서 도피처를 찾았을 때 이용했던 책략을 거의 그대로 활용하는 것에 불과하다.

A 5

§ 3

본질적 힘은 마땅히 작용력[23]이라고 명명해야 한다

운동을 일종의 작용으로 간주함으로써 그것에 힘이라는 동일한 이름을 부여하는 것은 정당하지 않다. 무한히 작은 저항을 받아서 결과적으로 거의 아무런 작용도 하지 않는 물체도 대부분 운동을 하고 있다. 운동은 단지 물체 상태의 외적 현상일 뿐이며, 그 경우 물체는 작용하지 않음에도 작용하려고 노력한다. 그러다가 물체가 자신의 운동을 어떤 한 대상 때문에 갑자기 상실하게 될 때, 즉 물체가 정지하는 순간에 이를 때, 그때 물체는 작용하게 된다. 그러므로 전혀 아무런 작용을 하지 않는 것을 실체의 힘이라고 불러서는 안 되며, 나아가 정지 상태에서 작용하는 물체들에 대해(예를 들어 자신이 놓여 있는 탁자를 자기 무게로 누르고 있는 공에 대해) 그것이 운동하려는 노력을 자체로 가지고 있다고 말해서는 더욱 안 된다. 왜냐하면 물체는 이 경우 운동할 때는 작용하지 않을 것이므로, 우리는 물체가 작용하는 동안에도 작용하지 않는 상태로 이행하려고 노력한다고 말해야만 하기 때문이다. 그러므로 우리는 물체의 힘을 운동력이라고 명명하기보다는 오히려 작용력이라고 명명해야 할 것이다.

I 19

§ 4

어떻게 운동이 작용력 일반으로 설명될 수 있는가

우리가 운동이라고 명명하는 것의 원천을 작용력이라는 보편 개념에서 도출하는 것보다 더 쉬운 일은 없다. 자신의 힘을 외부로 작용하도록(말하자면 다른 실체의 내적 상태를 변화시키도록) 규정된 실체 A는 자신의 모든 힘을 감당하는 대상을 그 힘을 작용하려고 노력하는 처음 순간에 곧바로 만나든지 그렇지 않든지 할 것이다. A 6
만약 전자와 같은 일이 모든 실체에서 일어난다면 우리는 어떤 운동에 대해서도 전혀 알지 못하게 될 테고, 그런 운동을 물체의 힘이라고 부를 수도 없을 것이다. 그런데 만약 실체 A가 작용하려고 노력하는 그 순간에 자신의 모든 힘을 사용하지 않는다면, 그 실체는 자기 힘을 일부분만 사용할 것이다. 그러나 실체는 다른 물체에 작용하지 않은 채 힘의 나머지 부분을 그대로 남겨둘 수는 없다. 오히려 실체는 자신의 전체 힘을 가지고 작용해야만 하는데, 전체 힘을 사용하지 않는 실체는 힘이라고 불릴 수 없기 때문이다. 따라서 세계의 공존 상태에서는 이렇게 전체 힘이 사용되지 않는 경우가 있을 수 없으므로 우리는 힘 사용을 세계의 둘째 차원[24]에서, 즉 사물의 계기적 계열에서 발견해야 한다. 따라서 물체는 자신의 힘을 한꺼번에 사용하는 것이 아니라 단지 순차적으로 사용할 것이다. 그러나 물체는 처음에 작용을 가했던 바로 그 실체에 순차적으로 작용할 수는 없다. 이 실체는 물체 힘의 첫 번째 부분만 수용할 뿐이고, 나머지 부분은 받아들일 수 없기 때문이다. 따라서 A는 항상 순차적으로 다른 실체들에 작용한다. 그런데 A가 둘째 순간에 작용을 미치는 실체 C는 A와 관련하여 A가 처음에 작용을 미쳤던 B와는 완전히 다른 장소와 위치 관계를 가져야만 한다. 그렇지 않다면 왜 A가 실체 B와 실체 C 양자에 처음부터 한순간에 작용하지 않았는지를 설명할 근거가 없을 것이기 때문이다. 마찬가지로 A가 연속하는 순간들에서 작용을 미치는 실체들 각각은 물체 A의 최초 장소에 대해 상이한 위치를 갖는다. 다 A 7
시 말해, A는 자신이 다른 실체들에 계기적으로 작용하는 동안 자신의 장소를 변경한다.

§ 5

만약 운동력 외에 다른 어떠한 힘도 물체에 귀속시키지 않는다면, 여기에서 물체가 영혼에 미치는 작용에 관한 학설에 어떤 난제가 생기는가

한 물체가 정지 상태에서 작용할 때 그 물체가 무엇을 하는지 분명하게 지각할
I 20 수 없기 때문에, 우리는 항상 저항을 제거했을 경우 발생하는 운동으로 환원하여 생각한다. 물체 내부에서 일어나 우리가 볼 수 없는 것의 외적 특성을 알아내기 위해서라면 이런 운동을 이용하는 것이 충분할 수도 있다. 그러나 운동은 일반적으로 힘이 실제로 표출될 때 그 힘이 행한 것 그리고 그 힘의 유일한 결과로 간주된다. 이런 사소한 샛길에서 올바른 개념으로 되돌아오는 일이 그리 어렵지 않기 때문에, 사람들은 그와 같은 오류가 중요한 문제라고 생각하지 않는 것 같다. 그러나 역학과 자연학에서는 아닐지 몰라도, 이것은 사실 매우 중요한 문제다. 왜냐하면 이것이 바로 형이상학에서 물질이 인간 영혼에 실제로 작용해서(즉, 물리적 영향으로부터) 표상들을 어떻게 산출할 수 있는지를 이해하는 일이 왜 그렇게 어려운가 하는 이유이기 때문이다. 사람들은 물질이 운동을 야기하는 것 외에 다른 무엇을 하겠느냐고 말한다. 그렇다면 물질의 모든 힘은 결국 기껏해야 영혼을 그것이 차지하고 있는 장소에서 이동시킬 수 있을 뿐이다. 그런데 단지 운동만을 산출하는 힘이 표상들과 관념들을 만들어내는 것이 어떻게 가능하단 말인가? 이것은 확실히 구별해야 할 문제다. 그래서 어떻게 하나가 다른 하나의 원천이 될 수 있는지는 [물질이 운동을 야기한다는 생각만으로는] 파악할 수 없다.

§ 6 A 8

영혼이 물체에 작용한다고 말할 때, 여기에서 발생하는 난제. 그리고 이 난제는 작용력 일반이라고 명명함으로써 어떻게 제거될 수 있는가

동일한 난제가 영혼도 물질을 운동시킬 수 있는지에 관한 물음이 제기될 때 등장한다. 그러나 물질의 힘을 운동이 아니라 우리가 세부적으로 규정할 필요가 없는 다른 실체들에 미치는 작용이라고 생각한다면, 이 두 난제는 사라지고 물리적 영향[론]은 적지 않은 빛을 얻게 된다.[25)] 왜냐하면 영혼이 운동을 야기할 수 있는지, 다시 말해 영혼이 운동력을 갖는지 하는 물음이 이런 물음으로 전환되기 때문이다. 즉 영혼의 본질적 힘이 외부로 향하는 작용으로 규정될 수 있는지, 다시 말해 영혼이 자신의 외부에 있는 다른 존재자에 작용을 해서 변화를 산출할 수 있는지에 관한 물음으로 전환되기 때문이다. 사람들은 이 문제에 대해, 영혼이 어떤 한 장소에 있다는 것을 근거로 외부를 향해 작용할 수 있음이 틀림없다고 아주 단호한 방식으로 답할 수도 있을 것이다. 왜냐하면 우리가 장소라고 부르는 개념을 분석할 때, 사람들은 I 21
장소가 실체들의 상호작용을 지시한다고 여기기 때문이다. 따라서 저 명민한 저자[26)]가 예정조화를 넘어 물리적 영향[론]의 승리를 완성하는 데 아무런 방해를 받지 않았던 것은 사람들이 단지 조금만 주의해도 그 즉시 쉽게 발견할 수 있는 개념의 이러한 사소한 혼동 외에 더는 어떤 것도 아니다.

물체 일반의 힘을 단지 작용력이라고 한다면, 어떻게 물질이 일정한 표상을 갖도록 영혼을 규정할 수 A 9

이와 마찬가지로 일종의 역설적인 명제, 말하자면 사람들이 운동 외에는 어떤 것도 야기할 수 없다고 생각하는 물체가 영혼에 일정한 표상들과 인상들을 각인하

있는지를 쉽게 파악할 수 있게 된다

는 것이 어떻게 가능한지도 쉽게 이해할 수 있다. 왜냐하면 운동하고 있는 물질은 자신과 공간적으로 결합된 모든 것에 작용하며, 따라서 영혼에도 작용하기 때문이다. 다시 말해 영혼의 내적 상태가 외부와 관계 맺는 한에서, 운동하고 있는 물질은 영혼의 내적 상태를 변화시킨다. 이제 영혼의 모든 내적 상태는 그 영혼의 모든 표상과 개념들의 총체일 뿐이다. 그리고 이 내적 상태가 외적인 것과 관계하는 한 그 상태는 세계를 표상하는 상태[27)]라고 불린다. 그러므로 물질은 운동하고 있는 동안 갖게 되는 힘을 매개로 영혼의 상태를 변화시키고, 이로써 영혼이 세계를 표상하도록 만든다. 이런 방식으로 우리는 어떻게 물질이 영혼에 표상들을 각인할 수 있는지를 이해할 수 있다.

§7

사물들은 현실적으로 존재하지만, 그럼에도 세계 어느 곳에도 현존하지 않을 수 있다

이렇게 광범위한 주제를 다룰 때 논점에서 이탈하지 않기가 어렵긴 하지만, 그럼에도 나는 물체들의 힘과 관련하여 언급하고자 했던 것으로 다시 돌아와야만 한다. 상호 분리되어 존재하는 실체들의 모든 연관 관계는 실체들의 힘이 서로에 행사하는 상호작용에서 생겨난다. 그러므로 힘에 대한 이러한 개념에서 어떤 종류의 진리가 도출될 수 있는지 살펴보자. 실체들은 자신의 외부에 있는 다른 실체들과 연관 관계에 있거나 그렇지 않거나 둘 중 하나다. 각각의 자립적
I 22 존재자는 자신의 모든 규정의 완전한 원천을 자신 안에 포함하기 때

문에, 다른 사물들과의 연관이 그 존재자의 현존을 위해 필연적인 것은 아니다. 따라서 실체들은 다른 실체들과 전혀 어떠한 외적 관계 A 10
를 가지지 않음에도, 또는 다른 실체들과 현실적으로 연관되어 있지 않음에도 존재할 수 있다. 이제 외적 결합, 위치 그리고 관계가 없다면 어떠한 장소도 있을 수 없으므로 한 사물이 현실적으로 존재하면서도 여전히 전체 세계의 어떤 곳에도 현존하지 않는 것이 충분히 가능하다. 비록 이 역설적 명제가 하나의 귀결, 그것도 가장 잘 알려진 진리의 명백한 귀결이라 해도, 내가 아는 한 아직 누구도 이를 언급하지 않았다. 그런데 같은 원천에서 적잖이 놀라운 다른 명제들이 도출되고, 이 명제들이 말하자면 지성의 의지에 반해 지성을 사로잡고 있다.

§ 8

정당한 형이상학적 의미에서 볼 때 하나 이상의 세계가 존재할 수 있다는 것은 참이다

만약 어떤 것이 나머지 부분과 전혀 아무런 연관이 없다면, 그것은 전체의 한 부분이라고 말할 수 없을 것이다. (왜냐하면 그렇지 않다면 현실적 결합과 상상적 결합 간에는 어떠한 구별도 있을 수 없기 때문이다.) 그러나 세계는 현실적으로 합성된 존재자이기 때문에 전체 세계에서 그 어떤 사물과도 연관되지 않은 실체는 그것이 사유 속에서는 존재할 수 있을지 몰라도, 이 세계에는 전혀 속하지 않을 것이다. 다시 말해 그런 실체는 결코 세계의 한 부분일 수 없다. 만약 세계의 어떤 사물과도 결합되지 않고 오직 서로에 대한 관계만 있는 존재자들이 다수 존재한다면, 여기에서는 매우 특별한 전체가 발생하며,

그 존재자들은 매우 특별한 세계를 형성할 것이다. 따라서 철학 강의
에서, 형이상학적 의미에서 볼 때 하나 이상의 세계는 존재할 수 없
A 11 다고 항상 가르친다면, 그것은 올바르게 말하는 것이 아니다. 오히려
정당한 형이상학적 견지에서 가정해본다면 신은 세계를 수백만 개
창조했을 수도 있다는 것이 현실적으로 가능하다. 따라서 그런 세계
들이 실제로 존재하는지 그렇지 않은지는 미결로 남아 있다. 사람들
이 여기에서 저지르는 오류는 틀림없이 세계에 대한 해명에 정확한
I 23 주의를 기울이지 않아서 발생한다. 왜냐하면 정의는 나머지 다른 사
물들과 현실적으로 연관되어 있는 것만을 세계에 속하는 것으로 산
정하지만,* 정리는 이런 제한을 망각하고 모든 존재하는 사물 일반을
언급하기 때문이다.

§ 9

만약 실체가 자신의 외부에 작용할 어떠한 힘도 가지고 있지 않다면, 연장이나 공간도 있을 수 없다

만약 실체가 자신의 외부에 작용할 어떠한 힘도 가지고 있지 않다면, 어떠한 공간도 그리고 어떠한 연장도 존재할 수 없다는 것은 쉽게 증명될 수 있다. 왜냐하면 이 힘이 없다면 어떠한 연관도 있을 수 없고, 연관이 없다면 질서도 없을 테고, 질서가 없다면 궁극적으로 공간도 없을 것이기 때문이다. 그러나 실체들의 이 힘이 외부에 작용하는 법칙에서 다차원 공간이 어떻게 도출되는지를 알아내기는 쉬운

---

* 세계는 동시에 계기적으로 존재하는 상호 연관되어 있는 모든 우연적 사물들의 계열이다.(Mundus est rerum omnium contigentium simultanearum et successivarum as inter se connexarum series.)

일이 아니다.

공간이 3차원인 이유는 아직 밝혀지지 않았다

라이프니츠가 『신정론』 어디에선가 한 점에서 상호 직각으로 교차될 수 있는 선분 개수에서 도출한 증명에서 순환 논증을 발견했으므로,[28] 나는 연장의 3차원성을 수를 지수로 만들어보는 경우 알게 되는 것에서 증명하려고 생각했다. 처음 세 수의 지수화는 아주 단순하고 다른 어떤 제곱으로 환원될 수 없지만, 4제곱은 제곱 A 12
의 제곱으로서 단지 2제곱을 반복한 것에 불과하다. 수들의 이런 속성은 나에게 공간의 3차원성을 설명하기에 적절해 보였지만, 막상 적용해보면 신통치 않았다. 왜냐하면 4제곱은 우리가 상상력으로 공간에 관해 표상할 수 있는 모든 것과 관련하여 부조리하기 때문이다. 기하학에서 우리는 어떤 제곱도 자기 자신과 곱할 수 없으며, 또한 3제곱을 자신의 근과 곱할 수도 없다. 따라서 3차원의 필연성은 사람들이 다수 차원을 정립할 때, 이전 차원들을 반복하는 것(수의 지수화가 갖는 특성들과 마찬가지로) 외에 다른 어떤 것도 하지 않는다는 사실에 의존하는 것이 아니다. 그것은 오히려 내가 아직 설명할 수 없는 어떤 다른 필연성에 의존한다.[29]

§ 10 I 24

공간의 3차원성은 실체의 힘이 상호작용할 때 따르는 법칙에서 기인한다고 볼 수 있다

한 사물의 속성들에서 발견되는 모든 것은 그 사물 자체의 완전한 근거를 자신 안에 포함하는 것에서 도출될 수 있어야만 하므로 연장이라는 속성, 또한 연장의 3차원성은 실체들이 자신과 연관되어 있는 사물들과 관련하여 보유한 힘이라는 속성에 근거를 둘 것이다. 어떤 실체가 다른 실체와 결합할 때 작용하는 힘은 그 작용 방식에서 드러나는 특정한 법칙이 없다면 생각될 수 없다. 실체들이 상호작용
A 13 할 때 따르는 법칙의 종류가 또한 다수의 실체가 결합되거나 합성되는 방식을 결정할 것이 틀림없기 때문에, 모든 실체의 총체(예를 들어 공간)가 측정될 때 따라야 하는 법칙 또는 연장의 차원은 실체들이 자신의 본질적 힘으로 결합하고자 할 때 따르는 법칙에서 도출될 것이다.

3차원성은 현존하는 세계에서 실체들이 상호작용하되, 그 작용의 크기가 거리의 제곱에 반비례한다는 이유에 근거를 둔 것으로 보인다

이에 따라 나는 다음과 같은 견해를 가지고 있다. [첫째] 우리도 그 한 부분인 현존하는 세계에서 실체들은 상호 결합할 때 거리의 제곱에 반비례하여 자신들의 작용을 전파하는 종류의 본질적 힘을 가지고 있다. 둘째, 여기에서 발생하는 모든 것은 이 법칙 때문에 3차원이라는 특성을 갖는다. 셋째, 이 법칙은 임의적이고 신은 이런 법칙을 위해 다른 비례를, 예를 들어 세제곱의 반비례를 선택할 수도 있었다. 마지막으로 그런 임의의 다른 법칙에서는 속성과 차원이 다른 연장이 도출될 것이다. 이렇게 가능한 모든 공간 종류에 관한 학문은 틀림없이 무한 지성만이 착수할 수 있는 최고의 기하학이 될 것이다. 우리가 자체로 알 수 있듯이, 3차원 이상의 차원을 가진 공간을 표상하기는 불가능하다. 이는 다음과 같은 이유에서 연유하는 것으로 보인다. 즉, 우리 영혼이 그 경우에는 거리의 제곱에 반비
I 25 례하는 법칙에 따라 외부에서 인상들을 수용하기 때문이고, 영혼의 본성 자체가 그렇게 경험하도록 만들어졌을 뿐만 아니라 이런 방식으로 자기 외부에 작용하도록 만들어졌기 때문이다.

§ 11 A 14

다수의 세계가 존재한다는 것이 참일 수 있는 조건

다른 차원을 지닌 연장들이 존재한다는 것이 가능하다면, 신이 그것들을 그 어딘가에 현실적으로 창조했다는 것도 당연히 참일 수 있다. 신의 작품은 그 작품만이 담을 수 있는 일체의 위대함과 다양성을 갖기 때문이다. 이런 종류의 공간들이 본성이 완전히 다른 공간들과 연관되어 있다는 것은 불가능하다. 그런 까닭에 그와 같은 공간들은 전혀 우리 세계에 속할 수 없으며, 독자 세계를 형성해야만 한다. 나는 위에서, 형이상학적 의미에서 본다면 다수 세계가 공존할 수 있음을 지적했다. 그러나 여기에는 동시에 내가 유일한 조건으로 생각하는 조건이 있으며, 이 조건 덕분에 다수 세계가 현실적으로 존재한다는 것이 참일 수 있다. 왜냐하면 만약 3차원만 허용하는 오직 하나의 공간 종류만 가능하다면, 공간들은 동일한 종류여서 내가 우리가 존재하는 세계 외부에 정립하는 다른 세계들도 그 공간에 따라 우리 세계와 연관될 것이기 때문이다. 그러므로 신은 그 세계들을 결합함으로써 자기 작업에 더 큰 완전성을 부여할 수 있었을 텐데, 왜 어떤 한 세계를 다른 세계들과 구별했는가 하는 물음이 제기될 수 있다. 왜냐하면 더 많이 연관될수록 세계에는 더 많은 조화와 일치가 있는 반면 균열과 분리는 질서와 완전성의 법칙을 위배하기 때문이다. 따라서 내가 방금 언급한 다양한 공간 종류들이 가능하지 않다면, 다수 세계가 존재한다는 것은 (비록 그것이 그 자체로 가능 A 15
할지라도) 참일 수 없다.

이러한 생각들은 내가 유보한 연구를 하기 위한 개략을 제공해줄 것이다. 그러나 나는 이 생각들이 아직은 착상에 불과하고, 더 심도 깊은 탐구로 이 생각들에 확실성을 마련해주지 못한 채 논의한다는 것을 부정할 수 없다. 따라서 나는 더 성숙한 판단이 이 생각들의 결함을 발견하게 해준다면, 그 즉시 이 생각들을 다시 철회할 준비가 되어 있다.[30)]

§ 12

몇몇 형이상학자는 물체가 자기 힘 덕분에 모든 방향으로 운동하려 한다고 주장한다

가장 최근의 철학[31)]은 물체의 본질적 힘에 관한 특정한 개념을 확정하기는 했
I 26 지만, 이 개념들은 인정될 수 없다. 사람들은 이 힘을 운동을 향한 영속적인 성향이라고 부른다. 내가 서두에 지적한 바와 같이,[32)] 이 개념은 자체로 가지고 있는 오류 외에도 여전히 또 다른 오류가 있는데, 나는 이제 이에 대해 언급하겠다. 만약 힘이 작용을 위한 영속적인 노력이라고 하면서 또 이 힘의 분투가 외부 사물과 관련하여 전적으로 무규정적이라고 말하고자 한다면, 이는 명백한 모순이다. 왜냐하면 힘에 대한 정의에 따르면, 힘은 진정으로 자기 외부에 있는 다른 사물에 작용하려 노력해야 하고, 더욱이 가장 최근의 형이상학자들이 인정한 정리에 따르면, 힘은 이 외부 사물들에 현실적으로 작용하기 때문이다. 따라서 힘은 방향과 관련하여 전적으로 무규정적이라고 하기보다는 오히려 모든 방향을 향한다고 하는 사람이 가장 올바르게 말하는 것으로 보인다. 그래서 저명한 함베르거
A 16 도 단자들의 실체적 힘은 모든 방향으로 동일하게 운동하려는 성향이 있으며, 따라서 마치 양팔저울이 그런 것처럼 상반된 압력의 균형으로 정지 상태를 유지한다고 주장하는 것이다.[33)]

§ 13

이 견해에 대한 첫째 반론

이 체계에 따르면 운동은 상반되게 정립된 두 경향의 균형이 깨졌을 때 발생하며, 물체는 더 작은 반대 경향을 초과하여 가진 힘만큼 더 큰 경향의 방향으로 운동한다. 그런데 이 설명은 운동체가 피운동체와 더불어 동시에 밀려가는 경우를 생각할 때만 만족스러울 뿐이다. 왜냐하면 이 경우는 사람들이 두 팔이 동일하게 움직이는 양팔저울의 한쪽 팔을 손으로 지탱하고 이로써 저울의 다른 쪽 팔의 운동을 야기하는 것과 유사하기 때문이다. 그러나 충돌로 운동을 전달받는 물체는 그 작동력이 그 물체에 작용하기를 그칠지라도, 이 운동을 무한히 진행한다. 그러나 언급한 이론체계에 따르면, 그 물체는 자신의 운동을 진행할 수 없을 테고 오히려 작동하는 물체가 그 작용을 중단하게 되면, 그 즉시 갑자기 정지 상태로 돌변해야 한다. 왜냐하면 모든 방향을 향하는 물체가 지닌 힘의 경향은 그 물체의 실체와 분리될 수 없으므로, 이러한 기울기의 균형은 어떤 한 경향에 상반되게 정립된 외 I 27
적 위력이 그 작용을 중지하는 순간 복원될 것이기 때문이다.

§ 14

이 견해에 대한 둘째 반론

그러나 이것이 유일한 난점은 아니다. 사물은 남김없이 규정되어야만 하므로 실 A 17
체들이 모든 방향으로 운동을 행사하려는 성향은 일정한 단위의 강도가 있어야만 한다. 그것이 무한할 수는 없기 때문이다. 그런데 작용하려는 유한한 노력은 그런 분투가 일정량이 아니라면 불가능하다. 강도의 단위는 유한하고 규정되어 있으므로 만약 어떤 한 물체 A가 질량이 동일한 다른 물체와 그 실체의 본질적 힘에서 가지고 있는 운동을 향한 모든 노력보다 3배 더 강한 위력으로 충돌한다면, 이 물체는 자신의 관성력에 따라 충돌하는 물체 A에게서 그 속도의 3분의 1을 빼앗을 수 있겠지만, 운동체 속도의 3분의 1보다 더 큰 속도를 획득할 수는 없다. 따라서 충돌이 일어난 후 충돌체 A는 2단위의 속도로, 그러나 B는 단지 1단위의 속도로 동일한 방향으로 계속 운동할 것이다. 이제 B는 물체 A와 같은 경로에 있고 또 B는 물체 A의 운동을 방해하지 않기 위해 필요한 정도의 속도를 수용하지 못하기 때문에, 그럼에도 물체 B는 A의 운동을 저지할 수 없기 때문에 A는 현실적으로 AC 방향으로* 속도 2로 운동하겠지만, A와 같은 경로에 있는 B는 같은 방향으로 속도 1로 운동할 것이다. 그럼에도 이 두 운동은 방해받지 않고
A 18 계속될 것이다. 그러나 이것은 A가 B를 관통했다고 가정하지 않는다면 불가능한데, A가 B를 관통한다는 것은 형이상학적으로 불합리하다.**

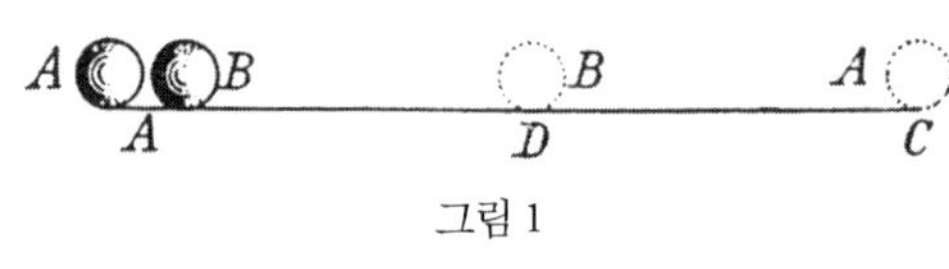

그림 1

* 그림 1.

** 다음과 같은 점을 숙고해본다면, 우리는 이를 더 잘 이해할 수 있을 것이다. 즉 물체 A는 충돌 후 B가 선분 AC를 양분하는 점 D를 아직 지나가지 않았을 때 C에 있게 되며, 따라서 물체 A가 B를 관통했어야만 하는데, 그렇지 않다면 물체 A는 물체 B에 앞서서 도달할 수 없기 때문이다.

§ 15 I 28

운동의 이중적 구분

이제 나는 이 형이상학적 예비들을 끝맺고자 한다. 그러나 여전히 내가 앞으로 논의할 것들을 이해하려면 불가피하다고 여기는 주석을 덧붙이지 않을 수 없다. 나는 독자들이 역학에 등장하는 죽은 압력과 그 압력의 척도라는 개념을 잘 안다고 전제한다. 그래서 이 논고에서 살아 있는 힘과 죽은 힘의 교설에 속하는 모든 것에 대해 완전한 설명을 제시하지는 않을 것이다. 그 대신 나에게 새로운 것으로 보이는, 그리고 힘에 관한 라이프니츠의 척도를 교정하고자 하는 내 중심 의도에 유용한 몇 가지 부차적 생각을 개략하고자 한다. 나는 모든 운동을 두 가지 중요한 종류로 구분한다. 그 한 종류는 운동이 전달되는 물체에서 그 운동이 자체로 유지되고, 대립된 어떤 장애도 없다면 무한히 지속하는 속성을 가진다. 다른 종류는 부단히 작동하는 힘의
지속적 작용이다. 이 작용은 그것을 없애기 위해 저항이 필요한 것이 A 19
아니다. 오히려 이 작용은 단지 외적 힘에 기인할 뿐이어서 이 외적 힘이 작용의 유지를 중단하면 즉시 사라진다. 첫째 종류 운동의 예가 바로 발사된 총알과 모든 투사체다. 둘째 종류 운동의 예는 손으로 부드럽게 민 공의 운동 또는 그밖에 밀리거나 완만한 속도로 당겨진 모든 물체다.

§ 16

둘째 종류의 운동은 죽은 압력과 구별되지 않는다

형이상학의 깊은 고찰을 경주하지 않고도 둘째 종류의 힘과 비교해본다면, 첫째

종류의 운동에서 나타나는 힘이 무한한 어떤 것을 가지고 있다는 것은 쉽게 이해할 수 있다. 전자는 부분적으로는 스스로 소멸되며, 작동력이 제거되자마자 스스로 즉각 멈추기 때문이다. 그러므로 우리는 이 둘째 종류의 힘을 매순간 사라지지만 또한 사라지는 만큼 다시 생겨나는 경우의 힘으로 간주할 수 있다. 반면 첫째 종류의 힘은 자신의 작용을 끊임없이 수행하는 그 자체로 사라질 수 없는 힘의 내적 원천이다. 순간이 시간과 관련되어 있는 것처럼 또는 점이 선과 관련되어 있는 것처럼 둘째 종류의 힘은 첫째 종류의 힘과 관련된다. 따
I 29 라서 볼프 남작이 『우주론』[34]에서 이미 언급했듯이, 둘째 종류의 운동은 죽은 압력과 구별되지 않는다.

§ 17

A 20 **첫째 종류의 운동은 속도의 제곱에 비례하는 힘을 전제한다**

나는 본래 빈 공간에서 자신에 의해 영원히 유지되는 운동을 논하고자 했으므로, 그런 운동의 본성을 형이상학의 개념에 따라 간략하게 고찰하려고 한다. 만약 자유운동을 하는 물체가 무한히 정교한 공간[35]에서 움직인다면, 이 물체의 힘은 그것이 영원히 수행하는 모든 작용의 합으로 측정할 수 있다. 왜냐하면 만약 이러한 총합이 그 물체의 전체 힘과 동일하지 않으면, 힘의 전체 강도와 동일한 합을 찾기 위해 우리는 무한한 시간보다 더 긴 시간을 가져야만 하는데, 이는 불합리하기 때문이다. 이제 만약 우리가 두 물체 A와 B를 비교하되, A는 속도 2를, B는 속도 1을 가졌다고 한다면 A는 운동을 시작할 때부터 B의 두 배 속도로 자신이 통과하는 공간의 무한히 작은 질량들을 영원히 밀치면서

진행할 것이다. 그런데 A는 또한 이 무한한 시간에서 B의 두 배가 되는 공간을 이동해야 한다. 따라서 A가 수행한 전체 작용량은 A가 공간의 작은 부분들과 만나는 힘과 이 부분들의 수를 곱한 것에 비례한다. 그리고 B의 힘과 관련해서도 사정은 같다. 이제 공간의 작은 입자들에 미치는 양자의 작용은 그 속도에 비례하고, 이 부분들의 수도 마찬가지로 속도에 비례한다. 결과적으로 한 물체의 전체 작용량은 다른 물체의 전체 작용에 대해 그 속도들의 제곱에 비례하게 한다. 따라서 두 물체의 힘들도 이런 관계에 있다.*

§ 18 A 21

이에 대한 둘째 근거

살아 있는 힘의 이런 속성을 더 잘 파악하기 위해 § 16에서 언급한 것을 상기해보 I 30
자. 죽은 압력은 단순 속도 외에 더는 어떤 것도 척도로 갖지 않는다. 왜냐하면 죽은 압력의 힘은 그 힘을 행사하는 물체 자체에서 기인하는 것이 아니라 오히려 외적 위력 때문에 행사되므로, 이 위력을 극복하는 저항은 이 힘이 물체에서 유지하려는 강도와 관련하여 어떤 특별한 노력을 필요로 하는 것이 아니라(왜냐하면 이 힘은 어떠한 방식으로든 결코 작용하는 실체에 뿌리를 두지 않으며, 실체 속에서 자신을 유지하려고 노력하지도 않기 때문이다), 오히려 물체가 장소를 변

---

* 나는 원래 이 글에서 라이프니츠의 견해에 일정한 반론을 제기하려고 했 A 21
기 때문에 이 절에서 그의 견해를 입증하는 증명을 제시하는 것은 나 자신과 모순되게 보일 것이다. 그러나 마지막 장에서 라이프니츠가 생각한 것이 단지 어떤 특정한 방식으로 제한된다면, 현실적으로 발생할 수 있다는 점을 보일 것이다.

경하는 데 사용하는 속도만 소멸시키기 위해 필요할 뿐이기 때문이
다. 그러나 살아 있는 힘과 관련해서는 사정이 완전히 다르다. 특정
속도로 자유운동을 하는 어떤 한 실체의 상태는 내적 규정들에 완전
히 근거하기 때문에 이 실체는 동시에 그 상태를 유지하려고 노력한
다. 따라서 외적 저항은 이 물체의 속도와 균형을 이루는 데 필요한
A 22 힘과 더불어 동시에 또한 운동의 이 상태를 스스로 유지하기 위해 물
체의 내적 힘이 분투하는 성향을 파괴할 수 있는 어떤 특별한 위력도
가지고 있어야 한다. 따라서 자유운동을 하는 물체를 정지 상태로 전
환할 수 있는 저항의 전체 강도는 물체가 이런 노력의 상태를 스스로
유지하려고 애쓰는 데 필요한 속도와 힘의 비례에서 합성된 관계에
있어야만 한다. 즉, 양자의 관계는 상호 동일하기 때문에 저항에 필
요한 힘은 [그 저항을] 통과하는 물체의 속도의 제곱과 같다.

§ 19

나는 단지 형이상학적일 뿐인 이런 고찰에서 결정적이고 반박할
여지가 없는 어떤 것을 성취하고자 기대할 필요는 없다고 본다. 그러
므로 나는 수학적 적용을 통해 확증에 대해 더 많은 주장을 할 수 있
는 다음 장으로 넘어가려고 한다. 다른 많은 학문과 마찬가지로, 우
리의 형이상학은 사실상 정당한 근거를 가진 인식의 문턱에 걸려 있
으며, 형이상학이 이 문턱을 스스로 넘어갔다고 사람들이 생각할 때
가 언제인지를 신은 알고 계실 것이다. 형이상학이 시도한 많은 것
I 31 중에서 약점을 알아내는 일은 어렵지 않다. 우리는 편견이 가장 강한
증명 못지않다는 것을 꽤 자주 발견한다. 이에 대해 어떤 것도 인간
인식을 확장하고자 하는 사람들의 지배적 경향성보다 더 큰 책임을

지는 것은 없다. 그런 사람들은 기꺼이 위대한 철학을 갖고자 하겠지만, 그것이 근거가 있는 철학이겠는가 하는 것은 희망에 불과하다. A 23
만약 어떤 철학자가 수고로운 탐구를 한 후 마침내 정당한 근거를 가진 학문을 소유했다고 안도할 수 있다면, 그것은 그 철학자에게는 자신의 노고에 대한 거의 유일한 보상일 것이다. 그러므로 자신이 인정한 것을 거의 신뢰하지 않아야 한다는 것, 자신의 고유한 발견에 도사리고 있는, 자신도 교정할 수 없는 불완전성을 감추지 말아야 한다는 것, 그리고 근거를 가진 학문이라는 상상이 만들어내는 즐거움 때문에 인식의 참된 유용성을 무시할 정도로 교만해서는 결코 안 된다는 것을 요구하는 것은 철학자에게는 대단히 힘든 일이다. 지성은 찬동에 쉽게 이끌리므로 오랫동안 그것을 억제하기는 물론 매우 어렵다. 그럼에도 사람들은 궁극적으로 근거를 가진 인식을 위해 그 자체로 엄청난 매력을 지닌 모든 것을 희생하는 이러한 강제를 받아들여야 할 것이다.

I 32

제2장
살아 있는 힘에 관한
라이프니츠 학파의 정리들에 대한 탐구

§ 20

나는 빌핑거가 『페테스부르크 아카데미 주석』에 제출한 논문에서 내가 항상 진리 탐구의 규칙으로 사용해왔던 어떤 하나의 고찰을 발
A 24 견했다.[36] 건전한 지성을 지닌 사람들이, 양쪽 모두에게 숨은 의도가 있다고 추측되든 전혀 그렇지 않든, 완전히 상반된 의견들을 주장한다면 개연성의 논리에 따라 최대한 조심스럽게 두 학파 모두 어느 정도 정당하다고 인정하는 일종의 중도를 취해야 한다.

§ 21

이런 방식으로 사유하는 것이 다른 경우들에서도 운이 좋았는지 모르겠지만, 나는 살아 있는 힘과 관련한 논쟁에서는 그렇게 되기를 희망한다. 세상이 어떤 의견과 관련하여 운동체의 힘의 척도에 관한 의견들보다 더 똑같이 분열된 적은 결코 없었다. 두 학파는 어느 모로 보나 동등하게 강력하고 동등하게 일리가 있다. 물론 숨은 의도가

섞여 있을 수도 있겠지만, 어느 학파가 이 문제에서 완전히 자유롭다고 말할 수 있겠는가? 그러므로 나는 두 위대한 학파가 자신들의 진가를 발휘하는 의견을 채택함으로써 가장 확실한 길을 선택할 것이다.

§ 22

I 33

라이프니츠와 데카르트의 힘 측정

라이프니츠 이전에는 현실적으로 운동하는 물체 일반에 대해 그 힘의 척도로 단순 속도만을 부여한 데카르트의 명제가 유일했고, 세상은 그 명제에 경의를 표했다.[37] 이 명제에 의문을 제기하는 일이 가능할 것이라고 누구도 생각하지 못했다. 그런데 라이프니츠가 새로운 법칙을 공표함으로써 인간 이성을 갑자기 흥분하 A 25
게 만들었고, 그 법칙은 이후 학자들을 지성의 치열한 투쟁으로 몰아가는 것 중 하나가 되었다. 데카르트는 운동체의 힘을 순전히 속도에 따라서만 측정한 반면, 라이프니츠는 운동체의 속도의 제곱을 척도로 상정했다. 라이프니츠는, 사람들이 생각하듯이, 이러한 자신의 규칙을 이전 규칙들에 어떤 여지를 남기는 특정한 조건하에서 성립하는 것으로 제시하지 않았다. 오히려 그는 데카르트의 법칙을 절대적으로 그리고 무조건적으로 부정했고, 곧바로 자신의 고유한 법칙으로 대체해버렸다.

§ 23

힘의 척도에 대한 라이프니츠의 첫째 오류

내가 라이프니츠의 규칙에 이의를 제기할 수 있는 것에는 두 가지 고유한 측면이 있다. 내가 지금 다루고자 하는 것은 살아 있는 힘의 문제에 관한 어떤 중요한 결론을 포함하는 것은 아니다. 그럼에도 이에 대한 언급을 생략할 수 없는데, 이는 이런 중대한 명제에서 가령 사람들이 제기할 수도 있는 모든 사소한 반박으로부터 이 명제를 방면할 수 있는 그 어떤 것도 놓치지 않기 위해서다.

라이프니츠의 힘의 척도는 항상 다음과 같은 정식으로 제시되어왔다. **물체가 현실적 운동을 한다면, 그 물체의 힘은 속도의 제곱과 같다.** 따라서 이 명제에 따르면, 힘에 대한 이 척도의 식별기준은 다름 아니라 **현실적** 운동이다. 그러나 물체는, 심지어 그 물체의 힘이 단지 압
A 26 력에 따라 초기 속도만 가지고 행사된 힘보다 더 크지 않을 경우에도, **현실적으로** 운동할 수 있다. 나는 이것을 이미 앞에서 증명했지만 다시 한번 반복하려고 한다.[38] 어떤 한 공을 내가 매끄러운 표면 위에서 부드럽게 앞으로 밀고 있다면, 그 공은 내가 손을 치우면 더는
I 34 운동하지 않고 멈추게 된다. 따라서 이와 같은 운동에서 물체의 힘은 매순간 사라지지만, 바로 그만큼 매순간 새로운 압력으로 다시 보충된다. 따라서 물체는 어떤 대상을 만나면 그 순간 이전 운동에서 획득한 자신의 힘을 더는 보유하지 못하게 된다. 오히려 이 힘은 이미 완전히 소진되었고, 물체는 대상과 접촉한 바로 그 순간 작동력이 이 물체에 전달하는 힘만 보유하게 된다. 따라서 우리는 그 물체가 전혀 운동한 적이 없는 것처럼, 그리고 단지 정지 상태에서 저항을 이겨낸 것처럼 생각할 수 있다. 그러므로 그와 같은 물체는 **죽은 압력**을 행사하는 물체와 구별되지 않는다. 그런 까닭에 그런 물체의 힘은 속도의

제곱이 아니라 오히려 순전히 속도와 같을 뿐이다. 이것이 내가 라이프니츠 법칙에 제기하는 첫째 제한이다. 라이프니츠는 살아 있는 힘의 식별기준으로 현실적 운동만을 특정하지 않았어야 하며, 또한 자유로운 운동을 부가하는 것이 필수적이었다. 운동이 자유롭지 않다면, 물체는 결코 살아 있는 힘을 가지지 않기 때문이다. 이런 규정에 따른다면, 라이프니츠의 법칙은, 다른 경우라면 정당하겠지만, 다음과 같은 정식으로 표현되었어야 했다. 즉 현실적이고 자유로운 운동을 하 A 27
는 물체는 속도의 제곱에 비례하는 힘을 갖는다.

§ 24

현실적 운동은 무엇인가

나는 이제 둘째 비판을 하려고 한다. 이것은 우리에게 악명 높은 논쟁의 출처를 알려줄 테고 아마도 그 논쟁을 해결하는 유일한 수단을 제공할 것이다.

살아 있는 힘에 대한 새로운 측정을 옹호하는 사람들도 물체가 운동을 시작할 때 자신의 단순 속도에 비례하는 힘을 보유한다는 점은 데카르트주의와 여전히 일치한다. 그런데 사람들이 운동을 현실적이라고 부를 수 있게 되자마자 곧바로 그 물체는 그들의 의견에 따르면, 속도의 제곱을 그 척도로 갖는다.

이제 고유한 의미에서 현실적 운동이 무엇인지 확인해보자. 왜냐하면 이것이 데카르트에 동의하는 이유였지만, 어쩌면 반대하는 이유도 될 수 있기 때문이다.

사람들은, 운동이 단지 그 시작점에만 있는 것이 아니라 그것이 지 I 35
속됨으로써 일정한 시간이 경과할 경우, 운동을 현실적이라고 부른다. 운동의 시작과 물체가 작용하는 순간 사이에 있는 이 경과된 시간이 사람들로 하여금 운동을 고유하게 현실적이라고 부를 수 있게 만든다.

그러나 사람들은 이 시간이* 고정되고 측정되는 양적인 어떤 것이
A 28 아니라는 점에 오히려 완전히 비확정적이고 임의로 규정될 수 있다는 점에 주목해야 한다. 이는 사람들이 현실적 운동을 지시하기 위해 시간을 사용한다면, 그 시간을 원하는 만큼 짧게 상정할 수 있다는 것을 의미한다. 왜냐하면 운동을 고유하게 현실적이게끔 하는 것은 시간의 그러그러한 양이 아니라 그것이 아무리 길든 또는 짧든 시간 일반이기 때문이다.

§ 25

힘의 척도에 대한 라이프니츠의 둘째 주요 오류

따라서 운동하면서 소모된 시간이 살아 있는 힘의 진정하고 유일한 특성이며, 바로 이 시간이 죽은 힘과 대비하여 살아 있는 힘에 특별한 척도를 갖게 해준다.

이제 운동을 시작해서 물체가 작용할 대상을 만나기까지 경과하는 시간을 시작점이 A인 선분 AB로 표상해보자.** 이 경우 물체는 B에서는 살아 있는 힘을 갖지만, 시작점 A에서는 살아 있는 힘을 갖지 않는다. 왜냐하면 물체는 시작점에서는 자신과 맞

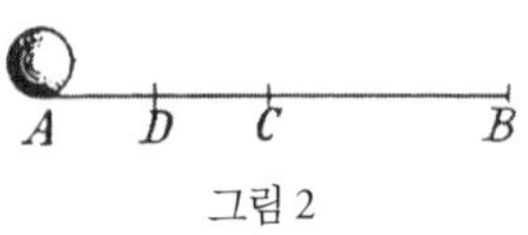

그림 2

* 힘의 척도에 대한 라이프니츠의 정식에서.

** 그림 2.

서 있는 어떤 저항을 단지 운동하려고 노력하면서 밀어붙일 뿐이기 때문이다. 그런데 더 나아가 다음과 같은 형태를 추론해보자.

첫째, 시간 AB는 B에 있는 물체에 대한 규정이며, 이 규정에 따라 그 물체에 살아 있는 힘이 정립된다. 그리고 시작점 A는(말하자면 만약 내가 물체를 이 지점에 놓았다면) 죽은 힘의 근거가 되는 규정이다.

둘째, 만약 내가 선분 AB로 표시된 이 규정을 더 작게 만들려고 생각한다면, 나는 물체를 시작점에 좀더 가까이 두면 된다. 그리고 만약 내가 이것을 계속한다면, 물체는 마침내 바로 그 A 자체에 있게 A 29
될 것이라는 점은 쉽게 이해할 수 있다. 결과적으로 규정 AB는 그 규 I 36
정을 단축해 A에 있는 규정에 점점 더 가깝게 정립될 것이다. 왜냐하면 규정 AB가 A의 규정에 전혀 근접하지 않는다면, 물체는 시간을 단축해서도, 설사 내가 그것을 무한히 진행할지라도, 결코 점 A에 도달할 수 없을 텐데, 이는 불합리하기 때문이다. 따라서 C에 있는 물체의 규정은 B에 있는 물체보다 죽은 힘의 조건에 더 근접하게 되고, D에서는 C에서보다 더 근접한다. 그리고 나아가 물체가 A에서 죽은 힘의 모든 조건을 가질 때까지 계속되면, 살아 있는 힘을 위한 조건은 완전히 사라진다.

셋째, 그러나 만약 한 물체의 속성의 원인이 되는 어떤 규정이 대립된 속성의 근거가 되는 다른 규정으로 점차 전환된다면, 전자의 조건에서 비롯한 속성도 동시에 함께 변경되어 점차 후자의 조건에서 비롯한 속성으로 전환될 것이 틀림없다.* 그렇다면 이제, 만약 내가 (살아 있는 힘의 조건이 B 지점에 있는) 시간 AB를 단축하는 경우를 생각하여 살아 있는 힘의 조건이 B에 있었을 때보다 죽은 힘의 조건에 필연적으로 더 근접하도록 정립한다면, 물체는 또한 C에서 B

* 근거가 정립된다면 귀결 또한 정립된다[39]는 규칙에 따라.

에 있는 힘보다 죽은 힘에 더 근접한 힘을 현실적으로 가질 테고, 내가 그 물체를 D에 있는 것으로 상정한다면 죽은 힘에 훨씬 더 근접할 것이 틀림없다. 따라서 시간의 경과라는 조건에서만 살아 있는 힘을
A 30 보유하는 물체는, 사람들이 원하는 그 어떤 임의의 짧은 시간에는 이
힘을 갖지 못할 것이다. 반대로 이 시간은 한정되고 확정적이어야 한다. 시간이 더 짧아진다면, 물체는 이러한 살아 있는 힘을 더는 갖지 않을 것이기 때문이다. 따라서 힘의 측정에 대한 라이프니츠의 법칙은 생겨날 수 없다. 왜냐하면 그것은 일반적으로 일정한 시간 운동하는(달리 말하면, 현실적으로 운동하는) 물체들에 대해 살아 있는 힘을, 그 시간이 아무리 짧든 길든, 무차별적으로 부여하기 때문이다.*

I 37 § 26

연속성의 법칙에서 도출한 오류의 증명

지금 내가 증명한 것은 그 광범위한 유용성이 아직 충분히 알려지지 않은 연속성 법칙에서 도출한 매우 정확한 귀결이다.
A 31 이 법칙의 발견자인 라이프니츠는 이를 시금석으로 삼았는데, 이에

* 이 증명의 내용을 간략히 하면 다음과 같다. 운동이 시작하는 시점과 물체가 충돌하는 순간의 사이에 있는 시간은, 살아 있는 힘의 조건이 그 경우 사라지게 된다는 것(§ 24)이 이해되지 않더라도, 임의보다 훨씬 더 짧게 생각될 수 있다. 그러나 이제 이런 단축은 다음과 같은 것을 이해할 수 있는 근거가 된다. 즉 이 근거로부터 그 단축을 계속 진행하는 경우 물체는 마침내 시작점에 다다를 테고, 거기에서는 살아 있는 힘이 현실적으로 사라지는 데 반해 죽은 힘을 위한 조건이 등장한다는 것이 이해될 수 있다. 따라서 시간을 짧게 만드는 것은 살아 있는 힘의 조건에서 어떤 것을 박탈하는 근거가 아니면서 또한 동시에 그렇게 하는 근거이기도 하다. 그런데 이것은 모순이다.

따른다면 데카르트의 법칙은 검증을 통과하지 못한다. 나는 라이프니츠가 모든 역학의 가장 근본적 법칙을 정당하게 드러내고 올바른 형태로 표현하는 거의 유일한 수단을 제공했다는 것이 그의 탁월성을 보여주는 가장 위대한 증거라고 생각한다.

라이프니츠가 데카르트에 반대하여 이 원칙을 사용한 방식에 주의를 기울일 필요가 있으며, 그 경우 우리는 이 원칙이 여기에서 어떻게 적용되어야 했는지를 쉽게 알아차릴 수 있을 것이다. 라이프니츠는 한 물체가 운동하는 다른 물체와 충돌할 때 발생하는 규칙을 또한 그 물체가 정지해 있는 다른 물체와 충돌할 때도 적용해야 한다는 것을 증명했다. 정지는 매우 작은 운동과 구별되지 않기 때문이다. [질량이] 동등하지 않는 물체들이 상호 충돌할 때 타당한 것은 물체들이 동등할 때도 타당해야만 한다. 동등성의 차이가 대단히 작은 경우 그 부등성은 동등성과 교환될 수 있기 때문이다.

이런 방식으로 또한 다음과 같이 추론한다. 즉 만약 한 물체가 일정 시간 운동할 때 일반적으로 타당한 것은 단지 운동을 시작하는 때일지라도 타당해야만 한다. 왜냐하면 운동이 아주 짧게 지속되는 것은 그 운동의 시작과 아무런 차이가 없거나 양자가 당연히 교환될 수 있기 때문이다. 여기에서 나는 다음과 같은 귀결을 이끌어낸다. 즉 물체 일반이 일정 시간(그것이 아무리 짧은 시간이라 하더라도) 운동할 때 살아 있는 힘을 갖는다면, 그것은 처음 운동을 시작했을 때에도 이 힘을 가져야만 한다. 왜냐하면 물체가 이제 막 운동을 시작한 것이든, 또는 지극히 짧은 시간 운동을 진행한 것이든, 모두 동일하 A 32
기 때문이다. 따라서 나는 다음과 같은 결론을 내린다. 즉 힘의 측정에 대한 라이프니츠의 법칙에서는 심지어 운동의 시작점에서도 힘이 살아 있을 것이라는 불합리성이 도출되기 때문에, 사람들은 그의 법칙에 동의할 수 없을 것이다.

I 38 이 법칙이 명료성의 밝은 빛 아래에서 지성에 제시된다면, 이것이 얼마나 지성에 반하는 것인지 쉽게 이해될 것이다. 점 A에서 죽은 힘을 가진 어떤 한 물체가, 이 점에서 지각할 수 없는 짧은 선만큼 떨어졌을 때에는, 죽은 힘에 비해 무한히 더 큰 힘을 가져야 한다는 것을 납득시키는 일은 불가능하다. 이것은 지나치게 급격한 사유의 비약이며, 여기에는 우리를 한 규정에서 다른 규정으로 인도할 그 어떤 길도 있을 수 없다.

§ 27

운동 중에 경과한 시간, 즉 운동의 현실성은 살아 있는 힘을 물체에 귀속시키는 참된 조건이 아니다

우리는 여기에서 귀결되는 것에 각별한 주의를 기울여야 한다. 경과된 시간은, 그것이 결정되지 않은 채 제시된다면, 결코 살아 있는 힘의 조건이 될 수 없으며, 이것을 나는 앞에서 증명했다. 그러나 설사 이 시간이 결정될 수 있고 특정량으로 한정되어 제시될지라도, 그것은 여전히 살아 있는 힘의 고유한 조건일 수 없다. 나는 지금부터 이를 다음과 같이 증명하려고 한다.

1분 후 살아 있는 힘을 갖게 될 속도로 운동하는 물체가 있고, 이 1분이 물체에 살아 있는 힘을 귀속시키는 조건이라는 것을 증명할
A 33 수 있다고 가정해보자. 그렇다면 이 시간의 양이 두 배가 된다면, 이전에 비록 1분만 부여되긴 했지만 이 물체에 이미 살아 있는 힘을 정립했던 것은 모두 두 배가 될 것이다. 그러나 (가정상) 처음 1분이라는 양이 물체의 힘에 새로운 값을 부여한다면, 2분이라는 양은 그 자체로 1분의 양이 포함했던 조건을 두 배로 보유하기 때문에, 물체의

힘에 하나의 값을 더 부여해야 한다. 따라서 자유운동을 지속하는 물체는 그 운동의 시작점에서는 1의 값에 해당하는 힘만을 갖겠지만, 1분이 지난 후에는 2의 측정값에 해당하는 힘을 가질 것이다. 그러나 2분이 지난 후에는 3의 측정값에 해당하는 힘을 가질 테고, 3분이 지나면 4의 힘을, 4분이 지나면 5의 힘을, 그리고 계속 이런 방식의 측정값에 해당하는 힘을 가지게 될 것이다. 이는 등속운동을 하는 경우 물체의 힘은 처음에는 단순 속도를, 그다음에는 속도의 제곱을, 그다음에는 속도의 3제곱을, 그다음에는 제곱의 제곱[4제곱]을, 그리고 이렇게 계속되는 값을 척도로 가진다는 것을 의미한다. 하지만 어느 I 39
누구도 이런 증가를 옹호하려고 시도하지는 않을 것이다.

이 추론의 정당성은 의심할 여지가 없다. 왜냐하면 만약 누군가가 오직 시간의 규정된 양, 즉 물체가 운동하기 시작한 시점부터 특정 시점까지 경과한 시간만 살아 있는 힘의 조건에 포함해야 한다고 요구한다면, 시간은 그 양 외에 다른 어떤 규정도 갖지 않으므로 그 사람은 또한 두 배 더 긴 시간에는 이 조건들이 두 배가 되리라는 것을 부정할 수 없기 때문이다. 그리고 그런 까닭에 1단위의 시간이 물체의 힘에 1단위의 새로운 값을 부과하기에 충분한 근거가 된다면, A 34
('결과는 그 근거에 비례한다'[40]는 법칙에 따라) 두 배의 시간은 2의 값을 정립할 것이다. 우리는 또 다음을 덧붙일 수 있다. 물체가 시간이 경과함에 따라 시작하는 순간에 성립하는 죽은 힘의 조건에서 멀어진다는 바로 그 이유로, 시간은 살아 있는 힘을 위한 조건이 될 수 있다. 그리고 이 때문에 이 시간은 어떤 규정된 양을 가져야만 하는데, 왜냐하면 물체는 살아 있는 힘을 위해 요구되는 양보다 더 짧은 시간에는 죽은 힘의 조건에서 멀어지기에는 충분하지 않기 때문이다. 이제 물체는 시작하는 시점에서, 즉 죽은 힘의 조건에서 더 긴 시간 점점 더 멀어질 것이므로, 설사 균등한 속도일지라도 물체의 힘은 그

물체가 더 긴 시간 운동하면 할수록 점점 더 큰 측정값을 무한히 요구해야만 한다. 그런데 이것은 불합리하다.

그러므로 첫째, 현실적 운동의 부재가 물체의 힘에 단순 속도에 따른 측정을 부여하는 참된, 그리고 정당한 조건은 아니다.

둘째, 운동 일반의 현실성 그리고 이 현실성과 결부되어 있는 경과된 시간에 대한 보편적이고 무규정적인 고찰이든 시간의 규정되고 정립된 양이든, 이것들은 모두 살아 있는 힘에 대한, 그리고 속도의 제곱에 따른 힘의 측정에 대한 충분한 근거가 될 수 없다.

A 35; I 40

§ 28

수학은 살아 있는 힘을 증명할 수 없다

이런 고찰에서 두 가지 중요한 귀결을 도출해보자.

첫째는 이것이다. 수학은 결코 살아 있는 힘을 위한 어떠한 증명도 제공할 수 없다. 그리고 이런 방식으로 측정된 힘은 설사 힘이 그렇게 발생한다 할지라도, 적어도 수학적 고찰 영역의 외부에 놓여 있다. 누구나 다음과 같은 사실은 알고 있다. 즉, 만약 사람들이 특정 속도로 운동하는 물체의 힘을 수학으로 측정하고자 한다면, 운동하는 동안 경과된 시간의 어떤 특정 순간만을 고려해서도 안 된다는 것을 오히려 이런 한정과 관련하여 모든 것은 무규정적이고 무차별적이라는 것을 알고 있다. 따라서 운동체의 힘에 대해 수학이 제공하는 측정은 이런 방식이다. 즉, 경과된 시간이 아무리 짧을지라도 수학적 측정은 모든 운동 일반에 적용되고 이 점에 관한 한 어떠한 제한도 정립하지 않는다. 그러나 이런 방식의 측정은 시작점에 있는 물체의 운동에도(§ 25, § 26), 따라서 단순 속도를 척도로 갖는 죽은 운동에도 적용된다. 그런데 살아 있는 힘이 죽은 힘과 동일한 방식으로 측정되어 파악될 수는 없으므로, 살아 있는 힘은 수학적 고찰에서는 완전히 배제된다는 것을 사람들은 쉽게 알 수 있다.

게다가 수학은 물체의 운동에서 속도, 질량 그리고 사람들이 거기 A 36
에 포함하기를 원한다면 아마도, 시간 외에 그 어떤 것도 고찰하지 않는다. [그러나] 속도는 결코 살아 있는 힘의 근거가 아니다. 왜냐하면 물체는 설사 그것이 라이프니츠주의자의 견해에 따라 살아 있는 힘을 보유할지라도, 이 힘을 운동의 모든 순간에 걸쳐 가질 수는 없기 때문이다. 오히려 살아 있는 힘을 갖는 시점은 운동이 시작된 이후 시간일 것이다. 그런데 운동이 시작되는 순간에는, 설사 물체에 모든 속도가 이미 존재할지라도, 물체는 살아 있는 힘을 아직 가지지 않을 것이다.(§ 25, § 26) 질량은 더더욱 살아 있는 힘을 위한 근거가 되지 않는다. 마지막으로 우리는 시간에 관해서도 같은 것을 증명했다. 따라서 모든 물체의 운동은, 특히 수학적 고찰을 필요로 하지 않는다는 것을 고려한다면, 살아 있는 힘이 물체에 내재한다는 것을 지시한다. 이제 운동하는 물체가 수행하는 것에 관해 사람들이 행하는 모든 추론은 속도, 질량 그리고 시간에 대한 고찰에서 파악한 개념[41] I 41
에서 도출되어야 하기 때문에 이 추론은, 그것이 정당하게 이끌어진다면, 살아 있는 힘을 확정하는 그 어떤 귀결도 제시하지 않을 것이다. 그리고 그 추론이 살아 있는 힘을 확정하는 귀결을 도출하는 것처럼 보일지라도, 사람들은 이런 가상을 믿어서는 안 된다. 왜냐하면 이 경우에는 근거명제[42]에 포함되어 있는 것보다 더 많은 것이 귀결에 포함될 것이기 때문이다. 즉 귀결[43]이 그 근거[44]보다 더 클 것이기 때문이다.

데카르트와 라이프니츠 간의 논쟁을 수학적 교설로 해결하기 위해 기하학자들이 지난 두 세기 동안 수행해온 다양하고 위대한 노고에

A 37 도 불구하고, 내가 이 학문이 그 논쟁에 종지부를 찍을 수 있다는 것
을 부정하면서 시작한다는 것은 상당히 기이해 보일지도 모르겠다.
사람들은 이전부터 이 학문이 데카르트의 법칙에 우호적인지 아니
면 라이프니츠 학파를 옹호하는지를 논쟁했다. 그러나 이 분열에서
모든 사람은 힘의 측정에 대한 논쟁을 올바르게 해결하려면 수학의
평결에 의존해야만 한다는 점에서는 일치했다. 그토록 위대한 논리
학자들이 이것이 그들이 추구해왔던 진리를 획득할 수 있도록 인도
해주는 길인지에 대한 분간이나 심지어 숙고도 없이 잘못된 길로 빠
져들었다는 것은 실로 기이한 일이다. 그러나 여기에서 나는 이 모든
기이함을 바람에 날려 보내도록 나를 밀어붙이는 근거들을 발견했
다고 생각한다. 그렇다면 이 근거들을 천명한 다음 내가 어디를 향해
더 나아가야 하겠는가?

수학은 그 본성상 이미 데카르트의 법칙을 확증하고 있다

앞선 고찰에서 내가 도출한 둘째 귀결
은 이것이다. 수학적 근거들은 살아 있는 힘
에 우호적인 것이 아니라 오히려 항상 데카
르트의 법칙을 확증해줄 뿐이다. 이것은 이
절의 명제들에서 이미 분명하다. 그리고
나는 다음을 덧붙일 수 있다. 즉 선분, 면 등의 수학적 양들은 아주 작
을 때에도, 그것들이 어느 정도 양인지를 누구나 알고 있는 그런 양
을 가질 때와 정확하게 동일한 속성을 갖는다. 그리고 그런 까닭에
가장 작은 수학적 양에서, 가장 작은 평형사변형에서, 그리고 가장
짧은 선분[경로]을 따른 물체의 낙하에서 같은 종류의 최대량과 정
A 38 확하게 동일한 속성과 결론을 도출할 수 있어야만 한다. 이제 만약
운동이 지금 막 시작됐고 시작된 바로 직후의 운동만 표시하는 어떤
I 42 하나의 선분이 운동이 시작된 후 오랫동안 진행된 운동을 표시하는
선분과 정확하게 동일한 규정과 속성 그리고 심지어 정확하게 동일

한 귀결을 갖는다면, 물체의 운동에 대한 수학적 고찰에서 계산해낸 힘은 운동이 시작된 직후 가장 짧은 시간, 즉 무한히 짧은 시간에 그 물체에 현존하는 속성 외에 다른 어떤 속성도 결코 가지지 않을 것이다. 그런데 이제 이것은 죽은 힘이고 따라서 단순 속도만을 그 척도로 가질 것이므로, 수학적으로 고찰된 모든 운동은 유일하게 그리고 오로지 단순 속도에 따른 측정만 제시할 뿐 그밖의 다른 어떤 측정도 제시하지 않는다.

§ 29

따라서 라이프니츠 지지자들이 문제의 본성과 맞지 않는 무기를 가지고 자신들을 방어하고자 했기에, 우리는 이 문제에 대해 좀더 세밀한 검증에 착수하기도 전에 이미 그들이 데카르트에 반대한 저 악명 높은 논쟁에서 패배할 것임을 알 수 있다. 이제 이러한 일반적 고찰 다음으로 라이프니츠 학파가 이 논쟁에 대해 주로 사용한 증명들을 낱낱이 검토해보자.

라이프니츠는 처음에는 무게 때문에 낙하하는 물체에 대한 관찰로 자신의 견해에 도달했다. 그러나 인간 이성에 스며들어간 아마도 이제까지 없었던 가장 그럴싸한 오류로 그를 이끈 것은 바로 부당하 A 39
게 적용된 데카르트의 원칙이었다. 그는 말하자면 다음과 같은 명제를 정립했다. 무게가 4파운드인 물체를 1피트 들어 올리는 데 필요한 힘은 무게가 1파운드인 물체를 4피트 들어 올리는 데 필요한 힘과 동일하다.[45)]

§ 30

라이프니츠를 처음 살아 있는 힘으로 이끈 명제

데카르트는 지렛대의 본성을 설명하기 위해 이 명제를 사용했는데, 라이프니츠는 동시대 모든 역학자가 동의하는 것에 의존했으므로 나는 그가 이 명제를 데카르트의 규칙에서 도출했다고
I 43 생각한다. 데카르트는 지렛대에 매달린 무게는 정지점에서 떨어진 거리로 기술될 수 있는 무한히 작은 공간들을 통과한다고 가정했다. 이제 이 경우 두 물체는, 이 공간들이 물체의 무게에 상호 반비례할 때, 평형 상태에 있게 된다. 그래서 라이프니츠는 1파운드 물체를 높이 4까지 올리는 힘이 질량이 4인 다른 물체를 높이 1까지 올리는 힘보다 더 많은 힘을 필요로 하는 것은 아니라고 추론했다. 우리는 데카르트의 기본 규칙에서는 단지 운동 시간이 동일한 경우에만 이 추론이 도출된다는 것을 쉽게 알 수 있다. 양팔저울의 경우 무게가 무한히 작은 공간을 통과하는 시간은 상호 동일하기 때문이다. 라이프니츠는 이 조건을 무시하고 상호 동일하지 않은 시간에 이루어지는 운동에 대해서도 추론했다.

A 40

§ 31

힘은 동일한 힘으로 도달할 수 있는 높이와 비례한다는 헤르만의 증명

이 사람의 옹호자들은 시간과 관련하여 자신들에게 제기될 수 있는 반론을 인지했던 것으로 보인다. 그래서 그들은 물체가 낙하할 때 획득하는 힘과 관련하여 시간의 차이는 철저하게 무시할 수 있는 것처럼 자신들의 증명을 정리

하고자 했다.

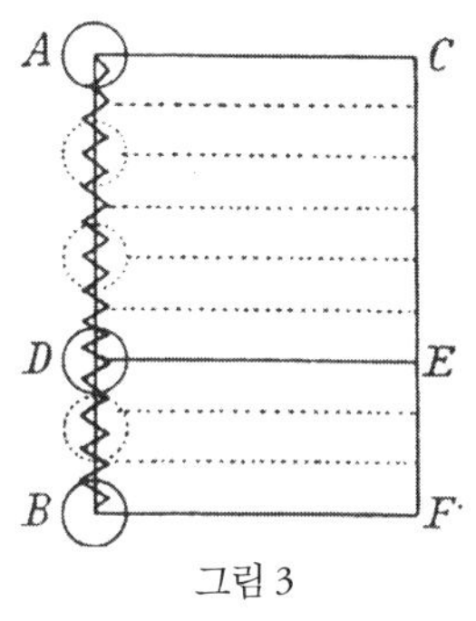

그림 3

무한 용수철 AB*가 있고, 이것이 물체를 A에서 B로 일정 시간 낙하시키는 무게를 표시한다고 해보자. 그렇다면 무게는 공간의 모든 지점에서 물체에 동일한 압력을 전달할 것이라고 헤르만은 주장한다.[46] 그는 이 압력들을 선분 AC, DE, BF 등으로 표시했고, 이 선분들은 합해서 사각형 AF를 형성한다. 따라서 그의 견해에 따르면 물체는 점 B에 도달했을 때, 모든 압력의 합, 즉 사각형 AF와 동일한 힘을 갖는다. 따라서 D에서의 힘이 B에서의 힘에 대해 갖는 관계는 사각형 AE가 AF에 대해 갖는 관계와, 다시 말해 통과된 공간 AD가 공간 AB에 대해 갖는 관계와 같다. 따라서 두 힘은 각각 D와 B에서 속도의 제곱과 같은 관계를 갖는다.

헤르만은 무게가 자유낙하하는 물체에 가하는 작용은 물체가 낙하하는 동안 지나온 공간에 상응한다고 주장하면서 이렇게 추론한다.

이에 반해 데카르트주의자들은 무게의 작용은 중단된 운동이 지
나온 공간과 비례하는 것이 아니라 물체가 낙하하거나 다시 상승할 I 44
때 소요되는 시간과 비례한다고 주장한다. 나는 이제 데카르트주의 A 41
자들의 견해는 의심할 여지가 없다는 것을 증명할 것이다. 그리고 여기에서 우리는 동시에 헤르만의 그럴싸한 증명이 어떤 점에서 오류를 범했는지 알게 될 것이다.

* 그림 3.

§ 32

헤르만의 사례를 논박한 증명

동일하게 팽창된 다섯 개의 용수철* A, B, C, D, E 중 어떤 하나의 용수철을 1초 동안 압축하는 데 필요한 힘은 5개 용수철을 모두 순차적으로 같은 시간에 압축하는 힘과 동일하다. 왜냐하면 물체 M이 용수철 A를 압축 상태로 만드는 데 걸리는 시간인 1초를 동일한 5개 부분으로 나누고, M이 1초의 이 5개 부분을 모두 관통하여 용수철 A를 누른다고 가정하는 대신, 그것이 용수철 A를 단지 1초의 첫째 부분 동안만 누르고, 그 1초의 둘째 부분에서는 용수철 A 대신 장력이 같은 다른 용수철, 가령 B를 누른다고 가정한다면, 이런 교체가 이루어진 경우에도 M이 압착하는 데 사용한 힘에는 아무런 차이가 없기 때문이다. 왜냐하면 A와 B는 모든 면에서 완전히 동일하고, 따라서 1초의 둘째 부분에서 용수철 A가 여전히 압력을 받는지 또는 B가 압력을 받는지는 동일한 것이기 때문이다. M이 1초의 셋째 부분에서 셋째 용수철 C를 압착하는지, 아니면 이 부분 시간에서 여전히 이전의 용수철 B에 압력을 행사하는지도 역시 사정은 동일하다. 왜냐하면 사람들은 어떤 한 용수철을 다른 자리에 놓을 수 있고, 이렇게 해도 아무런 차이가 없기 때문이다. 그러므로 물체 M이 1초 전체 시간에 한 개밖에 없는 용수철 A를 압축한 상태
A 42 로 유지하는 데 사용하는 힘은 그 물체가 그런 용수철 다섯 개를 순차적으로 압착하는 데 필요한 힘과 동일하다. 만약 압력이 행사되는 시간이 동일하기만 하다면, 설사 용수철 수를 무한히 증대할지라도,

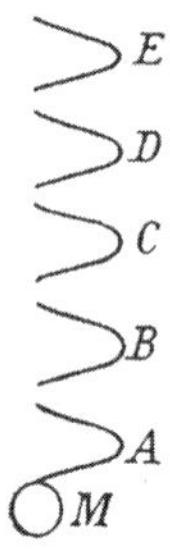

그림 4

* 그림 4.

사정은 동일하다고 말할 수 있다. 그러므로 모든 용수철을 압착하는 물체의 힘은 용수철의 수로 측정되는 것이 아니다. 오히려 압력이 행사되는 시간이 정당한 척도다.

이제 헤르만이 상정한 용수철의 작용과 무게의 압력 간의 비교를 생각해본다면, 우리는 물체가 지나온 공간이 아니라 시간에 따라, 즉 물체의 힘이 무게에 얼마나 오랫동안 저항할 수 있는지에 따라 물체 I 45
의 전체 작용을 측정해야 한다는 것을 알 수 있다.

그러므로 내가 믿기에, 이것이 내가 위에서 말했던 것, 다시 말해 수학적 증명에서는 데카르트 견해가 라이프니츠 법칙을 능가한다는 것을 확증하는 첫째 검증[47]이다.

§ 33

동일한 문제를 주장할 때 데카르트주의자들이 범한 오류

샤틀레[48]도 열띤 논변을 펼쳤던, 살아 있는 힘의 옹호자들에 대해 반대하는 데카르트주의자들의 논박에서 나는 데카르트주의자들도 물체의 낙하에 대한 라이프니츠주의자들의 추론들을 무력하게 만들기 위해 시간의 구별을 이용했다는 것을 발견했다. 그러나 그녀가 힘의 새로운 측정에 반대하는 메랑[49]의 글에서 인용한 것에서 나는 메랑이 시간의 구별에서 이끌어 A 43
낼 수 있는, 그리고 내가 앞 절에서 지적했다고 믿는 진정한 이점을 몰랐다는 것을 알았다. 그런데 이 이점은 확실히 너무나 간명하고 명료해서 그토록 빛나는 지성으로 어떻게 이 이점을 알아채지 못하는 일이 가능했는지 그저 놀라울 따름이다.

이 사람들이 자연의 진정한 법칙을 추적하는 동안 얼마나 많이 정도에서 벗어났는지, 다시 말해 물체에서 무게를 제거하는 힘이 시간과 비례할 뿐 공간과 비례하지 않는다고 한 것은 확실히 정말로 기이할 따름이다. 그들은 속도가 두 배인 물체는 네 배로 작용할 수 있다는 라이프니츠주의자들의 주장을 인정하는 잘못을 저질러놓은 다음, 말하자면 그들이 자신들의 문제를 그토록 엉망으로 만들어놓은 다음, 물체가 네 배로 작용하기는 하지만 오직 두 배의 시간에서만 그렇게 한다는 매우 나쁜 피난처를 가지고 자신들을 구제해야만 했다. 그래서 그들은 두 물체의 힘은 그것들이 동일한 시간 수행한 작용으로 측정되어야만 한다는 것을, 그리고 그 물체들이 상이한 시간 수행할 수 있는 것에 대해서는 전혀 고려할 필요가 없다는 것을 대단히 진지하게 유포했다. 무한한 명료성이 이러한 피난처와 마주해왔다. 그리고 나는 진리의 위력에 그토록 강하게 맞서는 것이 어떻게 가능했는지 도무지 이해할 수 없다.

I 46 하지만 여기에서 우리는 이것이 본래 데카르트주의자들의 오류추리일 뿐이고, 이 오류추리가 라이프니츠 학파를 승리하도록 만들었다는 것을 알 수 있다. 그리고 데카르트주의자들이 자신들의 사례
A 44 에 있는 결함 때문에 논쟁에서 패배한 것이 아니라는 것도 알 수 있다. 만약 데카르트주의자들이 그 사례의 본성이 자신들에게 고유하게 제시하는 합당한 무기를 활용했다면, 그들은 틀림없이 우위를 차지했을 것이다.

§ 34

리히트샤이트가 제기한 의심

나는 무게가 수행하는 작용과 무게가 상승운동에 행사하는 저항은 물체가 운동

할 때 소요하는 시간에 비례한다는 것을 증명했다. 그러나 나는 어쩌면 이 명제를 약간 의심스럽게 만들기에 충분해 보이는 사례를 알고 있다. 리히트샤이트는 『악타 에루디토룸』에 다음과 같이 적었다.[50] 만약 진자*가 D에서 다음과 같은 방식으로 낙하하도록 한다면, 즉 실이 저지점 E에 매달려 있어서 진자가 B에서 C로 다시 상승할 때에는 더 작은 원을 그리도록 낙하시킨다면, 진자는 B에서 보유한 속도 덕분에 높이 DG와 동일한 높이 CF에 도달할 테고, 이 높이에서 진자는 하강할 것이다. 그러나 진자가 호 DB를 따라 하강하는 데 소요된 시간은 C까지 다시 상승하는 데 소요되는 시간보다 더 길다. 따라서 무게는 진자가 상승할 때보다 하강할 때 더 길게 진자에 작용한다. 이제 사람들은 내가 앞에서 증명한 것, 즉 무게는 더 긴 시간에는 더 큰 작용을 한다는 것이 참이라면, 무게가 B에서 C로 운동하는 동안 물체에서 다시 가져올 수 있는 속도보다 더 큰 속도를 물체는 B에서 보유해야 한다고 생각해야 한다. 따라서 물체는 이 속도를 매개로 점 C 너머까지 올라갈 수 있어야만 하는데, 리히트샤이 A 45
트의 증명에 따르면 이것은 오류다.

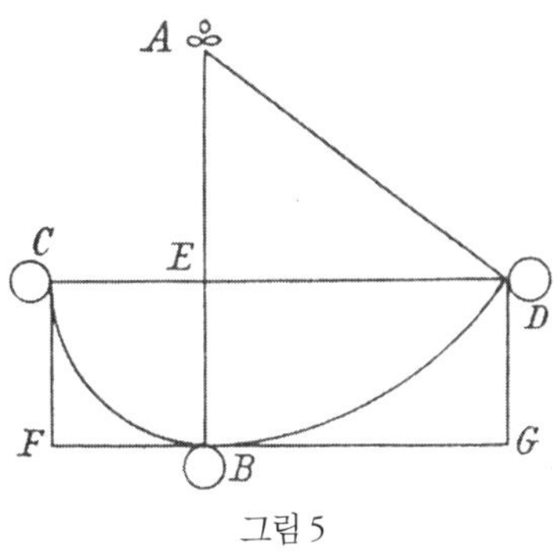

그림 5

그러나 만약 물체가 D에서 B로 운동할 때의 실 AB가 C에서 B로 낙하할 때의 실 EB 또는 EC보다 물체에 더 강하게 대립해 있고 물체의 무게로 인한 낙하를 더 많이 저지한다는 것을 고려해본다면, 다음은 쉽게 이해될 수 있을 것이다. 즉 D에서 B로 하강하는 모든 순간에

* 그림 5.

I 47 물체에 누적되고 모이는 힘의 요소는 반대로 물체가 C에서 B로 하강하는 모든 순간에 무게가 물체 C에 부과하는 힘의 요소보다 더 작을 것이다. 왜냐하면 실에 묶여 있는 어떤 한 물체가 고정점 A에서 호 DB로 통과하도록 하든, 호 CB로 통과하도록 하든, 아니면 물체가 호 DB 또는 CB의 경로를 자유롭게 왕래하도록 하든, 이것은 동일한 것이므로, 우리가 언급한 낙하가 그와 같이 서로 결합된 우묵한 면에서 현실적으로 발생하는 것처럼 생각할 수 있기 때문이다. 이제 호 DB가 가로선에 대해 다른 호 CB보다 더 많이 기울어져 있다면, 물체는 무게의 작동에 호 CB보다 호 DB에서 더 오래 노출되겠지만, 호 DB가 다른 호 CB가 하는 것보다 물체와 결합되어 있으려고 노력하는 무게의 더 큰 부분을 저지한다.

나는 이 반박에 대한 해결을 생략할 수 있었다. 그들이 어떤 곳에서도 이런 반박을 행하지 않았다고 알고 있고, 그래서 라이프니츠 지
A 46 지자들이 자신들의 문제점을 알고 있었던 것처럼 보이기 때문이다. 그러나 리히트샤이트가 자기 논고의 판관으로 선택했던 라이프니츠는 그 논고에 칭찬어린 찬동을 선사했다. 그리고 그의 명성은 그 찬동에 어느 정도 무게감을 실어줄 수 있었다.[51)]

§ 35

무게에 따른 물체의 낙하에 관한 문제에서 떠나기 전에, 나는 살아 있는 힘의 옹호자들에게 여전히 해결해야 할 또 하나의 사례를 주고자 한다. 그 사례는 내가 보기에 라이프니츠와 그의 옹호자들이 지금까지 우리를 설득하고자 한 것처럼, 무게가 물체에 부과하는 힘의 측정과 관련하여 시간에 대한 고찰을 배제하는 일이 불가능하다는 것

을 충분히 보여줄 것이다.

§ 36

무게 때문에 발생하는 힘을 측정할 때 시간을 필연적으로 함께 고려해야만 한다는 것을 보여주는 새로운 사례 I 48

그 사례는 다음과 같다. 데카르트주의자들과 라이프니츠주의자들의 통상적인 방식에 따라 나는 높이* ab에서 가로선 bc까지 물체에 전달되는 무게의 압력을 무한히 많은 수의 용수철 AB, CD, EF, GH로 표시한다. 나아가 나는 경사면 ac 위에 물체 m과 다른 물체 l을 놓은 다음 a에서 b로 자유낙하하도록 한다. 이제 라이프니츠주의자들은 용수철의 압력으로 경사면 ac로 하강하는 물체 m의 힘을 이 비스듬한 낙하의 끝 지점인 c에서 어떻게 평가할 것인가? 그들은 물체를 a에서 c로 나아가게 하는 용수철 수와 각각의 용수철이 ac 방향으로 그 물체를 밀어붙이는 힘을 곱하는 것 외에 다른 것을 척도로 제시할 수는 없다. 왜냐하면 우리가 헤르만의 A 47
사례에서 본 것처럼(§ 31) 그들의 이론체계가 바로 이런 척도를 요구하기 때문이다. 그리고 이와 마찬가지로 그들은 또한 a에서 b로 자유낙하하는 다른 물체 l에 있는 힘 역시 물체를 미는 용수철의 수와 각 용수철이 물체를 밀어붙이는 강도의 곱으로 평가하지 않을 수 없다.

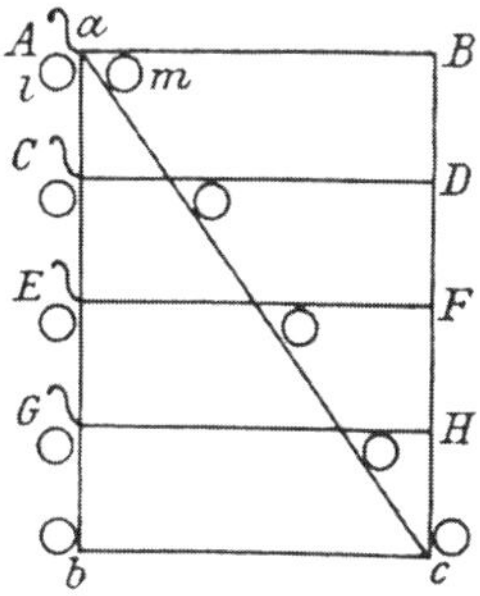

그림 6

* 그림 6.

그러나 경사면 ac를 통과하는 것이든 높이 ab를 통과하는 것이든 양측의 용수철 수는 동일하다. 따라서 이 두 경우에서 각각의 용수철들이 물체에 부과하는 힘의 크기만이 물체 l과 m이 b와 c에서 획득한 힘들의 참된 척도로 남게 된다. 각각의 용수철들이 물체 m을 경사면 ac 방향으로 누르는 힘의 세기[52)]는 바로 이 용수철들이 물체 l에 대해 그 운동방향인 ab로 행사하는 압력의 강도와 비례하는데, 이는 역학의 첫째 근본원리가 우리에게 가르쳐주는 것처럼 ab가 ac와 비례하는 것과 마찬가지다. 따라서 물체 l이 수직낙하의 끝 지점 b에서 갖는 힘은 ac가 ab와 비례하는 것과 마찬가지로 m이 비스듬한 낙하의 끝 지점인 c에서 갖는 힘과 비례할 것이다. 그런데 이것은 불합리하다. 두 물체는 b와 c에서 동일한 속도를, 따라서 같은 힘을 갖기 때문이다.

데카르트주의자들은 시간을 끌어들임으로써 이러한 반론을 모면한다. 왜냐하면 비록 각각의 용수철이 경사면 ac에서 물체 m에 더 적은 힘을 부과할지라도(힘의 일부분이 그 표면의 저항으로 소멸되기 때
A 48 문에), 이 용수철들은 그 압력에 훨씬 더 짧은 시간 노출되는 물체 l보다 물체 m에서 훨씬 더 긴 시간 작용하기 때문이다.

§ 37

이제까지 무게 때문에 낙하하는 물체에 대한 고찰은 어떤 방식으
I 49 로도 살아 있는 힘을 옹호하지 못한다는 것을 증명했으므로, 이제는 살아 있는 힘의 옹호자들이 항상 상당한 자신감을 보이는 다른 종류의 증명들을 검토할 때다. 그것은 탄성체의 운동에 대한 학설이 그들에게 제공한 것으로 보이는 증명들이다.

§ 38

힘에 대한 라이프니츠의 측정으로 야기된 분열 때문에 세상에는 우리가 그토록 위대한 추론의 대가들에게서는 결코 생각할 수 없었던 수많은 기만과 사도(邪道)가 기하학자들 사이에서 생겨났다. 이 악명 높은 논쟁에서 모든 사건에 관해 우리에게 전해진 소식들은 언젠가는 인간 지성의 역사에서 매우 유용한 위치를 차지하게 될 것이다. 무엇보다도 명료성과 확증을 보증해야 할 탐구에서 기하학의 가장 명민한 대가마저 회피할 수 없었던 저 유혹을 제외한다면, 어떠한 고찰도 우리의 이성추론의 정당성을 그토록 드높인 사람들의 상상을 압도하는 승리를 거두지는 못했다.

만약 라이프니츠주의자들이 현재 살아 있는 힘에 대한 반박할 수
없는 증명들로 간주하는 증명의 구축에 스스로 노력을 아끼지 않는 A 49
주의를 기울였다면, 이 같은 사도에 빠져드는 일은 불가능했을 것이다.

§ 39

탄성체의 운동에서 도출되는 모든 증명의 총체

거의 모든 증명은, 최소한 살아 있는 힘에 대해 충돌에 따른 탄성체 운동에서 도출된 것들 중 가장 그럴듯한 증명들은 다음과 같은 방식으로 등장한다. 사람들은 충돌 후 탄성체에 존재하는 힘을 충돌 전의 힘과 비교했다. 만약 그들이 힘을 질량과 속도의 곱에 따라 측정했다면, 전자는 후자보다 더 클 것이다. 그러나 오직 단순 속도 대신 속도의 제곱을 상정하는 경우에만 완전한 등식이 성립

한다. 여기에서 라이프니츠주의자들은 탄성체는 충돌하는 탄성체
I 50 에, 그 탄성체의 힘이 자신의 속도에 단순 비례할 때 현실적으로 발생하는 것보다 더 많은 운동을 부과할 수는 결코 없을 것이라고 추론했다. 이 척도에 따르면, 원인은 항상 산출된 결과[53]보다 더 작을 것이기 때문이다.

§ 40

라이프니츠주의자들은 자신들의 고유한 역학적 학설체계에 따를 때, 자신들의 추론을 반박하게 된다

이 추론은 이 추론을 이용하여 정립한 바로 그 자신들의 정리에 따라 완전히 반박된다. 나는 렌, 월리스, 호이겐스[54] 그리고 다른 사람들의 역학적 발견을 인용하
A 50 지는 않을 것이다. 정부의 고문관이자 남작인 볼프가 내 보증인이 될 것이다. 만약 우리가 누구나 알고 있는 그의 『역학』을 참고한다면,[55] 거기에서 우리는 의심할 여지없이 다음과 같은 증명을 발견하게 될 것이다. 즉, 탄성체는 원인과 결과의 동등성이라는 법칙에 완전히 적합하게 자신의 모든 운동을 다른 물체에 전달하며, 이 경우 단순 속도 외에 다른 힘을 상정할 필요가 없다는 것이 그것이다. 적어도 같은 종류의 다른 탄성체에 충돌한 어떤 한 탄성체의 힘에서는 각 물체가 자신의 힘에서 끌어내는 바로 그 운동만이 도출된다는 것을 인지하는 데 방해가 되지 않는다면, 나는 또한 사람들이 살아 있는 힘에 대한 어떤 것도 심지어 그 이름마저 알 필요 없다고 덧붙일 수 있다. 단순 속도에 따라 힘을 측정하는 것이 충분히 타당하다는 기하학적 증명을 한 다음, 이 증명에서 다른 물체에 있는 일정량의 운동을 도출하는 것은 이상하지 않은가? 발하자면

그와 같은 증명을 한 다음, 이 힘이 다른 물체의 운동량을 위해서는 충분히 큰 것이 아니라고 생각하는 것은 이상하지 않은가? 이것은 이전에 아주 엄격하게 증명되었던 모든 것을 철회한다는 것을, 그리고 일견 반대로 보이는 현상 때문에 그렇게 한다는 것을 의미하지 않는가? 나는 독자들에게 단지 내가 인용한 『역학』을 이것과 비교해보라고 권할 뿐이다. 독자들은 탄성이 높은 물체에 귀속시켜야 하는 저 귀결들과 운동들을 매우 엄밀하게 밝히기 위해 제곱에 따른 측정이라는 개념이 꼭 필요한 것은 전혀 아니라는 아주 강한 확신 외에 다른 어떤 것도 느낄 수 없을 것이다. 그러므로 이 모든 기만에 현혹되 A 51
어 잘못된 길로 빠져들지 않도록 하자. 기하학적 증명에서 참으로 밝혀진 것은 또한 영원히 참으로 남을 것이기 때문이다.

§ 41 I 51

세 탄성체의 충돌에 관한 헤르만 씨의 사례

우리가 일반적으로 증명했던 것을 특수한 사례를 들어 입증해보자. 헤르만은 살아 있는 힘을 옹호하기 위해 작성했던 논고[56)]에서 질량 1과 속도 2인 물체 A*를 완전하게 매끄러운 표면 위에 질량 3인 정지해 있는 공 B와 나란히 둔 다음, A가 공 B에 튕겨 속도 1로 되돌아오면서 질량 1인 공 C와 충돌하도록 했다. 공 A는 정지 상태에 있는 공 B에 속도 1을 그

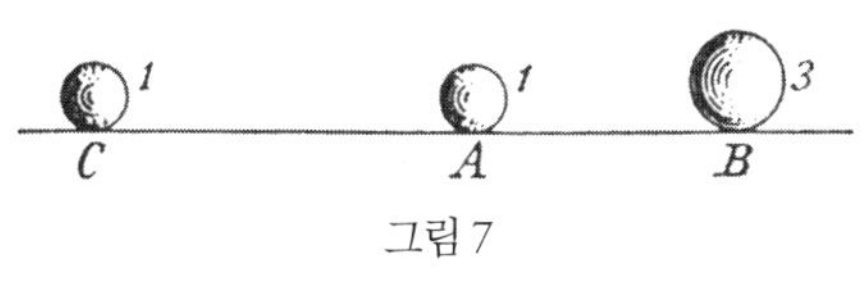

그림 7

* 그림 7.

리고 공 C에도 속도 1을 전달한 다음 정지하게 될 것이다. 헤르만은 여기에서 만약 힘이 단지 속도에만 비례한다면 A는 충돌 전에는 2의 힘을 가지고 있겠지만, 충돌한 후에는 물체 B와 C에서 더해져 4의 힘을 갖게 될 것이라고 추론했는데, 이것을 그는 불합리하다고 생각했다.57)

힘이 2인 물체 A가 어떻게 4의 힘을 물체 B와 C에 전달할 수 있는지 검증해보자. 이를 위해 기적을 일으키거나 살아 있는 힘에 호소할 필요는 없다. 충돌로 활성화되는 물체 A*의 탄성력을 용수철 AD
A 52 로 표시하고 공 B의 탄성을 용수철 DB로 표시해보자. 이제 우리는 역학의 제1근거들에서 다음을 알 수 있다. 이 용수철의 사례에서 보자면, 물체 A는 용수철을 매개로 B와 A가 동일한 속도로 운동할 때까지 계속해서 새로운 압력과 힘을 공 B에 부과할 것이다. [그런데] 이것은 질량 A가 두 질량 A와 B의 합과 관련되어 있듯이, 이 물체들의 속도가 충돌 전 공 A의 속도와 관련되어 있는 경우에 발생한다. 다시 말해 이 두 물체가 1/2의 속도를 가지고 BE 방향으로 운동하는 현재 사례와 같은 경우에 발생한다. 여기에서 작용은 여전히 속도에 따라 측정된 힘에 비례할 테고, 어느 누구도 이것을 부정하지는 않는다. 그런데 이 용수철의 사례에서 물체 A가 용수철을 매개로 공 B에 작용하는 동안 용수철 AD와 DB에 어
I 52 떤 일이 발생하는지도 검토해보자. 용수철 AD는 D 지점에서 용수철 DB에 이 용수철 DB가 물체 B에 압력을 행사하는 만큼의 힘을 행사해야만 하는데, 공 B가 자신에게 발생하는 작용에 같은 강도로 저항

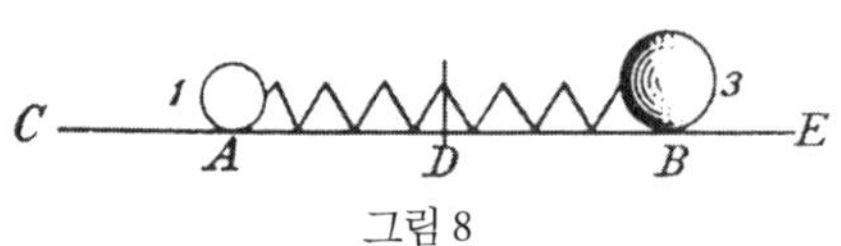

그림 8

* 그림 8.

하기 때문에 용수철 DB는 다른 용수철 [AD]의 분투[압력]로 자신
이 공 B에 행사한 것과 정확히 같은 정도의 힘으로 압력을 받으리라
는 것은 명백하다. 정확히 같은 방식으로 공 A는 D 지점에서 용수철
DB에 작용하는 것과 정확히 같은 정도의 힘으로 용수철 AD에 압력
을 행사할 것이다. 왜냐하면 용수철 DB는 용수철 AD에 대해 후자가
전자에 작용하는 것과 동일한 강도로, 즉 공 A가 자신의 용수철 AD
에 압력을 행사하려고 애쓰는 것과 동일한 강도로 반대 압력을 행사
하기 때문이다. 이제 용수철 DB가 팽창할 때 갖는 힘은 공 B의 저항, A 53
즉 공 B가 이 경우 수용하는 힘과 동일하다. 그러나 용수철 AD의 압
축력도 용수철 DB가 팽창하는 힘과 동일하기 때문에 이 두 힘은 물
체 B가 이 경우 획득한 힘, 즉 물체 B가 질량 3과 속도 1/2로 운동할
때 갖는 힘과 같다. 그러므로 만약 이 두 용수철이 팽창한다면, 용수
철 DB는 팽창하기 전의 속도와 동일한 속도, 즉 1/2의 속도를 공 B
에 줄 테고, 용수철 AD는 물체 B보다 3배 더 작은 질량을 갖기 때문
에 물체 B에 세 배 더 큰 속도, 즉 1+1/2의 속도를 줄 것이다. 만약 이
힘들이 동일하다면, 속도들은 가설에 따르면[58] 질량에 반비례하기
때문이다. 따라서 공 B는 물체 A와의 충돌과 용수철 DB의 팽창에 따
라 합해서 BE 방향으로 속도 1을 갖는다. 그러나 공 A도 또한 속도 1
을 얻을 테고, 이 속도로 AC 방향으로 운동하게 될 것이다. 왜냐하면
충돌한 후에 AE 방향으로 공 A에 여전히 남아 있는 속도 1/2은 용수
철의 팽창이 AC 방향으로 공 A에 부과한 속도에서 제해져야만 하기
때문이다.* 이것이 헤르만이 데카르트 법칙에 따라서는 설명이 불가
능하고 여겼던 바로 그 사례다.

* 나는 여기에서 물체 C를 포함시키지 않았다. 왜냐하면 물체 C의 속도와 질량은 공 B의 질량과 속도와 아무런 차이가 없으므로, 헤르만이 한 것처럼 물체 B를 대신하여 물체 C를 끌어들일 필요가 없었기 때문이다.

A 54 나는 여기에서 다음과 같은 결론을 내린다. 즉 물체 A가 속도 2와
I 53 또한 힘 2를 가졌다면, 헤르만이 그 물체에서 부정하고자 했던 그 작용을 완전하게 성취할 수 있으며, 만약 누군가가 어떤 물체가 힘 4를 가졌는데 그럼에도 힘 2로 달성할 수 있는 만큼만 달성했다고 주장한다면, 그 사람은 원인과 결과의 동등성 법칙을 위반하는 것이다.

§ 42

헤르만의 추론에서 오류가 발생하는 이유

헤르만의 추론에서 오류가 생기는 정확한 지점을 찾아보자. 이것은 동시에 살아 있는 힘을 설명하기 위해 탄성체를 활용한 거의 모든 경우에서 발견되는 오류이기도 하다. 사람들은 충돌 후 물체의 힘은 충돌 전 물체의 힘과 동일하다고 추론해왔다. 결과는 그 결과를 산출하는 데 소진된 원인과 같은 크기를 갖기 때문이다. 여기에서 나는 라이프니츠주의자들이 충돌 후 발생한 힘의 상태와 크기는 오직 유일하게 충돌체가 충돌 전에 가지고 있었던 힘의 작용뿐이라고 생각한다는 것을 알아냈다. 이것이 잘못된 것이고, 이런 잘못의 귀결들을 우리가 본 것이다. 왜냐하면 고유하게 그리고 완전한 방식으로 충돌체 A의 힘에서 유래하는 운동들은 용수철이 압착될 때 A와 B 양자가 1/2 속도로 운동한다는 것 외에 더는 어떤 것도 아니기 때문이다. 용수철의 압착은 A가 B를 밀어붙이는 힘의 특수한 작용이라기보다는 오히려 두 물체의 관성력의 결과다. 왜냐하면 B는 자신을 압착하는 용수철 DB에 대해 같은 강도로 반작용하지 않는다면
A 55 1+1/2의 힘을 획득할 수 없을 테고, 따라서 압력과 반압력 간의 균형 상태가 동시에 용수철 BD를 압착하지 않았다면, 용수철 AD는 B에

어떠한 힘도 부과할 수 없을 것이기 때문이다. 게다가 용수철 AD가 이로써 같은 정도의 강도로 압착되지 않는다면, 물체 A는 용수철 AD를 매개로 용수철 DB에 압력을 가할 수 없을 것이다. 우리는 이런 방식으로 이전에 물체 A에는 존재하지 않았던 완전히 새로운 두 힘이 자연적으로 생겨난다는 것에 놀랄 필요가 없다. 이런 일은 비탄성체가 다른 비탄성체에 작용할 때에도 실제로 항상 발생한다. 다만 이 경우에는 이 새로운 힘의 결과가 탄성이 높은 물체처럼 유지되는 것이 아니라 오히려 상실된다.

비탄성체들이 서로 충돌할 때에는 충돌 전보다 더 많은 힘이 행사된다

왜냐하면 A가 x의 힘으로 B에 작용하는 I 54
그 순간, B는 이 힘을 BE 방향으로만 받는 것이 아니고, 동시에 x의 강도로 A에 다시 반작용하기 때문이다. 따라서 이를 위해서는 우선 자연에는 2x가, 즉 공 A의 공 B에 대한 압력 x, 그리고 이와 꼭 마찬가지로 공 B의 반압력 x가 존재할 테고, 둘째로 A에서 B로 BE 방향으로 이행하는 힘 x가 존재할 것이다. 처음의 두 위력은 두 용수철을 압착하는 탄성체가 상호 충돌할 때 사용되는데, 이 두 용수철은 나중에 그것들이 팽창할 때 자신들의 힘을 물체에 전달하게 된다. 따라서 탄성체들은 상호 충돌하는 순간 자연에 존재하게 되는 힘의 전체 양을 유지하도록 설계된 자연의 기계다. 왜냐하면 이것들이 없다면, 물체들이 충돌[59]할 때 사용했던 힘의 일부가 이 세계에서 사라질 것이기 때문이다.

§ 43 A 56

헤르만의 사례를 해결할 때 나는 이 증명의 근거를 이 철학자가 알고 있었는지 또는 살아 있는 힘의 가장 명망 있는 옹호자들이 살아 있는 힘을 해명해야만 하는 것이 관건이 될 때, 이들이 부정하고자 했던 것이 무엇인지 아무것도 언급하지 않았다. 헤르만은 탄성체의 충돌로 발생하는 운동들이 어떻게 그 물체들의 단순 속도에서 도출될 수 있는지 당연히 알았을 것이다. 왜냐하면 이것을 몰랐다면, 질량 1을 가진 공은 질량 3을 가진 공과 속도 2로 충돌할 때 힘 4를 산출한다는 것을 그가 아프리오리하게 아는 일은 불가능할 것이기 때문이다. 나는 우리가 제시했던 방식의 해결책이 없었다면 그가 그 사례를 알 수 없었을 것이라고 생각한다. 왜냐하면 역학적 탐구에서는 탄성체가 충돌에서 산출하는 운동을 연구할 때, 특별히 탄성력 없이 행해지는 것을 먼저 고찰하고, 그런 다음 거기에 탄성의 작용을 추가하되, 물체가 질량과 단순 속도에 비례해서 수행할 수 있는 것에 따라 양자를 규정한다는 것은 누구나 알기 때문이다. 사람들은 사람에 대한 논증[60]이라 불리는 이런 종류의 논증에서 헤르만과 라이프니
I 55 츠주의자들 모두에 반대하는 것보다 더 강력한 어떤 것을 제시할 수는 없다. 왜냐하면 그들은 자신들이 탄성체의 충돌로 야기되는 운동들에 대해 근거를 제시하려고 이제까지 동의해왔던 모든 증명이 거짓이었다는 것을 알고 있었음이 틀림없거나, 아니면 탄성체만 질량
A 57 과 속도의 단순한 합성에 비례하는 힘을 가지고 운동을 산출하며 그 때문에 그들은 그것이 필연적으로 속도의 제곱을 가진다고 믿어왔다는 것을 시인해야만 하기 때문이다.

§ 44

샤틀레는 이 해결을 몰랐다 샤틀레와 메랑 간의 논쟁으로 탄성체가

충돌해서 충돌 전에 가졌던 것보다 더 큰 운동량을 이 세계에 산출하는 방식과 방법에 대해 내가 상세하게 해명했던 것이 불필요한 일이 아니었다는 점이 인정될 것이다. 그 이유는 다음과 같다. 메랑은 이렇게 말한다. 탄성력은 자연의 진정한 기계다 등. 만약 누군가가 탄성체 충돌의 모든 작용을 그것들이 상반된 두 방향에서 산출하는 것을 양의 값으로 합산하여 고찰하고자 한다면, 그 사람은 자연에서 일어나는 이 충돌에서 발생한 것으로 보이는 그리고 충돌로 자신을 드러내는 이 새로운 힘을, 충돌체가 이 작용을 피충돌체에만 전달할 때와 같은 충돌체의 활동으로 야기된 것으로 생각해서는 안 되고, 오히려 힘의 이질적 원천으로 야기된 것이라고 생각해야만 한다 등. 한마디로 말해, 그것이 무엇이든 간에 사람들은 이 새로운 힘을 충돌로 그 효력이 발생하는, 즉 용수철을 압착하는 탄성이라는 어떤 물리적 원인에 귀속해야만 한다 등. …… 그러나 나는 만약 메랑이 이렇게 말한다면, 샤틀레는 그에게 다음과 같이 답할
것이라고 생각한다. 이 견해의 창시자가 여기에서 주장하고자 한 것을 A 58
노고를 아끼지 않고 어떤 증명에 기초하여 근거를 마련하고자 했다고 하기 전까지는 이것을 탐구하는 것은 무용하다. 나는 메랑을 대신하여 이러한 노고를 치르는 영예를 얻었고, 이것으로 이 문제에 대한 내 장광설이 양해될 수 있으리라고 믿는다.

§ 45 I 56

비탄성적이고 질량이 상이한 두 물체의 반동에 관한 유린의 반론

라이프니츠주의자들에 대해 이러한 반론, 즉 질량에 반비례하는 속도로 서로 부딪치는 두 비탄성체는 충돌 후에 정지하게 된다는 반론을 유린[61]과 다른 사람들이

제기한 바 있다. 이제 살아 있는 힘에 대한 학설에 따른다면, 여기에는 두 종류의 힘, 즉 사람들이 임의로 동등하지 않게 만들 수 있는 힘, 그리고 그럼에도 상호 균형 상태를 유지할 수 있는 힘이 있게 된다.

용수철의 압착과 비교한 이 반론에 대한 베르누이의 반박

나는 샤틀레의 『자연학』[62]에서, 내가 인용에서 밝혔듯이, 저 유명한 베르누이[63]가 처음으로 제기한 이 반론에 대한 답을 발견했다. 베르누이는 자기 의견에 대해 이름값에 합당한 보호벽을 찾아내는 행운을 누리지 못했다. 그는 비탄성체들은 그것들의 부분들을 압축함으로써 서로에 대해 그것들이 그것들 사이에 놓인 용수철을 압축할 때와 정확히 동일한 작용을 한다고 말했다. 따라서 그는 용수철 R*를 상정하고, 이 용수철 R는 같은 시간에 양쪽으로 펼쳐져 양쪽에 있는 질량이 동일하지 않은 물체를 밀친다고 가정했다. 그는 이 용수철에 의해

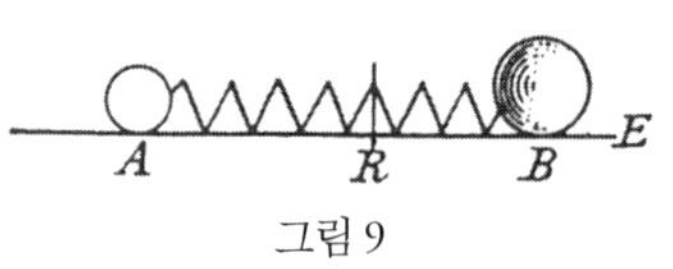

그림 9

A 59 물체에 전달되는 속도들은 그 물체의 질량과 반비례한다는 점, 따라서 만약 공 A와 B가 이 [반비례하는] 속도로 되돌아온다면 이 공들은 용수철을 압축되어 있던 처음 상태로 다시 복구시킬 것이라는 점을 증명했다. 이 점까지는 모든 것이 정당하고 데카르트주의자의 정리와 완전히 일치한다. 그러나 그가 자신의 논증을 어떻게 수행했는지 살펴보자. 용수철은 상호 팽창하기 때문에 용수철의 부분들은 한편으로는 A쪽을 향해, 다른 한편으로는 B쪽을 향해 운동한다. 하지만 분할 지점은 질량 A와 B에 반비례하여 용수철을 분할하는 R에 있게 된다. 따라서 용수철 R의 부분 RB는 질량 3인 물체 B에 작용하는

---

* 그림 9.

반면, 다른 부분 RA는 질량 1인 공 A에 자신의 힘을 전달한다. 그러나 이 물체들에 할당된 힘들은 이 물체들에 압력을 행사하는 용수철의 수에 비례할 것이다. 따라서 공 A와 B의 힘은, 그것들의 속도가 질 I 57
량에 반비례할지라도 동일하지 않다. 이제 만약 용수철 R가 완전히 펼쳐지고 용수철이 팽창할 때 물체들에 전달한 바로 그 속도로 되돌아온다면, 한 물체는 용수철의 압축을 매개로 다른 물체를 정지할 수 있다는 것을 쉽게 알 수 있다. 이제 그것들의 힘들은 동일하지 않고, 따라서 우리는 여기에서 힘이 동일하지 않은 두 물체가 서로 정지시키는 것이 어떻게 가능한지 알게 된다. 그는 이것을 비탄성체의 충돌에 적용한다.

§ 46 A 60

베르누이의 주장은 반박된다

나는 이 논증이 자신의 증명을 훨씬 더 완전하게 구축해왔던 베르누이의 논증이 아니라는 것을 알고 있다. 서로 팽창하는 용수철이 물체 A와 B 중 어떤 한 물체에 그 용수철이 다른 물체에 전달한 것과 같은 힘을 전달해야만 한다는 것은 논쟁할 여지없이 확실하다. 용수철은 그것이 공 B에 부딪힌 강도와 크기가 같은 힘을 공 A에 전달하기 때문이다. 만약 용수철이 그 어느 곳에서도 전혀 아무런 저항에도 부딪치지 않는다면, 그 경우 용수철은 아무런 작용 없이 느슨해져버릴 것이므로 공 A에 전혀 아무런 힘도 전달하지 않을 것이다. 그런 까닭에 이 용수철은 운동하는 공 B의 다른 측면에 정확히 같은 정도의 위력으로 압축하지 않는다면, A에 아무런 힘도 행사할 수 없다. 따라서 공 A와 B의 힘은 동일하며, 베르누이가 잘못 주장한 관계, 즉 길이 AR와 RB의 관계가 성립하는 것은 아니다.

우리는 베르누이의 추론에서 오류가 어떻게 발생했는지 쉽게 알 수 있다. 그 오류의 원천은 라이프니츠 학파가 매우 확고하게 견지해 온 명제, 즉 물체의 힘은 그 물체에 작용하는 용수철의 수에 비례한다는 명제다.* 우리는 이미 위에서[64] 이 명제를 논박했으며, 베르누이의 사례는 우리 생각을 확증해준다.

I 58

§ 47

베르누이의 생각은 우리 의견을 확증해준다

살아 있는 힘을 옹호하기 위해 사용하고자 했던 이 설명이 우리에게는 오히려
A 61 그것을 완전히 무력화하는 무기로 얼마나 탁월하게 사용되는지를 안다는 것은 즐거운 일이 아닐 수 없다. 왜냐하면 이제 용수철 R가 질량이 1과 3인 물체들에 동일한 힘을 전달한다는 것(§ 46), 나아가 라이프니츠주의자들이 스스로 인정하듯이 질량 1인 공의 속도는 3이고, 질량 3인 공의 속도는 1이라는 것은 이제 확실하기 때문이다. 여기에서 곧바로 살아 있는 힘과 반대되는 두 결론이 도출된다. 첫째, 물체가 용수철의 압력으로 획득하는 힘은 그 물체를 밀어붙이는 용수철의 수가 아니라 작용시간에 비례한다. 둘째, 질량 1과 속도 3인 물체가 질량 3과 속도 1만을 갖는 다른 물체보다 힘을 더 많이 갖는 것은 아니다.

---

* 따라서 물체 A와 B는, 용수철 RA와 RB가 물체에 같은 시간 작용하기 때문에 그리고 이 용수철의 부분들은 모두 같은 강도로 압축되기 때문에 동일한 힘을 갖는다.

§ 48

세계에서는 동일한 양의 힘이 지속적으로 보존된다는 것을 통한 살아 있는 힘의 방어

이제까지 우리는 라이프니츠 지지자들이 살아 있는 힘을 방어하기 위해 탄성체의 충돌을 어떻게 다루어왔는지 살펴보았다. 그런데 그들의 적용은 단지 수학적이었다. 여전히 그들은 또한 운동학[65]의 이와 같은 한 토막에서 자신들의 의견을 지지하는 형이상학적 근거를 발견할 수 있다고 생각했다. 라이프니츠 자신이 이 논증의 창시자이며, 그의 명성은 이 논증에 적지 않은 무게감을 실어주었다.

라이프니츠는 세계에는 항상 동일한 양의 힘이 보존된다는 데카르트의 원리를 기꺼이 수용했지만, 그 힘의 양은 오직 속도의 제곱에 따라 측정되어야만 한다고 생각했다. 라이프니츠는 힘의 낡은 척도 A 62
는 이 멋진 규칙을 허용하지 않는다는 것을 보였다. 왜냐하면 만약 저 낡은 척도를 인정한다면, 자연에 있는 힘은 물체들의 상호 위치가 변화함에 따라 부단히 감소하거나 증가할 것이기 때문이다. 뉴턴이 상상했던 것처럼 라이프니츠도 신이 자신의 창조물에 부여한 운동을 부단히 다시 새롭게 해야만 한다는 것은 신의 권능과 지혜에 합당하지 않다고 믿었다. 그리고 이것은 그에게 이러한 난점을 제거할 수 I 59
있는 법칙을 탐구하도록 했다.

§ 49

이 반박에 대한 첫째 해결

우리는 앞에서 살아 있는 힘은 그것의 방어자들이 사용했던 방식, 즉 수학적 이

해 방식으로는 그 어떤 해명도 할 수 없다는 것을 증명했기 때문에, 문제의 완전한 불가능성을 통찰한다면 여기에서 신의 권능과 지혜는 이미 그 자체로 구제된다. 가령 우리가 이 반론에 대한 다른 방식의 답변으로 패배할 수밖에 없더라도, 우리는 항상 이 보호막 뒤로 숨을 수 있다. 왜냐하면 우리가 주장해온 운동법칙을 따르면 세계는 그 힘이 점차 소진된 후 궁극적으로 완전한 무질서 상태로 전락한다는 것이 필연적일지라도, 그럼에도 이 공격은 신의 권능과 지혜에 아무런 타격을 줄 수 없기 때문이다. 사람들은 다음을 결코 부정할 수는 없을 것이다. 즉, 신의 권능과 지혜는 절대적으로 불가능하고 따라서 어떤 방식으로도 발생할 수 없다고 우리가 알고 있는 법칙을 이 세계에 창조하지 않았다.

A 63

§ 50

예상된 반론에 대한 둘째 답변

그러나 용기를 내야만 한다. 우리는 아직 너무 절망하여 도망갈 핑계를 찾아야 할 필요는 없다. 도망갈 핑계를 찾는다는 것은 엉킨 실타래의 매듭을 베어버린다는 것을 의미한다. 하지만 우리는 오히려 이 매듭을 잘 풀어놓으려는 것이다.

만약 라이프니츠주의자들이 물체의 힘은 제곱에 의한 측정에 따른다는 것이 세계기계를 유지하려면 회피할 수 없는 필연이라고 간주한다면, 우리는 그들에게 이 작은 요구를 승인해줄 수 있다. 내가 이제까지 증명해왔던 모든 것, 그리고 이 장의 결론에 이르기까지 증명하려고 생각한 모든 것은 단지 다음을 그들에게 설득하고자 하는 것이다. 즉, 추상적 고찰에서든 자연에서든 물체들의 힘은 라이프니츠주의자들이 했던 방식으로는, 즉 수학적으로 숙고하는 방식으로는 제곱에 의한 측정을 허용하지 않는다. 그러나 나는 그렇다고 해서 살아 있는 힘을 완전히 거부하는 것은 아니다. 이 논고의 셋째 장에서, 나는 자연에는 속도의 제곱이 척도인 힘들이 현실적으로 존재
한다는 것을 증명할 것이다. 다만 이것은 다음을, 즉 이런 힘은 이제 I 60
까지 시도해온 방식으로는 자연에서 결코 발견할 수 없다는 것, 이런 힘은 이런 유형의 고찰(말하자면 수학적 고찰)로는 영원히 발견할 수 없다는 것, 그리고 우리는 이 힘을 오직 형이상학적 탐구 또는 그 어떤 특별한 종류의 경험으로만 알 수 있다는 것을 조건으로 한다. 따라서 우리는 이 문제 자체를 여기에서는 본격적으로 논의하지 않고 다만 인식의 양상[66]만 논의할 것이다.

그러므로 우리는 핵심 문제에 대해 라이프니츠주의자들과 일치하 A 64
며, 따라서 그 함축에서도 일치할 것이다.

§ 51

힘의 정확히 동일한 양의 보존에서 도출한 라이프니츠주의자들의 결론의 원천

그러나 라이프니츠의 반론은 이미 오랜 기간 철학에 골칫거리였던 잘못된 가정에 근거한다. 말하자면 자연에서는 오직 현실적으로 운동하는 물질을 매개로만 운동이 발생한다는 것, 따라서 세계의 한 부분에서 상실된 운동은 다른 현실적 운동으로만 또는 신의 직접적 개입으로만 회복될 수 있다는 것이 자연학의 하나의 원칙이었다. 이 원칙은 이에 동의를 표시한 사람들에게 항상 많은 불편함을 안겨주었다. 그들은 인위적으로 짜 맞춘 소용돌이를 가지고 자신들의 상상력을

소진할 수밖에 없었고, 하나의 가설 위에 또 다른 가설을 세울 수밖에 없었다. 그리고 그들은 종국에는 자연의 복잡한 현상들을 설명할 수 있는 세계건설의 단순한 그리고 충분히 이해 가능한 설계로 우리를 인도하는 대신, 그것을 설명하기 위해 사용해야 했던 모든 것보다 훨씬 더 기묘하고 이해 불가능한 무한히 많은 기이한 운동을 가지고 우리를 혼란에 빠지게 했다.

이 난제는 어떻게 제거될 수 있나

내가 아는 한, 함베르거가 처음으로 이 고질병을 제거하는 수단을 제시했다. 그의 생각은 적절했는데, 그것은 단순하고
A 65 따라서 자연에 합당하기 때문이다. 그는 (비록 여전히 매우 불완전한 틀에서이기는 하지만) 그 자체로는 아직 정지 상태에 있는 물질에서 어떻게 물체가 현실적 운동을 획득할 수 있는지를 보여주었다. 이것은 셀 수 없이 많은 잘못된 시도들을, 심
I 61 지어 때로는 반대 의견과 결부되어 있는 기이한 작업들도 방지했다. 이 생각의 근거가 형이상학적이고 따라서 오늘날 자연학자들의 취향에는 맞지 않는다는 것이 당연하긴 하지만, 그러나 동시에 자연의 작용에 대한 가장 근원적 원천들이 철저하게 형이상학의 주제여야만 한다는 것도 명백하다. 함베르거는 우리를 자연에 대한 인식으로 인도할 수 있는 더 간명하고 편안한 새로운 길을 세상에 알리고자 하는 자신의 의도를 달성하지 못했다. 이 땅은 경작되지 않은 채 남게 되었다. 사람들은 아직 낡은 길에서 벗어나 새로운 길로 모험을 떠날 채비가 되지 않았다. 사람들이 방종과 상상력의 임의적 고안이라는 광대한 대양에 자신을 내맡기면서도 그에 반해 단순하고 이해 가능하며 그래서 바로 또한 자연에 합당한 수단을 무시한다는 것이 놀랍지 않은가? 그러나 이것은 이미 인간 지성의 공통적 질병이다. 사람들은 꽤 오랫동안 이 폭풍에 휩쓸릴 것이다. 사람들은 뒤죽박죽이

고 억지로 짜낸 고찰에 즐거워하며 거기에서 지성은 자신의 고유한 힘을 느낄 것이다. 사람들은 명민함과 창의력의 탁월한 표본으로 가득 찬 자연학을 갖기는 하겠지만, 자연 자체의 기획과 작용에 대해서는 전혀 알 수 없을 것이다. 그러나 마지막에는 자연을 있는 그대로, A 66
즉 단순하고 무한한 우회로 없이 묘사하는 견해가 승리를 쟁취할 것이다. 자연의 경로는 오직 한 길뿐이다. 따라서 참된 길에 당도할 때까지 사람들은 처음에는 셀 수 없이 많은 잘못된 길을 추구해야만 했다.

라이프니츠주의자들은 다른 누구보다 함베르거의 견해를 더 많이 수용해야만 했다. 왜냐하면 그들은 어떤 압력을 전달받은 물체에 보존되어 있는 죽은 압력도, 극복할 수 없는 장애가 그것을 다시 무화하지 않는다면, 현실적 운동으로 살아날 수 있다고 주장하는 사람들이기 때문이다. 그러므로 그들은 자신을 에워싸고 있는 유동체의 한 부분에 다른 방향보다 어떤 한 방향으로 더 많이 매달린 물체는 이 유동체가 그 물체에서 그 물체의 힘을 저항을 통해 다시 무화하지 않는 종류인 경우, 현실적 운동을 획득한다는 것을 부정할 수는 없을 것이다. 이것은 내가 지금 주장하는 것, 즉 물체는 자체로 정지해 있는 물질에서도 현실적 운동을 획득할 수 있다는 것에 관해 그들을 납득시킬 것이 틀림없다.

라이프니츠가 만든 반론에 대한 결정 I 62

라이프니츠가 신의 지혜에 대한 고찰로 데카르트 법칙에 가하고자 한 공격을 우리가 어떻게 피할 수 있을까? 모든 것은 물체가 정지해 있는 물질의 작용으로부터 현실적 운동을 획득할 수 있는지에 달려 있다. 나는 다음에 근거하고 있다. 이 세계의 최초 운동은 운동하는 물질의 힘에서 산출되지는 않았다. 왜냐하면 만약 운 A 67
동하는 물질의 힘에서 산출되었다면, 그 운동은 첫째 운동이 아닐 것이기 때문이다. 그러나 운동이 정지 상태에 있는 물질의 작용에서 발생할 수 있다는 것이 여전히 가능한 한 운동은 신의 직접적 권능이나 그 어떤 지적 존재자가 야기한 것이 아니다. 왜냐하면 신은 결함만 없다면 세계기계에 행할 수 있는 많은 작용을 절감하고, 그에 반해 자연을 가능한 한 능동적이고 효율적이게끔 만들기 때문이다. 이제 만약 운동이 애초에 자체로 죽어 있고 운동하지 않는 물질의 힘을 거쳐 이 세계에 유입되었다면, 운동은 또한 바로 이 힘으로 유지될 수 있으며, 소실될지라도 다시 보충될 수 있을 것이다. 따라서 누군가가, 설사 물체들의 충돌로 그전에 그 물체들에 있었던 어떤 힘들이 상실될지라도, 세계는 아무런 손상도 입을 수 없다고 믿는 것을 여전히 주저한다면, 그 사람은 틀림없이 의심하고자 하는 커다란 욕망을 가졌을 것이다.

§ 52

라이프니츠 법칙에 따르면, 작은 탄성체가 큰 탄성체와 충돌할 때 발생하는 힘은 충돌 전이든 후든 동일하다

이제 내가 논의해왔던 중심 주제에서 다소 벗어난 부차적 주제에서 다시 원래대로 돌아오겠다. 이미 적시했듯이, 살아 있는 힘의 방어자들은 그들이 발견한 고찰—물체들이 라이프니츠 법칙에 따라 측정된다면, 탄성체들이 충돌할 때 물체의 힘은 충돌 전과 후에 항상 크기가 같은 힘을 갖는다—을 가지고 자신들이 대단한 업적을 이루었다고 생각한다. 살아 있는 힘에 매우
A 68 기이한 방식으로 경도되어 있는 것처럼 보이는 이 생각은, 오히려 이 생각을 무너뜨리려는 우리에게 도움이 된다. 다음과 같이 결론을 맺

자. 작은 탄성체가 큰 탄성체와 충돌할 때 충돌 전보다 충돌 후에 더 큰 힘 I 63
이 존재하는 것은 아니라는 저 법칙은 틀렸다. 그런데 라이프니츠 법칙은 이런 종류의 법칙이다. 따라서 등등[라이프니츠 법칙은 틀렸다].

§ 53

언급된 라이프니츠주의자들의 고찰은 살아 있는 힘과는 완전히 상반된다

이 논증의 가정들 중 대전제만 증명이 필요하다. 이를 다음과 같은 방식으로 증명해보자. 공 A*가 더 큰 공 B와 부딪치는 경우, A가 충돌하여 우리가 탄성체라고 부르는 용수철을 압착하는 순간, 물체 B는 자신의 관성력으로 A에서 사라지게 한 것보다 더 많은 힘을 획득하지는 않는다. 그리고 반대로 물체 A는 자신이 압착한 용수철의 강도를 매개로 B에 전파한 질량 B의 저항으로 자신이 이 공 B에 부과한 것보다 더 많은 힘을 자신의 힘에서 상실하지도 않는다. 만약 이것을 부정한다면, 한 물체에 전달된 작용은 그 물체의 반작용과 동일하다는 것 또한 더는 확실한 것이 될 수 없다. 따라서 용수철이 압착되면 이전에 공 A에만 있었던 바로 그 힘은 두 물체에 나뉘어 존재하게 된다. 만약 이 상호 탄성을 가진 용수철들이 반동한다면, 그것들은 두 공을 향해 동일한 세기로 팽창
할 것이다. 이제 다음은 분명하다. 만약 A가 AE 방향으로 용수철에 A 69
압력을 행사한 후에도 A에 속한 용수철이 팽창할 때 갖는 힘과 크기가 같은 힘을 여전히 가지고 있다면, 이 용수철의 팽창은 다른 쪽에 있는 용수철 DB가 B에 부과하는 것과 크기가 같은 힘을 제거할 수

* 그림 8.(83쪽 참조)

있을 것이다. 따라서 모든 일이 끝난 다음에 충돌로든 탄성으로든 물체 A와 B에는 당연히 충돌 전에 A에만 존재했던 것보다 더 많은 힘이 존재할 수는 없을 것이다. 그러나 이것을 가정하는 일은 무의미하다. 충돌이 발생하고 용수철이 그렇게 압착된다면, A는 AE 방향으로 B와 동일한 속도를 갖지만, 용수철이 팽창할 때 행사하는 것보다 더 작은 질량, 즉 더 작은 힘을 갖는다. 이 용수철은 공 B의 힘과 크기가
I 64 같은 압축력을 가질 것이기 때문이다. 여기에서 탄성은 물체 B에 전달하는 것보다 더 많은 힘을 A에 있는 힘에서 가져올 수 없다는 것이 귀결된다. 왜냐하면 A는 그만큼 힘을 가지고 있지 않으며, 따라서 탄성은 A에서 [그만큼 힘을] 가져올 수 없기 때문이다. 탄성의 작용으로 B에 새로운 크기의 힘이 다른 쪽에서 그만큼 제해지지 않고 보태져야만 한다면, 이와 마찬가지로 A에서도 새로운 힘이 생성될 것이다. 왜냐하면 탄성은 A에서 사라지게 할 수 있는 것보다 더 많은 힘을 얻는 것은 아니므로, 공은 오직 관성력만으로 탄성에 맞설 테고, 용수철이 C로 되돌아갈 수 있기 위해 공 A의 힘을 능가해서 가진 정도의 위력을 받아들일 것이기 때문이다.

A 70 그러므로 작은 탄성체가 큰 탄성체를 향해 충돌하는 경우 충돌 전보다 충돌 후에 더 많은 힘이 존재해야만 한다는 것은 분명하다. 이제 만약 힘에 대한 라이프니츠의 척도가 옳다면, 사람들은 이에 반대해야만 할 것이다. 즉 충돌 후에도 충돌 전과 정확하게 크기가 동일한 힘이 존재한다고 해야 할 것이다. 따라서 우리는 이 법칙을 부정해야만 하거나, 아니면 이 장에서 제시한 모든 확신을 포기해야만 한다.

§ 54

앞의 논증은 큰 탄성체가 작은 탄성체와 충돌하는 사례를 고려할 때 더 명료하게 해명된다

만약 이전의 사례를 바꾸어 질량이 더 큰 공 B*가 더 작은 공 A와 부딪친다고 가정한다면, 우리는 이제까지 논의한 것의 정당성을 완전히 입증할 수 있을 것이다. 왜냐하면 여기에서는 우선 공 B가 A를 향해 충돌할 때 (말하자면 만약 우리가 탄성이 생겨나기 전에 진행된 것만 고려한다면), 공 B는 이 충돌로 B가 A에 산출하는 것보다 더 많지도 더 적지도 않은 힘을 상실하기 때문이다. 따라서 탄성력이 자신의 작용을 발휘하기 전에는 이 물체들에 있는 힘은 증가하지도 않고 감소하지도 않는다. 이제 탄성력이 물체 A가 C를 향해 진행할 때 갖는 힘으로 압축된다면, 따라서 탄성력의 강도가 BC 방향으로 B에 남아 있는 힘보다 더 작다면, 탄성력이 발휘될 때 설사 그것이 자신의 전체 위력을 사용할지라도, 탄성력은 자신을 결코 모두 소진하지는 않을 것이다. 따라서 이제 만약 충돌로 압축된 용수철이 팽창한다면, I 65
이 용수철은 물체 A에 새로운 힘을 가져다주긴 하겠지만, 그 힘은 또한 용수철이 물체 A에 전달한 꼭 그만큼을 B에서 상쇄할 것이다. 따 A 71
라서 한쪽에서 보태진 것과 같은 양이 항상 다른 쪽에서 제해지기 때문에 탄성력은 전체 힘이 증가하지 않는다.

따라서 우리는 여기에서 더 큰 물체가 질량이 더 작은 물체와 충돌하는 오직 그 경우에만 동일한 정도의 힘이 충돌에서 보존된다는 것을 알 수 있다. 그리고 이와는 다른 모든 경우에서는, 즉 한쪽에서 산출한 것과 같은 힘을 다른 쪽에서 상쇄하지 않는 탄성이 있는 경우에

---

* 그림 8.(83쪽 참조)

는 충돌 후의 힘이 충돌 전의 힘보다 항상 더 크다는 것을 알 수 있다. 그리고 이는 라이프니츠 법칙을 파괴하는 것이다. 왜냐하면 이 법칙에 따르면 모든 가능한 경우에서 자연에는 감소하거나 증가하지 않고 항상 정확하게 동일한 양의 힘이 유지되어야 하기 때문이다.

§ 55

큰 물체가 작은 물체와 충돌하는 사례에서는 데카르트 법칙에 따라 정확하게 크기가 같은 힘이 유지된다는 것을 수학은 입증하고 있다

따라서 라이프니츠주의자들은 우리에게 더 큰 탄성체가 더 작은 탄성체와 충돌하는 사례를 제시하고 그 사례가 데카르트의 측정과 모순된다는 것을 제시해야만 한다. 그들이 그렇게 할 수 있다면, 어느 누구도 그것을 반대하지 못할 것이다. 왜냐하면 오직 그런 사례만이, 충돌 후에도 충돌 전에 있었던 힘의 전체 양이 항상 확실히 발견될 수 있을 것이므로, 결정적이고 예외를 허용하지 않을 것이기 때문이다. 그러나 살아 있는 힘의 옹호자는 그 어디에서도 이런 종류의 충돌과 관련하여 데카르트 법칙을 공격하려고 시도하지 않았는데, 왜냐하면 그들은
A 72 역학적 규칙들이 여기에서는 전적으로 데카르트의 측정과 일치한다는 것을 힘들이지 않고도 당연히 알았을 것이기 때문이다. 예를 들어, 물체 B의 질량이 3이고 물체 A의 질량이 1이며, B가 A를 향해 속도 4로 충돌한다고 가정해보자. 우리는 그 경우에 이미 알려져 있는 운동학의 규칙에 따라 A와 B의 질량 차이가 두 물체의 질량의 합에 대해 갖는 비율은 충돌 후 공 B가 갖는 속도가 충돌 전에 가졌던 속도에 대해 갖는 비율과 같다고 논증한다. 그러므로 공 B는 충돌 후에

속도 2를 가진다. 게다가 충돌 후 A의 속도가 충돌 전 B의 속도에 대해 갖는 비율은 B 질량의 두 배가 A와 B 질량의 합에 대해 갖는 비율과 동일하다. 즉 2B : A+B이다. 따라서 A는 6의 속도를 얻게 된다. 그 I 66 러므로 데카르트의 측정에 따르면 충돌 전에도 12였지만, 충돌 후에도 역시 두 물체에 있는 힘은 합해서 12가 된다. 그리고 이것이 우리가 요구해온 바로 그것이다.

§ 56

작은 물체가 큰 물체에 부딪혀 되튀는 힘은 음의 값을 갖는다

만약 힘의 양을 측정하기를 원한다면, 우리는 힘이 작용할 때 그것을 고찰해야 한다. 그러나 우리는 이 작용과 결부되어 있기는 하지만, 거기에서 측정되어야만 하는 힘의 고유한 결과는 아닌 현상들을 이런 작용에서 먼저 분리해야만 한다.

이제 만약 한 탄성체가 질량이 더 큰 다른 물체와 충돌한다면, 우리는 운동법칙을 통해 충돌 후 더 작은 물체는 특정한 정도의 힘으로 뒤로 튕겨진다는 것을 알 수 있다. 우리는 또한 앞 절에서 작은 물체가 더 큰 물체에 의해 튕겨 나올 때 갖게 되는 힘은 물체 A의 힘을— 물체 A는 두 공의 탄성력이 효력을 발휘하기 전까지 공 B와 더불어 A 73 AE 방향으로 이 힘으로 진행한다—넘어 살아 있게 된 탄성의 분투가 가진 힘의 여분과 같다는 것을 확인했다. 이제 (앞에서 증명되었던 것에 따라) 탄성이 물체 A에서 AD로 향하게 했던, 그리고 탄성이 공 B에 부과하는 힘과 정확하게 같은 척도에 따라 탄성을 상쇄할 수 있는 힘을 만나는 한, 다시 말해 충돌 전에 A에만 원인으로서 존재했던

힘과 완전히 정확하게 동일한 양의 힘을 자신 안에 보유하지 않은 어
떤 것도 두 물체에서 합쳐질 수 없는 한, 결과적으로 두 물체의 상태
는 충돌 전 A가 가졌던 힘의 합당한 작용으로 간주되어야만 한다. 결
과는 항상 원인보다 크지도 작지도 않기 때문이다. 그러나 우리는 나
아가 다음도 알고 있다. 만약 탄성력이 AE 방향으로 A에 아직 남아
있는 모든 힘을 이미 사라지게 했다면, 탄성력은 두 물체 A와 B에 새
로운 힘을 부과할 테고, 따라서 이 힘은 공 A의 진정하고 완벽한 작
용을 완수하게 한 힘에 추가되어야 할 것이다. 따라서 우리가 물체 A
에서 A가 충돌 후 되튈 때 갖는 힘을 더하고 또한 공 B가 획득한 힘에
서 그만큼을 제한다면, 우리는 이런 방식으로 이 힘을 두 공의 운동
I 67 에서 다시 이끌어낼 수 있다. 여기에서 더 큰 탄성체 공과 충돌한 작
은 탄성체 공이 큰 공에서 튕겨 나올 때 갖는 힘은 부정적 종류일 테
고 음의 값을 갖는다는 것은 쉽게 간파된다. 예를 들어 속도 2인 공이
A 74 질량 3인 공 B와 충돌한다면, 그 공은 충돌한 후에 속도 1로 튕겨 나
올 테고 공 B에도 속도 1을 전해줄 것이다. 이제 만약 A가 행한 작용
의 전체량을 알고자 한다면, A가 충돌 후 되돌아갈 때 갖는 힘은 공 B
의 힘에 더해져서는 안 된다. 그렇다. 그 힘은 물체 A에서 제해져야
하는 것과 마찬가지로 B에 있는 힘에서도 감해져야만 한다. 나머지 2
가 공 A의 힘으로 완수된 완벽한 전체 작용일 것이다. 따라서 질량 2
와 속도 1인 공은 질량 1과 속도 2인 다른 공과 같은 힘을 갖는다.

§ 57

샤틀레는 적절한 시기는 아니었지만 이 점을 우습

따라서 적절한 시기는 아니었지만 메랑에 반대하여 비웃음을 던진 것은 바로 계

게 여겼다

몽된 샤틀레였다. 우리가 이제까지 언급한 관찰과 관련하여 그녀는 그에게 다음과 같이 답했다. 그녀는 이렇게 믿었다. 즉 그는 진지하게 실험을 수행했고 음의 값으로 표시되는, 500이나 1,000 정도 힘으로 되튀는 물체의 경로에서 자신을 발견하고자 했다. 나 역시 그렇다고 믿는다. 그리고 만약 내가 메랑이 진리를 이런 방식으로 해결하는 데에 관여했을 것이라고 여긴다면, 나는 나 자신을 매우 기만하는 셈일 것이다. 그러나 문제는 마르퀴즈 부인이 그것에서 추론한 것으로 보이는 것과 같은 음의 값으로 표시되는 힘이 현실적 힘이 아니라는 사실에 있는 것이 아니다. 메랑도 의심할 여지없이 이것이 그렇다고 말하려 하지 않았다. 이 A 75
힘은 사실상 현실적 힘이고, 만약 누군가가 이 힘을 확인하고자 했다면 이 힘은 현실적 작용을 수행했을 것이다. 이는 단지 다음과 같은 것만을 암시할 뿐이다. 즉 이 힘뿐만 아니라 공 B의 힘 중에서 이 힘과 크기가 같은 힘의 부분도 공 A의 완전한 작용으로 계산될 수 없다는 것, 오히려 우리는 이 힘을 A에는 전혀 없었고 그럼에도 대신 B에 I 68
서 제해진 것처럼 간주해야만 한다는 것, 그리고 그런 연후에 남아 있는 힘이 그 경우 비로소 충돌 전에 있었던 힘의 완전한 작용을 고유하게 보여준다는 것이 그것이다. 그러나 우리가 양만을 고려한다면, 그 양은 합해서 영보다 더 작은 값을 가지며 음의 값을 요구한다.

§ 58

라이프니츠주의자들은 탄성체의 충돌을 통한 살아 있는 힘에 대한 탐구를 회

이제 독자들은 라이프니츠 측정의 지지자들이 살아 있는 힘을 옹호하기 위해 사용했던 충돌을 통한 비탄성체 운동에 대한

피한다

학설에서 도출되는 증명들을 발견할 거라고 추측할 것이다. 하지만 그들은 자신들을 기만했다. 그들은 자신들의 견해를 전적으로 옹호할 수 있는 종류의 운동을 발견하지 못했다. 그래서 그들은 그런 운동을 이 탐구에서 완전히 배제하려고 했다. 이것은 진리 인식에 착수하는 사람들이 통상 겪게 되는 질병이다. 말하자면 그들은 자신들의 머리에 자리 잡은
A 76 명제와 반대되는 것처럼 보이는 것에는 눈을 감아버렸다. 그들이 수용하는 의견에 방해가 되는 난점을 제거하는 것이 관건인 경우, 보잘것없는 구실, 생기 없는 빈약한 핑계가 그들을 충분히 만족시켜줄 것이다. 만약 이런 부분에 어느 정도 제한을 가한다면, 우리는 철학에서 많은 오류를 모면할 수 있을 것이다. 만약 우리가 사람들이 품고 있는 견해를 입증하기 위해 지성이 제시한 모든 근거를 수집하는 과정에 있다면, 우리는 우리가 선호하는 의견에 대해 항상 그렇게 할 수 있는 것과 마찬가지로, 상당한 주의와 노력을 기울여 어떤 방식으로든 제시된 모든 종류의 증명을 토대로 반론을 근거 지우려고 노력해야 한다. 우리는 반대명제를 조금이라도 옹호하는 것처럼 보이는 그 어떤 것도 무시해서는 안 되며 그 옹호를 최고조까지 끌어올려야 한다. 지성의 이러한 균형에서는 다른 경우라면 틀림없이 수용되었을 의견이 수시로 배척되기도 할 것이다. 그리고 진리는, 그것이 마침내 드러날 때에는, 점점 더 밝게 빛나는 확신으로 등장할 것이다.

I 69

§ 59

살아 있는 힘과 관련해서는 비탄성체의 충돌이 탄

다음은 살아 있는 힘의 옹호자들에 의해 이미 자주 언급되어왔다. 즉 충돌에 의

성체의 충돌보다 더 결정적이다

해 살아 있는 힘이 생성되는지 그렇지 않은지를 결정하기 위해서는 비탄성체의 운동이 탄성체의 운동보다 훨씬 더 적합하
다는 것이다. 왜냐하면 이 후자에서는 탄성력은 항상 섞여 있어서 끊 A 77
임없는 혼란을 부추기는 데 반해 전자에서는 물체의 운동이 오직 작용과 반작용만으로 규정되기 때문이다. 만약 이런 사유가 살아 있는 힘의 전체 건축물을 전복하지만 않는다면, 라이프니츠주의자들이 이 사유를 명료하게 만들어 자신들을 납득시키도록 해야 한다는 것은 의심할 여지가 없다.

§ 60

비탄성체의 충돌에 관해 제기되는 반론에 대한 라이프니츠주의자들의 피난처

그런 까닭에 그들은 자신들의 피난처를 예외로 삼지 않을 수 없었는데, 이 피난처는 이제까지 사람들이 채택해온 것 중 아마도 가장 나쁜 피난처일 것이다. 말하자면 그들은 다음과 같이 주장했다. 즉 비탄성체의 충돌에서는 힘의 일부가 물체의 한 부분을 압착하는 데 사용되므로, 항상 힘의 일부분이 상실된다. 그러므로 비탄성체가 가지고 있는 힘의 절반은 정지해 있는 질량이 동일한 다른 물체와 충돌할 때 상실되고 부분을 압착할 때 소모된다.

§ 61

이런 잘못된 사유의 원천 이런 사유의 잘못된 측면이 하나만 있는 것은 아니다. 그것들 중 몇 가지만 살펴보자.

단지 일별하는 것만으로도 이 오류의 원천을 어렵지 않게 간파할 수 있다. 사람들은 일부는 경험으로, 일부는 자연학의 근거들로 다음을 알고 있다. 즉 충돌에서 그 모양이 거의 또는 전혀 변하지 않는 단단한 물체는 항상 탄성이 있다는 것, 그리고 반대로 비탄성체의 부분
A 78 들은 함께 합성된 것이어서 충돌로 약화되거나 파이게 된다는 것을 알고 있다. 자연은 일반적으로 이런 속성을 함께 결합했지만, 우리가 수학적으로 고찰할 때에는 그것을 결합된 것으로 취급해서는 안 된다.

I 70 살아 있는 힘의 지지자들은 이것을 혼동했다. 그들은 자연에서 비탄성체는 일반적으로 충돌하는 경우 일부가 약화되거나 파이는 구조이기 때문에 이런 물체의 운동에 대한 순수한 수학적 고찰이 제공하는 규칙은 이런 속성이 없다면 성립할 수 없다고 생각했다. 이것이 우리가 § 60에서 보았던 난제의 원천이며 우리가 지금 확인한 것처럼 전혀 근거가 없는 것이다.

§ 62

라이프니츠주의자들의 예외에 대한 첫째 답변 수학에서 우리는 물체의 탄성력을 다름 아닌 어떤 한 물체가 자신과 충돌하는 다른 물체를 그 물체가 자신에게 충돌했을

때 갖는 힘과 정확히 같은 정도의 힘을 가지고 다시 튕겨내는 속성이라고 이해한다. 그러므로 비탄성체는 이런 속성을 갖지 않은 물체를 말한다.

수학은 자연에서 이런 속성이 출현하는 방식에는 관심을 두지 않는다. 수학에서는 탄성이 모양의 변화와 그 변화의 순간적 복원에서 비롯하는지 또는 이 속성의 원천이 은폐된 엔텔레키, 초자연적 성질[67] 또는 그밖에 어떤 다른 종류의 원인을 신이 알고 있는지에 대해서는 A 79
완전히 무규정적이다. 만약 사람들이 역학에서는 탄성을 물체 일부분의 압착과 반동에서 생겨나는 것이라고 기술한다는 사실을 알고 있다면, 사람들도 이렇게 설명하는 수학자는 자신과 관계없는 것, 자기 의도에 아무런 기여도 하지 않는 것 그리고 본래 자연학의 주제인 것에 개입한다는 것을 알 것이다.

따라서 비탄성체에 대한 수학적 고찰이 비탄성체는 자신과 충돌하는 물체를 다시 튕겨낼 수 있는 어떤 힘도 자체로 가지고 있지 않다는 것 외에 더는 어떤 것도 전제하지 않는다면, 그리고 이 유일한 규정이 비탄성체의 운동에 대한 전체 교설을 구축한 것이라면, 이 운동의 규칙이 그런 특성을 갖는 이유가 충돌체 일부분의 압착이 그러한 법칙을 허용할 뿐 다른 어떤 법칙도 허용하지 않기 때문이라고 주장하는 것은 불합리하다. 왜냐하면 이 법칙들이 근거를 두는 근본명제들에서 우리는 부분의 압착에 관한 어떠한 흔적도 발견할 수 없기 때문이다. 이 법칙들을 구축하는 모든 개념은 이 제한과 관련하여 무규정적이므로 우리는 이 법칙에 손상을 입히지 않고도 비탄성체를 I 71
그 일부분이 압착되는 것으로 간주할 수 있는 것과 꼭 마찬가지로 충돌에서 그 모양이 변하지 않는 것으로 간주할 수 있다. 이제 이 법칙을 구축할 때 비탄성체의 운동 규칙에 합당하게 정리하기 위해 이런 압착에 전혀 주목하지 않았기 때문에, 또는 이런 압착을 함께 포함하

A 80 는 개념들이 한 번도 근거가 된 적이 없었기 때문에, 언급된 법칙이 원래 그런 법칙이라는 것에 대한 책임을 압착에 전가하는 것은 매우 기이한 일이다.

§ 63

둘째 답변: 물체가 완전히 단단할지라도, 우리는 그 물체를 비탄성적이라고 부를 수 있다

우리는 비탄성체의 운동에 관한 수학적 고찰에서 수학은 비탄성체를 사람들이 마치 그 부분이 충돌로도 압착되지 않는 것인 양 완전히 단단한 것으로 간주할 수 있다는 것을 언급했다. 자연은 또한 우리에게 어떤 한 부분이 다른 물체의 부분보다 더 많이 약화되는 물체가 항상 비탄성체는 아니라는 사례를 제공해준다. 그리고 오히려 대개 어떤 한 부분이 충돌에 따라 다른 물체와 비교할 때 거의 전혀 압착되지 않는 물체가 부분이 더 쉽게 약화되는 다른 물체보다 덜 탄성적이라는 사례를 제공해준다. 왜냐하면 사람들이 나무공을 도로 위에 떨어뜨려도, 아주 쉽게 압착될 수 있고 나무공이 자신에 비해 대단히 단단하다고 불릴 수 있는 속만 채운 공이 되튀는 것만큼, 이 나무공은 거의 그렇게 높게 되튀지는 않을 것이기 때문이다. 여기에서 우리는 자연에서는 물체가 그 부분이 압착된다는 이유로 비탄성적인 것이 아니라 오히려 부분이 압착될 때 갖는 힘과 같은 정도의 힘으로 복원되지 않는다는 단지 그 이유로 비탄성적이라는 것을 알 수 있다. 따라서 우리는 충돌할 때 그 부분들이 거의 무한히 약화되지 않지만, 동시에 이 무한히 작은 압착에서도 다시 회복되지는 않는 특성을 지
A 81 닌 물체를 상정할 수 있다. 또는 그것이 복원되는 경우라면, 작은 물

체를 큰 물체와 비교해볼 때, 가령 나무공이 그런 것처럼 그것이 압
착될 때 갖는 정도의 속도로는 전혀 충분하지 않은 물체를 상정할 수
있다. 내가 말하는 물체는 완전히 단단하지만* 여전히 비탄성적이다.
따라서 부분이 압착되지 않음에도, 사람들은 이런 물체들을 비탄성 I 72
체의 충돌 법칙에서 배제할 수 없을 것이다. 여기에서 라이프니츠주
의자들의 예외는 어떻게 유지될까?

§ 64

셋째 답변: 부분의 압착은 비탄성체의 충돌에서 힘의 일부분이 상실될 수밖에 없는 근거가 결코 아니다

우리는 라이프니츠주의자들에 대해 비탄성체는 항상 일부분이 압착된다는 그들의 전제를 인정할 수 있으며, 이것은 우리에게 전혀 아무런 손상을 입히지 못한다. 가령 물체가 충돌해 압축시키는 용수철이 두 물체 사이에 있을 때, 그 물체는 충돌로 일부가 압착되는 또 다른 운동하고 있는 물체에 행사할 수 있는 작용과 동일한 작용을 한다. 나는 이런 생각을 아무런 구애를 받지 않고 활용할 수 있다. 그 이유는 이 생각이 분명하고 납득할 수 있는 것일 뿐만 아니라 살아 있는 힘의 위대한 수호신인 베르누이[68]도 동일한 사례로 사용했기 때문이다.

이제 공 A**가 다른 공 B를 향해 운동하고 충돌할 때 용수철 R를 압
축한다면, 나는 용수철을 압축하는 데 사용된 모든 작은 정도의 힘은 A 82

---

* 왜냐하면 거의 무한히 압착될 수 없는 물체는 틀림없이 완전히 단단하다고 할 수 있기 때문이다.

** 그림 9.(90쪽 참조)

물체 B의 질량으로 전이되고 용수철을 압축하는 전체 힘을 언급된 물체 B로 전이할 때까지 축적된다고 말한다. 왜냐하면 물체 A는 전혀 아무런 힘도 상실하지 않으며 용수철도, 그것이 물체 B에 고착되어 있는 한, 그렇게 고착되어 있다는 것 외에는 조금도 압축되지 않을 것이기 때문이다. 그러나 공 A가 갑자기 물러나면, 다시 말해 A가 다른 쪽의 용수철을 압착할 때 사용한 힘을 가지고 그리고 A가 용수철을 압축할 때 사용하고 소모한 힘을 가지고 용수철이 팽창하게 되면, 용수철은 그것이 공 A쪽으로 팽창할 때 갖는 위력과 동일한 위력을 가지고 공 B에 대해 버티게 된다. 이제 다음은 명백하다. 용수철이 B를 향해 팽창하려고 애쓸 때 갖는 힘, 그리고 공 B의 관성력이 저항하는 힘과 정확히 동일한 정도의 힘이 이 공 B로 부과되어야만 한다. 따라서 B는 BE 방향으로 운동하는 전체 힘을 받아들이게 되는데, 이 힘은 A가 용수철 R를 압착하는 동안 A에서 소모된 그 힘이다.

I 73 이런 적용 사례는 쉽게 만들 수 있다. 용수철 R는 충돌로 압착되는 비탄성공 A와 B의 부분을 지시하기 때문이다. 따라서 물체 A는 B를 향한 충돌에서 양쪽에서 부분을 압착하므로, 이런 압착에서는 자기 힘 중에서 물체 B가 넘겨받지 않은 것, 그리고 충돌 후 물체 B가 운동할 때 갖는 힘 외에 다른 어떤 힘도 소모하지 않는다. 따라서 어떤 부분도 상실되지 않으며, 또한 라이프니츠주의자들이 틀리게 주장한 것처럼 그렇게 많은 부분이 소모되는 것도 아니다.

A 83

§ 65

나는 비탄성체의 충돌에 관한 사례에서 라이프니츠주의자들이 우리에게 안겨주고자 했던 이런 난제에 포함된 모든 부당성과 모순을 끄집어내려고 한다. 내가 여전히 인용하고자 하는 유일한 사례는 이 난제를 무용하게 만들기에 충분할 것이다.

넷째 답변: 비탄성체의 경도 비율과 라이프니츠주의자들의 예외에서 규정되어야만 하는 충돌력의 정도에 관하여

비록 사람들이 우리의 적대자들에 대해 나머지 모든 것을 인정할 수 있다 할지라도, 다음과 같은 요구에 숨어 있는 무모함만은 양해할 수 없을 것이다. 즉 비탄성체의 충돌에서 부분들을 압착해 더 많지도 적지도 않은, 오히려 라이프니츠주의자들이 각 사례에서 자신들의 측정에 따라야 한다고 주장하는 것과 정확하게 동일한 힘이 소모된다는 것이 바로 그 요구다. 다음 요구도 납득이 불가능한 지나친 주장이다. 즉 그들은 우리에게 아무런 증명도 없이, 물체는 질량이 동일한 물체와 충돌할 때는 부분들의 압착에 따라 절반의 힘을, 3배 큰 물체와 충돌할 때는 3/4의 힘을, 그리고 계속 이런 비율로 상실한다는 것을 믿으라고 요구한다. 그것도 도대체 무슨 근거로 더 많지도 적지도 않은 딱 그만큼만 상실되는지는 제시하지도 않으면서 그렇게 요구한다. 왜냐하면 비탄성체라는 개념이 충돌할 때 약간의 힘이 필연적으로 상실된다는 것이 성립한다 할지라도, 사람들이 도대체 무엇에 근거를 두고 탄성의 이러한 부재가 많지도 적지도 않은 딱 그만큼의 힘만 소모되어야 한다는 것을 요구한다고 추론해야 할지 여전히 납득할 수 없기 때문이다. 라이프니츠주의자들도 다음을 부정할 수는 없을 것이다. 즉 비탄성체의 질량의 단단함이 충돌체의 힘과 비교하여 더 작으면 작을수록 힘은 부분들의 압 A 84
착에서 더 많이 소모되지만, 두 물체가 더 단단하면 할수록 두 물체 I 74
에서 더 적은 힘이 상실된다는 것이 그것이다. 물체들이 완전히 단단하다면, 어떠한 힘의 상실도 발생하지 않을 것이기 때문이다. 따라서 충돌할 때 충돌체 힘의 정확히 절반이 소모되고 사라진다면, 동일한 두 비탄성체의 단단함에 대해 어떤 특정한 비율이 요구된다. 그리고 이런 비율이 없다면, 충돌체가 더 약하거나 더 단단함에 따라 더 많거나 더 적은 결과가 생길 것이다. 라이프니츠주의자들은 이 규칙에 반해 예외를 두고자 했지만, 이제 비탄성체의 운동 규칙에서는 단단함의 정도와 나아가 그 단단함과 충돌체의 강도 간의 비율은 완전히 무규정적이다. 따라서 이 규칙에 따른다면, 부분들의 압착이 발생하는지, 압착으로 힘이 소모되는지, 그리고 얼마나 많은 힘이 상실되는지, 최소한 그들이 하나의 공이 무게가 동일한 다른 공과 충돌할 때 정확히 절반의 힘이 상실된다는 것을 이해할 수 있게끔 해주는 근거를 약간이라도 제공하는지는 전혀 이해할 수 없다. 왜냐하면 이런 일은 이 물체의 단단함과 충돌의 위력 간에 성립하는 어떤 매우 정확하게 규정된 비율이 없다면 발생하지 않기 때문이다. 이제 비탄성체 충돌 법칙을 도출할 수 있는 원칙들에는 힘의 상실을 규정할 수 있는
A 85 근거를 자신 안에 내포하는 어떠한 규정도 발견되지 않으므로, 이 규칙이 그런 것이고 다른 특성을 가지지 않는다고 하는 이유가 부분들의 압착에서, 즉 라이프니츠주의자들이 각 사례에서 적절하게 발견했다고 제기하는 것과 정확하게 동일한 힘을 상실하게 만드는 부분들의 압착에서 정립되어서는 안 된다.

우리 결론의 적용

이제 살아 있는 힘의 옹호자들이 비탄성체의 충돌에 관한 모든 법칙이 자신들에게 주는 타격을 피하려고 내세운 핑계가 여러 가지 면에서 무력하다는 것을 알게 되었다. 그러므로 우리에게 항상 매우 탁월한 역할을 수행해줄 이 법칙을 유용하게 사용할 때, 다시 말해 살아 있는 힘이 부적합하게 삽입되어 있던 수학의 영역에서 이 힘을 제거할 때 더는 어떤 것도 우리를 방해할 수는 없을 것이다.

§ 66 I 75

비탄성체의 충돌은 살아 있는 힘을 완전히 배제한다

그러나 여기에서 비탄성체의 운동이 살아 있는 힘을 배제하는 방식을 상세하게 언급하는 것은 불필요하다. 선택할 수 있는 모든 사례가 조금의 예외나 어려움 없이 이를 보여준다. 예를 들어 비탄성체 A가 정지 상태에 있으면서 무게가 같은 동일한 종류의 다른 물체 B와 충돌한다면, 두 물체는 충돌 후 충돌 전 속도의 1/2 속도로 운동한다. 따라서 라이프니츠의 측정방식에 따르면 충돌 후 각각의 물체에는 1/4의 힘이 있게 되고, 충돌 전 자연에는 전체 1의 힘이 존재했음에도 모두 합쳐서 1/2의 힘이 있게 된다. 따라서 이 절반과 동일한 작용이 수행되지 않았는데 또는 이 절반을 소모할 수 있는 A 86
유일한 저항을 받지 않았는데 절반이 상실되었다. 이것은 심지어 우리의 적대자들이 인정한 것을 따를지라도, 사람들이 저지를 수 있는 가장 큰 불합리성이다.

§ 67

보편적 증명: 물체의 충돌은 항상 살아 있는 힘과 반대된다

나는 물체의 충돌로 살아 있는 힘을 반박한 이 절을, 이런 방식으로 살아 있는 힘을 반대하여 항상 거론할 수 있는 모든 것을 포함하는 보편적 고찰을 덧붙이기 전까지는 끝내지 않으려고 한다. 나는 이 고찰에서 다음을 증시할 것이다. 즉 설혹 라이프니츠주의자들에 대해 그들의 힘 측정을 인정해준다 할지라도, 그것을 물체 충돌에서 증명하고자 하는 것은 여전히 문제의 본성과 맞지 않는다는 것, 그리고 설혹 제곱에 따른 측정이 온전히 참이고 의심할 여지가 없는 사실일지라도, 그들의 측정은 단순 속도 외에 다른 척도는 결코 제공하지 않으며 또한 할 수도 없다는 것을 증시할 것이다. 다시 말해 살아 있는 힘이 수천 가지 다른 사례에서 그 사람들이 원하는 것처럼 분명하게 나타날지라도, 그것이 물체의 충돌에서 인식될 수 있다는 것은 불가능하다.

I 76 §68

이 증명의 수행

내 증명은 다음에 근거하고 있다.

사람들은 충돌을 통한 물체의 운동을 우리가 말하는 궁극목적을 위해 다음과 같은 방식 외에 그 어떤 방식으로도 사용할 수 없다는 점에서 일치한다. 즉 운동체가 충돌로 다른 물체에 부과하는 힘은 작용으로 간주되어야 하며, 이 힘을 산출하기
A 87 위해 소진된 원인의 양은 이 작용으로 측정되어야만 한다. 다시 말해 사람들은 원인의 크기를 그것의 귀결인 작용에서 찾아야만 한다. 따라서 다음과 같은 점에 각별한 주의를 기울여야 한다는 것은 이미 그 자체로 자명하다. 즉 피충돌체가 얻는 힘은 현실적으로 다른 물체와 충돌해서 직접적으로 산출된 작용 외에 다른 어떤 것도 아니다. 그렇지 않다면, 우리가 추구하는 척도는 기만이자 무용한 것이 될 것이다. 하지만 충돌체가 피충돌체에 자신의 작용을 행사한 바로 직후, 그때 피충돌체에 존재하는 모든 힘이 의심할 여지없이 충돌의 작용이라는 것은 명백하다. 따라서 작용을 충돌체가 힘을 산출할 때 사용한 힘의 척도로 삼으려면 필연적으로 충돌체의 작용만을 사용해야 하고 다른 어떤 작용도 사용해서는 안 된다. 이제 다른 물체와 충돌

해서 운동을 넘겨받은 물체는, 충돌이 자신에게 힘을 부과한 순간 곧
바로, 그리고 자신이 충돌체와 접촉에서 아직 일정한 거리만큼 떨어
져 있지 않을 때, 이미 충돌체가 자신에게 전달할 수 있는 힘을 모두
가지고 있다. 그러나 이 물체는 현실적 운동이 되기 위한 어떤 시간
도 흐르지 않았기 때문에, 아직 현실적 운동을 갖지 않으며, 현실적
운동을 위한 순전한 노력만을, 즉 그때에는 죽어 있고 단순 속도를 A 88
척도로 삼는 힘만을 가질 뿐이다. 따라서 충돌체에 있었던 힘은 피충
돌체에서 힘을 일깨우기 위해 소진된다. 이때 피충돌체에 있는 힘의
완전히 정확한 측정은 결코 단순 속도와 다른 어떤 것일 수 없다. 그
리고 설사 누군가가 가설로 충돌체에서 어떤 힘을, 가령 그 힘은 속
도의 제곱이 아니라 심지어 세제곱, 네제곱을—그 이상 속도의 몇
제곱인지 누가 알겠는가—척도로 갖는 힘을 상정하고자 할지라도,
이 힘은 피충돌체의 힘을 일깨우기 위해 소진된다.

이제 만약 누군가가 제곱에 따른 측정을 요구하는 힘이 다른 힘,
즉 단순 속도에 따라 측정되어야 할 힘을 산출하는 데도 적용된다고
가정하고자 한다면, 이는 원인과 결과의 등가성 법칙을 완전히 뒤엎 I 77
는 불합리한 일일 것이다. 왜냐하면 전자는 후자보다 무한히 크기 때
문에 제곱의 전체 영역이 하나의 선을 그것도 더욱이 무한한 선을 산
출하는 데 사용된 것과 마찬가지가 될 것이기 때문이다. 그런 까닭
에 탄성체의 모든 법칙과 마찬가지로 비탄성체의 모든 법칙은 단순
속도에 따른 측정과 다른 증명은 결코 제공하지 않는다는 것, 그리고
살아 있는 힘을 지지하는 것처럼 보이는 사례들을 생각하기 위해 온
갖 창의력을 다 발휘한다 하더라도 그 법칙들이 이미 본성상 살아 있
는 힘과 항상 대립된다는 것은 명백하다.

A 89 § 69

추가 증명: 물체의 충돌에서는 피충돌체의 초기 속도 외에 어떤 것도 고려할 필요가 없다

앞 절에서는 단지 작용이 전달된 직후 피충돌체에 직접적으로 존재하는 피충돌체의 힘만을 충돌체 힘의 척도로 삼아야 한다는 것이 관건이었기 때문에, 그리고 바로 그때 피충돌체는 충돌체와 접촉에서 떨어지기는 하지만 그럼에도 운동이 현실적으로 발생하기 전이기 때문에, 나는 바로 이것이 내가 지금 적대자라고 부르는 존경하는 그 사람들이 가장 격분할 지점이라는 것을 의심하지 않는다. 나는 다음을 가지고 그들[의 격분]을 미연에 방지하는 행운을 누리기를 원한다.

피충돌체가 충돌체에서 멀어지기 직전에 피충돌체가 가지고 있는 힘은 피충돌체가 이미 현실적으로 운동해 충돌체에서 멀어진 이후 피충돌체가 가지고 있는 힘과 동일하거나 동일하지 않거나 둘 중 하나다. 만약 전자라면, 그것은 내 정당화가 필요하지 않으며, 오히려 사람들은 운동의 어떤 임의의 순간이든 어디에서나 단순 속도에 상
I 78 응해서 존재하는* 피충돌체의 힘을 취할 수 있다. 그 힘은 자신의 운
A 90 동이 현실화되기 전에 자신이 가졌던 힘과 동일하기 때문이다. 만약 그것들이 동일하지 않다면, 이에 대해서는 틀림없이 피충돌체가 이미 충돌체에서 멀어진 이후 피충돌체에 존재하는 힘은 충돌체와 접촉할 때보다 더 크다고 말해야 할 것이다. 그러나 만약 이렇다면, 고백건대 이것이 내가 충돌의 힘을 측정하기 위해 그런 힘을 사용할 수

* 왜냐하면 피충돌체의 운동이 아직 현실화하지 않는 한(말하자면 피충돌체가 충돌체에서 아직 멀어지지 않는 한), 라이프니츠주의자들이 인정한 바에 따르면, 피충돌체의 힘은 그 자체로 아직은 죽은 힘이기 때문이다.

없는 바로 그 이유다. 왜냐하면 피충돌체가 충돌 후 충돌체에서 이미 멀어졌을 때 피충돌체가 아직 충돌체와 접촉하는 한에서 피충돌체에 있었던 힘보다 더 많은 정도의 힘이 존재한다면, 물체들은 접촉하는 한에서 상호작용하므로 이 새로운 정도의 힘은 결코 충돌체의 작용이 아니기 때문이다. 오히려 동일한 힘만이 충돌체의 작용이다. 그러므로 사람들은 피충돌체의 힘을 산출하기 위해 소모한 [충돌체의] 힘을 측정하기 위해 또한 저 동일한 힘을 사용하는 것이 가장 적합하다.

§ 70

우리는 물체들의 충돌이 오래된 데카르트의 법칙에 제기할 수 있었던 난제들을 성공적으로 극복했다. 나는 이제 라이프니츠 학파는 이 점에 관해 데카르트에게서 어떤 것도 얻어낼 수 없다고 대담하게 말할 수 있다고 생각한다. [이제] 우리가 이에 관한 나머지 난제에 대해서도 또한 성공할 수 있는지를 검증해보자.

§ 71

이제 살아 있는 힘의 옹호자들이 자신들의 측정을 입증하기 위해 물체의 합성
운동에서 차용했던 사례들을 고찰해보자. A 91

운동의 합성을 통한 살아 있는 힘의 옹호에 관하여

나쁜 문제들이 항상 곧잘 모호하고 뒤엉킨 사례 뒤에 숨는 특성을 자체에 갖는 것처럼, 살아 있는 힘의 학파도 합성 운동을 고찰할 때 쉽

게 빠져들 수 있는 혼란을 활용하고자 했다. 합성 운동에 대한 고찰에서 이제까지 오직 살아 있는 힘에만 경도되었던 무지의 덮개를 벗
I 79 겨내려고 힘써보자. 빌핑거가 이런 방식의 증명을 가장 많이 사용해왔으므로 그의 교설[69]이 우리가 검증할 첫째 교설이 되어야 할 것이다.

우리는 그의 논문을 『페테르부르크 아카데미 주석』 제1권에서 볼 수 있다. 그의 전체 체계의 근거를 이루는 명제는 다음과 같다.* 한쪽으로는 속도 AB를 가지고 AB 방향으로, 다른 쪽으로는 속도 AC를 가지고 AB와 수직하는 방향으로 운동하는 두 운동을 동시에 받는 물체 A는 각각의 운동이 각각의 변에서 각각 운동을 진행하는 것과 동일한 시간에 이 직사각형의 대각선을 관통하는 운동을 한다. 그런데 직사각형의 변을 따르는 힘들은 상호 대립된 것이 아니며, 따라서 하나가 다른 하나에게서 아무것도 빼앗아가지 않는다. 그러므로 물체가 두 힘에 굴복할 때, 즉 대각선 방향으로 운동할 때 그 물체의 힘은 변을 따르는 힘들을 합친 것과 같아질 것이다. 이제 이런 일은
A 92 데카르트의 측정에 따른다면 일어나지 않을 것이다. 대각선 AD는 두 변 AC와 AB를 합친 것보다 항상 더 작기 때문이다. 가능할 수 있는 다른 모든 측정에서도 속도 AD인 물체의 힘은, 그 힘이 속도의 제곱에 따라 측정되는 유일한 경우를 제외한다면, 속도 AB와 AC인 힘들의 합과 결코 같을 수 없다. 여기에서 빌핑거는 현실적 운동을 하는 물체의 힘은 다름 아닌 오직 속도의 제곱으로만 측정될 수 있다는

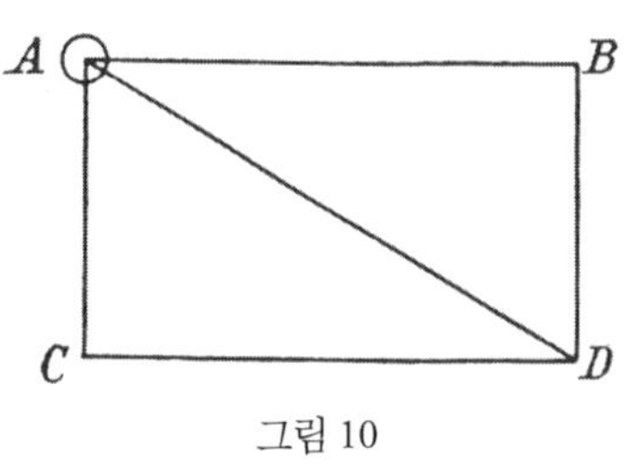

그림 10

* 그림 10.

결론을 내린다.

§72

어떤 의미에서 뷜핑거의 증명이 타당한가

뷜핑거가 자신의 증명과 관련하여 완전히 잘못한 것은 아니다. 그의 추론은 문제의 근거와 관련하여 완전히 정당하다.
그러나 그 적용은 실상 오류투성이이고 성급한 판단의 전형을 보여준다.

만약 흔히 그렇듯이 변 AC를 향하는 물체의 운동을 물체가 이 운
동을 가지고 면 CD를 수직으로 밀어내려고 한다고 간주한다면, 선
분 AB에 있는 다른 변운동은 이 관점에서 본다면 이 운동과 전혀 대립 I 80
하지 않는다는 것이 확실하다. 왜냐하면 이 다른 변운동은 면 CD와
평행하게 움직이며, 따라서 그 물체에 운동을 더하거나 감하지 않기
때문이다. 이와 꼭 마찬가지로 변운동 AC는 물체가 이 운동을 가지고
면 BD에 대해 행사하려고 애쓰는 작용과 관련하여 다른 변 AB의 운동과
전혀 대립하지 않는다. 운동 AB도 마찬가지로 이 면과 평행하게 움 A 93
직이기 때문이다. 그러나 여기에서 무엇이 귀결되는가? 만약 물체가 이 두 변에 따른 운동을 동시에 수행하여 대각선을 관통한다면, 이 물체는 면 CD와 BD에 대해 변을 따라 분리된 운동을 할 때 수행했을 바로 그 작용들을 한번에 행사할 것이라는 것 외에 더는 어떤 것도 없다. 따라서 이 물체는 대각선에 따라 운동할 때 두 면 CD와 BD와 관련하여 변들을 따라 운동하는 두 힘들의 합과 동일한 힘을 갖는다. 그러나 이 동일성은 내가 말한 이 조건에서만 물체에서 확인된다.

§73

빌핑거는 논쟁의 쟁점을 넘어선 결론을 도출하고 있다

빌핑거는 자신의 증명이 지시하는 본질적 내용에 따라 추론하도록 스스로를 강제했어야 함에도 이 조건에 자신을 구속하지 않았다. 그는 심지어 이런 결론을 내린다. 그러므로 대각선을 따라 운동하는 물체는 두 변의 힘들의 합과 동일한 힘을 가지고 있다.

추론의 귀결이라는 의미에서 볼 때 이렇게 제한 없이 진술된 명제
는 역시 빌핑거의 증명에서 상당히 벗어난 내용을 담고 있다. 왜냐하
면 만약 사람들이 속도가 이러저러한 어떤 물체는 자체로 이러저러
한 힘을 가지고 있다고 말한다면, 사람들은 이렇게 힘을 말할 때 힘
을 물체가 직선 방향으로 운동하면서 직각으로 충돌하는 대상에 행
사하는 힘이라고 이해한다. 따라서 만약 그렇게 제한된 방식으로 물
A 94 체의 힘을 말한다면, 사람들은 그 힘의 양을 다름 아닌 오직 이런 의
미로만 규정해야 한다. 그렇지 않다면 사람들은 물체가 직선 방향으
로 운동하면서 그 물체가 충돌하는 대상의 어떤 위치에서는 측면으
로 행사할 수 있는 힘도 자체로 가진다고 믿게 될 것이다. 이것에 주
의를 기울이지 않은 빌핑거는 그럼으로써 조건무시의 오류[70]를 범
I 81 한 책임을 면할 수 없다. 논쟁의 쟁점에서 벗어났기 때문이다. 그리
고 그는 대각선 방향으로 운동하는 물체는 자신의 운동 방향과 수직으
로 맞서 있는 대상을 그 물체가 분리된 변운동을 통해 그 변 아래에 놓
여 있는 면을 밀칠 때 갖는 힘들의 합과 동일한 힘으로 밀친다는 것
을 증명했어야 했다. 그런데 그는 그 대신 그 물체가 비록 이 힘들의
전부를 행사하긴 하지만, 다만 두 면 CD와 BD에 대해서만 행사하고
그 운동에 직접적으로 맞서는 수직면에 대해서는 행사하지 않는다

는 것을 증명했을 뿐이다.

§74

따라서 모든 것은 대각선 AD에서 운동하는 물체는 직선 방향 AD에서는 변들의 힘의 합을 포괄하지 않는다는 내 증명에 달려 있다. 나는 이를 위해 수학자들이 통상 그렇게 하는 것처럼 변운동 각각을 합성된 것으로 간주하는 것 외에 더는 어떤 것도 필요하지 않다.* 따라서 변운동 AB는 운동 AF와 AH로, 반대로 변운동 AC는 운동 AE와 AG로 합성될 것이다. 이제 운동 AF와 마찬가지로 AE도 상호 직선으로 대립하기 때문에, 다시 말해 그것들은 동일하고 상쇄되기 때문에, 속도 AH를 가진 운동과 속도 AG를 가진 운동이 남게 되며, 이렇게 남은 속도를 가지고 물체는 대각선 방향으로 진행하게 된다. 따라서 이 변운동과 관련해 대각선 방향에 존재하는 것은 두 변운동의 전체 힘이 아니라 그 힘의 부분일 뿐이다. 나아가 운동 AF와 AE는 어떤 경우이든 물체가 대각으로 운동할 때 직각으로 부딪치는 면 BH와 평행하게 진행하기 때문에, 따라서 두 운동 중 어떤 것도 면 BH와 만

논쟁이 야기된 점과 관련하여 동일한 이 증명에는 결함이 있다

A 95

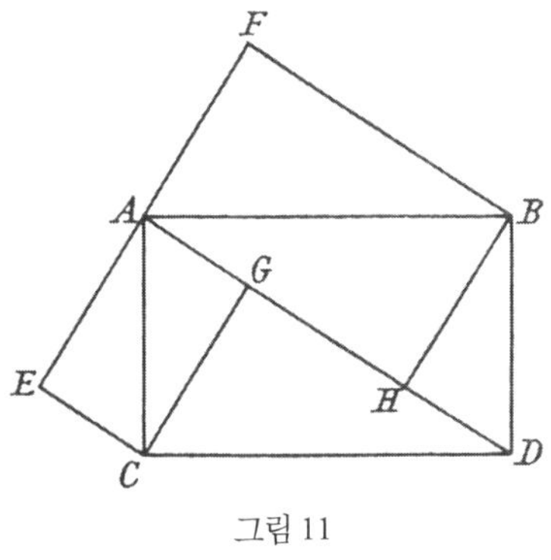

그림 11

*　그림 11.

날 수 없기 때문에, 이전에 언급한 것뿐만 아니라 이것에서도 우리는 대각 AD를 따라 운동하는 물체는 자신의 운동과 직각으로 대립하는 대상과 변 AC와 AB에 따라 행사되는 힘들의 합을 가지고 충돌하지는 않는다는 것을 알 수 있다.

I 82 §75

여기에서 도출되는 결론

이제 모든 것이 해결되었다. 왜냐하면 이제는 우리가 대각선을 따라 운동하는 물체는 직각으로 대립하는 장애에 대해 그 물체가 각각의 변운동에서 그 각각에 마찬가지로 수직으로 대립하는 면에 대해 보유한 두 변의 힘들의 전체 합을 행사하지 않는다는 것을 알게 되었기 때문이다. 여기에서 필연적으로 다음이 뒤따른다. 즉 대각선을 따라 운동하는 힘은 두 변의 힘들을 합친 것보다 작으며, 따라서 물체의 힘은 속
A 96 도의 제곱으로 측정될 수 없다. 이런 방식의 측정은 예측된 동등성이 반드시 도출되어야 하는데, 실상은 그렇지 않기 때문이다.

§76

빌핑거의 사례로 살아 있는 힘이 반박된다

우리는 여기에 안주해서는 안 된다. 빌핑거의 논증을 두려워하는 대신, 그 논증을 통해 데카르트 법칙을 증명하기 위해 기꺼이 그것을 붙들고 있어야 한다. 좋은 근거는 항상 적들의 무기가 그 자체로 자신의 방어에 사용된다는 특징이 있다. 그리고 우리는

우리 근거가 이러한 특징을 내세울 수 있다는 것을 여러 번 보아왔다.* 변운동 AB는 이제까지 증명된 것에 따르면, 대각선 방향으로 물체가 분리된 운동을 할 때 면 BH와 직각으로 만날 때의 속도인 AH의 속도 외에 다른 어떤 속도도 산출하지 않는다. 게다가 다른 변운동 AC는 그 자체 단독으로는 대각선 방향으로 AG의 속도만 산출하며, 물체는 이 속도로 면 CG와 직각으로 충돌하게 된다. 이제 이 두 운동 AH와 AG가 가지고 있는 힘들을 합하면 대각선의 전체 힘이 된다. 따라서 전자의 두 운동에 존재하지 않는 것은 후자에도 존재하지 않을 것이다. 그렇지 않다면 부분들에서 합해진 것보다 더 많은 것
이 총합에 포함될 수 있을 것이다. 따라서 속도 AD를 가진 힘은 속 I 83
도 AH를 가진 힘과 속도 AG를 가진 힘을 더한 것과 같아야만 한다.
그리고 이것은 AH와 AG의 합이 AD와 같으려면 각각에 몇 제곱을 A 97
상정해야만 하는가 하는 문제를 제기한다. 여기에서 가장 간단한 산술적 계산만으로도 다음은 분명하다. 즉 만약 사람들이 힘을 선 AH, AG 그리고 AD의 제곱으로 측정하고자 한다면, 후자의 제곱이 전자들의 제곱보다 더 크다는 것은 분명하다. 다시 말해 이런 방식으로 측정된 속도 AD를 가진 물체의 힘은 속도 AH와 AG를 가진 힘의 합보다 더 크다. 그러나 만약 단순 속도의 함수보다 더 작은 함수를(빌핑거도 표명했듯이) 상정하고자 한다면, 부분 힘들의 합이 그것에서 생겨나는 전체 힘, 즉 속도 AD로 표시되는 힘보다 더 클 것이다. 이에 반해 모든 것이 다 같이 단순 속도에 따라 측정된다면, 그것들은 같아질 것이다. 여기에서 다음과 같은 결론이 뒤따른다. 즉, 우리는 힘을 속도 AH, AG 그리고 AD의 비례에 따라 정립하든가 아니면 총합이 그 부분들의 합보다 더 작거나 더 클 수 있다는 것을 인정하든

* 그림 11.(123쪽 참조)

가 해야 한다.

§ 77

다른 방식에 입각한 동일한 반박

우리는 동일한 반박을 다른 방식으로도 제시할 수 있다. 뷜핑거처럼 변의 힘 AB와 AC*는 속도 ba=AB와 속도 ca=AC를 가진 두 개의 동일한 [질량을 가진] 공의 충돌을 통해 물체에 전달된다는 것, 그리고 이 양자를 동시에 생성한 동인이 대각선에 따른 운동과 힘을 야기한다는 것을 인정한다. 그러나 이것은 [다음과] 동일하기 때문에,

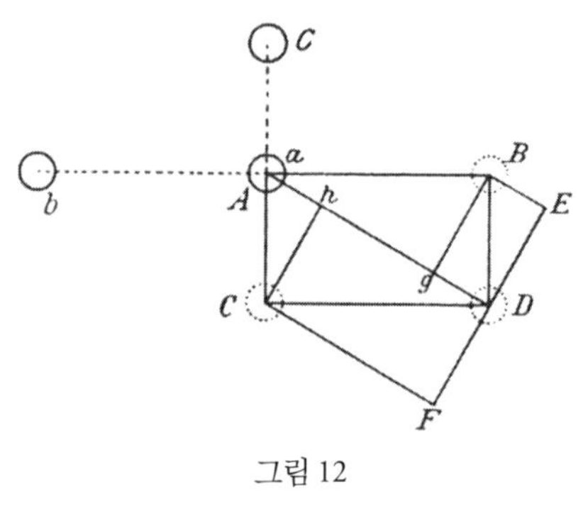

그림 12

A 98 우리는 이 공들이 C와 B에서 운동하여 D지점에 있는 물체 a와 속도 CD=ba와 BD=ca로 충돌한다고 가정할 것이다. 이 경우 물체 a가 이 지점에서 가정된 공에서, 그 물체가 점 A에서 획득할 수 있는 힘과 동일한 힘을 획득하리라는 것은 부정할 수 없다. 왜냐하면 그 지점은, 그밖에 다른 모든 것이 동일하므로 전혀 아무런 차이를 만들어 내지 않기 때문이다. 따라서 다음과 같은 문제가 제기된다. 즉 공 a는 점 D에서 수직면 FE에 대해 이 공에 동시에 행해지는 두 충돌 BD와 CD에서 어떤 크기의 힘을 얻게 되는가? 나는 다음과 같이 답한다.

* 그림 12.

공 B는 면 FE에 대한 작용과 관련해 물체 a에 운동 BD를 가지고 속 I 84
도 BE만 전달할 것이고, 물체 a와 동일한 물체인 A는 속도 CD를 가
진 공 C의 충돌에서는 점 D에서 면 FE로 작용할 수 있을 때 갖는 속
도인 속도 CF만을 획득할 것이다. 왜냐하면 물체 a가 이 이중 충돌에
서 획득한 다른 두 운동 Bg와 Ch는 그 면과 평행하며, 따라서 이 두
운동은 이 면과 만나지 않기 때문이다. 오히려 이 두 운동은 상호 대
립되고 동일하기 때문에 상쇄된다. 따라서 두 변의 힘 BD와 CD는
또는 동일한 것이므로 AC와 AB는 물체가 대각선 운동을 할 때 직각
으로 만나는 면과 관련하여 속도 BE와 CF를 가진 힘들의 합과 동일
한 크기의 힘만 물체에 전달한다. 그러므로 첫째, 두 변의 힘은 자신
들의 전체 힘을 전달하지 않으며, 둘째, 두 변의 힘은 앞 절에서 밝힌
것만큼이나 여기에서도 다음과 같은 매우 명확한 힘을 전달한다. 즉 A 99
이 힘은 합해서 이 힘을 정립하는 두 변의 힘에 대해 속도 AD가 속도
CF와 BE에 대해 갖는 관계와 같은 관계를 가져야만 하며, 속도들의
제곱에 비례하는 관계를 가져서는 안 된다.

§ 78

대각선에 따른 직선 힘은 변들에 따른 힘들의 합과 동일하지 않다

사람들이 만약 평행사변형의 변들을 따라 대각선 운동에 행사된 힘들의 합이 대각선 방향의 힘과 같다고 전제한다면, 우리는 이제까지 고찰에서 이 힘은 속도의 제곱에 따라 측정되어야만 한다는 것이 귀결된다는 점을 살펴보았다. 그러나 우리는 동시에 이 전제는 오류라는 것을, 그리고 빗각으로 운동하는 어떤 물체가 행사하는 작용들은 자신 안에 있는 자신의

모든 힘을 소진할 때까지는 그 물체가 직각 충돌을 통해 전달하는 것보다 항상 더 크다는 것을 증명했다.

이 고찰은 역설적인 명제처럼 보인다. 왜냐하면 여기에서 어떤 한 물체는 그 물체와 특정한 방식으로 대립해 있는 면들과 관련하여 그 물체가 자체로 가진다고 가정되는 것보다 더 큰 힘을 행사할 수 있다는 것이 뒤따르기 때문이다. 또 사람들은 물체는 극복할 수 없는 장애를 향한 직각 충돌을 통해 사용할 수 있는 만큼의 힘을 가지고 있다고 말하기 때문이다.

I 85 그러나 우리는 이러한 난제의 형이상학적 해결 때문에 너무 걱정할 필요는 없다. 왜냐하면 이 난제의 해결과 관련하여 수학이 일단 이것이 본래 그렇게 될 특성을 가졌다고 평결을 하고 나면, 이 수학의 판단에 따라 사람들은 더는 의심하지 않기 때문이다.

A 100

§79

라이프니츠의 힘 측정에서는 빗각 방향으로 행사된 힘들의 합은 대각 힘과 동일하지만 데카르트의 힘 측정에서는 경우에 따라서는 전자가 후자보다 무한히 더 크다

운동을 분석하면 다음은 명백하다. 물체가 상호 다수의 면에 대해 빗각 방향으로 충돌할 때 모든 입사각에서 사인값의 제곱의 합이 그 물체 운동의 초기 속도를 표시하는 총사인값의 제곱과 같다면, 그 경우 물체는 자신의 운동을 완전히 상실할 것이다.[71] 이 점까지는 모든 역학자가 일치하며, 데카르트주의자들도 예외가 아니다. 그런데 라이프니츠주의자들은 여기에서 특히 다음과 같은 것을 도출한다. 만약 제곱에 따른 측정을 적용한다면, 빗각 방향으로 행사된 모든 힘의 합이 그 물체가 직선운동을 할 때 보유하는 힘과 같을 경우 물체는 자신의 모든 운동을 상실한다. 그에 반해 데카르트의 측정에 따른다면 사정은 이와는 완전히 달라진다. 이 측정에 따르면 물체가 빗각 방향으로 다수의 연속적 충돌로 행사한 힘들의 합은, 자신의 모든 힘을 소진할 때까지는, 그 물체가 직선운동을 할 때 보유하는 단일하고 분할되지 않는 힘보다 훨씬 더 크다. 따라서 분할된 운동에서 행사된 모든 힘의 합이 물체의 분할되지 않는 전체 힘과 이미 동일하다면, 그 경우 물체는 자신의 운동을 아직 상실하지 않는다. 왜냐하면 물체는 직선 방향에서 직각으로 충돌할 때보다 다수의 경사면과 관련하여 훨씬 더 많은 작용을 할 수 있기 때문이다. 그리고 더욱이 (만약 우리가 충돌의 기울기가 모든 경사면에서 동일한 각도라고 가정한다면) 빗각으로 대립하는 장애물을 통해 물체의 힘을 그 A 101
물체에서 소진하는 데 필수적인 힘의 크기가 직선 방향에서 이 장애물을 상쇄할 수 있는 힘의 크기에 대해 갖는 관계는 전체 사인값이 입사각의 사인값에 대해 갖는 관계와 같기 때문이다. 예를 들어 전체 사인값과 입사각의 사인값이 2 대 1이라면, 전자의 힘의 크기는 후자보다 2배 더 클 테고, 8 대 1이라면 8배가, 그리고 입사각이 무한히 I 86
작다면 전자는 직선으로 대립하는 방향에서 자신의 전체 운동을 소진하기에 충분한 장애의 위력보다 무한히 더 클 것이다. 따라서 라이프니츠의 측정에 따르면, 어떤 특정한 장애는 물체에서 그 물체의 힘을 완전히 빼앗아간다. 반면에 데카르트의 측정에 따르면, 같은 장애가 동일한 방향에서 단지 이 힘의 무한히 작은 힘만 상쇄할 수 있을 뿐이다. 즉 제곱에 따른 측정에서는 물체가 합산된 장애의 전체 위력을 극복했다면 운동체의 힘의 손실은 유한하며, 물체가 이 장애물을 그 어떤 임의의 비스듬한 운동으로 압도했을지라도 역시 유한하다. 그에 반해 [단순]속도에 따라 측정하는 경우에는, 물체가 이 모든 장애물을 극복하는 각도가 무한히 작다면, 물체가 행사한 작용의 전체 힘은 유한하면서도 물체 힘의 손실은 무한히 작을 수 있다.

이런 차이는 놀라운 것이다. 자연은 그곳이 어디든 도처에서 이런 작용을 한다. 그리고 이런 작용을 밝혀내려고 노력하는 것은 상당한 가치가 있을 것이다. 왜냐하면 이런 노력의 결과는 직사각형의 대각
A 102 선에 있는 물체의 힘이 변의 힘들의 합과 같은지 아니면 다른지를 결정할 수 있게 해줄 뿐만 아니라 라이프니츠의 측정이 참인지 아니면 데카르트의 측정이 참인지도 결정할 수 있게 해주기 때문이다. 어떤 한 문제는 다른 문제와 불가분 결합되어 있기 때문이다.

§ 80

살아 있는 힘은 또 하나의 새로운 사례로도 반박된다

자신의 중력 때문에 중심으로 당겨지면서도 원주를 따르는 물체의 운동(항성의 운동이 바로 이런 종류다)이 바로 우리가 살피고자 하는 사례다.

지구 주위를 원주에 따라 움직이기에 충분한 원심력을 보유한 하나의 물체를 상정해보자. 운동을 감소시킬 수 있는 중력 외의 모든 장애를 도외시한다면 다음은 확실하다. 첫째, 물체의 운동 속도는 유한할 테고, 그러므로 둘째, 동일한 정도[의 속도]로 동일한 경로를 감
I 87 속 없이 무한히 진행할 것이다. 나는 이 두 부명제[72]를 근거로 삼을 텐데, 왜냐하면 이 명제들은 두 학파, 즉 라이프니츠 학파와 마찬가지로 데카르트 학파도 인정하기 때문이다. 나아가 나는 다음을 셋째 근거로 삼을 것이다. 즉 만약 두 힘, 물체에 내재한 힘과 중력이 당기는 힘이 상호 대립하여 작용한다면, 중력은 자유운동을 하는 물체에

유한한 시간에 유한한 힘을 부과하거나 아니면 그 물체에서 소모할 것이다. 이제 주어진 중심점의 원주를 도는 것으로 가정된 물체는 중력의 압력에 끊임없이 노출되어 있고, 따라서 부명제 3에 따른다면 무한히 작은 모든 중력 압력을 통해 유한한 시간에 자신을 공전의 중심점을 향해 당기는 유한한 힘을 겪게 된다. 그럼에도 물체는 자신의 고유한 힘으로 항상 중심에서 등거리를 유지함으로써 자신에게 행사되는 이 모든 압력에서 균형을 유지한다. 따라서 물체는 중력의 장애를 극복하기 위해 유한한 시간마다 유한한 힘을 행사한다. 이제 우리가 § 79에서 살펴본 것에서 다음이 명백해진다. 즉, 만약 빗각 방향으로 운동하는 물체가 합쳐서 유한한 크기의 힘을 발휘하는 장애를 일정량 극복한다면, 그 물체는 이 경우 동시에(만약 라이프니츠의 측정을 인정한다면) 자신 안에 내재하는 힘에서 유한한 양의 손실을 겪어야만 한다. 결과적으로 가정된 물체는 원운동을 하는 유한한 시간마다 중력의 저항으로 유한한 힘을 상실하고, 따라서 일정 시간이 흐른다면 자신의 전체 힘과 속도를 상실할 것이다. 왜냐하면 부명제 1을 고려해보면, 물체가 원운동을 할 때 보유하는 속도는 단지 유한할 뿐이기 때문이다.

A 103

따라서 속도가 무한한 것이 아니라면 물체는 전혀 원운동을 할 수 없거나, 아니면 직선운동을 할 때보다 원운동을 할 때 빗각 작용의 총합으로 무한히 더 많은 힘을 행사할 수 있다는 것을 인정해야만 한다. 그리고 이것을 인정하지 않는 라이프니츠의 힘의 척도는 오류라는 것을 인정해야만 한다.

A 104

§ 81

우리가 여기에서 상술해온 생각은 매우 풍부한 함축을 포함하고 있기 때문에 그 생각에서 모든 사소한 난점을 제거하여 가능한 한 명백하고 분명하게 만들어야 한다.

증명: 원운동을 하는 물체는 중력에 대해 그 물체가 경사면을 향해 충돌할 때와 동일한 작용을 행사한다

I 88 첫째, 우리는 다음을 분명하게 파악해 알아야만 한다. 즉, 운동체가 원운동을 하면서 중력과 균형을 유지하기 위해 사용하는 힘은 비스듬한 작용을 행사하고, 우리가 앞 절에서 실제로 증시한 것처럼 경사면에 대한 물체의 충돌과 비교될 수 있다.

이 목적을 위해 우리는 물체가 원운동에서 통과하는 무한히 작은 호들을, 마치 수학에서 통상 원을 변이 무한히 많은 다각형으로 간주하듯이*, 무한히 작은 수많은 직선으로 생각할 수 있다. 이제 만약 무한히 작은 직선 ab를 통과하는 물체는 그 물체에 중력이 어떠한 장애도 대립시키지 않는다면, 이 운동은 직선 방향을 유지할 테고 무한히 작은 부분시간이 지난 후 d에 있게 될 것이다. 그러나 중력의 저항 때문에 물체는 이 방향을 벗어날 수밖에 없고 무한히 작은 선 be를 그릴 수밖에 없을 것이다. 따라서 힘의 분석에 의해[73] 중력의 이러한 방해는 물체에서 c까지 확장된 선 bd에 내려진 수직선 ac로 표시되는 변운동 ac를 제
A 105 거한다. 따라서 물체는 중력의 방해로 점 b에서 그 물체가 각 abc로

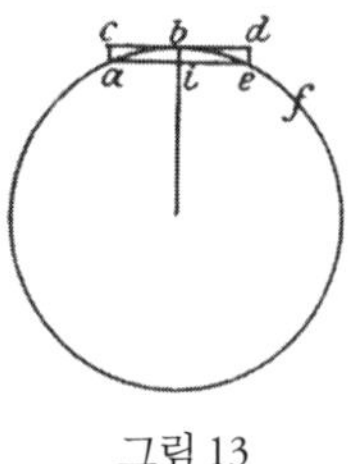

그림 13

* 그림 13.

충돌하는 면 cd에 의해 받게 될 바로 그 저항을 받는다. 왜냐하면 이 면을 물체와 대립시키는 장애는 여기에서는 작은 수직선 ac에 의해 동일하게 표현될 수 있기 때문이다. 따라서 우리는 물체를 아래로 잡아당기는 중력에 대항하여 물체가 원운동을 할 때 행사하는 힘을 물체가 경사면에 충돌하는 것과 완전히 동일하게 비교할 수 있으며, 바로 이런 방식으로 이 힘을 측정할 수 있다. 이상이 내가 증명하려던 것이다.

§ 82

둘째, § 80에서 행한 우리 증명의 상정된 근본명제들 중 셋째 명제는 여전히 몇 가지 입증이 필요한 것처럼 보인다. 만약 누군가가 그런 반대자들과 관련되어 있다면, 최소한 그 사람은 가장 명백한 진리들과 관련해서도 충분히 신중하지 않을 수도 있다. 왜냐하면 살아 있는 힘에 관한 논쟁은, 어떤 견해들과 관련하여 편파성이 진리의 순수 I 89
한 강력함보다 얼마나 많이 더 위력적이고 더 설득력이 있을 수 있는지를, 그리고 인간 지성의 자유가 가장 명백한 진리들도 여전히 의심하도록 하거나 지성의 판단을 보류하도록 할 때 얼마나 멀리까지 가버릴 수 있는지를, 우리에게 충분히 확인해주었기 때문이다.

원운동을 하는 물체는 중력의 장애에 대해 유한한 시간마다 유한한 힘의 작용을 행사한다

나는 중력이 자유운동을 하는 물체에 주어진 유한한 시간마다 또한 유한한 힘을 가한다는 명제에 대해 § 32를 증거로 삼을 수 있다. 살아 있는 힘의 옹호자들이 이 명제를 이미 반대한 적이 있지만, 그들을 그들의 무기로 굴복시키는 것이 더 나

A 106 을 것이다. 가정된 물체, 즉 원운동을 하면서 유한한 시간에 호 af를 통과하는 물체는 모든 중력 용수철의 압력을 받으며 유한한 전체 공간 af에서 이 압력에 끊임없이 노출된다. 이제 라이프니츠주의자들이 인정한 것에 따를지라도 어떤 일정한 유한한 공간에 존재하는 중력을 만들어내는 물질의 용수철은 자신의 압력을 물체에 끊임없이 전달하므로 그 물체에 유한한 힘을 부과한다. 그러므로 등등.

§ 83

결론

그러므로 분리된 운동에서 행사된 힘은 직각평행사변형의 변의 제곱에 비례하여 측정된다면, 비록 물체의 원운동에 대한 가장 널리 알려진 법칙들과 양립하지는 않지만, 그 물체가 행사하는 원심력[74]과는 양립한다. 따라서 라이프니츠의 측정이 요구하는 것처럼 각각을 합한 운동에서 변의 힘들이 그 힘들의 속도의 제곱에 비례하는 것이 아니다. 그리고 바로 그런 이유로 다음과 같은 결론이 일반적이다. 즉 제곱에 따른 측정은 완전히 잘못되었다. 역학의 제일 근본학설에서 알려져 있듯이 각각의 운동은 합성되었다고 간주될 수 있기 때문이다.

§ 84

데카르트적 측정은 이 난점을 어떻게 제거하나

우리가 이제까지 고찰해온 바와 같은 라이프니츠의 힘 측정이 담고 있는 난점을 데카르트의 힘 측정이 어떻게 탁월하게 제거하는지를 점검하는 일은 여전히 필수적이다.

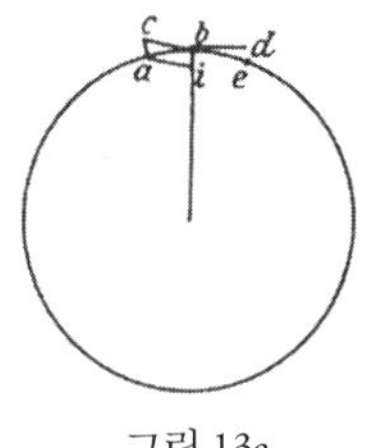

그림 13a

다음은 역학에서 잘 알려져 있다. 즉, 무한히 A 107; I 90
작은 호 ab의 버스트 사인[75] bi와 평행하고 [길이가] 동일한 짧은 선 ac는 2차 단위의 무한소[76]일 테고 따라서 무한히 짧은 선 ab보다 무한히 더 짧다. 그러나 이제 ac는 물체가 원운동을 하는 모든 곳에서 중력의 압력에 대해 작용하는 각도의 사인값이다. 그리고 ab는 물체 자체의 절대적 운동의 무한히 작은 부분으로서 그 운동 각도의 전체 사인값이다. 그러나 앞서 § 79의 증명으로 알 수 있듯이, 만약 빗각으로 운동하는 물체가 어떤 장애에 대해 입사각의 사인값이 전체 사인값과 관련하여 예외 없이 무한히 작은 형태로 작용한다면, 데카르트의 측정에 따르면 장애로 상실된 힘은 극복된 모든 장애의 전체 위력에 비해 무한히 작을 것이다. 따라서 원운동을 하는 물체는 중력의 압력을 통해 중력의 전체 저항의 총합이 무한히 큰 어떤 하나의 힘을 극복하기 전까지는 어떤 유한한 힘도 상실하지 않는다. 그러나 이제 모든 중력 압력의 합은 유한한 동안에는 단지 유한한 힘에 도달할 뿐이며(§ 80. 부명제 3), 결과적으로 무한한 시간이 경과하기 전까지는 무한한 힘에 도달하지 못할 것이다. 따라서 물체가 자신의 중력에 이끌리게 되는 중심의 주위를 원운동하는 물체는 중력의 장애를 통해 무한한 시간에 단지 유한한 힘만을 상실하며, 결과적으로 유한한 매 시간에 무한히 적게 상실한다. 그에
반해 라이프니츠의 측정에 따르면, 상실은 동일한 이런 상황에서 유 A 108
한한 시간마다 유한한 어떤 것에 도달할 것이다.(§ 80) 결과적으로 우리가 보아온 것처럼 이 사례에서 데카르트의 측정은 라이프니츠의 측정이 항상 봉착하게 되는 난관에 빠지지 않는다.

§ 85

살아 있는 힘이 여기에서 드러내는 또 하나의 새로운 모순

우리가 지금 살아 있는 힘에 대해 제기해온 반론은 동시에 제곱에 따른 힘의 측정에서 드문 종류의 모순을 드러내준다. 모든 사람이 다음과 같은 점에 일치하기 때문이다. 즉 그 자체로 자신을 곱한 속도의 직사각형에 따라 측정된 힘[77]은 단지 속도라는 단순한 척도로 표현되는 힘보다 무한히 더 많
I 91 은 위력을 가지고 있다는 점, 그리고 제곱에 따라 측정된 힘과 이 단순 척도의 관계는 면이 선에 대해 갖는 관계와 같다는 점이 그것이다. 그러나 여기에서 곧바로 다음과 같은 반대가 드러난다. 즉 우리가 보아온 두 종류의 힘이 완전히 동일한 상황에서 작용하도록 설정된 사례에서 라이프니츠의 힘은 데카르트의 힘보다 무한히 더 작게 작용하며, 데카르트의 힘보다 무한히 더 작은 장애로 소모된다. 그런데 이것은 모순이며 이보다 더 큰 모순을 생각하기는 어렵다.

§ 86

동일한 용수철 네 개의 압축에 관한 베르누이 사례의 반박

합성 운동에 존재하는 힘의 양과 단순 운동에 존재하는 힘의 양은 동일하다는 보편적 원칙의 파괴는 동시에 살
A 109 아 있는 힘의 옹호자들이 이 원칙을 근거로 구축한 수많은 사례를 쓸모없는 것으로 만들어버린다. 볼프가 자신의 『역학』에서 언급했던 베르누이의 사례는 그 사례들 가운데 주목할 만한 것 중 하나다.[78] 그는 팽창에 필요한 힘이 모두

동일한 용수철 4개를 가정한다. 나아가 그는 2단위의 속도를 가진 물체를 사인값이 1이 되도록 30도 각도로 첫째 용수철에 충돌시키고,[79] 그런 다음 나머지 운동을 가지고 마찬가지로 사인값이 1이 되도록 30도 각도로 둘째 용수철에 충돌시키고, 또한 그렇게 셋째 용수철에 충돌시키고, 마지막으로 넷째 용수철에는 직각으로 충돌시킨다. 이제 이 물체는 이 각각의 용수철을 압축시킨다. 따라서 이 물체는 2단위의 속도를 가지고 4단위의 힘을 행사한다. 결과적으로 이 물체는 4단위의 힘을 가졌는데, 그렇지 않다면 그것은 그런 힘을 행사할 수 없었을 것이기 때문이다. 그러므로 이 물체의 힘은 속도 2에 비례하는 것이 아니라 속도 2의 제곱에 비례한다.

나는 2단위의 속도를 가진 물체는 어떠한 상황에서도 4단위의 힘을 행사할 수 없다고 주장하려는 것이 아니다. 다만 물체는 그 힘을 빗각으로 충돌할 때만 행사할 수 있다. 그리고 이것은 우리가 증명했던 것만으로, 즉 힘은 직선으로 충돌할 때에는 언제나 단지 2와 같다는 것, 그리고 힘은 빗각으로 운동할 때가 직각으로 운동할 때보다 항상 더 크다는 것만으로 충분하다. 그러나 모든 사람은 물체의 힘을 직각으로 충돌할 때 그 물체에서 발견되는 위력에 따라 측정한다. 따라서 아무런 애매함도 없고 또 모든 적대자가 힘의 참된 측정이라고 A 110; I 92
동의하는 그와 같은 종류의 작용은 살아 있는 힘의 학파보다는 데카르트 측이 우월하다는 것을 보여준다.

§ 87

마지막으로 사람들이 우리 반대자들의 아킬레스건이라고 부를 수 있는 운동의 합성에 근거를 두는 사례가 또 하나 있다.

헤르만의 사례에 대한 메랑의 반박

그 사례는 다음과 같다. 질량 1과 속도 2인 어떤 한 물체가 60도 각도로 각각 질량 2인 두 물체 B와 B에 충돌한다. 여기에서 충돌체 A는 충돌 후 정지하게 되고, 물체 B와 B는 각각 1단위의 속도로, 결과적으로 양자는 합해서 4단위의 힘을 가지고 운동하게 된다.

메랑은 이것이 얼마나 기묘하고 역설적인지를 잘 알고 있었다. 그리고 그는 특수하고 단지 특정한 상황에 제한된 사례는 새로운 힘의 측정을 입증해야만 하고 이 새로운 힘의 측정은 그것이 참이라면 모든 상황에 아무런 차이 없이 적용되어야 한다는 것도 잘 알고 있었다. 라이프니츠주의자들은 항상 너무 대담해서 만약 물체가 4단위의 힘을 행사한다면, 그것이 어떤 방식으로 그 힘을 가졌든 간에, 그 물체는 바로 그 힘을 직각 방향에서도 행사할 것이라고 항상 아주 확실하게 말할 수 있다는 것을 요구했다. 그러나 현재 이 사례에서 모든 것은 운동하게 되어야만 하는 요소들의 특정한 단위에, 그리고 충돌체에 대한 요소들의 특정한 위치에 달려 있다는 점은 명백하다. 결과
A 111 적으로 만약 이러한 규정들이 변경된다면, 문제도 완전히 달라진다는 점은 명백하다. 따라서 사람들이 물체는 이 상황에서 이런저런 힘을 행사하기 때문에, 물체는(아무 제한 없이 직설적으로 말하면) 또한 이런저런 힘을 가져야만 하고 그래서 자신들이 원하듯이 그 힘은 직각 작용에서도 나타난다고 추론한다면, 그들은 심하게 착각하고 있는 것이다.

이제 나는 메랑 견해의 의미를 드러내보고자 한다. 그는 샤틀레가 그녀의 『물리학』에서 자신에게 제기했던 반론에 답변하면서 헤르만의 사례에 반대하여 자기 견해를 정립한 바 있다.[80] 그러나 우리가 지금까지 힘들의 합성이나 분할과 관련하여 언급했던 것을 매개로
I 93 한다면, 나에게는 모든 문제가 훨씬 더 쉽고 설득력 있게 다루어질

수 있고 또한 대부분은 이로써 이미 다루어졌다고 생각한다. 그런 까닭에 나는 이 글의 독자들은 여기에서 내가 환기했던 것을 참조함으로써 내가 추가적인 장광설 저편으로 쉽게 넘어가게 해줄 것이라고 믿는다.

§ 88

메랑은 데카르트주의 옹호자들 중 라이프니츠주의자들이 새로운 힘의 측정을 구축하고자 했던 근거들의 선택에 대해 성찰했던 유일한 사람이다. 그러나 그는 우리가 앞선 절에서 언급했던 유일한 한 사례에 관해서만 그렇게 했을 뿐이다. 이런 방식의 탐구는 겉으로만 본다면 그다지 중요해 보이지 않지만, 무릇 사유 기술에서 유일한 방 A 112
법일 경우에는 사실상 전적으로 탁월한 유용성을 갖는다.

메랑의 이 방법이 갖는 유용성

사람들은 모든 사례에서 어떤 견해가 근거를 두는 원칙들에 대한 보편적 숙고를 바탕으로 그리고 이 원칙들에서 도출되는 귀결들을 그 견해와 비교해봄으로써 전제의 본성이 여기에서 추론된 학설들과 관련하여 요구하는 모든 것을 자신 안에 포함하는지를 결정할 수 있는 방법을 가지고 있어야만 한다. 이러한 일은 사람들이 결론명제의 본성과 결부된 규정들을 정확하게 인지할 때, 그리고 증명의 구축에서 결론에 담겨 있는 특수한 규정들에 제한된 원칙들을 선택하는지 그렇지 않은지에 주목할 때 발생한다. 사람들이 이것이 그렇다는 것을 알지 못한다면, 설사 오류가 본래 어디에 놓여 있는지 발견할 수 없을지라도 그리고 이것이 결코 알려질 수 없을지라도 사람들이 그러한 방식에서 결함이 있는 논증들은 그 어떤 것도 증명하지 못한다는 것만은 확실하게 믿을 필요가 있다. 따라서 나는 예를 들어 탄성체의 운동에 관한 보편적 고찰에서, 그것들의 충돌로 발생하는 현상들이 데카르트의 힘의 측정과는 다른 어떤 새로운 힘의 측정을 증명하는 일이 불가능하다는 결론을 내렸다. 왜냐하면 나는 역학자들이 이러한 모든 현상을 탄성과 더불어 질량과 속도의 곱이라는 유일한 원천에서 해명한다는 것을 기억하기 때문이다. 그리고 우리는 이 점에 대해 모두 가장 위대
A 113; I 94 한 기하학자들을 그 창안자로 둔 수백 개 검증사례를 라이프니츠주의자들에게 제시할 수 있고, 이 검증사례들을 그 기하학자들이 자신들의 고유한 찬동을 통해 스스로 수없이 확증했다는 것을 알고 있다. 따라서 나는 단지 속도라는 단순 척도에 따라 측정된 힘으로 산출된 것은 또한 속도에 따른 측정 외에 다른 어떤 측정에 관한 증거도 제시할 수 없다는 결론을 내렸다. 그 당시 나는 여전히 탄성체의 충돌에 관한 라이프니츠주의자들의 논증에서 오류를 본래 어디에서 찾아야만 하는지 아직 알지 못했다. 하지만 나는 언급된 방식으로 이 논증 어딘가에 그것이 아무리 감추어져 있을지라도 틀림없이 오류추리가 박혀 있다고 확신해온 이후, 그 오류를 찾아내기 위해 모든 주의를 기울였고 [마침내] 그 오류를 한 군데 이상 찾았다고 생각한다.

이 방법이 이 전체 논고의 주요 원천이다

요약하면, 이 전체 논고는 이 방법의 유일무이한 산물로 생각되어야 한다. 나는 다음을 솔직하게 고백하고자 한다. 즉 나는 처음부터 내가 지금 그 문제점을 완전하게 파악했다고 믿는 살아 있는 힘에 대한 모든 이러한 증명을, 만약 라이프니츠의 측정을 확정할 수 있는 조건에 대한 보편적 숙고가 내 고찰에 전혀 다른 동요를 주지 않는다면, 내가 조금의 오류도 없

을 것이라고 추측하는 그리고 또한 아마 결코 단 하나의 오류도 발견할 수 없는 수많은 기하학적 증명과 마찬가지라고 생각해왔다. 나는 운동의 현실성이 이러한 힘의 척도의 조건이라는 것을, 그리고 이 운동의 현실성이 운동하는 물체의 힘을 운동하려는 성향만 가진 물 A 114 체의 힘과 똑같이 평가해서는 안 되는 고유한 이유를 형성한다는 것을 알았다. 그러나 이 조건의 본성을 숙고할 때 나는 다음을 쉽게 파악했다. 즉 [운동의 현실성이라는] 이 조건은 그 전체 종류에서 죽은 힘의 조건에서 귀결되는 것과 구별되는 귀결을 갖는다는 것은 불가능하며, 또한 설사 이 [죽은 힘의 조건에서] 귀결[되는 것]의 근거이기도 한 이 조건이 다른 조건과 전자가 이미 후자와 거의 결합되어 있을 정도로 매우 근접해 있을지라도, 이 조건이 죽은 힘의 조건과 무한히 구별되는 귀결을 갖는 것은 불가능하다는 사실을 파악했다. 왜냐하면 이 조건의 본성은 죽은 힘의 조건과 같은 종류로 정립될 수 있고, 그래서 이 조건은 단지 양을 통해서만 죽은 힘의 조건과 구별되기 때문이다. 따라서 나는 기하학적 확실성에 견주어 전혀 손색이 없는 확실성을 가지고, 운동의 현실성이 이 상태에 있는 물체의 I 95 힘은 그 물체의 속도의 제곱과 같아야만 한다고 추론할 수 있는 충분한 근거가 결코 될 수 없다는 것을 알아차렸다. 왜냐하면 물체의 힘은 무한히 짧은 동안 지속된 운동이든, 혹은 같은 말이 되겠지만, 단지 운동하려는 성향만 가지고 있는 것이든 속도 외에는 그 어떤 것도 척도로 갖지 않기 때문이다. 여기에서 나는 다음과 같은 결론을 내린다. 즉, 만약 수학이 제곱에 따른 측정을 위한 근거로 운동의 현실성만 가지고 있고 그밖의 어떤 근거도 가지고 있지 않다면, 그 추론에는 틀림없이 심각한 결함이 있다. 나는 이제 모든 라이프니츠주의자들의 증명과 관련하여 이런 근거 있는 불신으로 무장했으므로, 그 추론에 틀림없이 오류가 있다는 것을 알았다. 그리고 이와 더불어 나는

어디에서 그 오류가 성립하는지를 알기 위해 이 측정을 옹호하는 자
A 115 들의 추론을 논박했다. 나는 내 기획이 전적으로 헛된 것은 아니라고 생각한다.

§ 89

이 방법의 결여가 명백한 오류들이 확실히 그렇게 오랫동안 은폐된 채 남아 있을 수 있었던 이유였다

사람들이 항상 이런 방식으로 생각하려고 노력했더라면, 철학의 수많은 오류를 줄일 수 있었을 것이며, 최소한 그런 오류들에서 상당히 빨리 멀어지는 수단이 되었을 것이다. 나는 때로 모든 세기를 걸쳐 지속해온 인간 지성에 대한 오류들의 폭정이 주로 이 방법의 결여에서, 혹은 이와 유사성이 있는 다른 방법들의 결여에서 기인했다고 생각한다. 따라서 사람들은 이제부터라도 장차 있을 해악을 예방하기 위해 무엇보다도 이 방법에 전력을 다해야만 한다고 감히 주장한다. 우리는 이것을 증명할 것이다.

만약 사람들이 그 어딘가에 매우 그럴싸해 보이는 오류를 감추고 있는 어떤 추론을 매개로 모종의 견해를 증명했다고 믿는다면, 그런 다음 그 증명의 부당성을 알아낼 수 있는 방법이 그와 같은 증명에 감추어져 있는 오류를 먼저 발견하는 것 외에는 다른 수단이 없다면, 따라서 그 증명에 오류가 있다고 말할 수 있기 전에 어떤 종류의 오류가 그 증명을 배척하게 만드는지를 미리 알고 있어야만 한다는 것 외에 말하자면 다른 방법이 없다면, 나는 그 오류는 대단히 오랫동안 발견되지 않은 채 남아 있을 테고 그 증명은 기만이 명백하게 드러나기 전까지 수없이 많은 기만을 저지를 것이라고 주장한다. 이에 대한

이유는 다음과 같다. 나는 만약 어떤 하나의 증명에 표명되어 있는 A 116
명제들과 추론들이 완전히 그럴듯하고 그 자체로 이미 알려진 모든 I 96
진리의 면모를 가지고 있다면, 지성은 그 증명에 찬동을 주고 그 증
명에 놓여 있는 오류에 대해 수고롭고 지루한 어떠한 추적도 하지 않
을 것이라고 가정한다. 왜냐하면 이 경우 그 증명은 거기에서 지성에
싹트는 확신과 관련하여 기하학적 엄밀성과 정당성을 갖는 증명과
꼭 마찬가지인 것으로 간주되고, 추론에 감추어져 있는 오류는 그 오
류가 지각되지 않으므로 그 증명에 오류가 전혀 없는 것인 양 찬동의
철회에는 거의 아무런 영향을 미치지 않기 때문이다. 따라서 지성은
어떠한 증명에 대해서도 결코 찬동해서는 안 되거나 혹은 지성은 오
류와 유사해 보이는 어떤 것도 발견할 수 없는 증명에 대해서만, 다
시 말해 설사 그 증명에 어떤 하나의 오류가 은폐되어 있을지라도 지
성이 그 어떤 오류도 결코 추정해낼 수 없는 증명에 대해서만 찬동해
야 한다. 따라서 그와 같은 경우에 지성은 결코 오류를 찾아내려는
어떠한 특별한 노력도 경주하지 않을 텐데, 지성은 그렇게 할 아무런
동기도 가지지 않기 때문이다. 결과적으로 오류는 다름 아닌 행운적
우연을 매개로 해서만 발견될 테고, 따라서 오류는 그것이 발견되기
전까지 통상 상당히 오랫동안 은폐된 채로 남아 있을 것이다. 이러한
행운적 우연은 수십 년 아니 대개는 수백 년 동안 일어나지 않을 수
있기 때문이다. 이것이 오류의 거의 가장 주된 원천이며, 이런 오류
는 오랜 기간 인간 지성의 수치로 자리 잡고 있다가 후에 매우 쉬운
고찰로도 폭로된다. 왜냐하면 증명의 그 어딘가에 숨어 있는 오류는
일견 이미 알려진 진리와 유사해서 증명은 완전히 엄밀한 듯 보이고 A 117
그 증명에 아무런 오류도 없을 것이라고 생각하기에 오류를 찾지 않
으며, 그런 까닭에 우연한 방식 외에 다른 방식으로는 오류를 발견하
지 못하기 때문이다. 여기서 어디에서 이 비밀을 탐색해야만 하는지,

무엇이 이러한 난점을 예방하는지, 그리고 어느 것이 사람들이 저질러 온 오류의 발견을 용이하게 만드는지를 쉽게 알아낼 수 있다.

오류의 장기적 지속을 예방할 수 있는 수단은 어떻게 마련해야 하는가

우리는 전제들에서 일정한 방식으로 정돈된 증명이 귀결과 관련해서도 충분하고 완벽한 원칙들을 자체로 보유하는지를 알아내고 추정해낼 수 있는 기술을 가지고 있어야만 한다. 이런 방식으로 우리는 그 논증에 오류가 있는지를 알아낼 것이다. 그리고 설사 우리가 그 어디에서도 오류를 간파하지 못할 경우라도 우리는 오류를 찾아내려고 노력할 것이다. 우리가 오류라고 추정할 만한 충분한 이유
I 97 가 있기 때문이다. 따라서 이런 동기가 없다면, 지성이 의심하고 불신할 어떠한 이유도 전혀 찾지 못하는 동안 이것은 대상들의 탐구에 관한 모든 지성의 활동을 외면하게 할 기꺼이 찬동하려는 위험한 각오에 대한 방비책이 될 것이다. 이러한 방법은 우리에게 § 25, § 40, § 62, § 65, § 68에서 도움을 주었고, 앞으로도 계속 적절한 도움을 줄 것이다.

§ 90

만약 사람들이 이 방법을 더 명백하게 설명하고 이 방법의 적용 규
A 118 칙을 보이고자 한다면, 이것도 유용성이 적지 않은 고찰이 될 것이다. 하지만 이런 종류의 탐구는 이 논고와 전적으로 고유하게 관련된 수학의 관할권에만 속하는 것은 아니다. 그러나 우리는 여전히 살아 있는 힘을 변호하기 위해 운동의 합성에서 차용된 추론을 반박하는 경우 이 방법의 유용성을 보여주는 하나의 사례를 제시하고자 한다.

죽은 압력들의 합성에서, 예를 들어 빗각 방향으로 1노트를 당기
는 무게의 합성에서 이 방향들이 직각을 이룬다면, 이 방향들의 초기
속도는 또한 직각사각형의 변을 이루는 선들로 표현되며 여기에서
발생하는 압력은 대각선으로 표현된다. 이제 여기에서 대각선의 제
곱이 변들의 제곱의 합과 같을지라도, 그럼에도 합성된 힘이 단순한
힘들 중 어느 하나의 힘에 대해 초기 속도를 표현하는 선들의 제곱과
같은 관계를 갖는다는 것은 여기에서는 결코 뒤따르지 않는다. 오히
려 모든 세계는 대각선의 제곱이 변들의 제곱의 합과 같음에도 이 사
례에서는 힘들이 단지 속도와 단순 비례하는 관계에 있다는 것에 일
치된 견해를 보인다. 이제 현실적 운동의 합성도 수학을 통해 표현되
는 것으로 간주되고 그래서 사람들은 운동의 합성을 수학과 비교한
다. 평행사변형의 변과 대각선을 이루는 선들은 이 방향에 따른 속도
와 다름없으며, 이는 죽은 압력들을 합성하는 사례에서도 꼭 마찬가 A 119
지다. 대각선은 변들에 대해 대각선이 현실적 운동의 합성에서 갖는
것과 동일한 비례관계를 가지며, 각도도 마찬가지다. 그래서 합성된
현실적 운동을 수학적으로 표현하도록 하는 규정들 중 어떤 것도 사 I 98
람들이 바로 그 학문에서 죽은 압력들의 합성을 표현하는 규정들과
구별되지 않는다. 따라서 이 후자에서는 속도의 제곱에 따른 어떠한
힘의 측정도 도출되지 않으므로, 그런 측정은 전자에서도 귀결될 수
없다. 이것들은 동일한 근본 개념에 근거를 두며 따라서 동일한 귀결
을 갖기 때문이다. 그럼에도 사람들은 그것들 중 하나는 현실적 운동
들의 합성이지만 다른 하나는 죽은 압력들의 합성일 뿐이라고 가정
하기 때문에, 그것들이 명백하게 구별된다는 반론을 펼칠 것이다. 하
지만 이런 가정은 허황되고 헛수고일 뿐이다. 이 가정은 정리를 형
성하는 근본개념의 기획과는 합치하지 않는다. 수학은 운동의 현실
성을 표현하지 않기 때문이다. 고찰의 대상인 선들은 속도들의 관계

에 대한 표상일 뿐이다. 따라서 운동의 현실성에 관한 제한은 여기에서는 부수적으로 생각된 것에 불과하고 수학적 고찰에서는 어떤 결과도 산출하지 못하는, 단지 죽은 개념이자 쓸모없는 개념일 뿐이다.
A 120 여기에서 합성된 운동에 대한 이런 종류의 탐구는 살아 있는 힘을 위해 유익한 어떠한 것도 이끌어낼 수 없다. 오히려 이런 것은 다소 착종된 철학적 논쟁일 수밖에 없는데, 이런 논쟁이 지금 중요한 것은 아니다. 이런 방식으로 우리는 우리가 제안한 방법 덕분에 이제 운동의 합성에 의거한 살아 있는 힘에 대한 수학적 증명은 잘못되었고 완전한 오류임이 틀림없다는 것을 파악했다. 비록 우리는 아직 어떤 종류의 오류인지 알지 못하기는 하지만, 거기에는 틀림없이 오류가 있다는 근거 있는 추측을, 아니 오히려 어떤 확신을 가지고 있다. 따라서 우리는 그 오류를 찾아내려는 진지한 노력을 게을리해서는 안 된다. 나는 이 오류를 발견했고 바로 앞 절들에서 설명했다고 여기기 때문에, 독자들을 이런 노고에서 해방시켰다.

§ 91

마지막으로 우리의 방법은 또한 뷜핑거가 자신의 적대자들이 제기할 수 있는 반박에 반대하여 우리가 이제까지 반박해온 자신의 논증
I 99 을 보호하고자 했던 궤변과 구별의 온갖 매듭을 끊어낼 칼이기도 하다. 우리가 이런 매듭을 끊어낼 수 있다는 것은 우리에게는 매우 큰 이점이 된다. 그렇지 않다면 그것을 해결하는 일은 대단히 힘들 것이기 때문이다.

뷜핑거가 메랑의 반박에

뷜핑거는 자신의 증명이 타당하다면, 죽은 압력들의 합성에 대해서도 타당하다

반대하고자 사용했던 구별은 이 방법으로 해결된다

는 것을 증명해야만 했다는 점을 들어 사람들이 자신에게 반대할 것을 잘 알고 있었다. 그러나 그는 자신이 만들어내는 방 A 121
법을 알고 있었던 착종된 형이상학적 구별이라는 요새를 통해 이런 면에만 고착되어 있었다. 그는 이렇게 생각했다. 즉 죽은 힘의 작용은 강도와 그 작용이 이루어지는 경로의 곱으로 측정되어야 한다는 것을 알기는 했지만, 이것은 이 선의 제곱으로 표현된다. 그리고 비록 사람들은 죽은 압력의 합성에서 작용들이 동일하다는 점에서 데카르트주의자들을 인정할 수는 있겠지만, 그럼에도 여기에서 그 때문에 힘들도 동일해야만 한다는 것이 귀결되지는 않는다. 그는 이렇게 덧붙인다. '동일한 시간에 수행된 운동들에서만, 그러나 이 힘들은 죽은 압력들에서는 동일하지 않은 힘들이다.'[81] 형이상학적 탐구는 수학적 논의에서 놀라운 효과를 발휘한다. 수학을 잘 아는 사람[82]은 자신이 이런 궤변에 정통하지 않다고 믿으면서도 그 궤변을 해결할 수는 없을지라도 이런 궤변으로 잘못을 저지르는 일은 없을 것이라고 생각한다. 그런 사람은 기하학의 실마리를 따라가며, 모든 다른 길은 의심한다. 기하학자들은 뷜핑거의 회피책들과 관련하여 바로 이렇게 대처했다. 내가 아는 한 아무도 그에게 이러한 무기의 사용을 허용하지 않았다. 사람들은 이런 수고로움을 면할 적절한 이유가 있었다. 왜냐하면 형이상학적 탐구는, 특별히 그렇게 착종되고 뒤섞인 탐구는 모든 측면에서 여전히 항상 반대자들 중 누군가는 다른 사람들이 추적하거나 찾아낼 수 없도록 도피할 수 있는 무수한
피난처를 허용하기 때문이다. 우리는 뷜핑거의 추론을 그도 인정한 A 122
것처럼 수학만이 말해주는 그런 측면에서 공격했고, 그것을 상당히 잘 수행해왔다. 그러나 내가 이미 말했듯이 우리가 이 방법을 매개로 하기만 한다면, 비록 이것이 모호성이라는 뚫기 어려운 덮개 뒤

에 숨겨져 있을지라도, 우리는 이런 구별에 관해서도 대가가 될 수 있다.

우리의 방법은 뷜핑거의 구별[이 내포하고 있는 문제점]을 미연에 방지한다

I 100 여기에서는 무엇보다 다음이 중요한 문제다. 즉 뷜핑거의 구별들이 그가 살아 있는 힘을 위해 변에 대한 대각선의 관계에서 채택한 수학적 증명을 현실적 운동의 합성에서도 타당하게 만들 수 있는지 또는 이 수학적 증명이 이런 모든 것에도 불구하고 새로운 측정에 어떠한 보호막도 줄 수 없는지가 그것이다. 이것이 논쟁이 벌어지는 고유한 지점이다. 왜냐하면 만약 뷜핑거의 건축물이 단지 형이상학적 원칙들에 따라 구축되었을 뿐 운동의 합성에 관한 수학적 개념에 뒷받침되는 것이 아니라면, 우리가 그런 건축물의 탐구에 관여하지 않는다 해도 이런 일은 이 절의 의도에 비추어볼 때 이미 양해된 것이기 때문이다. 그러나 현실적 운동의 합성에서 변 속도에 대한 대각선 속도의 관계는 죽은 압력의 합성에서도 이 관계를 마찬가지로 도출하는 하나이자 동일한 근거로 입증된다. 따라서 설사 합성된 현실적 운
A 123 동에서 죽은 압력의 경우 발견되는 것 외에 다른 어떤 속성들이나 규정들이 존재하지 않는다 할지라도, 이것은 참이다. 왜냐하면 이것은 합성된 죽은 압력의 경우에 또한 가정되어야만 하는 것 외에 이를 위해 필요한 다른 어떤 것도 가정하지 않고도 충분히 증명될 수 있기 때문이다. 따라서 합성된 힘들이 죽은 압력들과는 다른 본성과 측정 방식에 따른 것일 수밖에 없다는 것은 현실적 운동에서 [볼 수 있는] 대각선 속도의 비례 관계에서 도출될 수 없다.

왜냐하면 설사 합성된 힘의 본성이 죽은 압력과 전혀 구별되지 않는다 할지라도 바로 이 동일한 비례 관계는 발생하므로, 사람들은 이를 증명하기 위해 여기에서 필연적으로 요구되는 근거들 외에 다른

어떤 근거들도 필요로 하지 않기 때문이다. 따라서 빌핑거가 여기에서 힘들은 속도에 비례하는 것이 아니라 속도의 제곱에 비례한다는 결론을 도출하기 위해 이 근거들을 사용하고자 하는 것은 헛수고일 뿐이다.

그러므로 이 철학자가 채택한 형이상학적 구별들은 여기에서, 계속된 숙고가 살아 있는 힘을 옹호하기 위한 몇 가지 근거들을 끌어낼 수도 있는 어떤 것을 제시할 수는 있겠지만, 우리가 말하는 저 수학적 증명을 뒷받침하기에는 충분하지 않다. 왜냐하면 그 증명은 본성 I 101
상 이미 사람들이 증명에서 도출하고자 하는 규칙을 위해 요구되는 것을 무규정적인 채로 남길 수밖에 없기 때문이다.

§ 92 A 124

라이프니츠의 특수하고 복잡한 사례

우리가 살아 있는 힘의 옹호자들에게 모든 상이한 종류의 증명이 갖는 부당성을 입증한 이후, 마지막으로 나는 살아 있는 힘의 아버지인 라이프니츠 자신이 처음으로 제기했고 또한 그의 엄밀성의 표징을 자체로 지닌 어떤 하나의 증명에 도달했다. 라이프니츠는 수도원장 카텔란의 반론을 해결했을 무렵 그 증명을 먼저 『악타 에루디토룸』*에 실어 세상에 내놓았다.[83] 그는 또한 그 이후 자신이 힘의 측정에 관해 밝히고자 할 때에는 항상 특별히 이 책에 수록된 증명을 전거로 삼았다. 따라서 우리는 이 증명을 살아 있는 힘의 주요 근거로 간주하고 제거해야만 할 것이다.

---

* Acta, 1690.

질량이 4인 공 A*가 높이 1AE가 1인 경사지고 휘어진 면 위에서

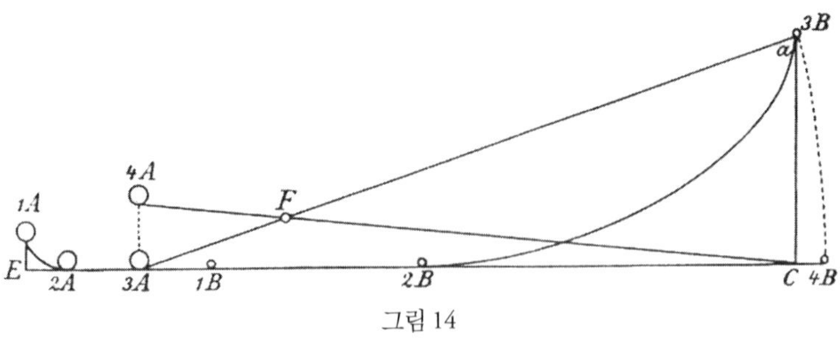

그림 14

1A에서 2A로 낙하하고, 수평면 EC에서 이 낙하로 획득된 1단위 속
도로 자신의 운동을 계속한다고 해보자. 나아가 공 A가 질량이 1인
공 B에 자신이 가진 모든 힘을 전달하고 그런 다음 자신은 점 3A에
정지한다고 해보자. 이제 이로써 공 B의 힘이 물체 A가 가진 힘과 같
게 되려면, 질량이 1인 공 B는 4배의 질량과 1단위의 속도를 가진 공
A에서 얼마만큼의 속도를 획득해야만 할까? 데카르트주의자들은 공
A 125 B의 속도는 4가 되어야 한다고 말한다. 따라서 물체 B가 수평면에서
1B에서 2B로 4단위 속도로 진행하고 그런 다음 바로 거기에서 경사
진 곡면 2B3B에 이르며, 그 면을 올라가도록 운동해서 자신에 내재
한 속도를 통해 그 면의 정점 3B에 — 이 3B의 수직 높이 3BC는 16
의 속도다 — 도달한다고 해보자. 나아가 점 F를 중심으로 운동하는
비대칭 양팔저울 3A3B를 가정하되, 저울의 한쪽 팔 F3B는 다른 저울
I 102 대 3AF에 비해 4배보다 약간 더 길지만, 그럼에도 서로 균형을 유지
한다고 가정해보자. 이제 물체 B가 점 3B에 도달하고 거기에서 저울
의 양팔이 균형을 이룬다면, 다음은 분명하다. 즉 3B에 있는 공의 질
량과 비교할 때 3A에 있는 물체의 질량이 그런 것처럼 저울대 F3B는

* 그림 14.

다른 저울대 3AF에 비해 조금 더 길기 때문에 균형은 깨질 테고, 그래서 물체 B는 3B에서 4B로 내려가겠지만 동시에 공 A는 3A에서 4A로 올라갈 것이다. 그런데 높이 4A3A는 높이 3BC의 거의 1/4이고, 따라서 4와 같다. 그러므로 물체 B는 공 A를 이런 방식으로 거의 4배 높이로 들어 올린다. 이제 아주 쉬운 역학적 계산만으로도 다음이 성립될 수 있다. 즉, 공 A는 4A에서 1A로 되돌아간다. 그리고 자신의 낙하로 획득한 힘을 가지고 일정한 역학적 작용을 수행하겠지만, 그에 따라 공 A는 또다시 점 1A에서 경사면 1A2A로 굴러 떨어지고 모든 것은 이전 상태로 있게 될 것이다. 또한 공 B는 면 2B4B의 아주 미세한 기울기 때문에 다시 점 1B에 있게 될 텐데, 이 공 B는 자신의 모든 A 126
힘을 이전처럼 전달할 테고 모든 것은 다시 한번 실행될 것이다. 라이프니츠는 계속해서 다음과 같은 결론을 내린다. 즉 데카르트의 힘에 대한 측정에 따르면 만약 사람들이 그 물체의 힘을 잘 사용하기만 한다면, 물체는 무한히 항상 점점 더 많은 작용을 수행하고, 기계들을 움직이고, 용수철을 당기고, 장애를 극복할 수 있을 텐데, 이런 일을 할 때 그 물체의 능력에서 어떤 것도 소진되지 않을 테고, 중단 없이 이 능력을 점점 더 많이 행사한다는 것이 귀결된다. 따라서 라이프니츠는 데카르트의 측정에 따른다면 결과가 그 원인보다 더 클 테고 모든 역학자가 불합리하다고 여기는 영속적 운동이 가능하다는 것으로 귀결된다는 결론을 내린다.

§ 93

이 증명에 있는 오류추리의 핵심

이 증명이 살아 있는 힘의 모든 옹호 중 유일한 증명이며, 이 증명의 그럴싸함은 라이프니츠주의자들이 자신들의 측정을 옹호하는 근거와 관련하여 드러냈던 조급함을 양해할 수 있게 해준다. 베르누이, 헤르만 그리고 볼프는 독창성과 외관상의 강력함에서 라이프니츠의 증명에 필적하는 어떤 것도 말한 적이 없다. 라이프니츠처럼 그렇게 위대한 사람은, 자신을 오류로 유인한 그 사유가 자신에게는 심지어 명예로운 것이었다고만 하지 않았다면, 길을 잃고 헤매는 일은 없었을 것이다. 이 증명과 관련하여 우리는 헥토르가 베르길리우스의 『아이네이스』에서 다음과 같이 스스로 치켜세운 것을 말하고자 한다.

I 103 페르가몬이 나의 오른손으로 방어될 수 있었다면,
그것은 역시 그렇게 되었을 것이다.
— 베르길리우스, 『아이네이스』[84)]

A 127 나는 이 증명에 대한 판단을 간략히 요약하려 한다. 미리 역학적 힘을 행사하여 공 A를 양팔저울에 4단위의 높이 4A3A로 들어 올린 다음 4A에서 경사면 1A로 되돌아가게 하는 경우에 대해 라이프니츠는 이 공 A의 낙하가 공 B로 전달된 힘의 작용이라고 했는데, 이것이 아무리 그렇게 보일지라도 그는 그렇게 말하지 않았어야 했다. 우리가 곧 보겠지만, 이렇게 행사된 역학적 힘이 비록 B로 전이된 힘 덕분에 작동하게 된 기계에서 귀결된 상태이기는 하지만 그럼에도 이 힘이 전이된 힘의 작용인 것은 아니다. 라이프니츠의 증명에서 산출되는 모든 가상이 근거하는 오류추론의 핵심이 여기에 있기 때문에, 우리는 이 두 가지 힘의 의미를 뒤섞지 않도록 아주 주의를 기울여야 한다. 왜냐하면 만약 이러한 모든 역학적 귀결이 물체 A가 다른 물체 B로 전달했던 힘의 진정한 작용이 아니라면, 설사 사람들이 기계에서 귀결된 상태에는 이전 상태보다 더 많은 힘이 포함되어 있다고 말

할지라도, 역설적 사유의 모든 그럴싸함은 단번에 사라질 것이기 때문이다. 그 때문에 결과가 여전히 그 원인보다 더 큰 것도 아니며 또한 영속적 운동 자체도 이 경우 전혀 부조리한 것이 아니다. 그 이유는 이 산출된 운동은 힘의 참된 작용이 아니기 때문이다. 그 힘의 작용은 본래 이 운동을 단지 유발했을 뿐이다. 따라서 역학의 원칙과 배치되지 않고도 이 운동보다 또한 항상 더 클 수 있다.

§ 94 A 128

A가 기계의 구조 덕분에 획득하는 힘은 물체 B의 힘에서 산출된 작용이 아니다

공 A의 모든 힘을 전달받은 물체 B는 이 힘을 경사면 2B3B를 통과하면서 완전히 사용한다. 따라서 점 3B에서 물체 B는 자기 작용의 전체량을 완수하고 자신에게 전달된 힘도 모두 소모한다. 이제 물체 B는 그 지점에서 저울대 위에 놓이게 되는데, 이것은 더 이상 이전의 힘, 즉 물체 B가 3A에 있는 물체를 위로 들어 올릴 때 가졌던 힘이 아니다. 오히려 중력의 새로운 위력이 이 작용을 수행할 뿐이며, 공 A에 I 104
의해 물체 B가 획득했던 힘은 여기에서는 아무런 역할도 하지 않는다. 나아가 공 A가 이를 통해 4A까지 올려진다면, 3B에서 가장 큰 공의 힘은 또한 이런 방식으로 자신의 전 작용을 행사한다. 그리고 물체 B가 4A에서 1A로 되돌아가는 동안 수용한 힘은 또다시 지렛대의 활동과는 완전히 구별되는, 또한 말하자면 자유낙하하는 물체에 전달된 중력 압력의 활동보다 훨씬 더 큰 새로운 원인의 작용이다. 따라서 물체 A가 1A 지점에 다시 도달하기 전에 역학적 작용을 행사할 때 갖는 힘은 공 B의 힘을 통해 유발되어 일정한 역학적 원인으로 전환된 것이기는 하지만, 공 B의 힘 자체를 산출한 원인은 아니다.

§ 95

이것은 확증되었다 만약 라이프니츠주의자들이 자연에서
A 129 발생한 이후 상태에서도 항상 이전 상태
가 자체로 포함하는 바로 그만큼의 힘만을 정립하고자 했다면, 나는 당연히 그들이 자신들의 고유한 증명에 대해 제기될 수 있는 반론에서 자신들을 어떻게 구출하려는지 알고 싶다. 만약 내가 공 B를 양팔 저울의 3B에 놓는다면, 따라서 공 B가 거기에서 저울대를 아래로 압박하여 물체 A를 3A에서 4A로 들어 올린다면, 이것은 자연의 이전 상태일 것이다. 그러나 물체 A가 4A에서 다시 떨어짐으로써 A가 획득한 힘은 이전 상태에서 유발된 이후 상태인 것이다. 그러나 이후 상태에는 이전 상태보다 훨씬 많은 힘이 포함되어 있다. 왜냐하면 3A에 있는 물체를 능가하는 3B에 있는 물체의 우월한 힘은 B의 고유한 무게와 관련하여 비교할 수 없을 정도로 작고, 따라서 물체를 3A에서 들어 올리는 속도는 그 물체가 4A에서 1A로 자유낙하함으로써 획득하는 속도에 비해 매우 작기 때문이다. 왜냐하면 전자에서는 감소되지 않은 중력의 압력이 누적되지만, 후자에서는 이것에 비해 비교할 수 없을 정도로 작은 압력만이 누적될 뿐이기 때문이다. 따라서 자연에서 [발생한] 힘의 이후 상태는 그 상태를 유발하는 이전 상태보다 논쟁할 여지없이 더 크다.

§ 96 I 105

바로 이것은 연속성의 법칙으로 증명된다

여기에서 모든 것은 무엇보다도 다음에 달려 있다. 즉 라이프니츠주의자들이 데카르트의 법칙에서 불합리성을 지적하고자 할 때 그들이 가정해야만 했던 것처럼 여기에서 4단위 속도를 가진 물체 B가 보유한 힘은 기계에서 발휘된 작용이 산출한 원인이 아니라는 것을 납득하는 일이 그것이다. 왜냐 A 130
하면 만약 이렇다면, 이 원인들이 단지 아주 조금씩 감소될 때 작용 역시 아주 조금씩 감소될 것이기 때문이다. 그러나 이것은 기계에서는 완전히 다르게 나타난다. 만약 우리가 물체가 1B에서 4단위 속도보다 약간 작은 속도를 가진다고 가정한다면, 그 물체는 곡면 2Ba에 있는 점 a까지 다다를 텐데, 이 지점에서 한쪽 저울대의 길이 3AF는 다른 쪽 저울대의 길이와 아주 정확히 1 대 4의 비례 관계에 있으며, 따라서 물체 B의 무게는 지렛대를 움직이게 하지 못하며 또한 3A에 있는 물체를 그 자리에서 조금도 밀어내지 못한다. 따라서 만약 B가 너무 작은 것으로 간주되어 거의 전혀 고려하지 않아도 될 정도로 힘을 일부분 적게 가지고 있다면, 물체는 그 경우 3A에서 이미 전혀 더는 그 어떤 힘도 얻지 못할 것이다. 반대로 이 작은 힘의 일부분이 보태진다면, 곧바로 물체는 3A에서 처음에 가졌던 힘뿐만 아니라 그 힘을 능가하는 훨씬 많은 힘을 다시 획득하게 될 것이다. 다음은 명백하다. 만약 3B에 있는 물체의 힘이 기계에서 발휘된 상태를 산출하는 진정한 원인이라면, 이런 도약은 발생하지 않을 것이다.

§ 97

이전 상태에서 충분한 근거의 전체 양

만약 사람들이 이 기계에서 지렛대의 위치와 그 위치의 기하학적 규정을 물체들의 비례와 관련하여 고려한다면, 그리고 만약 사람들이 이에 더해 높이 3B4B와 높이 1AE의 비례관계를 물체 B의 질량과 물체 A의 질량과의 비례관계를 초과하도록 덧붙인
A 131 다면(높이 3B4B와 높이 1AE의 비례관계는 16 대 1이지만, 질량 A와 질량 B는 단지 4 대 1이기 때문에), 사람들은 물체 A에 있는 힘을 유발했던 규정들의 전체 양을 갖게 된다. 이에 더해 만약 기하학적 규정요
I 106 소들의 유리한 배치를 매개로 더 효력이 있도록 만들어진 중력의 압력들을 상정한다면, 사람들은 A에서 나타나는 힘의 양을 완전히 다시 발견할 수 있는 모든 충분한 근거의 전체 적요[85]를 갖게 된다. 만약 사람들이 물체 B의 고유한 힘을 이것에서 분리한다면, A로 유입되는 힘의 근거를 B의 힘만으로 설명하기에는 그 힘이 너무나 작다는 것을 발견할 텐데, 이는 전혀 놀라운 일이 아니다. 여기에서 물체 B가 행하는 모든 것은 이 물체가 중력의 당김을 극복할 때, 그와 동시에 일정한 양상[의 변화]을, 즉 일정량의 높이를, 말하자면 물체 B의 속도의 비례에 따른 것보다 그리고 따라서 질량의 비례에 따른 것보다 더 큰 높이를 획득한다는 것뿐이다.

그러므로 물체 B의 힘은 A에서 산출된 힘의 참된 작용 원인이 아니다. 따라서 이 힘과 관련하여 역학의 위대한 법칙, 즉 모든 결과는 그 결과의 완전한 원인과 동일한 힘을 갖는다[86]는 법칙은 적용되지 않을 것이다. 그리고 이런 방식으로 이 원칙이 전혀 손상되지 않고도 영속적 운동은 산출될 수 있을 것이다.

§ 98

라이프니츠의 논증에 여전히 남아 있을 수 있는 유일한 난점

따라서 라이프니츠가 자신의 논증을 가지고 우리와 대립할 수 있는 모든 것은 다음과 같은 점에 있다. 즉, 설사 사람들이 그 사태의 완전한 불가능성을 증명할 수 A 132
없을지라도, 그것이 어떤 방식으로 발생하든 그럼에도 여기에서 어떤 한 힘이 자신보다 더 큰 또 다른 힘을 일깨운다는 것은 매우 비법칙적이고 반자연적이라고 하는 것이 그것이다. 라이프니츠는 다음과 같은 측면을 받아들였다. "이것은 또한 원인은 복원될 수도 없고 작용을 대신할 수도 없다는 것을 함축할 것이다. 그리고 이것이 자연의 규칙과 사물의 근거들에 얼마나 모순적인지도 쉽게 알 수 있다. 그러므로 결론은 다음과 같다. 즉 작용은 항상 감소할 뿐 결코 증가하지 않을 것이므로, 사물의 본성 자체는 지속적으로 완전성을 제거하면서 줄어들 것이다. 그리고 이 완전성은 기적이 없다면 결코 다시 회복되거나 손실을 만회할 수는 없을 것이다. 이것은 확실히 자연학의 영역에서 주재자의 지혜와 항상성에 모순되는 것이다."*[87] 라이프니츠가 문제의 본성이 그에게 이러한 절제[된 표현]를 요구한다는 것을 알아채지 못했다면, 그는 그렇게 완곡히 표현하지 않았을 것이다. [그러므로] 우리는 만약 라이프니츠의 명민함이 이런 주장의 허약함을 간파하지 않았다면, 그는 마법의 번개를 가진 기하학과 모든 I 107
것을 해치울 수 있는 수학으로 무장한 채 다시 자신의 적들을 향했을 것이라고 분명히 확신할 수 있다. 그러나 그는 신의 지혜에 도움을 호소할 수밖에 없는 자신을 보았겠지만, [사실 이는] 기하학이 그에

* Acta Erud., 1691, p.442.

게 어떠한 강력한 무기도 제공하지 않는다는 확실한 표징이었을 뿐이다.

> 신성한 존재가 끊어내야만 하는 엉킨 매듭이 아니라면,
> 어떤 신도 그 일에 개입하지 않을 것이다.
> — 호라티우스, 『시론』[88)]

그러나 이렇게 엉성한 보호막은 역시 결코 항구적일 수 없다. 여기
A 133 에서 말하는 것은 단지 수학을 통해 인식된 힘의 측정에 관한 것뿐이며, 이런 측정이 신의 지혜에 충분히 합당하지 않더라도 전혀 놀라운 일이 아니다. 수학은 어떠한 지식도 수단으로 삼지 않는 독립된 학문이며, 그 자체로만 본다면 확실히 예의와 격식의 규칙과 공존하는 것이 아니다. 그리고 만약 이 학문이 자연에 대해 완전하게 적용되어야만 한다면, 형이상학의 학설들과 합치되어야만 한다. 진리 안에 존재하는 조화는 회화에서 나타나는 일치와 같은 것이다. 만약 사람들이 한 부분만을 특별히 떼어내 버린다면 적절한 것, 아름다운 것 그리고 잘 어울리는 것은 사라지고 말 것이다. 그러나 이러한 것들을 지각하려면 그 부분들을 모두 동시에 보아야만 한다. 데카르트의 측정은 자연의 의도와 반대된다. 따라서 그것은 자연의 힘에 대한 참된 측정이 아니다. 그럼에도 이것이 데카르트의 측정이 수학에서도 참되고 합당한 힘의 측정이 아니어야만 한다는 것을 의미하지는 않는다. 왜냐하면 물체의 속성과 그 힘에 관한 수학적 개념들은 자연에서 만나게 되는 개념들과 상당한 차이가 있기 때문이다. 그리고 이것은 우리가 데카르트의 측정이 수학적 개념들과 대립하지 않는다는 것을 보아온 것으로 충분하다. 그러나 자연에서의 힘에 대한 참된 측정을 규정하기 위해 우리는 형이상학적 법칙을 수학의 규칙과 결합해야만

한다. 이렇게 하는 것이 균열을 채우는 것이며 신의 지혜로운 의도를 더 잘 향유하는 것이 될 것이다.

§ 99 A 134

파핀의 반론

살아 있는 힘에 대한 악명 높은 반대자들 중 한 사람인 파핀[89]은 라이프니츠의 논증에 반대하는 데카르트주의의 활동을 매우 좋지 않은 방식으로 수행했다. 그는 자신의 반대자에게 전장을 비워주고는 그 어딘가에 자신을 보호할 수 있는 초병을 세우기 위해 전장을 휘젓고 다닌다. I 108
그는 물체 A가 자신의 모든 힘을 물체 B에 전달한다고 가정하는 경우 데카르트적 측정에 따르면 영속적 운동이 귀결된다는 점에 대해 라이프니츠에 동의한다. 그리고 그는 라이프니츠에 대해 이런 종류의 운동은 불합리하다는 것을 다음과 같이 매우 공손하게 시인한다. "그러나 라이프니츠는 데카르트적 측정에 따른다면 물체 A의 전체 힘을 물체 B에 전달함으로써 영속적 운동이 어떻게 발생할 수 있는지를 가장 분명하게 증명한다. 그럼으로써 그는 데카르트주의의 불합리성을 증명했다고 믿는다. 나는 영속적 운동은 불합리할 뿐만 아니라 또한 가정된 전달을 토대로 한 이 저명한 분의 증명이 적법하다는 것을 인정한다."[90] 파핀은 이런 방식으로 이 문제를 망가뜨린 다음 자신의 도피처를 다음에서 찾는다. 즉 그는 라이프니츠 논증의 극히 미미한 조각에 불과한 자기 반대자의 가정을 부정하고는 그 반대자에게 이 매듭을 풀라고 요구한다. 다음 말은 그의 견해를 알게 해준다. "그러나 나는 전체 힘이 물체 A에서 물체 B로 전달된다는 그의 가정의 가능성을 단호하게 부정한다."*[91]

§ 100

라이프니츠는 자신의 적을 단숨에 무장해제해버렸고 그에게 조금
A 135 의 도피처도 남겨주지 않았다. 그는 자신의 적에게 힘의 현실적 전달은 자기 증명의 본질적인 부분이 아니며, A에 있는 힘을 대체할 수 있는 힘을 B에서 상정하는 것으로 충분하다는 사실을 지적했다. 사람들은 우리가 이미 언급했던 『악타 에루디토룸』에 그가 게재한 논고에서 이 모든 증명을 만날 수 있다. 나는 공개된 논쟁에서 그의 적에게 승리를 넘겨줄 수도 있었던 라이프니츠의 과실을 언급하지 않을 수 없다. 그것은 이런 것이다. 즉 그 자신도 언급한 것처럼, 라이프니츠는 논증에서 어떤 부차적인 것을 제시하기 위해 중심문제에 고유하게 속하지 않는 어떤 것을, 그러나 그것이 받아들여진다면 이 부차적인 문제를 지지하기는 하지만 증명의 중심 문제는 완전히 뒤집어버리는 어떤 것을 인정했다.

라이프니츠의 과실

그 문제는 이런 것이다. 자신의 반대자가 제기한 반론에서 물체가 자신의 전체
I 109 힘을 다른 물체에 전달하는 것은 불가능하다는 것 외에 다른 어떤 것도 배제하지 않겠다는 것을 머리에 심어놓은 듯한 파핀은 라이프니츠가 이것을 수행하기 위해 염두에 두었던 모든 책략을 의심스러운 것으로 만들고자 했다. 그런 까닭에 그는 4단위 질량을 가진 물체 1A*가 완전히 뻣뻣한 지렛대 1ACB 위에서 정지점 C까지의 거리가 거리 CB에 비해 1/4 지점인 점 1A에서 충돌해 1단위 질량을 가진 물체 B에 자신의 전체 힘을 전달할 수 있다

---

* Acta Erud., 1691, p.9.

* 그림 15.

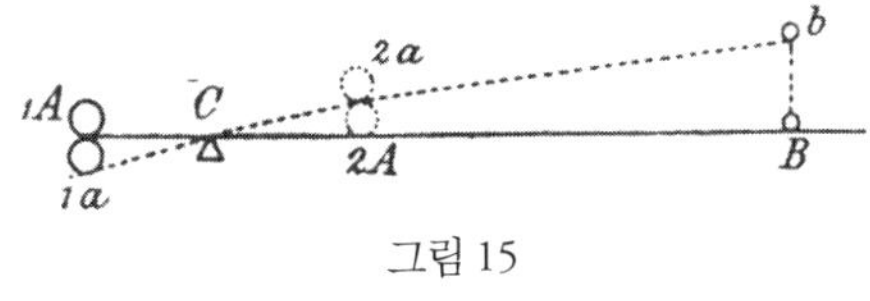

그림 15

는 것을 온갖 열정을 다 해 반박했다. 왜냐하면 라이프니츠는 우리가 다루었던 그의 역학적 사례를 주장할 때 이렇게 전체 힘을 전달할 수 있다는 것을 받아들였기 A 136
때문이다. 이러한 해결책을 움켜쥐고 그것에서 살아 있는 힘을 반대하는 결론을 도출했을 때, 파핀은 자신의 문제가 가질 수 있었던 장점을 알아채지 못했을 것이다. 그런 까닭에 그는 이 해결책을 고수하긴 했지만 근거들이 너무나 빈약했기에, 그 근거들은 오히려 자신의 반대자들에게 그들의 주장을 고수할 용기를 배가했다. 따라서 라이프니츠는 자신이 물체의 전체 힘이 한 번의 충돌로 다른 물체로 옮겨갈 수 있다는 것을 증명하는 데 사용할 수 있다고 믿었던 이 책략의 정당성을 고수했다. 라이프니츠는 파핀이 책략의 가상성을 지적하기 위해 언급했던 그 근거들을 감사해하면서 수용하고 책략의 가상성을 다시 수포로 만들지도 모를 난점들을 제거했다. 나는 라이프니츠가 다음을 아주 진지하게 말했다고 믿는다. “내가 플로렌스에 있을 때, 한 친구에게 큰 물체에서 정지해 있는 작은 물체로 전체 힘이 전달될 수 있다는 가능성 등에 대한 또 다른 증명을 제시했다. 그런데 이것은 저 유명한 파핀이 나를 돕고자 아주 재치 있게 고안해낸 그 증명들과 상당히 유사하다. 그 점에 대해 나는 그에게 감사하며, 또한 그의 진정성에 진심으로 감사드린다.”[92] 우리는 이제 그 경우 라이프니츠는 비록 부차적 문제를 상실하기는 하겠지만(그러나 그런 상실이 그에게 전혀 아무런 단점을 가져오지 않았을 것이다), 중심 문제를 획득할 수 있었을 터이므로 자신의 반대자에게 오히려 인정해야만 했던 이 명제에 대한 주장을 굽히지 않고 고수함으로써 자신의 문제를 아주 나쁜 형태로 비약시켰다는 것을 보고자 한다. 자신의 고유한 고백을 토대로 반대자를 잡아내기 위해 파핀은 다음과 같이 논증할 수 있어야 했고 또한 논증해야만 했다.

4단위의 질량을 가진 물체가 충돌로 지렛대 위에서 1단위의 질량을 가진 물체에 4단위의 속도를 전달할 수 있다는 것에 대한 증명

A 137 만약 4단위의 질량을 가진 물체 1A가 1단위 속도로 1A에서 지렛대에 충격을 가
I 110 한다면, 이 물체 1A가 자신과 질량이 동일한, 그리고 또한 지렛대의 정지점에서 같은 거리에 있는 다른 물체 2A에 이 충돌로 자신의 모든 힘과 속도를 전달하리라는 것은 너무나 분명하다. 그러나 이 속도, 즉 2A를 밀어내는 속도는 지렛대가 물체를 들어 올릴 때 무한히 작은 공간 2A2a를 뒤에 남겨놓는 운동의 진행이기 때문에, 이 무한히 작은 운동의 속도는 밀려 올라가는 2A의 속도, 따라서 1A가 지렛대에 충격을 가하는 바로 그 속도와 같다. 따라서 이 공 1A는 지렛대에 충격을 가할 때 지렛대를 무한히 짧은 선 1A1a만큼 아래로 누르게 될 것이다. 그리고 이 선은 1A가 충돌할 때 가진 바로 그 속도로 아래로 내려가게 될 것이다. 이제 물체 2A 대신 이 2A[93]보다 4배 작은 질량을 가진 공 B를 정지점 C에서 4배 먼 거리에 갖다놓고, 이 경우 물체 1A[94]가 지렛대를 1A에서 1a로 밑으로 누르는 동안 물체 B가 얼마만큼의 저항을 물체 1A[95]에 가하게 될지를 살펴보자. 관성력[96]이 또는 한 물체가 자신의 전달력[97]를 매개로 다른 물체의 운동을 방해하는 저항이 그 물체의 질량과 비례한다는 것은 이미 알려져 있다. 그러나 이제 정지점에서 4배 먼 거리에 있는 1/4단위의 질량은 4배 가까이 있는 1단위의 질량과 같다고 평가되어
A 138 야만 한다. 따라서 B에 있는 물체 B는 물체 1A가 지렛대에 가하는 충돌에 대해 2A에 있는 물체 2A=1A가 행했을 바로 꼭 그만큼의 저항을 수행한다. 그러므로 또한 물체 1A는, 공 2A에 대신 공 B가 지렛대

위에 있는 이러한 경우, 무한히 짧은 선 1A1a를 지렛대와 함께 동시에 통과할 테고, 더욱이 이전 경우와 꼭 같은 속도로, 다시 말해 물체 1A가 1A 지점에서 충격을 가할 때 가진 속도와 같은 속도로 관통할 것이다. 그러나 물체 1A는 B에 있는 다른 끝이 B에서 b로 동시에 올라가지 않는다면, 지렛대를 1A에서 1a로 내려 누를 수 없다. 그런데 무한히 짧은 선 Bb는 1A1a보다 4배 더 크다. 따라서 물체 B는 지렛대의 충돌로 1A가 충격을 가할 때 갖는 속도의 4배가 되는 속도를 획득할 것이다.

다른 방식으로 증명된 같은 사례

이것은 다른 방식으로도 해명된다. 우리는 모든 단단한 물체를 탄성체로, 다시 말해 충돌에 물러났다가 되튀는 것으로
간주할 수 있다. 따라서 딱딱한 지렛대 1ACB에도 그와 같은 탄성력[98] I 111
을 부여할 수 있다. 또 1단위의 속도로 지렛대에 충격을 가하는 물체
1A는 용수철 1AC를 압축하고 그것을 공간 1A1a만큼 누르는 동안 자
신의 전체 힘을 사용한다. 이제 압력이 행사되는 전체 시간에 이 용
수철이 물체 1A에서 자신의 저항으로 소모하는 속도의 모멘텀[99]은
지렛대의 연속된 팔인 용수철 C2A가 동시에 이 압축 때문에 공간
2A2a를 통해 팽창할 때 갖는 모멘텀과 동일하다. 그러므로 만약 이
딱딱한 선이 B까지 늘어나게 된다면, 지렛대 1aCB가 직선 1aCb로 A 139
다시 설정되는 동안 용수철 CB가 팽창할 때 갖는 속도의 모멘텀은 지렛대 1aCB가 점 2A에서 되튕길 때 갖는 모멘텀보다 4배 더 크다.(점 B가 동시에 들어 올려지는 공간 bB는 2A2a보다 4배 더 크기 때문이다.) 그러나 정지점 C에서 B지점까지의 4배 거리 때문에 용수철 CB의 딱딱함은 그럼에도 용수철 C2A의 딱딱함보다 4배 더 약하다. 그래서 사람들은 이런 이유로 B에서의 저항을 2A에서의 저항보다 4배 더 작게 만들어야 한다. 그리고 이 경우 용수철 CB가 1/4단위의

질량을 가진 물체 B에 부과하는 속도의 모멘텀은 4배가 되는 반면, 용수철 C2A가 4단위의 질량을 가진 물체 2A에 사용하게 될 모멘텀은 1배가 된다. 이제 용수철 CB가 작용하는 시간은 용수철 C2A가 팽창하게 될 시간과 같고, 두 물체 2A와 B가 같은 시간 작용하는 두 용수철 C2A와 CB로 획득할 속도들은 이 용수철들이 그 물체들에 부과하는 속도의 모멘텀과 같다. 따라서 속도는 물체 2A보다 물체 B에서 4배 더 크다. 그러나 물체 2A가 용수철 C2A의 밀침으로 획득할 속도는 물체 1A가 1A에서 충돌할 때 갖는 속도와 동일하므로, 물체 1A가 지렛대에 충격을 가할 때 이 충돌로 물체 B가 획득하는 속도는 1A가 자신의 충돌을 행할 때 갖는 바로 그 속도보다 4배 더 크다. 이상이 내가 증명하려는 내용이다.

어떻게 파핀은 이것에서 라이프니츠에 반대하는 논증을 할 수 있었는가?

A 140 따라서 우리는 이러한 이중의 증명에서 4단위 물체는 단 한 번의 충돌로 1단위 물체에 4배의 속도를 전달할 수 있다는 것을 알게 되었다. 이것은 역학적 원칙들에 따른 진리이며, 이 원칙들이 그 자체로 살아
I 112 있는 힘의 가장 열렬한 옹호자라는 것은 의심할 여지가 없다. 파핀이 자신의 장점을 잘 간파했더라면, 그는 역학적 원칙들을 통해 자신의 반대자들을 정직한 방식으로 궁지에 몰아넣을 수 있었을 것이다. 그는 반대자[라이프니츠]에게 다음과 같이 말했어야만 했다. 당신은 나에게 4단위 물체는 지렛대를 매개로 중간점에서 4배 떨어진 거리에 있는 1단위 물체에 자신의 모든 힘을 들여보낼 수 있다는 것을 인정했다. 그러나 나는 이런 경우에는 4단위 물체는 1단위 물체에 4배의 속도를 전달한다는 것을 증시할 수 있다. 따라서 4단위의 속도를 가진 1단위 물체는 1단위의 속도를 가진 4단위 물체의 모든 힘을 갖는다는 것을 증시할 수 있다. 그러나 이것은 논란의 여지가 있는 지

점이며, 여러분이 나에게 부정하기를 요구했던 지점이기도 하다.

§ 101

따라서 살아 있는 힘이 데카르트의 측정을 위협했던 모든 것 중 가장 강력한 공격은 허망하게 끝나버렸다. 그런 연후 이제는 살아 있는 힘이 여전히 자신을 유지할 수단을 발견할 수 있다는 어떠한 희망도 남아 있지 않게 되었다.

> 자신의 힘으로 그는 헛되이 공격했다. 게다가
> 그의 무게가 그랬던 것처럼 어마어마한 중량으로 땅바닥에
> 그는 쓰러졌다. 때때로 에리만토스산이나 A 141
> 이다산의 꼭대기에서 뿌리째 뒤집히는 속 빈 소나무처럼.
> — 베르길리우스, 『아이네이스』 5권[100)]

§ 102

우리는 라이프니츠주의자들의 가장 중요한 근거들을 반박했다

우리는 이제까지 살아 있는 힘에 관해 새롭게 제기된 것의 가장 주목할 만하고 유명한 근거들을 살펴보았다. 그리고 반박의 권리에 입각하여 그 분파가 데카르트주의의 학도들에게 그렇게 자주 제기했던 모든 반박과 비난에 대한 대가를 치르도록 도모했다. 여기에서 우리 측의 완전한 승리를 마련하기 위해 이 문제에 대해 라이프니츠 측에서 저술했던 모든 것을

검토해야만 한다고 우리에게 요구하는 것은 부당할 것이다. 이것은 자신의 저작을 풍부하게 만들기 위해 레바논산맥의 삼나무에서부터 절벽에서 자라는 히솝풀에 이르기까지 그 어떤 것도 빠뜨리지 말라는 것을 의미할 것이다. 우리는 반대자들의 영토에 여전히 더 많은 공격을 가해서, 그들의 자산을 빼앗고 데카르트주의 지지자에게 수
I 113 많은 승리의 표시와 개선문을 세워줄 수도 있다. 그러나 나는 독자들이 이에 대한 요구를 더는 하지 않을 것이라고 믿는다. 일찍이 어떤 책이 두껍다면 그 책은 그만큼 나쁜 책이라고 사람들이 말하는 것에 근거가 있다면, 그것은 두꺼운 책은 동일한 문제에 대해, 그리고 더
A 142 욱이 매우 추상적인 문제에 대해 순전히 상이한 옹호들 외에 다른 것들은 거의 제시하지 않고, 결국에는 그런 상이한 옹호들을 단지 하나의 목적을 위해, 즉 그 모든 것을 반박하기 위해 제시한 것에 불과하다는 사실을 의미할 것이다.

그럼에도 우리는 장황함의 이러한 남용을 완전히 끊어버릴 수는 없을 것이다. 그렇다고 해서 우리가 여전히 또 하나의 증명을, 설사 우리 논쟁의 모든 반대자와 옹호자가 그 증명에 대한 침묵을 면하게 해줄지라도, 이리로 끌어들일 권한이 있는 것도 아니다. 이러한 증명은 단지 그 증명의 제안자가 갖는 위상 때문에 이 논고의 한 자리를 요구할 뿐이다. 그러나 이 증명은 양 학파의 지지자들이 서 있는 모양새를 보건대 가장 하찮은 자리를 차지하는 것은 아니다. 라이프니츠주의자들은 그 증명이 자신들의 견해에 어떤 도움이 될 것이라고 믿지 않았다. 그리고 사람들은, 비록 라이프니츠주의자들이 때로 궁지에 몰렸을지라도, 이 증명에서 자신들의 피난처를 찾았다고 생각하지도 않는다.

§ 103

볼프의 논증

우리에게 이 증명을 알려주었고 이 증명을 『페터부르크 아카데미 주석』의 제1권[101]에서 온갖 화려한 방법으로 장식한 사람이 바로 볼프다. 우리는 엄격한 방법을 매개로 매우 정확하게 구분되고 강화된 수많은 일련의 선행 명제를 통해 자기 명제를 도입하는 것은 군대가 적들을 기만하고 약점을 은폐하기 위해 수많은 소대로 나누어 대형을 넓게 펼치는 전술적 책략과 비교할 수 있다고 말할 수 있다.

언급한 학술 저서에 있는 볼프의 논고를 읽는 사람은 누구나, 거기 A 143
에 제시된 분석적 경향 때문에 모든 것이 지나치게 늘어지고 이해할 수 없게 되어 있어서, 그 글에서 정당한 증명을 형성하는 내용을 찾아내기란 너무나 어렵다는 것을 알게 된다. [그래도] 그가 착수한 증명의 특성을 어느 정도 이해가 가능하도록 만들어보자.

§ 104 I 114

이 논증의 주요 원칙

파핀은 어떤 한 물체가 전혀 어떠한 장애도 극복하지 않고, 어떠한 질량도 움직이지 않고, 어떠한 용수철도 압축하지 않는다면, 그 물체가 뭔가를 행했다고 말할 수 없다고 주장했다.[102] 볼프는 이에 대해 다음과 같은 근거로 파핀을 반대한다.[103] 만약 어떤 사람이 어떤 짐을 일정 공간을 통과하여 이동시킨다면, 모든 사람은 그 사람이 뭔가를 행했고 완수했다고 하는 점에서 일치된 견해를 보일 것이다. [이와 마찬가지로] 이제 어떤 한 물체가 자신의 고유한 질량을 그 물체가 현실적 운동에서 소유하는 힘 덕분에 어떤 공간을 통과하여 이동한다면, 바로 이로써 그 물체의 힘은 뭔가를 행했고 수행했다는 것이 그의 근거다. 볼프는 자신의 논고 서두에서 이 근거를 제시하고 이와는 별도로 자기 명제를 증명하겠다고 약속했다. 하지만 그는 자기가 한 말을 지키지 않았다.

볼프는 그가 무해한 작용[104]이라는 말로 이해하는 것에 대해, 다시 말해 그 작용의 산출이 힘을 소진하지 않는 작용에 대해 설명한 후 어떤 한 명제를 정립하고 오직 유일하게 그 명제만이 자신의 이론체계를 성립하게 한다고 했다. 그러므로 우리는 그의 저작에 깃든 온갖 노
A 144 력이 아무 성과도 없었다는 것을 보이기 위해 이 근거를 그에게서 가져올 필요가 있다. "만약 운동하는 두 물체가 동일하지 않은 공간들을 통과하여 이동한다면, 무해한 작용은 통과된 공간들과 같다."[105] 이것이 우리가 염두에 둔 명제다.* 그가 어떻게 자기 명제의 증명에 착수했는지 살펴보자. 그는 다음과 같은 방식으로 논증했다. 만약 공간 A를 통과하는 작용[106]이 e와 같다면, 동일한 또는 바로 그 공간 A에서 발생하는 작용도 또한 e이며, 결과적으로 공간 2A에서는 작용이 2e가 될 테고, 공간 3A에서는 3e가 될 것이다. 즉, 작용은 공간과 비례하여 성립한다.

따라서 그의 증명은 만약 물체가 어떤 일정한 공간을 통과한다면, 그 물체는 또한 통과된 그 공간과 정확히 동일한 크기의 무해한 작용을 수행한다는 가정에 근거하고 있다. 이것이 이후 그의 전 저작에 퍼져 있는
I 115 유혹과 오류를 야기하는 바로 그 지점이다. 만약 어떤 공간에서 동일

* 따라서 볼프는 어떤 물체가 아무런 저항도 받지 않는 공간, 즉 공허한 공간을 통과하는 운동에서 그 물체에 어떤 작용을 부여했고, 나중에 이 작용을 물체들의 힘의 척도로 사용했다. 결과적으로 그는 자기가 한 약속을 지키지 않았다.

한 물체에 의해 수행된 작용은 또한 동일한 작용이어야만 한다면, 단지 그 공간이 동일한 공간이라는 것만으로는 충분하지 않다. 사람들은 이 점에 관해 물체가 공간을 통과할 때 갖는 속도를 고려해야만 한다. 만약 속도도 마찬가지로 동일하지 않다면, 공간의 일체의 동일 A 145
성에도 불구하고 무해한 작용은 여전히 구별될 것이다. 이를 이해하려면, 우리는 § 17에서 했던 것처럼, 물체가 통과하는 공간을 완전히 공허하다고 표상하는 것이 아니라 오히려 물질로, 무한히 엷어서 무한히 작은 저항을 하는 물질로 채워진 것으로 표상해야만 한다. 이렇게 표상하는 것은 우리가 참된 작용과 그 작용의 특정 주체를 결정하기 위한 것인 한해서만 그럴 뿐이다. 왜냐하면 나머지 경우에서는 볼프의 논증에서처럼 무해한 작용이 성립하기 때문이다. 따라서 어떤 한 물체가 그 물체와 동일한 다른 물체와 꼭 같은 공간을 통과한다면, 두 물체는 같은 양의 물질을 이동시킨 것이지만, 그렇다고 해서 항상 같은 작용을 수행한 것은 아니다. 왜냐하면 그 물체들 중 하나가 그 공간을 두 배 빠른 속도로 관통한다면, 공간의 모든 작은 물질은 그 물체의 작용을 통해 다른 물체가 1단위의 속도로 통과하는 공간의 작은 물질들보다 2배 더 빠른 속도를 그 물체에서 획득하기 때문이다. 결과적으로 비록 질량과 통과된 공간이 두 물체에서 동일했을지라도, 첫째 물체는 더 많은 작용을 수행한다.

§ 105

볼프의 논증이 엉성하다는 또 하나의 주요 근거

그러므로 볼프의 모든 논증의 원칙은 명백히 오류이며, 사람들이 작용[107]과 운동의 개념을 가장 명백하게 그리고 확실

하게 증명할 수 있는 것과 충돌을 일으킨다. 한번 길을 잘못 들게 되
A 146 면, 그 결과는 다름 아닌 오류들의 연쇄만이 있을 뿐이다. 볼프는 실제로 자신의 원칙에서 독자들을 예상치 못한 놀라움과 경탄으로 몰아넣는 거창한 귀결들을 자신의 체계에 제공하는 또 다른 원칙을 도출했다. 그는 이렇게 말했다. 등속[108] 운동에서 공간은 속도와 시간의 합에 비례하기 때문에 무해한 작용은 질량, 시간 그리고 속도의 합과 같다. 여기에서 그는 다음과 같은 정리를 세운다. "동일한 결과를 산출
I 116 하는 작용은 속도에 비례한다."[109)]

반박

이 정리의 증명에는 우리가 거의 알아내기 어려운 오류추리보다 더 난해할 수 있는 하나의 오류추리가 있다. 볼프는 다음과 같이 증명했다. 즉, 동일한 물체 두 개가 상이한 시간에 동일한 작용을 수행한다면, 그 물체들의 속도들은 이 동일한 작용들이 산출하는 데 걸리는 시간들과 반비례한다. 말하자면, 자신의 작용을 절반의 시간에 완수하는 물체는 2단위의 속도를 갖는 데 반해, 이를 완수하는 데 전체 시간을 사용해야만 하는 다른 물체는 단지 1단위의 속도만을 갖는다. 여기에서 그는 다음과 같이 결론을 내린다. 두 배 더 짧은 시간에 자신의 작용을 완수하는 작용[110)]은 [그렇지 않은] 다른 작용보다 두 배 더 크다는 것은 누구나 인정하기 때문에, 이 경우 그 작용은 시간과는 반비례하고 속도에는 정비례할 것이다. 그는 여기에서 더 나아가 상이한 두 물체가 동일한 시간 동일한 작용을 수행하는 경우를 검
A 147 토한다. 그는 이 경우 속도들이 질량에 반비례한다는 것을 지적하고, 다음과 같은 결론을 도출한다. "여기에서 질량들의 비례관계는 앞의 경우와 마찬가지로 시간들의 비례관계와 같기 때문에, 그러나 속도들의 비례관계는 동일한 관계로 남아 있기 때문에 질량들이 동일하지 않고 시간들이 동일한지 또는 질량들이 동일하고 시간들이 동일

하지 않은지 등은 상관없다."[111] 이 결론은 기괴한 논증이며, 수학적
논고에서 발견될 수 있는 논증이 아니다. 사람들은 앞선 사례에서,
상이한 시간에 동일한 작용을 완수하는 동일한 두 물체의 작용들은
시간들에 반비례하는데, 더 짧은 시간에 작용을 완수하는 작용은 바
로 이 때문에 이를 위해 더 긴 시간을 사용하는 다른 작용보다 더 크
며, 바로 그 짧은 정도만큼 더 크기 때문이라고 주장했던 것을 기억
하기 때문이다. 따라서 이 결론은 작용이 완수되는 시간의 짧음이 항
상 그만큼 더 큰 작용을 산출한다는 근거에서 비롯했다. 그러나 만약
내가 여기 둘째 사례에서처럼 시간들의 비동일성 대신 질량들의 비
동일성을 상정하고 그에 반해 시간들을 동일하게 만든다면, 누구나
질량들의 비동일성이 시간들의 비동일성이 만들어내는 그런 결과를
갖지 않는다는 것을 쉽게 알 수 있다. 왜냐하면 첫째 사례에서 더 짧
은 시간에 자신의 작용을 완수하는 물체는, 시간이 더 짧았다는 바로
그 이유로 더 큰 작용을 수행했지만, 둘째 사례에서는 질량이 더 작 I 117
은, 그리고 동일한 시간에 다른 물체와 꼭 같은 정도의 작용을 완수 A 148
하는 물체가 질량이 작아서 더 큰 활동[112]을 하는 것은 아니기 때문이
다. 질량이 작기 때문에 더 큰 활동을 한다고 말하는 것은 완전히 불
합리하다. 질량의 작음은 오히려 활동의 작음을 뒷받침하는 참된 본
질적 근거이기 때문이다. 그리고 만약 질량의 이러한 작음에도 어떤
한 물체가 동일한 시간에 다른 물체와 꼭 같은 정도의 작용을 수행한
다면, 이를 통해서는 단지 미미한 질량 때문에 부족한 것이 더 큰 속
도로 대체되고 충족되며 이로써 다른 물체의 작용과 동일하게 된다
고 추론할 수 있을 뿐이기 때문이다. 따라서 만약 질량은 동일하지
않지만 시간과 작용은 동일하다면, 동일하지 않은 시간과 동일한 질
량의 사례에서 시간 그리고 작용과 관련하여 반비례가 성립된다 할
지라도, 물체들의 작용이 그 물체들의 질량과 반비례 관계에 있다고

말할 수는 없다. 그런 까닭에 질량이 동일하지 않고 시간이 동일한지 또는 시간이 동일하지 않고 질량이 동일한지는 같은 것이 아니다.

그러므로 볼프의 논고에서 제시된 주요 정리[113]가 근거를 두는 저 증명은 타당하지도 유용하지도 않다. 따라서 살아 있는 힘은 거기에서는 자신이 접근할 수 있는 어떠한 땅도 발견할 수 없을 것이다.

통상 저작 한 편에는 너무 많이 퍼져 있지도 않고 중심 문제의 타당성을 완전히 망가뜨리지는 않는 그런 평범한 오류들이 있기 마련이다. 그러나 우리가 언급하는 이 저작에서는 명제들이 밧줄을 타고
A 149 내려가는 것과 같은 방법에 매달려 미끄러져 내려간다. 그런 까닭에 한두 개 오류가 전체 체계를 망가뜨려 못 쓰게 만들어버린다.

§ 106

우리는 아직 동역학을 가지고 있지 않다

볼프는 자신의 논고에서 우리에게 동역학의 제1근거[114]를 제공하려고 의도했지만 그의 시도는 불행히 이루어지지 못했다. 그래서 우리는 지금까지 정당하게 구축할 수 있는 어떠한 정역학적 원칙들도 가지고 있지 않다. 살아 있는 힘의 참된 측정을 제시하겠다고 약속한 우리의 저작은 이런 결핍을 보충해야만 한다. 이 점은 제3장에서 시도될 것이다. 그러나 이런 종류의 연구에서 최고 연구
I 118 자들 중 한 사람에게도 이 목적을 달성하는 일이 성취되지 않는다면, 우리는 이 목적을 이룩할 수 있다고 희망할 수 있을까?

§ 107

내가 가장 저명한 라이프니츠주의자들 **무센브뢱**의 논증이 자신들의 힘의 측정을 뒷받침한다고

여기는 근거들에 대한 반박을 앞의 사례를 들어 끝맺고자 한 바로 그 즈음에, 나는 코트쉐드 교수가 번역한, 1747년 부활절에 세상의 빛을 본 페터 판 **무센브뢱**의 『**자연과학의 근본학설**』을 입수했다.[115] 이 위대한 사람, 이 시대 자연탐구자들 가운데 가장 위대한 사람이자 자신의 견해에 편견과 분파적 열성이 다른 그 어떤 인간들의 교설[116]에 비해 거의 개입되지 않은 사람, 이렇게 저명한 이 철학자도 라이프니츠의 측정을 처음에는 자신의 수학적 탐구에, 다음에는 자신이 매우 능숙 A 150 하게 수행할 수 있는 실험에 종속시켰고, 이 두 연구에서 모두 라이프니츠의 측정이 입증되었다고 생각했다. 그가 채택한 이 후자의 길은 현재의 쟁점에 속하지 않지만, 첫째 길은 이 쟁점에 속한다. 이 논고의 의도가 나에게 요구하는 것은 이 저명한 저자가 그의 저술에서 데카르트의 측정에 제기한 난제를 검토하고 우리의 과업이 옹호해야 할 대상들에서 가능하다면 저 난제를 예방하라는 것이다. 그러나 이 짧은 글이 갖는 한계는 또는 솔직하게 표현하면, 여기에서 생겨나는 놀라운 불공정성은 극복할 수 없는 장애가 되지 않겠는가?

수학적 검토에서 어떤 근거들이 **무센브뢱**에게 라이프니츠의 법칙을 증명한 것처럼 보이게 했는지 살펴보자.* 압력을 받은 물체와 동시에 함께 운동하게 되는 어떤 외적 원인, 예를 들어 지지대 AS에 고정되어 있으면서 물체 F를 밀어내는 용수철 BC가 주어졌다면, 이 용수철은 물

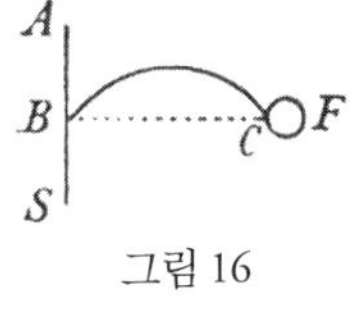

그림 16

* 그림 16.

체가 정지해 있는 경우 그 물체에 1단위의 속도를 전달할 것이다. 그러나 이 물체가 이미 1단위의 속도를 보유했다면, 그 물체에 2단위의 속도를 부여하려면 그 즉시 용수철이 두 개 요구될 것이다. 왜냐하면 만약 하나의 용수철이 한 번 더 펼쳐진다면, 그 용수철이 [처음] 팽창
I 119 할 때 가졌던 바로 그 단위의 속도로 이미 현실적으로 운동하는 물체
A 151 는 이 용수철에서 [그만큼] 멀어져 있을 테고 이 용수철의 압력을 자신 안에 받아들이지 못할 것이기 때문이다. 그러므로 용수철이 팽창할 때 물체 F가 1단위의 속도를 얻게 하려면 둘째 용수철* DB가, 즉 용수철 BC가 고정되어 있는 점 B가 물체가 멀어지는 속도로 그 물체의 뒤를 따라가게 만드는 용수철이, 그리고 이런 방식으로 물체 F가 용수철 BC와 관련하여 처음과 마찬가지로 정지하게 만드는 용수철이 추가되어야만 한다. 이와 꼭 마찬가지로** 이미 자체로 2단위의 속도를 보유하는 물체 F에 셋째 단위를 전달하려면 세 용수철 ED, DB, BC가 요구된다. 이미 100단위를 가지고 있는 어떤 물체에 새롭게 1단위를 주려면, 101개 용수철이 요구될 것이며, 계속 이런 식으로 더 많은 용수철이 요구될 것이다. 따라서 어떤 물체에 일정한 단위의 속도를 부여하기 위해 필요한 용수철의 수는 그 물체의 전체 속도를 나누어 얻은 단위의 수와 같다. 다시 말해 어떤 물체에 어떤 단위의 속도를 전달하는 용수철의 전체 힘은 그 물체가 그

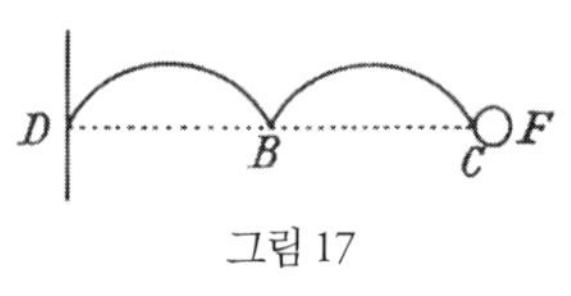

그림 17

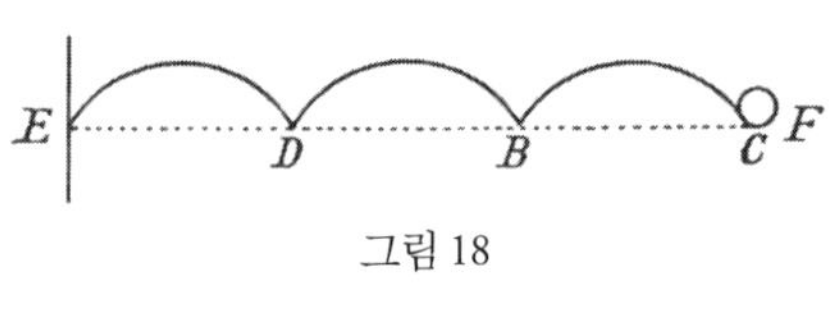

그림 18

* 그림 17.

** 그림 18.

단위를 보유할 경우에 가지게 될 전체 속도와 같다. 이제 수직변[117]
AB가 동일한 부분으로 분할되어 있는 삼각형* ABC에서 선분 DE,

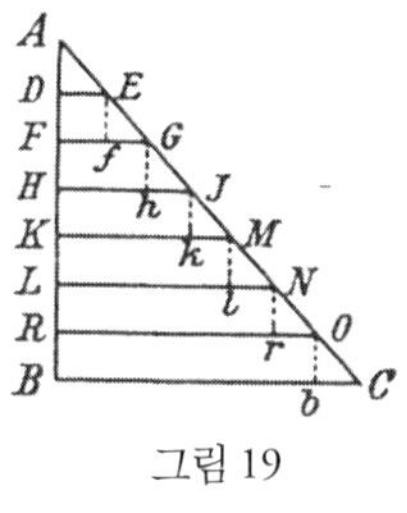

그림 19

FG, HI 등은 선분 AD, AF, AH 등과 같고, 결
과적으로 물체에 첫째 단위의 속도 AD를 전
달하는 용수철을 표시하려면 용수철 DE를 사
용하면 된다. 둘째 단위의 속도 DF를 산출하
는 두 배의 용수철을 표시하려면, 두 배 긴 선
분 FG를 사용하면 되고, 셋째 단위의 속도를
일으키는 세 배 더 큰 용수철을 지시하려면, 선분 HI를 사용하면 되
며, [이보다 더 큰 용수철을 지시하려면] 계속 이런 식으로 하면 된
다. 만약 이 선분들 DE, FG 등등을 무한히 근접한 것으로 생각한다 A 152
면, 그 선분들은, 카발리에리[118]가 기하학에 도입한 무한소의 방법에
따르면, 삼각형 ABC의 전체 영역을 형성하게 될 것이다. 따라서 어
떤 한 물체에서 속도 AB를 산출하는 모든 용수철의 합은 면적 ABC,
즉 속도 AB의 제곱과 같다.[119] 그러나 이 용수철들은 합해서 그 물체
에서 가정된 속도를 산출한 힘을 표시한다. 그리고 한 물체에 작용한
힘들의 합은 그 물체에서 산출된 힘과 비례한다. 따라서 물체의 힘은 그 I 120
물체가 보유한 속도의 제곱과 같다.

§ 108

나는 데카르트 지지자가 이 증명을 다 **이 논증에 대한 검토**
음과 같이 반박할 것이라고 믿는다.

---

* 그림 19.

만약 사람들이 어떤 한 물체에 전달된 힘을 용수철들의 합에 따라 측정하고자 한다면, 사람들은 용수철의 위력을 물체에 현실적으로 부과한 용수철만 채택해야 한다. 물체에 전혀 작용하지 않은 용수철을, 그 용수철이 가지고 있는 힘과 같은 힘을 물체에 정립하기 위해 사용할 수는 없다. 이 명제는 역학의 아주 명백한 명제 중 하나이며, 라이프니츠주의자들도 이 명제를 결코 의심하지 않았다. 심지어 무센브뢰크도 그의 증명의 마지막 부분을 보면 이 명제를 알고 있었
A 153 다. 한 물체에 작용한 힘의 크기는 그 물체에서 산출된 힘과 비례한다고 말했기 때문이다.[120] 그러나 만약 이미 1단위의 속도로 운동하는 물체 F가 두 용수철 DB, BC의 팽창으로 둘째 단위를 획득한다면, 이 두 용수철 중 BC만 그 물체에 작용할 뿐 DB는 자신의 팽창력 중 어떤 것도 그 물체에 부과하지 않는다. 왜냐하면 용수철 DB는 1단위의 속도로 팽창하는데, 물체 F가 또한 이미 현실적으로 1단위의 속도로 운동하므로, F는 이 용추철의 압력에 영향을 받지 않으며, 이 용수철은 자신의 팽창으로 물체에 도달할 수 없고 그래서 자신의 팽창력을 물체에 전달할 수 없을 것이기 때문이다. 용수철 DB는 용수철 BC가 고정되어 있는 지지대 B를, 이 지지대가 물체 F와 관련하여 정지해 있도록 하기 위해, 물체 F가 운동할 때 갖는 바로 그 속도로 F로 이동시키는 것 외에 더는 어떠한 일도 하지 않으며, 용수철 BC는 자신의 전체 힘, 즉 1단위의 힘을 물체에 부과한다. 그러므로 용수철 DB는 힘의 작용인이 아니라 단지 이러한 방식으로 처음 힘에 더해 F에 추가되는 힘의 기회원인이다. [그러므로] 오직 용수철 BC만이 그 힘의 작용인이다. 나아가 물체가 이미 2단위의 속도를 보유한다면, 동일한 세 용수철 ED, DB, BC 중 유일하게 BC만 이 물체에 자신의 힘을
I 121 전달하며, 또한 3단위 속도를 가지고 있다면, 이런 방식으로 무한히

생각할 수 있을 것이다. 따라서 DE*가 자신의 힘을 물체 F에 집어넣은, 그리고 그 첫째 단위의 속도인 AD를 F에서 일깨운 첫째 용수철이라면, 용수철 DE와 동일한 용수철 fG는 물체 F에 둘째 단위의 속 A 154
도를 부여하고 자신의 힘을 물체에 전달할 것이다. 그리고 용수철 hI는 셋째 단위를 전달할 테고, 나머지 용수철들도 계속 이런 방식으로 넷째, 다섯째 단위 등을 전달할 것이다. 결과적으로 용수철들의 합, 즉 DE+fG+hI+kM+lN+rO+bC=BC가 정지 상태에 있는 물체 F에 적용된, 그리고 그 물체에서 속도 AB를 일깨운 힘의 전체량을 구성한다. 그런데 BC는 AB에 비례하기는 하지만, BC는 힘이고 AB는 속도다. 따라서 힘이 속도와 같기는 하지만, 속도의 제곱과 같은 것은 아니다.

§ 109

데카르트의 힘의 척도를 입증하는 새로운 사례

이제 우리는 데카르트의 법칙을 주장할 때 우리와 맞설 수 있는 모든 난점에서 벗어났다. 하지만 우리는 여전히 이것으로 충분하다고 인정하지 않을 것이다. 어떤 견해가 일찍이 명성을 획득하긴 했지만 여전히 편견에 사로잡혀 있다면, 사람들은 그런 견해를 끊임없이 추적하여 모든 은신처에서 쫓아내야만 한다. 그와 같은 의견은 머리가 여러 개 달린 괴물과도 같아서 각각을 처단해도 새로운 머리가 솟아난다.

* 그림 19.(176쪽 참조)

그의 상처는 곧 그의 생식력이었다.
그리고 수백 개 머리 중 단 하나도 대가 없이 자를 수 없었으며,
오히려 그 목은 두 배로 재생되어 더 강해졌다.
— 오비디우스, 『변신』[121)]

만약 누군가가 이 저작에 대해 라이프니츠의 힘의 측정을 과도하
A 155 게 그리고 필요 이상의 근거들을 가지고 반박했다고 비난한다면, 나는 그것을 매우 자랑스럽게 여길 것이다. 하지만 이에 대해 부족한 채로 남겨두었다면, 나는 수치스러울 것이다.

기울어진 양팔저울* ACB를 가정하되, 그 한쪽 팔 CB가 다른 팔 AC의 4배이고, 이 4배 긴 팔의 끝을 누르는 물체 B[의 질량]는 다른 팔의 끝을 누르는 물체 A의 1/4이

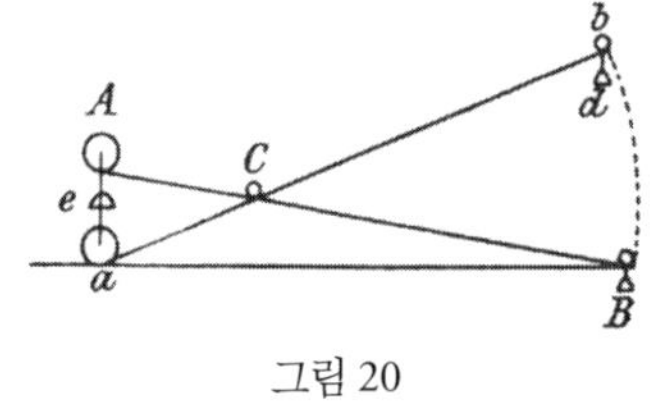

그림 20

I 122 라고 가정해보자. 이 양팔저울은 우리가 그것을 설정한 그 위치에서 정지해 있고 상호 완전히 균형을 이룬다. 물체 A에 작은 무게 e를 덧붙인다면, 물체 B는 호 Bb만큼 상승하는 데 반해 A는 호 Aa만큼 내려가겠지만, 물체 B는 이러한 운동에서 A보다 4배 많은 속도를 획득할 것이다. 무게 e를 제거하고 e에 비해 4배 더 작은 무게 d를 저울대 Cb의 끝에 있는 물체 b에 덧붙인다면, 물체 b는 호 bB만큼 아래로 눌리겠지만, a는 호 aA만큼 위로 올라갈 것이다. 그러나 물체 B와 동일한 b는 이로써 처음의 사례와 꼭 같은 속도를 획득할 테고, 이와 마찬가지로 물체 A와 동일한 a도 또한 처음 사례에서 물체 A에 부과되었던 그 속도를 얻게 될 것이다. 다만 양자는 운동 방향이 상반된다는 차

* 그림 20.

이만 있을 뿐이다. 이제 추가된 무게 e가 행사한 작용은 물체 A와 B가 함께 가지고 있는 힘을 구성하기 때문에, 그리고 4배 더 가벼운 무게 d가 달성한 작용도 b=B와 a=A가 이를 통해 함께 획득한 그 힘에서 성립되어야만 하기 때문에, 이 무게 e와 d는 크기가 동일한 작용 A 156
을 행사했고, 결과적으로 크기가 같은 힘을 사용했으며 따라서 또한 크기가 같은 힘을 가졌어야만 한다는 것은 분명하다. 그러나 이 무게 d와 e가 작용할 때 갖는 속도들은(말하자면 이 모든 누적된 압력에 따라 그 물체들이 획득하는 초속은 물론 종속도) 이것들의 질량에 반비례한다. 따라서 속도들이 질량들과 반비례 관계에 있는 두 물체는 같은 힘을 가지며, 이것은 제곱에 따른 측정을 뒤집는 것이다.

§ 110

라이프니츠의 의심의 매듭

데카르트주의자들이 새로운 힘의 측정의 옹호자들에 대해 나중에 유린이 발견했던 사례보다 더 강한 확신을 가지고 거부했던 것은 결코 아니다.[122] 이 사례는 속도의 두 배 증가가 항상 힘의 두 배 증가를 정립한다는 사실을 단순한 방식으로 그리고 불을 보듯 명확하게 보여준다. 라이프니츠는『악타 에루디토룸』*에 게재한 논문「동역학」[123]에
서 특히 이것을 부정했다. 사람들은 그가 다음과 같이 말하는 것을 I 123
들을 수 있다. "따라서 내가 상이한 물체들을 또는 속도가 상이한 물체들을 비교하고자 할 때, 나는 물론 다음을 쉽게 알 수 있다. 즉 만약 물체 A가 1단위이고 물체 B는 2단위이되 양자의 속도가 같다면, 전

* Acta Erud., 1695, p.155.

자에 한 배로 정립되는 모든 것은 후자에서는 두 배로 정립될 것이므로 전자의 힘은 단순할 테고 후자의 힘은 두 배가 될 것이다. 왜냐하
A 157 면 A와 질량과 속도가 동일한 그리고 그 이상 어떤 다른 특성도 가지지 않은 물체는 B에서는 두 배가 되기 때문이다. 그러나 만약 물체 A와 C[124]가 동일하되 속도는 A에서는 1단위이고 C에서는 두 배가 된다면, 나는 A에 있는 모든 것이 C에서 두 배가 되는 것은 아니라는 사실을 알게 된다 등등." 이 매듭을 유린은 세상에서 가장 쉬운 사례를 들어 해결했다.

유린의 해결

그는 어떤 하나의 운동하는 평면, 예를 들어* BC 방향으로 1단위 속도로 운동하는, 그리고 함께 실려 있어서 동일한 운동을 하게 되는, 공 E가 실려 있는 바닥이 평평한 조각배 AB를 상정했다. 따라서 이 공은 이 평면의 운동으로 속도 1과 힘 1을 가진다. 그는 나아가 이 평면 위에 지지대 D에서 팽창하여 가정된 공 E에 독자적으로 1단위의 속도를, 따라서 1단위의 힘을 전달하는 용수철 R를 가정했다. 따라서 이 공은 합해서 2단위의 속도와 이와 더불어 2단위의 힘을 얻게 된다. 결과적으로 속도의 배가가 힘의 배가 외에 더는 어떤 것도 수반하지 않으며, 라이프니츠주의자들이 잘못 주장한 것처럼 힘의 4배 증가를 수반하지도 않는다.

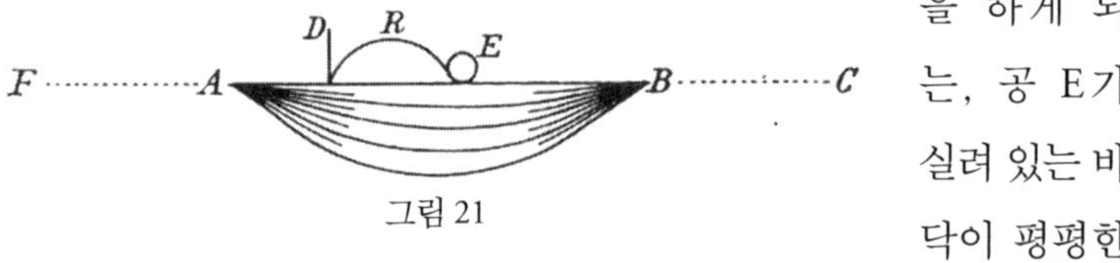

그림 21

이 증명은 너무나 분명하고 그 어떤 피난처도 결코 제공하지 않는데, 왜냐하면 이 평면의 운동은 물체에 자신과 동일한 속도, 다시 말

---

* 그림 21.

해 1단위의 속도를, 따라서 또한 1단위의 힘을 전달하는 것 외에 더는 아무런 일도 할 수 없기 때문이다. 그러나 용수철 R는, 그것이 평면 그리고 공과 함께 동시에 더불어 운동하기 때문에, 자신의 팽창력 외에 그 어떤 작용도 수행하지 않는다. 이제 이 팽창력은 용수철이 우리가 가정한 그 물체에 1단위의 속도보다 더 크지 않은, 따라서 또한 단지 1단위의 힘만 물체에 전달할 수 있는 바로 그 크기만 갖는 A 158
다. 따라서 사람들은 이 문제의 구성에 부여되는 모든 것에서 2단위의 힘을 위한 원인 외에 더는 어떤 것도 발견하지 못할 것이며, 설사 누군가가 원하는 방향으로 바꾸어 생각하려고 할지라도, 그 물체에는 현실적으로 2단위의 속도만 존재할 것이다.

§ 111 I 124

유린의 논증에 대한 샤틀레의 반론

샤틀레가 유린의 이 논증에 반론을 펴기는 했다. 하지만 그 방식은 좋지 않았다. 일단 어떤 편견이 받아들여지고 나면, 그 편견 때문에 볼품없는 것도 가장 아름답게 치장할 수 있다고 하는 일이 생긴다. 그녀는 이런 방식으로 논증을 펼쳤다. 만약 유린의 견해에 반대하려는 편견만 없었다면 그녀도 자기 논증의 약점을 충분히 정확하게 간파했을 것이다.

그녀는 다음과 같이 반론했다.[125] 조각배 AB는 운동하지 않는 평면이 아니다. 결과적으로 만약 용수철 R가 지지대 D에 고정되어 있다면, 용수철은 배에 일정한 힘들을 부과할 테고, 따라서 사람들은 그 조각배의 질량에서, 라이프니츠의 측정에 따른다면, 물체 E에서 놓쳐버린 2단위의 힘을 다시 찾아낼 것이다.

§ 112

이러한 피난처에는 사람들이 논점일탈의 오류[126]라고 하는 기만 추리의 오류가 놓여 있다. 그녀는 자기 반대자의 논증을 그 반대자가 자기 논증의 핵심을 가져다놓았던 그곳에서 고유하게 공격하지 않
A 159 았다. 오히려 그녀는 자기 의견에 유리한 것처럼 보이는, 그러나 유린의 증명과 필연적으로 결부된 것은 아닌 우연적인 부수 상황에 집착했다. 우리는 발길에 차이는 돌을 길에서 쉽게 제거할 수 있다. 이 조각배 AB가, 즉 D에 대한 용수철의 팽창력 때문에 AF 방향으로 조금이라도 뒤로 물러나는 일이 이 배에는 허용되지 않는, 그런 힘으로 움직여진다고 표상하는 것 외에 그 어떤 것도 우리를 방해하는 것은 없다. 이 목적을 위해 사람들은 이 조각배가 단지 무한히 큰 질량을 가졌다고 생각하기만 하면 된다. 이 경우 조각배는 용수철 R의 유한한 힘으로는 단지 무한히 작게, 다시 말해 전혀 물러나지 않을 것이다. 따라서 물체는 이 용수철의 힘을, 즉 완전한 부동의 지지대에 응축되어 있다가 튕겨 나갈 때 생기는 바로 그 힘을 획득할 것이다. 다시 말해 물체는 용수철의 전체 힘을 획득할 것이다.

§ 113

유린의 논증에 대한 리히터의 반박

새로운 힘의 척도라는 기치를 내세우는 데 기여한 사람들의 목록에서 적잖이 중요한 자리를 차지하는 리히터[127]는 유린의 논증에 대해 더 그럴싸한 반박을 제시했다.*

I 125 그는 이러한 힘이 상이한 사물들과 관계에서 본다면 상당히 다를

수 있다고 믿었다. 용수철 R가 공 E에 조각배와 동시에 같은 방향과 속도로 운동하는 사물과 관련하여 비록 1단위의 힘을 전달하기는 했지만, 조각배 외부에서 현실적으로 정지해 있는 대상들과 관련해서 본다면 용수철은 공에 1단위의 힘을 주는 것이 아니라 3단위의 힘을 부여했다[고 리히터는 논증한다].

리히터의 견해에 따르면, 물체 E는 정지해 있는 대상들과 관계에 A 160
서 본다면 두 단위의 힘을 획득한다고 하는데, 도대체 그 두 단위의 힘이 어디에서 유래하는지 나는 정말로 알고 싶다. 왜냐하면 이 힘이 그의 공허한 추상이나 나태한 사유 덕분에 물체 E에 생겨났다고 할 수는 없을 테고, 그보다는 이 힘을 산출해야만 하는 전적으로 활동적인 원인이자 힘이 있어야만 하기 때문이다. 그러나 만약 모든 것이 외부 사물들에 대해 절대적 정지 상태이고 그 조각배만 홀로 1단위의 속도로 운동하기 시작한다면, 물체 E에는 이로써 절대적 힘의 1단위만 생겨날 것이다. 바로 거기에서부터 조각배는 물체에 이미 더는 아무런 작용도 행하지 않는다. 왜냐하면 그 물체는 그 배와 관련하여 정지해 있고 다만 용수철의 인장력만 그 활동성을 펼치기 시작하기 때문이다. 이제 이 용수철의 인장력은 1단위의 힘을 산출하기 위해 필요한 단지 그만큼의 힘만을 가지고 있다. 그보다 더 많은 힘을 거기에서 찾는 것은 헛된 일이다. 따라서 물체에는 사람들이 2단위의 힘으로 간주했던 바로 그만큼 외에 더는 절대적 작용은 행사되지 않는다. 이제 만약 정지해 있는 사물들과 관계에서, 다시 말해 절대적 의미에서 물체에 4단위의 힘이 생겨나야만 하고, 그럼에도 이 물체에 2단위의 절대적 작용 외에 더는 행사된 것이 없다면, 이 2단위는 우연히 그리고 원인 없이 발생했거나 무에서 튀어 나와야만 할

* Acta Erud., 1735, p.511.

것이다.

만약 다름 아닌 이렇게 분명한 문제에서도 어떤 의문이 생긴다면,
A 161 모든 의문을 완전히 회피하기 위해 우리는 유린의 사례를 다음과 같
이 정리할 수 있을 것이다. 즉, 모든 것이 절대적 정지 상태이고, 조각
배가 여전히 정지해 있는 동안 물체 E가 용수철에 의해 비로소 1단
위의 속도를 넘겨받는다면, 물체 E가 획득한 힘은 논란의 여지없이
절대적 힘일 것이다. 이제 이 경우 만약 조각배가 또한 1단위로 운동
하기 시작한다면, 이 역시 하나의 절대적 운동일 것이다. 이 조각배
는 이전에 모든 사물에 대해 정지해 있었기 때문이다. 따라서 조각배
I 126 는 자신의 질량에 속하는 모든 것에, 따라서 또한 물체 E에 다시 1단
위의 힘을 전달할 텐데, 그 단위는 이것을 산출했던 원인이 절대적
운동에서 작용한 것이기 때문에, 이 운동으로는 1단위보다 더 클 수
는 없다. 따라서 이런 방식에서 볼 때도, 물체 E에는 모두 합쳐 2단위
의 힘 외에 더는 발생하지 않는다.

리히터는 여전히 그가 탄성체의 충돌에서 이끌어낸 또 다른 피난처를 가지고 모면하고자 한다. 그러나 그의 정당화는 라이프니츠주의의 일반적 가설, 즉 탄성체가 충돌한 후에는 충돌 전에 있었던 바로 그 힘만 발견할 수 있다는 가설에 토대를 둔다. 우리는 이 가정을 반박했고, 따라서 여기에서 특별히 리히터에 관여할 필요는 없다.

§ 113 [a]
이 장의 몇몇 절과 관련한 보충과 해명

I. A 162
§ 25에 대한 해명

§ 25에 대한 더 명료한 상술

이 § 25의 정리는 우리의 현재 고찰에 대한 가장 중요한 토대이므로 우리는 이를 좀더 명료한 형태로 상술할 것이다.

현실적 운동의 표징은 그 운동의 지속이 유한하다는 것이다. 그러나 이 지속 또는 운동의 시작에서부터 경과된 시간은 무규정적이고, 따라서 임의로 상정될 수 있다. 그러므로 만약 선분 AB*가 운동하는 동안 경과된 유한한 시간을 표상한다면, 물체는 B에서 현실적 운동을 하며, 나아가 그 절반인 C에서도, 또한 1/4지점인 D에서도 현실적 운동을 할 것이다. 그리고 그 시간을 원하는 만큼 아무리 무한히 짧게 만들 수 있을지라도, 그렇게 계속해서 이 시간의 모든 좀더 짧은 부분들에서도 현실적 운동을 할 것이다. 시간량이라는 무규정적 개념이 이를 허용하기 때문이다. 따라서 운동의 현실성이라는 개념에서 그 어떤 것도 박탈하지 않고도 나는 시간을 무한히 짧은 것으로 I 127
생각할 수 있다. 그러나 만약 이 지속이라는 시간이 무한히 짧다면, 그 시간은 무와 같은 것으로 고려되어야만 하고, 물체는 다만 시작점에 즉 단지 운동하려는 성향만 갖고 있게 된다. 결과적으로 만약 라이프니츠의 법칙이 요구하는 바와 같은 추가 제한 없이도 물체의 힘이 모든 현실적 운동에서 제곱을 척도로 갖는 것이 참이라면, 또한 이제 막 운동하려는 성향만 갖고 있는 상태에서도 사정은 마찬가지

---

* 그림 2.(61쪽 참조)

일 것이다. 하지만 이것을 라이프니츠주의자들은 스스로 부정해야만 한다.[128)]

유한한 시간이라는 무규정적 개념이 무한히 짧은 시간을 자신 안에 포함하는 이유

A 163 첫눈에도 라이프니츠의 법칙이 그 법칙에 부과되어 있는 유한하게 경과된 시간이라는 제한 때문에 그 지속이 무한히 짧은 운동을 도출할 수 없다는 것은 충분히 확실한 것처럼 보인다. 유한한 시간이라는 개념은 무한히 짧은 시간과는 완전히 구별되는 종류를 지시하는 개념이기 때문이다. 따라서 이러한 제한 때문에 유한한 시간이라는 조건하에서만 허용되는 것은 무한히 짧은 시간을 전혀 지시할 수 없을 것으로 보인다. 만약 사람들이 유한한 시간에 대해, 이러저러한 속성이 하나의 조건으로 그 시간에서 도출되어야만 한다면, 그 경우 이 유한한 시간은 규정되어 있어야만 하고 그 양 또한 결정되어 있어야만 한다는 것을 전제하는 것이라고 한다면, 이것은 분명히 정당하다. 그런데 사람들이 유한한 시간을 요구하되, 그 경우 그 유한한 시간을 원하는 만큼 길게 혹은 짧게 할 수 있다는 것을 허용한다면, 그런 경우에는 무한히 짧은 시간도 그런 종류의 시간에 포함된다. 라이프니츠주의자들이 이것을 알지 못했을 리 없다. 왜냐하면 그들은 자신들의 창시자가 연속성의 법칙을 다음과 같은 근거에 기초하여 구축했다는 것을 알고 있었음이 틀림없기 때문이다. 다시 말해 만약 사람들이 A가 B보다 더 큰데, 아직 그것이 얼마나 많이 혹은 얼마나 조금 더 큰지는 무규정적이라고 가정한다면, 사람들은 이런 조건하에서 참이 되는 법칙을 위반하지 않고도 A와 B가 같다고 말할 수 있게 될 것이다. 또는 A를 B에 충돌시키고는 B 역
A 164 시 운동하고 있다고 가정한다면, 사람들은 이 물체의 운동의 단위가 무규정적일 경우에는 저 조건하에서 확정된 것을 이로써 부정하지

않고도, B는 정지해 있다고 또한 가정할 수 있으며, 그밖에 다른 경우들에서도 그렇다고 할 수 있다.

라이프니츠의 측정은 유한한 속도라는 조건하에서도 타당하지 않다

마지막으로 라이프니츠의 측정이 비록 유한한 시간이라는 조건하에서는 참이 아니지만, 그럼에도 사람들이 여전히 유한 I 128
한 속도라는 전제하에서는 참이라고(비록 이것이 명백히 라이프니츠주의자들의 학설에 반하는 것일지라도) 말하고자 한다면, 사람들은 다음을 알게 될 것이다. 즉, 유한한 속도는 유한한 시간과 꼭 마찬가지로 선분 AB*로 표시될 수 있고, 그래서 그들의 법칙 일반이 유한한 속도에서 타당하다면, 그것은 무한히 더 짧은 시간에서도 타당해야만 한다는 것이 마찬가지로 증명될 것이다. 그런데 라이프니츠주의자들은 이것을 스스로 부정하지 않을 수 없다.

Ⅱ
32절에서 36절까지에 대한 보충

우리의 반대자들은 다음을 사람들이 가질 수 있는 가장 분명한 개념들 중 하나라고 간주한다. 즉 '어떤 한 물체는, 용수철을 압착하는 시간이 얼마나 걸리든 간에, 그 물체가 자신의 전체 운동을 소진할 때까지 압착한 모든 용수철의 힘을 즉시 얻을 것이다'라는 것이 그것이다. 압도된 용수철의 수에 흡족해하지 않고 오히려 항상 압축 시간을 묻는 사람들에 대해 요한 베르누이는 이렇게 말했다. 그들은 어떤 하나의 컵에 담긴 물의 양을 측정하고자 하면서도 자신이 직면하는 현실적 척도에, 즉 컵의 용량에 만족하지 않고 오히려 측정하려면 이 A 165
컵이 채워지는 시간을 여전히 알아야만 한다고 생각하는 사람과 꼭

* 그림 2.(61쪽 참조)

마찬가지로 불합리하다. 그는 확신과 분노에 찬 나머지 이렇게 덧붙인다.* "그러니까 갈대에서 매듭을 찾는 일을 그만두라."[129] 샤틀레도 바로 그런 농담 섞인 착상을 준비한 적이 있다. 하지만 그들 양자는 잘못된 길을 가고 있으며 더욱이, 내가 이렇게 말하는 것이 허용된다면, 그들이 이런 오류에서 주목했던 확신의 크기만큼 그들 명예는 손상되었다.

중력이 방해하는 경우 시간을 필연적으로 고려해야 하는 이유

만약 용수철 A, B, C, D, E 각각이 다음과 같은 방식이라면, 즉 각각의 용수철이 물체 M의 단일한 압력에 저항하고 있고 동시에 그럼으로써 각 용수철의 전체 활동을 다 소모한 후 결과적으로 물체가 용수철에 원하는 만큼 아무리 장시간 노출되어 있더라도, 용수철이 물체 M에 더는 아무런 작용도 행사하지 한다면, 나 자신은, 이 물체가
I 129 그 용수철에, 1단위의 시간 동안 압력을 행사했든 4단위의 시간 동안 압력을 행사했든, 물체는 단일한 힘을 행사했다는 것을 인정한다. 왜냐하면 물체가 용수철에 일단 압력을 행사하고 나면, 물체는 용수철에 대해 남은 시간에 아무 일도 하지 않기 때문이다. 반대로 물체의 힘이 그 물체가 극복해야 할 용수철의 활동을 동시에 상쇄하지 못한다면, 매 순간 새로운 단위의 힘이 용수철에서 반대로 작용하는 물체로 넘어갈 것이다. 왜냐하면 맨 처음 순간 물체에서 일정 단위의 힘을 사라지게 했던 원인인 이 용수철의 효력[130]은 둘째 순간에도 여전히 그리고 바로 그만큼 강하게, 나아가 셋째 순간에도, 그리고 계속해서 무한히 모든 다음 순간에도 그런 원인으로 남아 있을 것이기 때문이다. 이런 조건에서는 이 용수철의 압력을 극복하는 물체가 짧은

---

* Acta Erud., 1735, p.210.

시간 그렇게 하는지 아니면 긴 시간 그렇게 하는지는 같은 것이 아니 A 166
다. 더 긴 시간이라면 물체는 더 짧은 시간보다 더 많은 압력을 견뎌야 하기 때문이다. 그런데 중력의 압력이 이런 종류다. 각각의 중력 용수철은 모든 순간에 동일한 활동을 가지고 작용하며, 맨 처음 순간에 중력 용수철의 압력을 극복한 물체는 그 때문에 모든 다음 순간에는 그렇게 하지 못한다. 물체에는 둘째 순간에도 꼭 같은 크기의 힘이 필요하며 그다음 순간에도 계속 그렇다. 따라서 중력을 만들어내는 물질의 단일한 한 부분이 행사하는 압력에 저항하기 위해 물체가 사용한 힘은 단지 중력 압력[131]의 강도[132]와 같은 것이 아니라 오히려 이 강도와 중력 압력이 행사된 시간을 곱한 것[133]과 같다.

살아 있는 힘에 반대하는 또 하나의 증명

용수철의 수가 아니라 시간이 행사된 작용의 척도라는 명제에 대한 나머지 부분을 증명하기 위해 여전히 다음을 덧붙일 수 있다. 포물선 운동을 하도록 빗각으로 던져진 물체는 낙하할 때 일정한 정점을 훨씬 더 빨리 지나가며 또한 마찬가지로 낙하의 마지막에 같은 높이에서 수직 낙하할 때 물체에 전달될 수 있는 것보다 훨씬 더 큰 속도와 힘을 넘겨받아야만 한다. 왜냐하면 물체가 곡선을 그리는 동안 그 물체는 낙하의 마지막까지 수직으로 낙하했을 때보다 더 큰 공간을 통과하기 때문이다. 그러나 그런 물체는 그와 같은 더 큰 공간에서는 필연적으로 그 물체가 짧은 직선에서 만날 수 있는 것보다 더 많은 중력 용수철을 견뎌야만 한다. 중력의 압력을 행사하는 물질은 모든 측면에 동일하게 퍼지기
때문이다. 따라서 물체는 라이프니츠의 명제에 따르면 수직 낙하할 A 167
때보다 포물선 낙하할 때 더 많은 힘과 속도를 획득해야만 하는데, 이는 불합리하다.

I 130 살아 있는 힘에 관한 샤틀레와 메랑 간의 논쟁에 관한 고찰들

메랑은 물체의 힘을 극복되지 않은 장애, 압축되지 않은 용수철, 움직이지 않은 물질에 따라 혹은, 샤틀레 부인이 표현한 것처럼, 물체가 하지 않은 것에 따라 평가해야 한다고 생각했다. 이 반대자는 이런 생각에서 기이한 어떤 것을 발견했다고 여겼고 그래서 이런 생각을 비웃기 위해서는 단지 그 생각을 언급하기만 하면 된다고 믿었다. 이제 이 저명한 남자가 자신의 사유에 고유한 가장 중요한 하나의 제한을, 즉 그럼에도 이 용수철은, 물체가 자신의 힘을 유지하거나 항상 다시 받아들인다는 것을 가설로 인정한다면, 압축될 것이다라는 제한을 덧붙였다. 그럼에도 그의 반대자는 이 가설에서 허용될 수 없는 어떤 것 그리고 권한이 없는 어떤 것을 발견했고, 그래서 그녀는 그에게 훨씬 더 강력한 비난을 퍼부었다. 나는 이 탁월한 남자의 사유가 얼마나 확실하
A 168 고 신뢰할 만한지를, 그리고 우리가 이미 언급했던 유린의 논증과는 별도로 이 문제에서 더 결정적이고 더 근거 있는 어떤 것을 쉽게 떠올릴 수는 없다는 것을 간단하게 제시할 것이다.

샤틀레에 반대하는 메랑의 측정 방식 옹호

만약 사람들이 물체의 힘이 어떤 장애를 극복하는 동안 소진된다는 것을 고려한다면, 만약 사람들이, 내가 말하건대, 이 소진을 측정한다면, 사람들은 극복된 저항의 전체 위력이 얼마나 컸었는지를 가장 확실하게 알게 될 것이다. 왜냐하면 그것들과 같은 단위의 힘을 거기에서 사용하지 않는다면, 물체는 이 저항 또는 장애를 극복할 수 없었을 것이기 때문이다. 그리고 이 경우 물체에서 무화되고 사라진 이 힘이 얼마나 큰가 하는 것은 또한 물체에서 이 힘을 취했던 장애가, 그리고 또한 이런 방식

으로 행사된 작용이 얼마나 강한가와 같기 때문이다.

이제 5단위 속도를 가지고 수평면에서 수직 높이로 상승하는 어떤 한 물체를 상정하고, 이 물체가 도달하는 공간 또는 높이를 통상 그렇듯이 삼각형* ABC의 영역으로 표현하되, 그 삼각형에서 선분 AB I 131

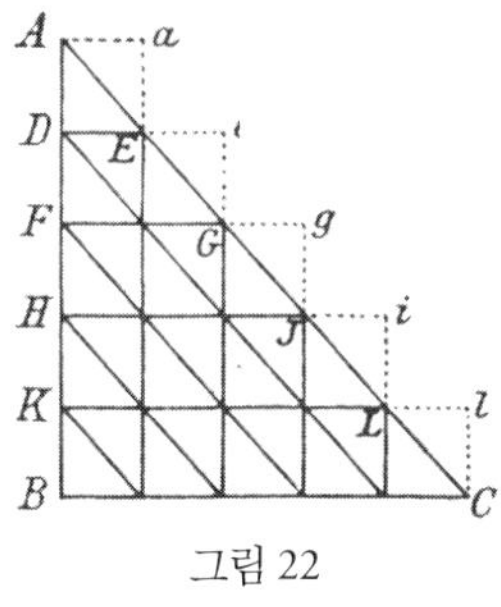

그림 22

는 경과된 시간을, 그러나 BC는 물체가 위를 향해 올라갈 때 갖는 속도를 표시한다고 가정해보자. 동일한 선분 AD, DF, FH 등은 전체 시간 AB의 요소들을 표시하고, 따라서 합쳐서 전체 삼각형의 면적을 구성하고 모두 ADE와 같은 크기인 작은 삼각형들은 전체 공간의 요소들을, 또는 물체가 시간 AB 동안 압착하는 모든 용수철의 수를 표시한다. 이에 따르면 우리의 물체는 위로 상승하기 시작하는 시간인 첫째 부분시간 BK에서 이 물체가 공간 KLBC에서 만나는 9개 용수철을 압착한다. 그 A 169
러나 만약 이 용수철들의 저항이 물체에 아무런 힘도 소진시키지 않는다면 또는 이 소진이 항상 다른 어떤 곳에서 보충된다면, 물체는 용수철 LlC[134]를 여전히 추가로 압착할 것이다. 그런데 이를 위해 가지고 있어야만 하는 바로 그 힘이 다른 용수철을 압착할 때 그 물체에서 사라졌기 때문에 이 물체는 이제 압착할 수 없다. 따라서 용수철 LlC[135]는 압착된 9개 용수철의 저항이 우리 물체에서 소진한 힘의 척도다. 이제 이 물체는 이것을 달성한 뒤에도 언급된 소진 후 자신에게 남아 있는 힘을 가지고 계속해서 위로 상승하여 둘째 부분시간 KH에서 공간 HIKL에 있는 7개 용수철을 압착한다. 여기에서 이제 새삼 다음은 분명하다. 만약 우리의 물체가 이 7개 용수철을 압착

* 그림 22.

할 수 있으면서도 여전히 자신의 전체 힘이 남아 있다면, 물체는 바
로 그 시간에 용수철 IiL을 추가로 압착하고 극복할 것이다. 하지만
물체가 이를 행하지 않는다면, 이는 물체로 하여금 IiL을 여전히 추가
로 극복할 수 있도록 보충되어야 할 단위를 이 물체가 나머지 7개 용
수철을 압착했기 때문에 상실했다는 것을 의미한다. 결과적으로 이
용수철은 7개 용수철의 저항이 물체의 힘에서 끌어낸 소진량을 나타
낸다. 이런 방식으로 용수철 GgI은 셋째 부분시간 FH에서 중력의 당
김을 통한 힘의 손실이라는 것을 알게 해주며 넷째, 다섯째 시간 부
A 170; I 132 분 등도 이와 마찬가지다. 따라서 자유롭게 상승하는 물체가 중력이
라는 장애를 극복하는 동안 겪는 소진은 압착되지 않은 용수철 LlC,
IiL, GgI, EeG, AaE의 총합과 같고, 또한 물체가 제압했던 장애 자체
의 양과 같다. 따라서 물체의 힘은 이 양과 비례관계에 있다. 그리고
압축되지 않은 용수철들은 시간 또는 속도에 비례하므로, 물체의 힘
은 또한 이 시간 또는 속도와 같다. 이상이 내가 증명하려던 것이다.

나아가 여기서 왜 메랑이 가설에서 물체는 장애를 극복하고도 여전히 자신의 힘을 온전히 유지한다고 가정할 수 있다고 했는지가 밝혀진다. 하지만 이것은 애초에 운동의 제일 원칙과 모순되는 것처럼 보인다. 왜냐하면 장애는 물론 자신과 동일한 크기의 힘을 물체에서 제거할 수 있지만, 그럼에도 사유에서는 이런 손실을 항상 다른 곳에서 보충하고, 그럼에도 물체가 이런 방식으로 감소되지 않는 힘으로 장애가 소진시킨 것이 상실된 채 남아 있을 때보다 얼마나 더 많은 일을 할지를 알기 위해 손실을 보상하는 것이 허용되어 있기 때문이다. 그러므로 이것은 저항이 물체에서 현실적으로 빼앗은 힘의 전체 척도를 증시할 텐데, 왜냐하면 이는 물체가 아무것도 상실하지 않으려면 얼마만큼의 단위가 부가되어야만 하는지를 알게 해주기 때문이다.

나는 샤틀레가 반대자의 정리들을 공격했던 이러한 방식에 대해
여기에서 여전히 또 하나의 주의를 주지 않을 수 없다. 나는 그녀가
자기 반대자에게 가장 혹독한 공격을 가하기 위해 그의 논증에 기이 A 171
하고 불합리한 어떤 것이라는 특징을 부여하는 데 골몰한 것 외에 더
나은 어떠한 방법도 선택할 수 없었다고 생각한다. 진지한 표상은 독
자들을 상응하는 주의와 탐구로 이끌고, 다양한 측면에서 정신에 유
입될 수 있는 모든 근거를 위해 정신을 개방한다. 그러나 그녀가 반
대자의 견해를 묘사한 기이한 형태는 곧바로 독자의 허약한 측면을
파고들어 좀더 천착해보고픈 욕망을 사라지게 한다. 정신의 힘은 판
단과 성찰을 관장하지만 나태하고 평정한 본성을 가졌다. 정신은 평
정한 지점을 만나기를 즐기고 근면한 사색에서 벗어나 기꺼이 고요
하게 머물고자 한다. 그렇기 때문에 정신은 두 견해 중 어떤 하나를
일단 그럴싸한 것에 불과하다고 경시하고 그래서 좀더 진전된 탐구
의 노고가 불필요하다고 설명하는 그러한 상념에 쉽게 사로잡히는 I 133
것이다. 따라서 우리의 철학자는, 만약 그녀 반대자들이 진정한 근거
를 제시할 능력이 없었다면, 그녀의 비웃음[136] 또는 그녀가 반대자를
비웃으면서 진리를 말하려고 한 착상을 좀더 공정하게 그리고 아마
좀더 성공적으로 사용할 수 있어야 했다. 그리고 사람들은 그가 자신
의 우스꽝스러움을 깨닫기를 원했을 것이다. 여기에서 언급하는 주
의는 그녀와 같은 성(性)의 모든 다른 사람에게는 무례한 행동으로,
그리고 사람들이 치졸하다고 말하는 어떤 태도로 비칠 것이다. 그러
나 내가 말하는 사람의 지성과 학문의 탁월성은 그녀가 그녀와 같은 A 172
성의 나머지 모든 사람과 또한 성이 다른 대부분의 사람을 간단히 해
치우도록 했지만, 그와 동시에 그녀에게서 인간성의 더 온당한 부분
의 고유한 특권인 어떤 것을, 다시 말해 아첨과 그 아첨에 근거한 찬
사를 앗아갔다.

메랑의 선택은, 그의 방법에서 사용된 힘의 척도인 용수철들은 동일할 뿐만 아니라 동일한 시간 압축되어 있을 것이라는 점에서 여전히 탁월하다. 결과적으로 힘이 동일하다는 것을 인정한다면, 공간의 동등성을 주장하는 라이프니츠주의자들뿐만 아니라 이를 시간과 관련하여 요구하는 데카르트주의자들도 만족할 것이다.

Ⅲ
45, 46, 47절에 대한 보론

용수철이 지지대에 고정되어 있어서 자신의 팽창력을 가지고 반대편으로 물체를 미는 것과 같은 위력으로 고정되어 있고 같은 강도로 버티지 않는다면, 용수철이 물체를 밀어붙이는 것은 불가능하다는 것 외에 더 확실하고 반박할 수 없는 어떤 것을 말할 수 없다고 나는 생각한다. 그리고 베르누이의 사례에는 물체 B 외에 다른 어떤 지지대도 없기 때문에, 용수철은 이 물체 B에 대항하는 분투의 위력을 사용할 때 A에 대해 사용할 수 있는 것과 같은 위력을 사용해야만 한다. 왜냐하면 물체 B가 용수철의 팽창에 저항하려고 분투하는 동안
A 173 이런 압축에서 저 위력을 받아들이지 않는다면, 용수철은 물체 A를 전혀 밀어붙이지 않을 것이기 때문이다. 그러므로 물체 B는 부동의 지지대가 전혀 아니기 때문에, 용수철이 물체 A에 부과하는 모든 힘
I 134 을 동일하게 받게 된다. 온 세상이 동일한 방식으로 생각함에도, 요한 베르누이는 이와 반대로 반박할 수 없는 확신을 근거지울 수 있는 빛을—나는 그것이 어떤 종류의 밝은 빛인지 모르지만—발견했다. 그는 이렇게 말한다. "나는 가장 고집스러운 적수조차도, 설혹 그가 회의론자일지라도, 이 완전히 명증한 증명에 반대할 수 있으리라고 생각하지 않는다."[137] 그리고 곧 이렇게 덧붙인다. "수평선 위로 태양이 떠오르는 것을 우리가 볼 때 날이 밝고 있다는 것을 다른 누

군가에게 인정하도록 할 수 있는 권능은 확실히 우리에게 있는 것이 아니다."[138] 이토록 위대한 사람의 인격에 내재한 인간 이성의 이러한 의외성을 무관심하게 보아서는 안 된다. 오히려 여기에서 우리는, 지성이 적어도 충분한 검증으로 조건, 증명 그리고 반박을 배워서 알 수 있는 시간을 획득할 때까지 오래도록 자신의 균형을 유지할 수 있기 위해, 가장 큰 확신에 차 있을 때조차도 지혜로운 불신을 세워, 그런 경우에 우리 자신을 기만하는 위험에서 아직 벗어나지 못한 것은 아닌지 항상 추정해보는 법을 배워야 한다.

우리가 논하는 바로 이 논고에서 베르누이는 물체에 바로 그 동일한 힘을 더 짧은 시간에 같은 수의 용수철의 압착을 통해 어떻게 전달할 수 있는지를 제시한다. 나는 이에 대해 이것이 우리 관심사와 고유하게 관련되어 있는 정도까지는 이미 충분히 답변했다. 그러나 여기에서 나는 비록 우리 기획에는 부합하지는 않지만, 그럼에도 특 A 174
별한 유용함을 가질 수 있는 하나의 고찰을 여전히 추가하고자 한다. 베르누이는 같은 곳에서 이렇게 말했다. "공 F는 4개의 용수철 a, b, c, d에 의해, 설혹 이 용수철들이 그림 23에서 명시한 것처럼 한 선분을 통해 또는 그림 24에서 명시한 것처럼 서로 병행하는 두 부분을 통해 또는 그림 25에서 명시한 것처럼 4개의 분할된 요소로 합성될지라도, 항상 같은 힘을 획득할 것이다."

베르누이가 다수 용수철의 전체 힘을 한 물체에 전달한다고 추정한 방식에 대한 상기

여기에서는 다음과 같은 정당화[139]에 주목해야 한다. 상기한 주장은 서로 병행하여 연결되어 있는 용수철 a, b, c, d*가 물체에 이 용수철 중 한 용수철이 분리된 채 그 자체 단독으로 팽창할 때 갖는 속도보

---

* 그림 24.

그림 24

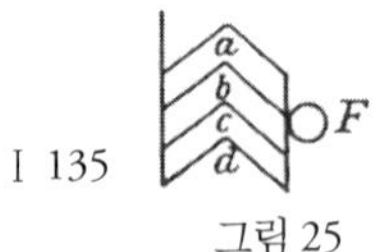

그림 25

그림 23

다 더 큰 속도를 여전히 전달하지 않는다는 조건에서
만 참이다. 왜냐하면 이 조건이 적용되면 곧바로 이것
은 사람들이 베르누이의 의도에 따라 서로 나란히 겹
쳐 있는 용수철*을 통해 그 용수철들이 서로 일렬로 있
I 135 을 때 물체에 전달할 수 있는 것과 동일한 속도를 물체
에 주고자 할 경우, 오류에 빠지기 때문
이다. 말하자면 그림 23**의 일렬 용수철
들이, 그것들이 완전히 팽창할 때까지, 물
체에 10단위의 속도를 전달하지만, 그러
나 그 용수철들 중 하나는, 예를 들어 a 자체만 홀로 물체를 밀어내지
않고 팽창할 때 갖는 속도가 8단위라고 한다면, 그림 25의 방식에서
는 4개 용수철이 물체에 단지 8단위의 속도만 전달할 수 있을 것이라
는 것은 분명하다. 왜냐하면 물체가 이 단위를 수용하게 되면, 물체
는 그 즉시 자신을 밀친 용수철들이 자유롭게 팽창할 때 자체로 가졌
던 것과 같은 속도를 갖게 되며, 따라서 이 경우 용수철들은 물체에
더는 어떤 것도 부과할 수 없을 것이기 때문이다. 그럼에도 물체 F가
A 175 충돌로 그림 25의 이 4개 용수철을 다시 압착한다면, 이 물체는 이를
위해 그림 23이나 24에서와 꼭 마찬가지로 전체 10단위의 힘을 반드
시 가져야 한다는 것은 여전히 논란의 여지가 없다. 그러나 바로 이
그림 25는 각각의 물체의 탄성력을 표현할 수도 있기 때문에, 여기에
서 다음이 가능하다는 것이 밝혀진다. 즉 어떤 하나의 완전한 탄성체
는 부동의 지지대에 대하여 임의의 속도로 충돌하되, 이런 충돌에도
불구하고 그 물체가 되튈 때 갖는 속도는 그 물체가 충돌할 때 갖는

* 그림 25.

** 그림 23.

속도보다 훨씬 더 작을 수 있다는 것이 가능하다. 그러나 만약 이 4개 용수철이 그것들이 충돌하는 물체에 자신들의 전체 힘을 전달한다는 것을 기꺼이 인정하고자 한다면, 물체 F의 질량에는 2/10가 보태져야만 한다. 왜냐하면 이 경우 4개 용수철은 이 용수철들이 속도를 가지고 부과할 수 없었던 것을 이 물질의 질량[140]에서 보충해야 할 것이기 때문이다.

Ⅳ
§ 105에 대한 해명

볼프 증명의 오류에 대한 상세한 설명

171쪽에서(I 116) 볼프 남작의 논증에 있는 기이한 오류를 지적하고자 했을 때, 나는 그것을 충분히 명료하게 설명하지 않았다. 볼프 논증의 결론은 여전히 일견 수학적으로 충분히 도출되는 것처럼 보인다. 즉, 비례관계가 동일한 것은 상호 교체될 수 있다[141]는 규칙에 따라 도출된 것처럼 보인다. 하지만 그의 결론은 사실상 이 규칙과 전혀 아무런 상관이 없다. 앞선 사례는 이것이었다. "두 운 A 176
동체는 그것들이 질량이 동일하다면, 동일한 작용을 수행하는 데 걸 I 136
리는 시간은 속도에 반비례한다."[142] 여기에서 둘째 증명에 있는 다음의 명제가 뒤따른다. "동일한 작용을 수행하는 **동일하지 않은** 물체들의 질량은 이 물체들의 속도들에 반비례한다."[143] 여기에서 볼프는 이제 다음과 같은 결론을 내린다(그의 논증은 적절하게 해명된다면 다음을 의미할 것이기 때문이다). 즉, 두 경우에서 시간들과 질량들의 비례는 속도들의 비례와 같기 때문에 양자는 서로 같다는 것이 그것이다. 그러나 이것은 시간과 질량이 서로 같다는 규정을, 다시 말해 동일한 작용을 행하는 동일하지 않은 질량을 가진 물체들은 **동일한 질량을**(이것에 주의하라) 가진 물체들이 바로 그 동일한 작용을 수행하는 데 걸리는 시간들과 비례한다는 규정을 무시하지 않는 한에서 승인될 수 있다. 보다시피 이것은 비례관계와 결부된 제한이기 때문이다. 그러나 볼프의 결론은 이것, 즉 이 물체들의 질량들은 바로 이러한 동일하지 않은 질량을 가진 물체들이 동일한 작용을 행사하는 데 걸리는 시간들과 비례한다는 것인데, 이것은 명백히 주어진 비율을 날조한 것이다.

만약 우리의 저자가, 그가 서로에게서 도출하고자 한 두 명제를 상호 비교한 것에 불과하다는 생각에 도달했더라면, 그는 그 명제들이 서로 함축하는 것이 아닐 뿐만 아니라 심지어 곧바로 모순된다는 것을 아주 분명하게 알았을 것이 틀림없다. 말하자면 첫째 명제는 이것이다. 동일한 물체들이 동일한 작용을 행사하는 경우에 그 작용들은
A 177 속도들과 비례한다.[144] 여기에서 그는 증명의 둘째 결론인 다음과 같은 또 다른 명제를 도출하고자 했다. 즉, "동일하지 않은 물체들이 동일한 작용을 행사하는 경우에 그 작용들은 그 물체들의 속도들과 비례한다. 그러나 이 속도들은 물체들의 질량에 반비례한다."[145]

만약 우리가 이제 첫째 명제를 기준 삼아 질량이 동일한 두 물체 A와 B를 상정하고 B가 A보다 속도가 두 배 빠르게 한다면, 이 규칙에 따르면 B가 A와 동일한 결과[146]를 행할 때 갖는 작용[147]은 물체 A의 작용보다 두 배 더 크다. B는 말하자면 자신의 더 큰 속도 덕분에 이런 결과를 두 배 더 짧은 시간에 달성하기 때문이다. 하지만 둘째 규칙에 따른다면 내가 B를 두 배 더 작게 만들더라도 속도가 이전과 동일한 채로 남아 있다면, 언급된 작용은 여전히 이전과 동일한 크기일 것이다. 이제 다음은 명확하다. 즉, 만약 B가 이전에 있었던 것보다 두 배 더 작은데 그 속도가 동일하다면, 그 질량이 두 배 더 컸을 때
I 137 소요되는 바로 그 시간에 주어진 결과를 수행할 수 있다는 것은 불가능하며, 오히려 이를 위해서는 더 많은 시간이 필요할 것이다. 따라

서 작용이 작아지면 작아질수록 동일한 결과를 얻기 위해 사용되는 시간은 더 커질 것이기 때문에, 작용은 동일한 속도일 때 B의 질량이 두 배 더 큰 경우보다 더 작아져야만 한다. 따라서 이것은 둘째의 결론과 모순된다.

그러나 설혹 사람들이 그가 근거로 삼는 명제를, 즉 작용은 그 결과가 동일함에도 동일하지 않을 수 있다는 명제를 그에게 허용한다 할지라도, 이 모든 모순은 볼프가 의도한 증명에서도 발견된다. 죽을 A 178
운명을 지닌 자는 결코 주장하려고 생각할 수 없는 이 명제는 인간이 생각해낼 수 있는 가장 최고의 형식을 지닌 모순이다. 왜냐하면 작용이라는 말은 어떤 한 사물이 다른 사물에 대한 근거를 자체로 보유하는 한에서, 이 사물의 작용[148] 또는 결과[149]를 의미하는 상대적 표현이기 때문이다. 따라서 결과와 작용은 동일한 것이며, 그 의미는 단지 내가 이 동일한 것을 때로는 그것의 근거는 무엇인가 하는 문제에 대해 언급하거나 때로는 이 근거와는 별도로 고찰하거나 할 때만 구분된다. 따라서 볼프의 명제는 어떤 하나의 작용이 그 자체로 자신과 동일하지 않을 수 있다는 바로 그런 말을 하는 셈이다. 게다가 작용이라는 명칭은 단지 결과가 작용에 의존한다는 이유 때문에 갖게 되는 것일 뿐이다. 그리고 만약 이러한 작용에 어떤 한 부분이 있을 수 있고, 그 부분과 동일하지 않은 결과가 그 부분에 의존한다고 한다면, 그러한 부분은 또한 작용이라는 이름을 가질 수 없을 것이다. 설사 이 동일한 결과가 산출되는 데 걸리는 시간들이 동일하지 않을지라도, 그럼에도 동일한 결과를 산출하는 데 사용된 작용들은 동일할 수 있으며, 이것에서는 다만 시간이 동일할지라도 결과들과 또한 그 결과들에 상응하는 작용들이 동일하지 않을 수 있다는 것만 도출된다.

이에 대해 간략히 하면, 이 논고에는 자신의 모든 업적에서 빛을

발하는 저자의 널리 알려진, 그리고 높이 칭송되는 명민함과는 전혀
A 179 일치하는 않는 그런 예외적인 오류를 허용했던 아주 특별한 이유가
있었음이 틀림없다는 것이 또한 명백히 밝혀진다. 당시 전 독일의 명
예로 간주되었던 라이프니츠의 명예를 구출해야 한다는 칭찬할 만
한 요구가 이러한 수고로움을 야기했고, 이런 의도가 없었을 경우 이
증명들이 그 증명의 창시자에게 나타났음 직한 것보다 훨씬 더 유리
I 138 한 형태로 이 증명들을 제시하게 만들었다는 것을 짐작하기란 어려
운 것이 아니다. 문제 자체는 오류 없이는 변호될 수 없을 정도로 절
망적인 종류였지만, 그럼에도 그것을 해결하려는 시도는 탐구의 냉
정함에 여지를 허용하지 않을 정도로 매력적이었다. 바로 이것이 내
가 이미 지적했거나 여전히 지적할 헤르만, 베르누이 등 저 저명한
사람들이 저지른 부정에 관해 내가 말하고자 했던 것이다. 그리고 이
주제를 제외한다면 그와 같은 부정은 그들에게서 거의 전혀 발견되
지 않는다. 따라서 우리가 말하는 사람의 명예는 안전하게 남아 있
다. 나는 그의 옹호글을 그의 업적이 아닌 문제인 것처럼 다룰 자유
를 가지고 있다. 그런 반면 그는 한 고대의 철학자가 비록 그와 좀더
관련된 때이기는 하겠지만, 외쳤던 그 말을 나에게 외칠 수도 있다.
너는 단지 아낙사르쿠스의 껍질만을 만나고 있을 뿐이다.

제3장
자연의 참된 힘의 척도로서 살아 있는 힘의 새로운 측정에 대한 설명

A 180; I 139

§ 114

수학적 오류로 밝혀진 법칙이 어떻게 자연에서 발생할 수 있나

그러므로 우리는 제곱에 따른 힘의 측정이 수학적으로 오류였다는 점 그리고 수학은 힘에 대한 전통적 척도나 데카르트의 척도 외에 다른 어떤 척도도 허용하지 않는다는 점을 상세하게 설명해왔다. 그럼에도 독자에게 앞 장의 여러 곳에서 제곱에 따른 측정을 자연에 도입할 수 있다는 희망을 품게 했고, 이제 우리 약속을 지켜야 할 때가 되었다. 이러한 시도는 대부분 나의 독자를 의아스럽게 만들 것이다. 왜냐하면 여기에서 수학이 기만하지 않는 것은 아니라는 것을 인정하면서도 수학의 요구에 호소하면서 시작한다는 것으로 귀결되는 것처럼 보이기 때문이다. 그러나 문제가 실제로 그런 것은 아니다. 만약 수학이 자신의 법칙을 모든 물체에 남김없이 선언한다면, 자연적 물체도 그 법칙으로 파악될 테고 예외를 기대하는 일은 헛수고가 될 것이다. 하지만 수학은 자신의 물체 개념을 공리[150]를 매개로 직접 확정한다. 그리고 이 공리에 대해 수학은 수학의 물체일 경우 사람들이 이 공리를 전제해야 A 181

만 한다고 요구한다. 그러나 이 공리는 자연의 물체에서 필연적으로
I 140 발견되는 어떤 속성들을 허용하지 않고 배제하는 특성을 가진다. 따라서 수학의 물체는 자연의 물체와는 완전히 구별되는 어떤 것이며, 그래서 여전히 후자에서는 도출되지 않는 어떤 것이 전자에서는 참일 수 있다.

§115

수학적 물체와 자연적 물체 간의 구별 그리고 양자와 관련된 법칙들

이제 우리는 자연의 물체에서는 만날 수 있지만 수학이 자신의 물체에서는 허용하지 않는 속성은 도대체 어떤 속성인지 그리고 그런 다음 무엇이 전자가 후자와는 완전히 다른 종류의 사물이 되게끔 하는지를 살펴볼 것이다. 수학은 전적으로 운동의 외적 원인에서 산출된 힘이 아닌 힘을 수학의 물체가 가진다는 것을 허용하지 않는다. 따라서 수학은 힘이 외부에서 물체에 야기되는 한에서만 그 힘을 물체에 인정하고 그밖의 다른 어떠한 힘도 인정하지 않는다. 그리고 그런 까닭에 사람들은 물체의 운동 원인에서 그 힘을 항상 정확하게 그리고 동일한 척도에서 다시 만나게 된다. 이것은 역학의 원칙이며, 이 원칙의 전제는 데카르트의 측정 외에 다른 어떤 측정도 허용하지 않는다. 그러나 우리가 곧 증시하겠지만, 이것은 자연의 물체와 관련해서는 완전히 다른 특성을 갖는다. 자연의 물체는 외부에서 자신을 운동하게 만드는 원인 덕분에 일깨워진 힘을 스스로 자신 안에서 증대할 수 있는 능력을 자신 안에
A 182 가지고 있다. 그래서 그 힘에는 운동의 외적 원인으로는 야기되지 않는, 그리고 또한 이 원인보다 더 큰 단위의 힘이 존재할 수 있다. 따라

서 이 힘의 단위는 데카르트의 힘이 측정될 때 적용되는 척도로는 측정될 수 없고, 또 다른 측정[척도]을 갖는다. 우리는 이처럼 중요한 문제가 요구하는 일체의 정확성과 철저함을 가지고 자연적 물체의 이 속성을 다룰 것이다.

§ 116

속도는 힘에 대한 개념이 아니다

§ 3에서 보았듯이, 속도 자체는 힘에 관
한 개념을 포함하지 않는다. 속도는 운동
을 규정하는 것이기 때문이다. 다시 말해
속도는 물체가 자신이 가지고 있는 힘을 사용하지 않고 그것으로 아
무것도 하지 않는 상태를 규정한다. 그러나 속도는 본래 물체가 정지 I 141
해 있을 때, 즉 무한히 작은 속도일 때 물체가 갖는 힘을 표시하는 수[151]
다. 다시 말해 속도는 무한히 작은 속도일 경우 물체에 존재하는 힘
을 단위[152]로 하는 수[153]다. 이것은 유린의 탁월한 사례(§ 110)가 증
시한 것에 따른 분석 방식에서, 즉 우리가 유린이 속도를 동일한 두
부분으로 구성된 것으로 고찰한 것과 유사한 방식으로 속도를 그것
의 무한히 작은 부분들에서 숙고할 때 가장 분명하게 드러난다.

§ 117

상태를 그대로 유지하려는 어떠한 성향도 없다면 힘도 있을 수 없다

힘이라는 개념을 고유하게 규정하는 것
을 정확하게 알기 위해 우리는 다음과 같 A 183
은 방식으로 [이 개념을] 다루어야 한다.

힘은 물체에서 그 힘을 파괴하고 상쇄하는 장애를 통해 올바로 측정된다. 여기에서 다음이 밝혀진다. 즉 만약 어떤 한 물체에 장애가 상쇄해야 할 상태를 그대로 유지하려고 하는 성향이 없다면, 그 물체는 어떠한 힘도 전혀 갖지 않는 것이다. 만약 이런 성향이 없다면, 장애가 파괴해야 할 어떤 것은 0과 같을 것이기 때문이다.

내재력이란 무엇인가

운동은 힘의 외적 현상이지만 이 운동을 유지하려는 성향은 활동성의 토대[154]다. 그리고 속도는 사람들이 전체 힘을 가지기 위해 힘을 얼마나 많이 곱해야만 하는지를 알려준다. 이를 위해 우리는 저 성향을 내재력[155]이라고 할 것이며, 따라서 힘은 속도와 내재력을 곱한 값[156]과 동일하다.

이 개념에 대한 해명

이 개념을 더욱더 분명하게 이해할 수 있게 해주는 사례를 갖기 위해서라면, 사람들은 4중 용수철 a, b, c, d*를 [사례로] 취하면 된다. 이제 이 각각의 용수철들이 단독으로 팽창하기 시작할 때 갖는 속도가 1이라고 가정한다면, 4개의 동일한 용수철에서 합성된 전체 용수철 ad의 초기 속도는, 그것이 자유롭게 팽창한다면 4가
I 142 된다. 그리고 이것은 4중 용수철이 물체에 부과하는 초기 속도는 하나의 용수철이 작용하는 속도보다 4배 더 클 것이라는 점에서 귀결되는 것처럼 보인다. 그러나 내재력은 4중 용수철이 1개 용수철보다
A 184 4배 더 작다. 왜냐하면 4개가 결합된 이 용수철들 중 하나를 부동의 지지대에 대해 특정한 척도로 압착할 수 있는 바로 그 힘은 4중 용수철을 4배 더 많이 압착하기 때문이다. 이 용수철이 다른 3개 용수철과 이런 방식으로 결합되어 있다면, 개별 용수철의 지지대는 움직이

---

* 그림 23.(198쪽 참조)

는 지지대다. 따라서 용수철의 속도가 전달하는 것은 이 4중 용수철의 강직성,[157] 또는 여기에서는 같은 말인데 내재력을 그냥 지나가버린다. 그러므로 이 경우 다음과 같은 일이 발생한다. 즉 이 4중 용수철이 물체에 나누어주는 초기 속도는 설사 이 4중 용수철이 자유롭게 팽창될 때 이 속도를 1개 용수철에 네 번 전달할지라도, 물체가 1개의 용수철로 가질 수 있는 속도보다 더 크지 않다. 그리고 이것이 내재력이라는 개념을 이해할 수 있게 만들어주고, 힘을 측정할 때 왜 내재력을 필연적으로 고려해야만 하는지를 보여줄 수 있다.

§ 118

내재력이 점과 같다면 힘은 선, 즉 속도와 같다

만약 물체의 힘이 이런 종류라면, 즉 그 속도가 어떻든 간에 운동의 상태를 단지 한순간만이라도 유지하려는 성향이 있다면, 이러한 성향 또는 내재력은 모든 속도에서 동일하다. 따라서 그러한 물체의 전체 힘은 단지 자신의 속도에 비례할 뿐이다. 왜냐하면 힘의 요소들 중 첫째 요소[내재력]는 항상 동일하고, 따라서 힘의 양을 나타내는 적수(積數, 곱한 값)는 둘째 요소[속도]에 비례하기 때문이다.[158]

§ 119 A 185

만약 내재력이 유한하다면, 즉 선과 같다면 힘은

그와 같은 운동에서는 물체에서 매순간 사라지는 힘을 외부에서 끊임없이 보충하

사각형과 같다

는 일이 필수적일 것이다. 그리고 만약 물체가 이런 방식으로 영속적 운동을 수행해야 한다면, 힘은 항상 지속적인 외적 작동의 결과[159]일 것이다. 그러나 여기에서 또한 다음이 분명하게 밝혀진다. 즉 반대로 물체의 힘
I 143 이 운동을 외부 조력 없이도 스스로 주어진 속도로 균등하고 끊임없이 유지하는 성향을 지닌 종류라면, 이 힘은 완전히 다른 종류이고 또한 그만큼 무한히 더 완전할 것이다.

왜냐하면 전자에서는 힘의 내재력이 모든 속도에서 동일한 반면, 즉 무한히 작고 속도가 누적되는 정도에 따라서만 증대되는 반면, 후자에서는 내재력이 항상 속도와 비례하고 또한 속도와 더불어 증대되며, 여기에서 얻은 결과가 힘의 참된 척도이기 때문이다. 왜냐하면 무한히 작은 내재력을 지닌 유한한 속도는 힘을 증시해주는데, 무한히 작은 속도일 경우 이 내재력이 형성하는 바로 그 힘이 단위[160]이기 때문이다. 따라서 만약 어떤 한 물체가 속도와 힘을 영속적으로 자신 안에 유지하려는 완전한 성향을 갖기 위해 이 속도와 힘의 근거
A 186 를 자신 안에서 스스로 충분히 마련해야 한다면, 이 물체의 내재력은 이 힘 또는 속도에 비례해야만 한다. 그리고 이제 여기에서 하나의 완전히 새로운 위력이 발생하는데, 이 위력은 속도에 비례하는 힘과 또한 이 속도와 같은 내재력을 곱한 값으로 표시된다. 따라서 이 값은 속도의 제곱과 동일하다. 다시 말해 다음은 쉽게 파악될 수 있다. 즉 무한히 작은 내재력을 가지고 유한한 속도로 운동하는 경우 물체의 힘은 이 속도를 표시하는 선과 같았고 내재력은 점과 같았지만, 이제 이 경우에는 내재력이 선과 같고, 여기에서 발생하는 힘은 첫째 선의 다발에서 산출되는 면과 같을 테고, 게다가 언급된 선들은 서로 비례하기 때문에 이 힘은 [선의] 제곱과 같을 것이다.

여기에서는 내가 질량의 구별을 철저히 도외시하거나 질량을 동

일하게 생각한다는 점, 그리고 둘째로 내가 언급하는 운동과 관련하여 공간을 빈 것으로 간주한다는 점을 주의했으면 한다.

§ 120

자신의 운동을 자유롭고 영속적으로 유지하려는 내적 성향을 지닌 물체는 속도의 제곱에 비례하는 힘을 가진다

그러므로 자신의 운동을 자신 안에 스
스로 충분한 근거를 두는, 그래서 자신이
가진 운동을 자유롭고 영속적이고 소멸되 I 144
지 않게 무한히 자신 안에서 스스로 유지
하리라는 것이 자신의 내적 성향에서 충
분히 설명될 수 있는 물체는 속도의 제곱
을 척도로 하는 힘을 또는 우리가 이 힘을 그렇게 명명하듯이, 살아 A 187
있는 힘을 가지고 있다. 반대로 물체의 힘이 자신을 유지하려는 근거를 자신 안에 두지 않고 오히려 외적 원인의 현존에만 의존한다면, 그 힘은 단순 속도에 비례한다. 다시 말해 그것은 죽은 힘이다.

§ 121

물체는 외부에서 받은 압력을 자신의 내적 추동[력]으로 무한히 더 높여 완전히 다른 종류로 고양한다

이제 물체의 힘이 외적 원인의 작용으로 비로소 발생할 때 그 힘의 특성이 어떠한지 살펴보자. 이때 그 힘은 틀림없이 이 외적 원인의 현존에 근거를 두고, 이 외적 원인이 [내적]추동[력]을 일깨우지 않았을 바로 그 순간에는 물체에 존재하지 않았을 것이다. 따라서 이 힘은, 그것이 외적 원인의 현존에 기인하는 그 순간에만, 그것도 저 원인이 현존하지 않았다면 순간적으로 사라져야만 하는 그런 방식으로 존재한다. 왜냐하면 물체가 자신 안에서 일깨워진 이 힘을 그 순간이 지난 다음에도 그 자신 안에 스스로 근거를 두는지 그리고 이 경우 이로부터 무엇이 뒤따를지에 대해 우리는 아직 언급하지 않았기 때문이다. 그러므로 이 순간에는 힘의 내재력이 무한히 작고 따라서 단지 외적 추동에만 근거를 두는 이 힘 자체는 단순 속도와 비례한다. 즉 죽은 힘이다. 그러나 그런 다음 바로 이 물체가 자신에게 전달된 이 속도를 자기 성향에 따라 영속적이고 자유로운 운동을 유지하도록 하는 자신의 내적 힘에 근거를 두게 한
A 188 다면, 이 경우에 그 힘은 더는 죽은 힘이 아니라 제곱을 척도로 갖는 살아 있는 힘이다. 그리고 이 힘이 전자에 대해 갖는 관계는 면이 선에 대해 갖는 관계처럼 고려되어야만 한다. 여기에서 다음과 같은 점들이 분명해진다. 즉 만약 물체가 자신에게 부과된 속도를 스스로 자유롭게 진행한다면, 그 물체는 이런 방식으로 자신이 외적·역학적 원인에 따라 수용했던 힘을 스스로 자신 안에서 무한히 증가해 완전히 다른 종류로 고양할 것이라는 점, 따라서 우리가 § 115에서 제시
I 145 했던 주의가 여기에서 증명된다는 점, 그리고 살아 있는 힘은 수학의 관할권에서 완전히 벗어난다는 점이 분명해진다.

물체는 살아 있는 힘을 외부에서는 전혀 획득할 수 없다

나아가 여기에서 살아 있는 힘은 외적 원인을 통해, 그 원인이 얼마나 크든 관계없이, 물체에서 산출될 수 없다는 것을 알 수 있다. 왜냐하면 어떤 힘이 외적 원인에 좌우되는 한, 우리가 증명한 바와 같이 그 힘은 항상 단순 속도에만 비례할 뿐이기 때문이다. 이와 달리 살아 있는 힘은 제곱 측정에 속하는 규정들을 물체의 자연력의 내적 원천

에서 얻어야만 한다.

§ 122

살아 있는 힘과 죽은 힘 사이에는 무한히 많은 중간량이 존재한다

우리는 다음을 증명했다. 즉 만약 한 물체가 자기 운동의 원인에 대해 충분한 그리고 완벽한 근거를 자신 안에 가지고 있어서 그 힘이 물체에서 변화되지 않고 자유롭게 영구히 유지된다는 것이 물체 자신의 힘의 특성에서 설명될 수 있다면, 그 물체는 살아 있는 힘을 갖는다. 그러나 만약 물체가 그 힘에 대한 근거를 자신 안에서는 전혀 갖지 못하고 오히려 이를 위해 외적인 것에 의존한다면, 그 물체는 죽은 힘을 가질 뿐이고, 이 죽은 A 189
힘은 저 살아 있는 힘보다 무한히 더 작다. 이것은 곧 다음과 같은 결론을 증시한다. 즉 만약 동일한 어떤 한 물체가 자신의 힘에 대한 어떤 근거를 자신 안에 가지기는 하지만 아직 완벽하게 가지지 않는다면, 그 물체의 힘은 살아 있는 힘에 그만큼 근접하며, 죽은 힘과는 그만큼 구별된다는 것 그리고 이 양자의 가장 외적인 한계, 즉 완전히 죽은 힘과 완전히 살아 있는 힘 사이에는 필연적으로 죽은 힘에서 살아 있는 힘으로 이끄는 무한히 많은 중간량[161)]이 존재한다는 것을 증시한다.

살아 있는 힘은 운동이 시작된 후 단지 유한한 시간에만 발생한다

나아가 여기에서 연속성의 법칙 덕분에 시작하는 순간에는 죽은 힘을 가졌지만 그 후 살아 있는 힘을 넘겨받은 물체는 이 힘을—이 힘이 죽은 힘에 대해 갖는 관계는 면이 [면을] 산출하는 선에 대해 갖는 관계와 같다—처음 유

한한 시간에만 획득한다는 것이 도출된다. 왜냐하면 만약 사람들이
물체가 살아 있는 힘을 시작하는 순간인 유한한 시간에만 넘겨받는
것이 아니라 그 순간 이후에도 직접적으로 단지 무한히 짧은 부분시
I 146 간에 넘겨받는다고 주장하고자 한다면, 이것은 그 물체가 시작하는
순간에 스스로 이미 살아 있는 힘을 가지고 있다고 말하는 셈이 될
것이기 때문이다. 연속성의 법칙과 심지어 수학조차도, 내가 그 물체
는 자신의 운동을 시작하는 순간에만 그런 상태에 있다고 하든 그 이
후에도 무한히 짧은 부분시간에만 그런 상태에 있다고 하든, 이것이
동일하다는 것을 증명하기 때문이다. 그러나 이제 그 힘은 운동의 시
작점에서는 자체로 죽어 있다. 따라서 사람들은 운동하는 동안 살아
A 190 있는 힘은 외적 원인이 작용한 이후 유한한 시간이 경과한 후에야 비
로소 그 운동에 나타난다고 확정하는 것과 같은 모순을 범하지 않고
는 이 힘이 살아 있다고 말할 수 없다.

이에 대한 해명

물체의 자연력은 말하자면 외부에서 받아들인 압력을 자신 안에서 스스로 계속 진행해 그 힘이 계속되는 성향을 바탕으로 이전에는 하나의 점과 같았던 내재력을 외부에서 자신 안으로 일깨워진 속도와 같은 관계를 갖는 힘에 비례하는 선과 같아질 때까지 누적한다. 그럼으로써 이 힘은 이를 통해 이전에는 단지 선과 같았던 외부에서 획득한 힘을 이제는 하나의 면과 같아질 때까지 스스로 누적한다. 그리고 이 면에서 한 변은 외부에서 전달된 속도와 힘을 표시하되, 다른 변은 물체 내면에서 자체로 생겨난 내재력을 나타내며, 이 내재력은 외부에서 전달된 속도와 힘에 비례한다.

§ 123

생기화란 무엇인가

물체의 힘이 아직 살아 있지 않지만 살아 있는 힘으로 진행하는 상태를 나는 힘의 활력화[162] 또는 그 힘의 생기화[163]라고 한다.

힘이 활력화되는 동안 내재력은 어떤 상태가 되는가

힘이 살아 있는 힘으로 고양되는 사이시간[164] 동안, 즉 두 시점 다시 말해 시작점과 힘이 이미 완전히 살아 있는 시점 사이에 있는 것으로 파악되는 사이시간 동안 물체는 아직 자신의 힘과 속도를 자신 안에서 스스로 충분하게 근거지우지 못한다. 여기에서 아마도 독자들은 물체가 아직 자신의 힘과 운동을 자신 안에서 스스로 충분히 근거지우지 못하는, 따라서 그 A 191
것들을 스스로 유지할 수 없는 이 사이시간 동안 도대체 그 물체는 어떻게 자신에게 전달된 속도를 자유롭고 일관되게 유지하고 진행할 수 있는지를 묻고자 하는 생각이 들 것이다. 이에 대한 내 대답은 I 147
이렇다. 힘은, 그것이 내적 성향을 통해 아직 더는 고양되지 않았다면, 이러한 사이시간에는 당연히 그 힘에서 비롯한 영속적으로 자유로운 그리고 감소되지 않는 운동이라고 이해될 수 있는 상태는 아니다. 하지만 자신을 유지하려는 힘의 성향이 이러한 방식으로 불완전한지는 여기에서 중요한 것이 아니다. 다만 운동을 감소시키지 않고 끊임없이 유지할 수 있는 정도까지 성장하지는 않은 힘의 내재력이 그럼에도 적어도 그 운동을 완전한 생기화에 필요한 시간까지 유지할 수 있는지가 관건이다. 그러나 이것은 가능할 뿐만 아니라 사실상 그렇게 된다는 것이 다음과 같은 이유에서 밝혀진다. 즉, 이 전체 사이시간 동안 주어진 속도를 무한히 짧은 부분시간 동안 유지하는 물체에서는 내재력의 어떤 새로운 요소[165]가 매순간 발생한다. 따라서

§ 18과 연관해본다면 이것이 분명하게 밝혀지듯이, 전체 사이시간 내내 물체에서 발생한 이러한 내재력의 모든 요소는 이 사이시간의 모든 순간에, 즉 전체 시간 내내 동일한 속도를 유지하게 한다.

생기화가 완성되기 전에 중단된다면, 운동에는 어떤 일이 발생하는가

그러나 우리가 생기화가 아직 완성되기 전인 사이시간에, 물체가 내재력의 요소들을 누적해 힘을 완전히 살아 있게 만드는 것을 갑자기 중단한다고 가정한다면,
A 192 그 경우에는 어떤 일이 일어나겠는가? 이
경우 다음은 명백하다. 즉 물체는 생기화가 이루어지는 이 시간 동안 이미 획득한 내재력에 비례하는 단위의 속도만을 자신 안에서 근거지우고 자유로운 운동을 할 때 계속하여 지속적으로 유지할 것이다. 하지만 완전한 생기화에 이르기 위해 현실적으로 존재하는 것보다 더 큰 내재력을 요구하는 나머지 단위의 속도는 갑자기 사라지고 중단되어야만 한다. 왜냐하면 현존하는 내재력은 단지 이 속도의 한 부분만 자신 안에 근거지울 수 있을 뿐이고, 모든 순간 주어진 속도를 유지하도록 하는 내재력의 새로운 요소들은 저 순간에는 더 발생하지 않고 따라서 나머지 부분은 스스로 사라져야만 하기 때문이다.

그리고 이 경우 힘은 어떤 상태가 되는가

따라서 만약 자유운동하는 물체가 자신의 전체 속도를 가지고 완전한 생기화에
I 148 이르기 전에 자신의 힘을 사용해야 하는
저항을 만난다면, 이 물체가 행사하는 힘은 이 물체가 획득한, 따라서 주어진 시간에 활력화될 수 있었던 내재력에 비례하여 상응하는 단위 속도의 제곱과 또는 물체가 획득한 이러한 내재력의 제곱과 같다. 나머지 단위를 가지고 물체는 아무것도 하지 않거나 아니면 단지 단순 속도의 척도에 상응하는 작용을 하는데, 이것은 다른 힘에 비한다면 아무것도 아닌 것으로 간주될 수 있다.

§ 124

힘의 새로운 측정

그러므로 자기 속도를 자유운동하면서 감
소하지 않도록 무한히 유지하는 물체는 살아 A 193
있는 힘을, 즉 속도의 제곱을 척도로 하는 힘을 가진다.

이에 대한 조건들

그러나 이 법칙에는 다음과 같은 조건들이 결부되어 있다.

1. 물체는 아무런 저항이 없는 공간에서 자신의 운동을 일관되게, 자유롭게 그리고 영속적으로 유지하려는 근거를 자신 안에 포함해야만 한다.

2. 우리는 이전에 증명한 것에서 다음을 알아야 한다. 즉, 물체는 이 힘을 물체를 운동하도록 만드는 외적 원인에서 가져오지 않는다. 오히려 이 힘은 외적 자극 후에 물체의 내적 자연력에서 스스로 발생한다.

3. 이 힘은 물체에서 유한한 시간에 생겨난다.

§ 125

내가 검토했던 저 위대한 사람들과 비교해볼 때 내 판단은 빈약하기 그지없지만, 그럼에도 나에게 그들과 같은 권위를 가지고 말하는 것이 허용된다면, 이 법칙이 내가 데카르트와 라이프니츠의 측정을 대신하여 정립하겠다고 말했던, 그리고 참된 역학의 토대를 마련하겠다고 말했던 새로운 힘의 측정에 대한 주요 근거다. 그럼에도 나는 이 법칙이 모든 국가의 철학자들 간의 분열과 불일치를 유발했던
실패를 바로잡고자 하는 목적을 달성할 수 있을 것이라고 자신을 설 I 149

득하고자 하는 의향이 없는 것은 아니다. 살아 있는 힘은 수학에서
A 194 는 배제되지만 자연에서는 허용된다. 사람들은 이 위대한 두 철학자 중 어느 누구에게도, 라이프니츠든 데카르트든 누구에게도 전혀 오류의 책임을 씌울 수 없다. 또한 심지어 자연에서도 라이프니츠 법칙은 데카르트의 측정에 따라 정당화된 것과 다르게 발생하지 않는다. 만약 사람들이 명민한 사람들의 상이한 인격에서도 이성을 지기 자신과 일치시키고, 또한 그런 사람들이 직접적으로 모순되는 주장을 하는 경우에도 이성의 철저함을 결코 전혀 위반하지 않는 진리를 찾아낸다면, 이는 말하자면 인간 이성의 명예를 변호했다는 것을 의미한다.

§ 126

자유운동이 존재하기 때문에 살아 있는 힘 또한 존재한다

가장 중요한 것은 외적 저항이 없다면, 영속적으로 그리고 감소되지 않고 유지될 수 있는 자유로운 운동이 이 세계에는 존재한다는 것이다. 문제는 해결되었다. 그리고 자연에는 확실히 살아 있는 힘이 존재한다. 자유롭게 운동하는 물체는 저항의 영향[166]에 따라서만 자신의 운동을 상실하며 이런 저항의 영향이 없다면 운동은 항상 유지되리라는 것을 증명하는 무수한 다른 경험[사례들]과 마찬가지로 행성의 자유롭고 영속적인 운동은 이를 보증해주며 자연에 살아 있는 힘이 현존한다는 것을 확증한다.

수학은 어떠한 자유운동도 허용하지 않는다

그럼에도 여기에서 엄밀성에 따라 판단하는 수학은 자신의 물체에 어떠한 자유운동도 허용하지 않는다는 것 또한 명백

하다. 왜냐하면 수학은 운동을 자유롭고 영속적으로 만드는 데 필수
적인 것을, 다시 말해 물체가 외적 원인으로 발생되는 것도 외적 원 A 195
인에서 유래할 수 있는 것도 아닌 그런 성향과 힘 자체를 자기 내면
에서 산출한다는 것을 허용하지 않기 때문이다. 수학은 운동의 원인
이 되는 물체로 산출된 힘 외에 어떤 다른 힘도 물체에서 인식하지
않기 때문이다.

§ 127

이 고찰을 유용하게 만들기 위한 더 쉬운 방법

비록 이제까지 고찰과 증명이 문제의
본성이 허용하는 정도까지는 수학적 개념 I 150
들과 그것들의 명증성에 필적하는 것일지
라도, 나는 자체로 형이상학처럼 보이는 모든 것을 의심하는 사람들
에게 그리고 철저하게 경험을 요구하고 그 경험을 추론의 근거로 삼
고자 하는 사람들에게 그들이 더욱 만족스럽게 이런 고찰을 사용할
수 있는 방법을 하나 제시하려고 한다. 말하자면 이 장의 마지막까지
수학적 엄밀함에서 성립하는 경험에 입각하여, 자연에는 속도의 제
곱을 갖는 현실적인 힘들이 존재한다는 것을 증시할 것이다.

이에 근거하여 이 사람들은 제2장의 모든 증명 결과에서 다음을
납득할 수 있게 될 것이다. 즉 살아 있는 힘은 외적·기계적 원인의
작용[결과]일 수는 없는데, 왜냐하면 만약 그 힘이 단지 운동을 실행
하는 원인의 작용[결과]으로만 인정된다면, 단순 속도에 따른 측정
외에 다른 어떤 측정도 있을 수 없기 때문이다. [이것이 납득된다면] A 196
이는 추후 이 사람들을 이런 힘이 물체의 내적 자연력에서 발생할 수
있는 방식과 방법으로 이끌 것이며, 그들을 점차 내가 살아 있는 힘

의 본질에 대해 다루었던 고찰로 인도할 것이다.

§ 128

베르누이는 이미 이 개념을 가지고 있었다

나는 힘의 자유로운 그리고 물체 내부에서 생겨나는 지속이 이 힘은 살아 있고 제곱을 척도로 한다는 것을 이끌어낼 수 있는 유일하게 참된 특성이라고 말해왔다. 나는 우리가 위에서 언급한 요한 베르누이의 논고에서 이 생각과 아주 정확하게 일치하는 것을 발견하고서는 대단히 즐거웠다. 그는 순전히 기하학자로서 자기 의견을 비록 형이상학에 합당한 언어는 아니지만 그럼에도 다음과 같이 완전히 명료하게 표명했다. 그는 말하기를 “살아 있는 힘은 실재적인 그리고 실체적인 어떤 것이다. 이것은 그 자체로 존재하며, 자신 안에 있는 한, 다른 것에 의존하지 않는다. …… 죽은 힘은 절대적인 어떤 것이 아니며 자기 자신에 의해 지속하는 것도 아니다 등.”[167)]

이 인용문은 내 고찰에 적지 않은 도움이 된다. 그렇지만 수학에 능통한 이 사람은 이 결론에 대해 그것이 형이상학의 궤변적인 구별
I 151 에서 도출되었다고 믿었기에 의심의 눈초리를 보냈으며, 이러한 의
심은 그로 하여금 찬동을 유예하도록 했다. 그래서 나는 그가 내 고
찰과 관련해서도 그런 의심을 하려고 했는지 염려하지 않을 수 없었
A 197 다. 그러나 여기에서 이 문제는 가장 엄격한 기하학자의 수학적 숙고
에서도 그 자체로 설명될 정도로 대낮처럼 분명하다.

그러나 그는 살아 있는 힘

베르누이에게 살아 있는 힘 개념에 관해 이런 통찰이 있었기 때문에, 나는 그가

을 강력한 근거를 가지고 추구하지 않았다

이 힘을 증명하고자 했던 방식과 방법에서 그토록 길을 잃고 헤매는 일이 가능했다는 것이 놀라울 따름이다. 그는 '그 자체로 존재하는 실재적이고 실체적인 것 그리고 절대적인 어떤 것'[168]과 관련하여 무규정적인 사례에서는 또는 이 힘으로 인도하는 규정들이 발견되지 않는 사례에서는 살아 있는 힘을 발견하지 못할 것을 쉽게 알아낼 수 있었을 것이다. 왜냐하면 그 자신도 통찰했듯이, 그런 규정들이 바로 살아 있는 힘을 종적으로 구별해주는 표징이며, 또한 이 특성과 관련하여 무규정적인 것은 살아 있는 힘으로 인도될 수 없을 것이기 때문이다. 그는 살아 있는 힘을 동일하지 않은 질량을 지닌 두 물체 사이를 팽창하는 용수철의 사례에서 발견할 수 있다고 생각했다. 그럼에도 그는 그 사례에서 이른바 죽은 힘 외에 위에서 언급한 구별의 특징으로 확인되는 살아 있는 힘으로 인도하는 어떤 것도 발견할 수 없었고 오히려 자기 증명의 체계에서 나타나는 모든 힘마저 '절대적인 어떤 것이 아니라 오히려 다른 것에 의존하는 것'[169]이라는 점만 발견했을 뿐이다.

우리는 이로써 복잡하고 그럴싸한 증명에서,[170] 우리가 § 88, § 89, § 90에서 칭찬했고 매우 유용하게 활용했던 방법의 도움을 받지 않고, 자신을 찬동이라는 단순한 출구에 내맡기는 일이 얼마나 위험한 일인지를 다시 한번 살펴볼 것이다. 다시 말해 증명의 주제인 그 문 A 198
제에 필연적으로 속해 있는 개념들을 처음부터 숙고하고, 그럼으로써 증명의 조건들이 또한 이 개념들의 확정을 목표로 하는 적절한 규정들을 자신 안에 포함하는지를 탐색하는 일이 얼마나 불가피하게 필연적인지를 살펴볼 것이다.

§ 129

살아 있는 힘은 우연적 본성에 관한 것이다

우리는 자연에서 살아 있는 힘의 현존은 오로지 자연에 자유운동이 존재한다는 전제에 근거를 둔다는 것을 증명했다. 그
I 152 러나 이제 사람들은 이와 관련하여 우리가 앞에서 성취했던 것에 따른다면, 물체의 본질적이고 기하학적인 속성들에서는 자유로운, 그리고 불변하는 운동을 수행하기 위해 요구되는 능력을 인식할 수 있게 해주는 어떠한 논증도 발견할 수 없을 것이다.

라이프니츠주의자들도 이것을 알고 있었다

따라서 살아 있는 힘은 필연적 속성으로 인식되는 것이 아니라 어떤 가설적인 것 그리고 우연적인 것이라는 점이 귀결된다. 라이프니츠 자신도 이를 『신정론』에서 인정했듯이, 이것을 알고 있었다. 그리고 다니엘 베르누이는 이것을, 그가 생각하는 것처럼, 살아 있는 힘을 증명하기 위해 사용해야만 하는 방법을 통해 입증했다. 그는 dv=pdt라는 근본 등식을 가정해야 한다는 것을 입증했다. 이 등식에서 dv는 속도의 요소를, p는 그 속도가 산출하는 압력을, 그리고 dt는 그 압력이 무한히 작은 속도를
A 199 산출할 때의 시간 요소를 가리킨다.[171)]

그럼에도 그들은 살아 있는 힘을 기하학적으로 필연적인 진리들 안에서 찾았다

베르누이는 이것이 사람들이 상정해야만 하는 가설적인 어떤 것이라고 말한다. 라이프니츠와 다르게 판단하는 데서 양심의 가책을 느낀 살아 있는 힘의 다른 옹호자들도 동일한 어조로 노래했다. 그럼에도 그들은 살아 있는 힘을 철저하게 기하학적으로 필연적인 사례들에서 추구했고, 또한 거기에서 발견할 수

있다고 믿었는데, 확실히 이것은 대단히 놀라운 일임이 틀림없다.

이 문제에 관한 헤르만의 기이한 과실

헤르만 자신은 살아 있는 힘의 우연성에 의한 혼란을 겪지 않고, 동일한 방식으로 이를 추구했다. 라이프니츠의 사상에 대한 우호적인 편견과 목적을 달성하려는 철저한 의도는 그를 오류추리에 빠지게 하긴 했지만, 이 오류추리는 확실히 주목할 만한 가치가 있다. 나는 사람들이 두 개의 양 a와 b를 함께 취해야 하고 그것들을 결합된 것으로 고찰해야만 한다면, 사람들은 그것들을 함께 곱해야 한다고 추론하는 사람들을 발견하기가 쉽지 않을 것이라고 생각한다. 그럼에도 이런 일이 정말로 글자 그대로 그렇게도 위대한 추론의 대가였던 헤르만에게서 일어났다. 그는 이렇게 말한다. "그 사례에서 힘의 새로운 요소를 받아들이는 물체는 이미 속도를 가지고 있기 때문에, 사람들은 이 속도도 함께 고찰
해야만 한다. 따라서 사람들은 그 물체가 이미 가지고 있던 속도 u를 I 153
그 물체의 질량 M 그리고 속도의 요소 혹은 같은 말이겠지만, 중력 g
와 시간의 곱, 즉 gdt와 곱해야 할 것이다. 따라서 dV는 또는 살아 있는 A 200
힘의 요소는 gMudt와 같다. 다시 말해 여기에서 언급된 양들을 곱한 값과 같다."[172]

§ 130

경험은 점진적인 활력화를 입증한다

우리의 학설체계는 자유운동을 일관되게 하는 물체는 운동을 시작할 때에는 아직 자신의 최대 힘을 발휘하지 못하고 오히려 그 물체가 일정 시간 운동했을 때 힘이 더 커진다는 것을 함축

한다. 나는 누구나 이를 입증해주는 경험을 알고 있다고 생각한다. 나 자신이 발견한 경험은 이런 것이다. 즉 총알은 완전히 동일한 총에 장전하고 나머지 환경이 정확히 일치하는데도, 총을 몇 발자국 떨어져서 과녁에 발사할 때가 단지 몇 센티미터 떨어져서 과녁에 발사할 때보다 훨씬 더 깊게 과녁에 박힌다. 내가 시도해본 것보다 더 좋은 기회를 가진 사람들은 이에 대해 더 정확하고 더욱 분명하게 측정된 실험을 할 수 있을 것이다. 그럼에도 이 경험은 여전히 일관된 자유운동을 하는 물체의 내재력은 그 물체에서 생겨나고, 우리가 이에 대해 증명했던 명제들에 따라 일정 시간이 흐른 후에야 이 내재력의 정당한 양을 갖는다는 것을 가르쳐준다.

§ 131

새로운 힘의 측정에 대한 토대를 마련했으므로, 이제 우리는 특별
A 201 히 이 측정과 결합된, 그리고 마찬가지로 새로운 역학을 위한 골격을
형성하는 법칙을 지정하기 위해 노력해야 한다.

나는 힘의 생기화 또는 활력화가 발생할 때 따르는 몇몇 법칙을 설명할 수 있다. 하지만 이 논고는 힘의 이 새롭고 예상하지 않았던 속성의 초안을 그려내고자 한 것이므로, 당연히 다음과 같은 염려를 하지 않을 수 없다. 즉, 무엇보다도 이 중심 문제에 관해 확실히 하고 싶은 관심이 있는 독자들이, 더욱이 중심 문제가 먼저 충분히 확증되고
경험으로 입증된다면 부수적 문제를 다룰 시간이 충분하기 때문에,
I 154 부수적 문제를 깊이 탐구하는 일과 연루되는 것에 불쾌를 표시할지
도 모른다.

결론적으로 나는 우리 힘의 측정과 결부되어 있고 그것이 없다면

힘의 본성을 제대로 파악할 수 없는 가장 보편적이고 연구할 만한 가치를 지닌 법칙만을 가능한 한 최대한 명료하게 밝히려고 노력할 것이다.

§ 132

다음 주의는 아직 완전히 알려지지 않은 동역학의 법칙을 제시하고 있는데, 이는 힘의 측정에 대단히 중요한 것이다.

힘의 활력화가 모든 속도 일반에 타당한 것은 아니다

우리는 정지 상태에 있는 물체는 단지 죽은 압력만 행사하며, 이 압력은 살아 있는 힘의 부류와는 완전히 구별되고 또한 단순 속도를 그 척도로 갖는다는 것을 알게 되었다. 그리고 이에 대해서는 데카르트의 모든 추종자는 물론 라이프니츠 학도들도 일치한다. 그러나 속도가 무한히 느린 물체는 본 A 202
래 전혀 운동하는 것이 아니며, 따라서 정지 상태로 존속하는 힘을 가진다. 그러므로 그 힘은 단순 속도를 척도로 삼는다.

따라서 우리가 살아 있는 힘의 부류에 속하는 운동들을 규정하고자 한다면, 그 운동의 속도가 빠르든 느리든 관계없이, 다시 말해 운동 속도가 그 경우에 규정되어 있지 않더라도, 우리는 그런 운동을 모든 운동으로 확장해서는 안 된다. 왜냐하면 그렇게 하면 이 법칙은 무한히 더 작은 단위에 이르는 모든 속도에 대해서도 참일 테고, 물체는 또한 무한히 느린 속도에서도 살아 있는 힘을 가질 수 있을 텐데, 이것은 바로 앞에서 본 바와 같이 오류이기 때문이다.

이 경우 속도는 규정되어

따라서 제곱 측정의 법칙은 운동 속도에 대한 고찰과 상관없이 모든 운동에 타

있어야만 한다

당한 것이 아니다. 오히려 이 경우에는 운동 속도를 함께 고려해야 한다. 그러므로 어떤 작은 단위를 가진 속도의 경우[173] 이 속도와 결부된 힘은 활력화될 수 없다. 그리고 힘이 생기화를 비로소 획득할 수 있는 어떤 일정한 속도가 있을 수 있으며, 그 속도 아래로 무한히 작은 단위에 이르기까지 모든 더 작은 단위에서는 이런 일이 발생하지 않는다.

결과적으로 모든 속도에 대한 구별이 없다면, 자유운동은 가능하지 않다

I 155 게다가 힘의 완전한 활력화는 운동을 자유롭고 영속적으로 유지하는 원인이기 때문에, 이런 유지가 또한 모든 속도에서 제한 없이 가능하지 않다는 것이 귀결된다. 오히려 여기에서는 속도가 역시 규정되어 있어야만 한다는 것, 다시 말해 물체가 일정한 속도로 영속적이
A 203 고 불변하는 자유운동을 수행해야 한다면, 속도는 어떤 규정된 양을 가지고 있어야만 한다는 것이 뒤따른다. 이 규정된 단위보다 작다면, 모든 더 작은 단위에서는 무한히 작은 단위의 속도에서 이 속성이 완전히 사라지고 운동의 지속이 단지 순간적인 것에 이를 때까지 이런 일은 가능하지 않다.

따라서 운동의 자유롭고 감소되지 않는 생성이라는 규칙은 일반적으로 타당한 것이 아니라 일정 단위의 속도에 대해서만 타당할 뿐이다. 이 속도 아래로 더 작은 모든 단위의 운동은, 운동이 무한히 작은 단위에서 단지 순간만 지속할 뿐이어서 외부에서의 지속적 보충이 필수적일 때까지, 자신을 소모하고 사라진다. 그러므로 '만약 물체가 외적 원인에 따라 그 상태를 변경하도록 강제되지 않는다면, 모든 물체는 정지 상태에 있거나 일관된 직선운동을 계속한다'[174]는 뉴턴의 규칙은 무규정적인 의미에서는 자연의 물체에 대해 타당하지 않다.

§ 133

경험은 이를 입증한다

경험은 다음과 같은 이유 때문에 상기
한 주의를 입증한다. 즉 만약 무한히 느린
속도가 활력화될 수 있다면, 그 속도는 유한한 힘의 활력화와 비례하
기 때문에 무한히 짧은 시간만 활력화될 것이다.(§ 122) 따라서 두 물
체가 중력의 압력만을 행사한다면, 그 물체들은 자신들의 속도에 비
례하는 힘을 가지기는 하겠지만, 그 속도가 거의 알아챌 수 없을 정
도로 낮은 높이에서 떨어지는 경우 물체들의 힘은 그 즉시 속도의 제 A 204
곱과 같아져야만 하는데, 이것은 연속성의 법칙과 경험에 대립된다.
왜냐하면 우리가 이미 언급했듯이, 자신의 무게로 단 하나의 유리컵
도 깨뜨리지 못하는 물체는, 사람들이 그 물체를 컵에서 아주 조금
떨어진 거리에서 컵 위로 떨어뜨릴 때에도, 그 컵을 깨뜨릴 힘을 갖
지 않기 때문이다. 그리고 무게가 서로 같은 두 물체는, 설사 사람들 I 156
이 그 두 물체를 저울대 위에 아주 살짝 떨어뜨릴지라도 — 무한히
느린 속도가 활력화될 수 있다고 한다면, 이 경우 여기에서 상당한
기울어짐이 귀결되어야 함에도 — 역시 균형을 유지할 것이다.

저항을 매개로 하는 운동에 대한 적용

따라서 이 규칙은 물체가 자유롭게 운동하는 매개공간[175]의 저항에 관한 규칙을 규정할 때 함께 고려해야만 한다. 왜냐하면 만약 속도가 이미 매우 느려지기 시작했다면, 매개공간은 더는 이전처럼 운동을 감속시키는 것이 아니라 오히려 운동이 부분적으로 자신에게서 상실되기 때문이다.

§ 134

모든 더 큰 단위의 속도에서 무한한 속도에 이르는 활력화와 자유로운 운동은 가능한가

우리는 추상적 역학이 이전에는 결코 허용할 수 없었던 가장 적절한 과제의 핵심에 서 있다.

우리는 물체가 모든 속도에서도, 그 속도가 아무리 느리더라도 상관없이, 힘의 완전한 활력화에 이를 수 있고 자기 운동을 변함없이 자유롭게 진행할 수 있는가 하는 문제를 제기했다. 이제 우리는 물체가 힘의 완전한
A 205 활력화를 모든 더 높은 단위의 속도에서 무한한 속도에 이르기까지 수행할 수 있는지, 다시 말해 물체가 자신에게 전달된 운동을 자유롭게 진행하고 감소하지 않게 유지해서 결과적으로 자신에게 전달된 속도가 아무리 빠르더라도 상관없이 힘의 완전한 활력화에 이를 수 있는지를 탐구하고자 한다.

활력화와 그 활력화를 토대로 한 운동의 감소하지 않는 자유로운 생성은 물체의 내적 자연력의 귀결이기 때문에, 따라서 이 내적 자연력은 언제든 저 활력화를 자신 안에서 산출할 수 있고 요구되는 단위의 강도에 스스로 도달할 수 있다고 항상 전제할 수 있기 때문에, 무한히 더 높은 단위의 모든 살아 있는 힘의 수행에서 관건이 되는 것은 오로지 이 자연력의 양과 역량[176]뿐이다. 그러나 이제 형이상학이 기만 없는 방식으로 알려주듯이, 자연에서는 어떤 양도 현실적으로 무한할 수 없다. 따라서 모든 물체의 언급된 자연력은 규정된 유한량을 갖는다. 그런 까닭에 작용을 일으킬 수 있는 자연력의 역량 또한
I 157 유한한 척도로 제한되며, 이는 자연력이 살아 있는 힘을 항상 더 큰 단위의 속도에서 자신에게서 산출할 수 있는 자신의 능력[177]을 단지 어떤 유한한 목표까지만 확장할 수 있다는 것을 함축한다. 다시 말해

물체는 무한한 속도에 이르는 모든 단위의 속도에서 그 속도를 가진 힘을 자신 안에서 살아 있게 만들 수 없다. 따라서 물체는 자유운동을 할 때 힘을 무한하게 그리고 감소되지 않게 지속할 수는 없다. 오히려 물체의 이 역량은 항상 일정량의 속도에만 타당하기 때문에 이 A 206
양을 넘어서는 모든 더 높은 단위에서는 그 단위에 상응한 생기화를 더는 완수할 수도 없고 그 정도로 큰 힘을 자신에게서 산출할 수도 없다는 것을 함축한다.

§ 135

자유운동과 관련하여 여기에서 귀결되는 것

여기에서 다음이 도출된다. 즉 만약 이 단위가 규정되어 있다면, 물체는 외적 원인이 더 큰 속도로 이 물체를 작동할 때 비록 이 원인에 상응하여 외부에서 추동[력]이 지속되는 한 이 운동 속도를 유지하겠지만, 추동[력]이 중단되면 그 즉시 규정된 척도를 상회하는 단위를 자체로 상실해야만 할 것이다. 그리고 물체는 자신의 자연력 척도에 따라 자신 안에서 살아 있게 만들 수 있는 나머지 단위만 유지하며, 자유롭고 감소되지 않는 운동을 계속할 것이다.

물체의 능력은 이와 관련하여 상이하다

나아가 여기에서 다음이 가능하며 또한 참일 수 있다는 것이 밝혀진다. 즉 자연에 있는 물체의 광범위한 다양성 덕분에 물체의 자연력은 상이한 물체에서 상이한 양을 가질 테고, 따라서 그 물체들 중 어떤 물체는 특정 속도를 자유롭게 계속 진행할 수 있고 다른 물체의 자연력은 이에 미치지 못할 것이다.

요약

그러므로 물체의 힘의 활력화가 존속될 수 있는 속도량을 포괄하는 한계가 두 개 존재한다. 그 한계 아래에 있는 것과 그 한계를 넘어서 있는 것은 활력화와 자유운동을 더는 유지할 수 없다.

A 207; I 158

§ 136

살아 있는 힘은 작용 없이도 부분적으로 사라질 수 있다

우리는 § 121에서 물체의 힘은 그 힘이 활력화된다면 물체에 전체 운동을 부여했던 역학적 원인보다 훨씬 더 크다는 것을, 그리고 따라서 유린이 제안한 방법(§ 110)에 따른다면 2단위의 속도를 가진 물체는, 설사 운동의 외적 원인이 그 물체에 2단위의 힘만으로 작용했을지라도, 4단위의 힘을 가진다는 것을 알게 되었다. 이제 우리는 물체가 가진 힘보다 위력이 훨씬 더 작은 장애가 그럼에도 어떻게 물체에서 그 물체의 전체 운동을 제거할 수 있는지를, 따라서 살아 있는 힘이 첫째 사례에서 부분적으로 자체로 발생하는 것처럼, 둘째 사례에서는 살아 있는 힘보다 훨씬 더 작은 장애를 극복할 때 자체로 소모될 수 있다는 것을 설명할 것이다.

증명

이를 증명하기 위해 우리는 유린의 사례(§ 110)를 되짚어볼 필요가 있다. 말하자면 조각배 AB가 1단위 속도로 C에서 B를 향해 운동한다고 해보자. 나아가 우리는 공 E는 말하자면 CB 방향으로 자유롭게 운동하고 또 살아 있는 힘을 가지고 2단위 속도로 운동한다고, 따라서 이 공은 여기에서 하나의 용수철로 표시되는 1단위의 힘을 가진 장애 R와 단지 1단위의 속도로 충돌한다고 가정

해보자. 왜냐하면 이 공은 바로 그 동일한 운동을 동일한 방향에 따 A 208
라 마찬가지로 가지고 있으므로, 결과적으로 장애와 관련해 물체에는 1단위 운동만을 남겨놓으므로, 다른 단위에 관한 한 공은 이 장애와 관련하여 그 단위로 운동하지 않기 때문이다. 그러나 1단위의 속도에서는 힘 또한 1단위일 뿐이어서 결과적으로 공은 1단위의 힘으로 역시 마찬가지로 1단위의 힘을 가지고 있는 장애와 충돌하며, 따라서 공은 장애 때문에 이 1단위의 힘과 속도를 상실하게 될 것이다. 그러나 이 경우 물체에는 1단위의 절대적 운동만 남을 테고, 결과적으로 1단위의 힘이 남게 될 텐데, 이 1단위의 힘은 따라서 다시 1단위의 다른 장애를 통해 상쇄될 것이다. 결과적으로 우리가 살아 있는 힘이 그 안에 있다고 정립한, 그래서 2단위 속도로 4단위의 힘을 내는 물체는 각각 1단위의 힘을 가진 두 장애에 의해 정지하게 될 수 있
다. 따라서 이런 방식으로 물체에 있는 2단위는 외적 원인에 따라 상 I 159
쇄되거나 파괴되지 않고도 그 물체에서 자체로 사라져야만 한다.

§ 137

따라서 물체는 아무런 작용 없이도 다음과 같은 상황에서는 자신의 살아 있는 힘의 일부분을 소모하게 된다. 즉 앞 절의 해결이 알려주듯이, 둘 또는 그 이상의 장애가 물체에 차례대로, 각각의 장애가 운동하는 물체의 전체 속도가 아니라 단지 그 속도의 일부분과 대립하는 방식으로 저항을 행사하는 경우다.

살아 있는 힘에 대한 우리의 개념에 따른 이 명제의 해명 A 209

이것이 살아 있는 힘에 대한 우리의 개념과 어떻게 합치하는지는 다음 방식으로 어려움 없이 파악할 수 있다. 만약 물체

의 속도가 단위 속도로 분할된다면, 이 단위 중 나머지 양에서 분리
된 어떤 한 단위에 존재하는, 따라서 물체가 나머지 단위 없이 오로
지 이 단위만으로 작용할 때 사용하는 살아 있는 힘은 이 단위의 제
곱과 같다. 그러나 만약 물체가 자신의 전체 속도를 가지고 분할되지
않고 동시에 작용한다면, 모든 전체 힘은 그 속도의 제곱과 같고, 따
라서 거론된 단위의 속도에 속하는 힘의 부분은 이 단위에서 전체 속
도에 이르는 사각형과 같은데, 이 사각형은 앞의 사례에 있었던 양보
다 훨씬 더 큰 양을 구성한다. 이는 다음과 같은 이유 때문이다. 즉 우
리가 예를 들어 전체 속도를 2단위로 구성되어 있고 물체에 차례대
로 1단위씩 전달되는 것으로 가정한다면, 살아 있는 힘은 속도가 1이
었으므로 단지 1단위의 양으로 증가된다. 그러나 둘째 단위가 부가
된 다음에는, 그 물체에는 이 둘째 단위의 속도에만 비례하는 하나의
단위가 다시 발생할 것이다. 게다가 자연력이 내재력을 속도가 증대
한 것에 비례해서 증가시킬 테고, 모든 분리된 단위에서는 힘의 총합
이 단지 2단위였을지라도 살아 있는 힘이 전체 속도에서는 4배가 되
도록 만들 것이다. 결과적으로 자연력은 각각의 단위가 분리된 작용
에서는 단지 1단위만 가졌을지라도, 나머지 단위와 결합된 작용에서
A 210 는 각각의 단위가 2단위의 힘을 행사할 수 있게 만들 것이다. 그런 까
I 160 닭에 만약 살아 있는 힘을, 즉 2단위의 속도로 4단위의 힘을 갖는 물
체가 자신의 전체 속도를 동시에 사용하는 것이 아니라 1단위씩 차
례대로 사용한다면, 그 물체는 2단위의 힘만을 행사할 것이다. 그리
고 전체 속도일 경우 물체에 있었던 나머지 2단위는, 자연력이 그 힘
의 유지를 중단한 이후에는, 그 힘이 이 자연력에서 자체로 산출된
것과 마찬가지로 자체로 사라질 것이다.

§ 138

다음의 주의는 우리 노고를 보상하는 **귀결**
중요한 귀결들이다.

1. 우리는 장애가 살아 있는 힘을 가지고 돌진하는 물체의 전체 속도에 동시에 저항을 행사하고 모든 단위의 속도를 합쳐서 감당하는 경우 외에는 그 어떤 곳에서도 살아 있는 힘의 완전한 작용을 만날 수 없을 것이다.

2. 반대로 장애가 단지 한 단위의 살아 있는 힘에만 대립하는 경우라면, 따라서 장애가 전체 속도를 다름 아닌 분할된 단위로 차례차례 감당하는 경우라면, 거의 모든 살아 있는 힘은 장애 때문에 무화되는 것이 아니라 자체로 상실될 것이다. 그리고 누군가 이런 방식으로 전체 운동을 소모하는 장애가 또한 전체 힘 자체를 파괴했다고 믿는다면, 그는 자신을 기만한 것이다. 이러한 상실은 장애가 겪는 속도의 단위가 운동체의 전체 속도에 비해 더 작으면 작을수록 항상 점점 더 현저해진다. 예를 들어 물체가 특정 속도에서 자신의 살아 있는 힘 A 211
을 갖되, 그 속도가 3개의 동일한 단위로 분할되어 있고, 각각의 단위가 단독으로 단지 한 번씩만 장애와 대립될 수 있다면, 설사 그 물체가 이 각각의 단위와 더불어 따로 살아 있는 힘을 가질지라도, 각 단위의 힘은 따로 1단위와 같다. 결과적으로 이 3단위를 차례대로 극복하는 장애의 위력도 3단위와 같겠지만, 이 물체의 전체 살아 있는 힘은 3의 제곱, 즉 9단위와 같다. 따라서 이런 방식으로 6단위의 힘, 즉 전체의 2/3에 해당하는 힘이 외적 저항 없이 자체로 사라진 것이다. 반대로 우리가 다른 장애, 즉 언급된 전체 속도의 1/3이 아니라 절반을 한번에 겪는, 따라서 3이 아니라 2로 나뉜 단위에서 전체 운동을 소모하는 장애를 가정한다면, 이 장애가 소모하는 것과는 별개로 살

I 161 아 있는 힘이 이 경우에 겪게 되는 상실은 단지 2, 즉 전체의 1/2과 같고, 따라서 이전 사례보다 더 작다. 같은 방식으로 만약 장애가 한번에 대립하는 단위가 전체 속도의 1/8이라면, 물체는 전체 힘의 7/8을 소비하겠지만, 이것의 원인이 장애에 있는 것은 아니다. 그리고 이런 식으로 무한히 [더 생각할 수 있다].

3. 만약 장애가 매순간 대립하는 속도의 단위가 무한히 작나면, 살아 있는 힘의 흔적은 극복된 장애에서는 더는 발견할 수 없다. 오히려 이 경우 각각의 개별적 단위는 단순하게 상정된 자신의 속도와 비
A 212 례해서 작용하기 때문에, 그리고 전체 속도의 모든 단위의 합은 같기 때문에 물체의 힘의 전체 작용은 비록 그 힘이 살아 있을지라도, 그럼에도 단지 단순 속도와 비례할 뿐이며, 살아 있는 힘의 전체량은 자신의 힘에 상응하는 작용을 행사하지 못하고 자체로 완전히 사라진다. 말하자면 살아 있는 힘은 속도를 표시하는 선의 흐름에서 산출된 면과 같기 때문에, 이 2차원의 모든 요소가[178] 차례대로 자체로 사라지고, 이 작용에서는 단지 [면을] 산출하는 선, 즉 단순 속도에 비례하는 것 외에 다른 어떤 힘의 흔적도 나타나지 않는다.

4. 따라서 장애가 [힘과] 대립하려고 할 때 갖는 속도의 계기가 단지 유한량인 경우에는, 설사 물체가 현실적으로 살아 있는 힘을 갖고 있을지라도, 행사된 작용이나 극복된 장애 그 어디에서도 살아 있는 힘의 흔적은 발견되지 않는다. 그러나 이 경우에도 다음과 같은 중요한 조건, 즉 특정 속도로 운동하는 물체가 살아 있는 힘을 가질 수 있으려면 어떤 특정한 양[179]의 속도가 요구된다는 점을 우리는 § 132[의 논의]로 알았기 때문에, 속도의 이 양 역시 임의로 너무 작아서도 안 된다는 조건이 없다면, 이 또한 살아 있는 힘의 흔적이 발견되지 않을 것이다. 그리고 만약 장애의 저항 계기가 속도의 측정에 따를 때 너무 작다면, 그런 속도에서는 살아 있는 힘의 어떤 작용도

흔적을 남기지 않을 것이다.

우리는 이 주의의 가장 중요한 유용성을 특히 이 장 마지막에 가서야 알게 될 것이다. 바로 거기에서 이 주의는 살아 있는 힘을 증명 A 213
하는 가장 중요한 경험을 적절하게 해명하고 증명하는 데 활용될 것이다.

§ 139 I 162

중력을 극복하는 물체에 대한 현상들은 살아 있는 힘을 증명하지는 않지만, 그럼에도 살아 있는 힘과 모순되는 것도 아니다

중력 압력의 계기는 단지 무한히 작은 속도로만 발생하기 때문에, 다음은 앞 절의 3항을 통해 아주 분명하게 밝혀진다. 즉 중력의 장애를 극복하는 동안 자신의 운동을 사용하는 물체는, 설사 힘 자체가 이 물체 속도의 제곱에 비례할지라도, 그 장애에 대해 단순 속도에 비례하는 작용만을 행사할 것이다. 그리고 이것은 우리가 앞 장에서 상세하게 그리고 다양한 방식으로 보았던 것처럼, 이에 관한 경험이 알려주는 것과 완전히 상응한다.

따라서 여기에서 심지어 데카르트 법칙 외에 다른 어떤 법칙도 허용하지 않는 것처럼 보이는 경험을 생각해보자. 이것은 또한 사실상 고유하게 데카르트적 측정 외에 그 어떤 다른 측정의 특성도 그 자체로는 나타내지 않겠지만, 그럼에도 좀더 엄격하게 숙고하여 그 경험이 정당한 의미에서 고려된다면, 제곱 측정과 모순되는 것이 아니라 오히려 그 측정을 허용한다.

따라서 위를 향해 수직으로 상승하는 물체가 행사하는 작용은, 그 물체가 중력의 장애를 극복하는 동안에는 비록 일체의 반박할 여지

없이 라이프니츠의 측정을 부정한다. 하지만 좀더 엄밀히 하면 이 작
용은 우리의 살아 있는 힘을 증명하지는 못하지만 살아 있는 힘을 부
정하는 것도 아니다. 그럼에도 만약 우리가 바로 여기에 면밀히 주의
를 기울인다면, 우리는 심지어 이런 작용과 관련해서도 여전히 우리
A 214 측정에 관한 약간의 빛줄기를 만나게 될 것이다. 왜냐하면 물체가 자
유로운 운동과 또한 동시에 살아 있는 힘의 근거인 내적 성향 또는
내재력을 자기 자신에게서 산출하지 않는다면, 물체는 외적 저항이
그 물체에서 운동을 점진적으로 제거할 때까지 자신에 내재한 운동
을 자유롭게 진행하지 못할 것이며 자신의 운동을 오랫동안 스스로
유지할 수도 없을 것이기 때문이다.

§ 140

이에 근거한 사례들

이제까지 증명된 것에서 우리는 동시
에, 사람들이 어떻게 거의 극복할 수 없는
위력을 아주 작은 장애로 상쇄할 수 있는지에 관한 잘 알려진 기술
I 163 의 원인을 알 수 있다. 말하자면 만약 파괴해야 할 위력이 살아 있는
힘에서 기인했다면, 사람들은 이 위력에 자신의 저항을 한번에 행사
하고 갑자기 파괴되어야만 하는 장애를 대립시키지 않으면 된다. 이
런 장애는 대부분 측정할 수 없을 정도로 커야만 하기 때문이다. 오
히려 힘을 단지 더 작은 단위의 속도로 순차적으로 감당하면서 소모
하는 장애와 대립시키면 되는데, 사람들은 이런 방식으로 완전히 하
찮은 저항을 통해 놀라울 정도로 큰 위력을 좌절시킬 수 있기 때문이
다. 이것은 예를 들어 벽에 직접 부딪힌다면, 벽을 부숴버릴 수도 있
는 공성퇴의 충돌을 양모더미로 무화하는 것과 같다.[180]

§ 141

연성체는 자신의 전체 힘을 가지고 작용하지 않는다

나아가 다음이 밝혀진다. 즉 부드럽고 충돌할 때 쉽게 압착되는 물체는 충돌할 때 자신의 모든 힘을 결코 사용하지 않는다는 점, 그리고 그런 물체는 매우 작은 작용을 행사하는데, 그럼에도 이 작용은 동일한 힘과 질량을 가지되 더 단단한 물체일 경우보다 훨씬 더 클 것이라는 점이 밝혀진다. [그래서] 나는 다음을 명확히 알 A 215
고 있다. 즉 우리가 말한 원인들 외에도 이 손실에 기여하는 혹은 오히려 어떤 손실이 있는 것처럼 보이게 하는 다른 원인들이 여전히 여기에 추가되겠지만, 우리가 언급한 원인이야말로 반박할 여지없이 가장 핵심이 되는 원인이며 더욱이 진정한 손실의 원인이다.

§ 142

제기되는 물음: 물체의 작용이 자신의 질량과 상관없이 자신의 살아 있는 힘과 비례할 수 있는가

이제 우리는 살아 있는 힘을 가진, 그러나 질량이 무한히 작다고 가정된 물체의 작용이 추후 다음과 같은 것을 도대체 어떻게 알게 해줄지 살펴보고자 한다. 즉 두 물체의 힘이 둘 다 살아 있는 동일한 상황에서, 두 물체가 그런 동일한 상황에서 그중 하나의 질량이 임의의 작은 질량으로 상정된 경우에도 양자 모두가 이 살아 있는 힘에 비례하는 작용을 행사할 수 있는지 또는 오히려 사람들이 두 물체 중 한 물체의 질량이 일정한 양을 가지게 하되, 그 질량을 더 작게 상정한 경우에는 물체가 행사하는 작용이 자신의 살아 있는 힘에 비례하지 않을 수 있는지를 살펴보고자 한다.

I 164 다음과 같은 물음이 제기되는 것은 매우 확실하다. 즉 만약 질량이
유한한 물체가 살아 있는 힘을 가진다면, 그 물체 각각의 부분들도,
그것들이 아무리 작을지라도, 살아 있는 힘을 가져야만 한다. 그리고
설사 그 부분이 다른 것과 분리되어 운동할지라도 여전히 살아 있는
힘을 가질 것이다. 그러나 여기에서 그와 같이 작은 부분들이 또는
우리가 이것을 여기에서 가정하고자 하는 것과 같은 무한히 작은 부
분들이, 사람들이 이 작은 부분들을 이보다 더 큰 부분이 살아 있는
힘과 비례하는 작용을 하는 상황과 동일한 상황으로 상정할 때에도,
그 자체 단독으로 여전히 자신의 살아 있는 힘에 비례하는 작용을 자
A 216 연에서 행사할 수 있는지 하는 물음이 제기된다. 우리는 이런 일은
발생할 수 없다는 점, 그리고 살아 있는 힘을 지닌 물체는, 그 물체의
질량이 우리가 증명하고자 한 규칙의 척도에 따라야만 하는 것보다
더 작다면, 자연에서 자신의 살아 있는 힘과 비례하는 어떠한 작용도
행사하지 않을 것이라는 점을 발견하게 될 것이다. 또한 오히려 질량
이 무한히 작아져서 이런 질량을 가진 물체가 단지 자신의 단순 속도
에 비례해서만 작용할 수 있을 때까지 질량이 더 작아질수록 그 물체
는 점점 더 이런 비율에 근접하지 못할 테고, 이는 설사 그 물체가 살
아 있는 힘을 가질지라도 그리고 동일한 속도와 살아 있는 힘을 가지
기는 했지만 적절한 크기의 질량을 가진 다른 물체가 동일한 상황에
서 질량과 속도의 제곱을 곱한 값에 따른 작용을 행사할지라도 마찬
가지라는 점을 발견하게 될 것이다.

§ 143

답변

문제는 오직 다음에 달려 있다. 즉 어떤 일정한 힘으로 극복될 수 있는 자연에서의 모든 장애는 그 접촉점에서 이 힘에 대해 유한한 단위의 저항과 즉각 대립하는 것이 아니라, 먼저 무한히 작은 단위의 저항과 대립하고, 이 운동하는 힘이 무한히 작은 공간을 관통한 이후 그 힘이 만나는 저항이 유한해질 때까지 계속해서 대립한다. 나는 이것을 참된 자연학과의 일치에 근거하여 전제하기 때문에, 이것을 입증하는 수많은 근거를 여기에서는 논의하지 않을 것이다. 그래서 뉴턴 학도들은 이 경우를 물체들은 다른 물체에, 설사 그것들이 아직 접촉하지 않았을지라도 작용한다고 말한다. 그 결과 우리는 질량이 무한히 작은 입자[181]가 자연의 그러한 장애에 행사하는 작용과 질량이 규정된 A 217; I 165
유한한 양을 가질 경우 그 물체가 수행하는 작용 간의 특별한 차이를 발견하게 된다. 그리고 이는 설사 우리가 그밖에 질량이 다른 두 물체의 힘들 간에 항상 존재하는, 그리고 이미 오랫동안 알려져 있는 차이에 주목하지 않고 오히려 오직 우리의 살아 있는 힘의 개념에서 도출되는 차이만을 고려할지라도 마찬가지다.

말하자면 설사 물체가 살아 있는 힘을 가질지라도 이 힘이 중력압력의 장애를 극복하는 데 사용된다면, 그 물체의 작용은 단순 속도의 비례에서 성립할 테고, 살아 있는 힘의 표징인 모든 내재력은 작용 없이 사라진다는 것을 우리는 이미 알고 있다. 그러나 이제 중력의 반압력은 무한히 작은 침투력[182]을 가지고 물체 질량의 가장 내면에 이르기까지, 다시 말해 운동체의 무한히 작은 부분까지 직접적으로 작용한다. 따라서 물체의 이런 상태는 자연의 모든 장애에 대해 비록 살아 있는 힘을 가지고 충돌하기는 하지만 무한히 작은 질량을 가지고 충돌하는 입자의 상태와 같다. 왜냐하면 우리가 언급했듯이, 이 입자도 또한 여기에서 항상 중력이 무한히 작은 침투력을 가지고 자신에게 직접적으로 대립하려는 저항과 꼭 마찬가지 저항을 감당하기 때문이다. 결과적으로 그와 같은 무한히 작은 질량도 동일한 방식으로 자신의 살아 있는 힘을 자기 자신 안에서 소모할 테고 자연의 모든 장애에 대해 단지 자신의 속도에 비례해서 작용할 것이다.

A 218 그러나 우리가 가정한 것처럼, 장애는 자신의 저항을 단지 외적으로만 행사할 뿐 중력처럼 가장 내면까지 작용하지 않기 때문에, 여기에서 이런 일은 무한히 작은 물체에서만 발생한다는 것 그리고 그에 반해 유한한 그리고 규정된 질량을 가진 물체는 동일한 장애에 자신의 살아 있는 힘에 상응한 작용을 행사할 수 있다는 것이 분명하게 밝혀진다. 따라서 유한한 물체는 무한히 작은 질량이 계속 이어지는 무한히 작은 장애의 저항 때문에 자신의 모든 속도를 상실하는 곳에서도 단지 무한히 적게, 즉 아무것도 상실하지 않고 오히려 자신의 힘을 무한히 작은 질량은 부과할 수 없는 유한한 단위의 저항에 대해서만 사용할 뿐이다. 따라서 유한한 물체는 이러한 상황에, 즉 우리가 § 138 4항에서 본 바와 같이, 자신의 살아 있는 힘을 그 힘에 비례하는 작용에 적용해야만 하는 물체가 놓여 있어야만 하는 상황에 도달할 것이다.

I 166

§ 144

물체가 자신의 살아 있는 힘에 비례하는 작용을 행사할 수 있는 질량은 규정

따라서 이제 유한한 힘을 가지긴 했지만 무한하게 작은 질량을 가지고 운동하는 물체의 작용은 자연에서는 그 어디에서도 속도의 제곱이 아니라 단지 단순 속도에만 비례하므로, 여러 번 언급해서 우리에게 이미 친숙해졌음이 틀림없는 추론 방법 덕분에 다음이 귀결된다. 즉 '운동하는 물체는 살아 있는 힘을 가지고 있고, 따라서 적절한* 상황에서는 질량이 아무리 작을지라도 이와 관계없이, 이 물체의 작용은 자신의 살아 있는 힘과 비례한다'고 보편적으로 그리고 제한 없이 말할 수는 없다는 것이 귀결된다. 오히려 이렇게 말할 수 있으려면 일정량 A 219
의 질량이 요구될 것이다. 그리고 이 규정된 척도보다 작은 경우에는 그 어떤 임의의 크기를 가진 것이든, 자연의 장애에 대한 물체의 어떠한 작용도 자신의 살아 있는 힘에 비례할 수 없을 것이다. 그러나 질량의 크기가 이 규정된 척도 밑으로 더 내려가면 갈수록 작용도 살아 있는 힘과의 비례에서 더욱더 멀어지지만, 이 척도를 넘어서는 모든 더 높은 양에서는 이러한 편차가 전혀 나타나지 않는다는 것은 이미 분명하다.

되어 있어야만 하고, 이 양보다 더 작은 질량은 이런 작용을 행사할 수 없다

§ 145

여기에서 다음과 같은 주의들이 귀결된다.

귀결

1. 살아 있는 힘을 가진 질량이 큰 물체와 단단하게 결합되어 있는 물질의 작은 입자[183]는 단독으로 그리고 큰 질량과 분리된 채 행할

* 말하자면, 질량이 더 큰 다른 물체가 동일한 속도로 자신의 살아 있는 힘을 완전히 사용하는 상황에서는.

수 있는 것과는 완전히 다른 그리고 현저하게 더 큰 작용을 행사할 수 있다.

2. 이런 차이는 그럼에도 필연적인 것이 아니라 다음과 같은 자연의 우연적 속성에 기인한다. 즉 모든 자연의 장애는, 자신의 유한한 저항을 충돌하는 물체에 대립하여 정립하기도 전에, 연속성의 법칙에 따라 이미 멀리서부터 그리고 무한히 작은 단위를 가지고 [저항을] 착수한다. 그러나 그럼에도 자연은 이미 다른 어떤 작용도 허용하지 않는다.

I 167 3. 살아 있는 힘을 가지고 있고 속도도 동일한 두 물체의 작용은 동일한 상황이라면 그것들의 질량과 비례한다는 것은 아무런 구별이
A 220 없다면 참일 수는 없다. 왜냐하면 만약 둘 중 한 물체의 질량이 언급된 규칙의 기준에 따라 평가된 것보다 더 작다면, 그 작용은 속도의 제곱에서 멀어지고 따라서 질량과의 비례에 따라 존재해야만 하는 것보다 훨씬 더 작을 것이기 때문이다.

4. 게다가 질량의 변화가 없더라도 물체 형태의 변경은, 설사 힘이 속도의 제곱에 비례할지라도 특정한 상황에서는 물체의 작용이 그 물체의 속도와 비례하도록 만들 수 있다. 따라서 살아 있는 힘을 가진 물체는 그 질량이나 속도, 살아 있는 힘 또는 장애의 특성이 조금도 변화되지 않더라도 그 형태가 변화되었다는 바로 그 이유 때문에, 훨씬 더 작은 작용을 행할 수 있다. 예를 들어 살아 있는 힘을 가진 황금공은 동일한 속도와 힘을 가진 동일한 질량의 황금이 — 이 황금이 미리 얇고 넓게 펴진 금박으로 제련되어 있다면 — 동일한 장애와 충돌할 때보다 훨씬 더 많은 작용을 행해야만 한다. 왜냐하면 여기에서 비록 힘과 관련하여 아무것도 변화하지 않았을지라도, 그럼에도 형태의 변경은 그 물체의 가장 작은 부분들이 여기에서 마치 그 부분들이 서로 분리된 채 장애와 충돌하는 것처럼, 장애와 충돌하도록 만

들 수 있기 때문이다. 따라서 바로 전에 증명한 대로 그 부분들은 결코 자신들의 살아 있는 힘을 가지고 그 힘에 비례해서 작용하는 것이 아니라 단순 속도의 척도에 근접하거나 그것과 일치하는 작용을 행사한다. 이와 반대로 만약 단단한 공의 형태를 지닌 질량이 장애와 A 221
충돌한다면, 그 질량은 장애의 아주 작은 면과 만나기 때문에 질량이 그렇게 작은 공간에서 만나는 저항[184]의 무한히 작은 계기는 이 질량의 운동을 소진할 수 없을 테고, 따라서 이 장애의 유한한 단위의 저항[185]에 대해 사용되기 위한 살아 있는 힘은 소진되지 않고 온전히 남게 된다. 그에 반해 마찬가지로 다음은 명백하다. 금박으로 제련된 형태를 가진 질량은 장애의 지나치게 큰 면을 감당해야 하고, 따라서 동일한 질량일지라도 장애의 모든 지점에서 만나는 무한히 작은 침투력 때문에 믿을 수 없을 정도로 더 큰 저항을 겪을 것이다. 그래서 I 168
이런 형태를 가진 질량[의 운동]은 이 침투력 때문에 살아 있는 힘의 모든 또는 대부분의 손실과 더불어 더 쉽게 소진될 것이 틀림없다. 하지만 이런 일은 첫째 방식에서는 발생하지 않는다.

§ 146

유동체는 속도의 제곱에 비례해서 작용한다

내가 지금 입증한 법칙에서 이끌어낸 가장 중요한 귀결은 이 법칙에서 다음이 전적으로 당연하게 도출된다는 것이다.
말하자면 유동체[186]는 충돌을 통해, 여기에서 그 작용이 자신의 살아 있는 힘에 비례해야만 한다면, 그것이 자기 속도의 제곱의 척도가 아니라 세제곱의 척도에 따라 그렇게 작용해야만 할지라도,[187] 자기 속도의 제곱에 비례해서 작용한다*는 것이, 그리고 유린이 이미 매우 잘 지적했듯이, 비록 이것이 라이프니츠의 살아 있는 힘은 부정할지라도 어떻게 우리의 살아 있는 힘에 대한 이론과는 대립하지 않는지가 도출된다.

이것이 어떻게 앞에서 언급한 법칙에서 귀결되는가

A 222 왜냐하면 유동체는 무한히 작다고 간주될 수 있는 가장 미세한 부분들로 분할되어 있고, 함께 결합되어 단단한 물체를 형성하는 것이 아니라 모두 순차적으로, 각각이 그 자체로 그리고 나머지와 분리된 채로 작용하기 때문이다. 결과적으로 우리가 지적했듯이, 유동체는 무한히 작은 입자가 그것이 어떤 장애든 자연의 장애와 충돌할 때 항상 감당하게 되는 살아 있는 힘의 손실을 겪는다. 따라서 유동체는 비록 그 힘이 속도의 제곱과 같을지라도, 그 속도에 비례해서만 작용한다.

리히터[188]는 유린의 이 공격을 피하고자 수많은 노력을 했으나 헛수고였다. 그의 문제는 '힘은 그 힘의 작용 외에 다른 어떤 것과도 비례하지 않는다'는 법칙과 결부되어 있기 때문에 아무런 가망이 없었다.

매개공간의 저항에 관해

마지막으로 또한 자유운동을 하고 살아 있는 힘을 지닌 물체가 왜 유동적 매개공간[189]에서는 자기 속도의 제곱에 비례하는 저항을 겪는지를 누구나 여기에서 쉽게 이해할 수 있을 것이다.
I 169 그리고 이를 통해, 설사 이것이 속도의 세제곱에 비례해야만 한다는 라이프니츠의 측정과 모순될지라도, 우리의 살아 있는 힘에는 아무런 손상도 생기지 않는다는 것을 이해할 수 있을 것이다.

---

* 마리오트가 실험으로 증시한 것처럼.

§ 147

우리가 이제까지 언급했던 규칙을 입증하는 셀 수 없이 많은 경험이 있다. 비록 **경험을 통한 입증**

이런 경험들이 아주 엄밀하게 측정되지 않는다 하더라도, 그럼에도 그것들은 기만적이지 않으며 일치된 보편적 동의를 얻고 있다.

왜냐하면 우리가 우리 규칙을 허용하지 않는다면, 우리는 물체는, A 223
그것이 아무리 작고 미세할지라도, 동일한 상황에서는 충돌을 통해, 속도를 질량의 제곱근에 반비례하도록 하든 또는 데카르트 법칙을 따라 속도가 질량 자체에 반비례하도록 하든, 큰 질량과 같은 작용을 행할 것이라고 정립해야만 하기 때문이다. 그러나 경험은 이와 모순된다. 왜냐하면 솜털이나 햇살이 비쳐야만 보이는 미세먼지가, 설사 이것들이 아무리 큰 단위의 속도를 가지고 있다 할지라도, 자유운동을 통해 포탄과 같은 작용을 달성할 수 없으리라는 점에 대해서는 누구나 일치하기 때문이다. 그리고 내가 믿기에는, 이런 미세먼지들이 자유운동을 하면서 아무리 큰 속도로 돌덩어리나 담벼락에 충돌할지라도, 아무도 그것들 중 어떤 하나가 돌덩어리를 파괴하거나 담벼락을 부숴버릴 수 있다고 생각하지는 않을 것이기 때문이다. 비록 이 모든 것이 그 어떤 적절히 고안된 실험으로 증명되거나 입증될 수는 없을지라도, 대단히 정확한 것은 아니더라도 이에 관한 유사한 사례들에서 나타나는 셀 수 없는 경험은 어느 누구도 언급된 결과를 의심할 수 없게 만든다.

그러나 이제 언급된 작은 입자들[190)]이 거론된 수준의 속도에서는 데카르트든, 라이프니츠든 아니면 우리 힘의 측정을 따르든 간에, 필연적으로 큰 물체와 같은 힘을 가져야만 한다는 것은 부정될 수 없다. 따라서 작은 물체는 자신의 힘에 상응해서 발생해야 하는 것보

A 224 다 훨씬 더 작은 작용을 행사했음이 틀림없다는 것 외에, 그리고 작
I 170 은 물체의 살아 있는 힘은, 우리가 그것에 대해 § 143, § 144, § 145에
서 증명한 것과 꼭 마찬가지로, 대부분 작용 없이 사라진다는 것 외
에 이것을 설명할 수 있는 다른 어떤 수단도 남아 있지 않다.

§ 148

탄성체의 운동은 라이프니츠의 측정을 부정하지만, 우리의 측정을 부정하지는 않는다

마지막으로 우리가 앞 장에서 상세하게 다루었던, 그리고 전적으로 오류가 없는 실험에서 모든 것이 참으로 밝혀진 충돌을 통한 탄성체[191]의 운동들은 데카르트의 측정 외에 다른 어떤 측정의 흔적도 제공하지 않듯이 우리 힘의 척도와 반대되는 것처럼 보이는 경험들에 속한다. 또한 이 경험들은 사실상 라이프니츠의 제곱-측정도 전적으로 부정하는데, 이는 이 측정과 불가분 결합되어 있는 전제, 즉 작용은 항상 작용을 산출할 때 소모되는 힘과 동일하다는 전제 때문이다. 우리의 전제는 이런 법칙에 종속되지 않는 잘 정초된 이점을 가지고 있고, 따라서 이 공격에서 벗어나 있다.

우리는 이미 앞 절들에서 살아 있는 힘은 외부에서 비롯한 외적 원인에 의해, 예를 들어 충돌로 물체에서 산출될 수 있는 어떤 것이 아니라는 것을 알고 있다. 이것은 물론 우리는 피충돌체의 살아 있는 힘을 충돌체의 작용으로 보아서도 안 되고 후자가 전자를 통해 측정
되어서도 안 된다는 것을 우리에게 가르쳐줄 수 있다. 그러나 사람들
A 225 이 여기에서 여전히 마주칠 것으로 추측하는 이 모든 난제의 진정한
해결은 다음 절에서 이루어질 것이다.

§ 149

증명

역학에 정통한 모든 사람이 다음을 알고 있음은 분명하다. 즉 탄성체는 다른 탄성체에 자신의 전체 속도를 가지고 한 번에 작용하는 것이 아니라 순차적으로 부과되는 무한히 작은 단위의 계속된 누적으로 작용한다. 그러므로 나는 이에 관한 특별한 원인을 캐내려고 할 필요는 없다. 이 점에 대해 내 의견에 한결같이 찬성하고 있고 이 전제가 없다면 어떠한 운동법칙도 설명될 수 없다는 것을 누구나 알고 있다는 것만으로 나에게는 충분하다. 아마 다음이 이에 대한 참된 근거일 것
이다. 즉 용수철의 본성에 따른다면, 탄성은 그 용수철을 압착하기에 I 171
충분한 단위의 속도에 대해서만 대립하기 때문이다. 결과적으로 탄성은 언제나 용수철이 겪는 모든 무한히 작은 단위의 압력에서 충돌체의 무한히 작은 단위의 속도만을 겪게 되고, 따라서 계속된 누적으로 전체 속도가 피충돌체에 이런 방식으로 전달될 때까지 매 순간 전체 속도가 아니라 단지 무한히 작은 단위와 대립하면서 자신 안으로 흡수하기 때문이다.

여기에서 전적으로 다음이 귀결된다. 즉 여기에서 충돌체는 낱낱의 무한히 작은 단위의 속도를 가지고 단지 순차적으로만 작용하기 때문에, 자신의 속도와 단순 비례하는 작용을 할 것이며, 그럼에도 자체로 보유할 수 있는 살아 있는 힘에는 아무런 손실이 없을 것이다.

A 226 § 150

세계에는 동일한 양의 힘이 변하지 않고 유지된다는 라이프니츠의 자의적 법칙은 바로 여기에서는 여전히 엄밀한 검증이 요구되는 것처럼 보이는 주제다. 다음은 곧바로 명백하다. 즉 만약 이제까지 고찰에서 근거 있는 어떤 것이 있다면, 라이프니츠 법칙은 그것이 통상적으로 받아들여진 그런 의미에서는 옳을 수 없다. 그러나 우리 기획의 특성과 내가 상당히 조야한 전인미답의 문제에서 나의 학식 있는 독자들의 주의에 대해 정당하게 염려하고 아마도 내가 이미 지나치게 공격적이었다고 걱정해야만 하는 데서 오는 피로는, 우리 측정이 이 문제에 대해 무엇을 설명할지 그리고 언급된 라이프니츠의 법칙을 그토록 칭찬받을 만한 가치가 있도록 한 보편적 조화와 질서라는 규칙을 어떻게 만족시킬 수 있는지에 대해, 비록 내가 그것에 대해 윤곽은 약간 제시할 수 있을지라도, 적절하게 상술하도록 나에게 허락하지 않는다.

§ 151

이제 우리는 경험의 영토 안에 살고 있다. 그러나 우리가 거기에
서 소유권을 획득할 수 있기 전에, 우리는 먼저 이 영토에 대해 근거
있는 권리라도 가진 것처럼 행세하면서 우리를 이 영역에서 내쫓으
I 172 려는 요구가 근절되리라는 것을 확실하게 해야만 한다. 만약 우리가
가장 저명한 무센브뤽을 창시자로 삼는, 따라서 설득력 있고 예리한
저 실험과 역학적 증명을 그냥 지나쳐버린다면, 그것도 우리가 채택
A 227 한 힘의 교설을 그것에 반대하여 옹호하지 않고 지나쳐버린다면, 이

제까지 우리가 여기에 바쳐왔던 우리 노고는 불완전하게 될 것이다. 무센브뢱은 저 실험과 증명으로 살아 있는 힘을 라이프니츠의 의미에서 변호하려고 생각했다. 따라서 이것을 검증하는 것은 우리의 의무다.

우리는 이에 대해 좀더 엄밀하게 숙고함으로써 다음을 배우게 될 것이다. 즉 그는 희망했던 결과를 내놓은 것이 아니라 오히려 데카르트의 힘의 척도를 확증했을 뿐이다. 그리고 때때로 언급했던 우리 주의는 다음을 다시 한번 확증할 것이다. 즉 힘의 원천을 외적 원인 외에 다른 어떤 곳에서는 찾을 수 없다고 생각하는 한, 제곱에 따라 측정해야 할 힘의 어떠한 흔적도 만날 수 없다. 그리고 진정한 살아 있는 힘은 외부에서 물체에 산출되는 것이 아니라 외적 침투력이 가해졌을 때 물체에 있는 내적 자연력에서 생겨나는 성향의 결과다. 따라서 피충돌체에 있는 힘의 척도를 규정하기 위해 외적으로 작용하는 기계적 원인이라는 척도 외에 어떤 것도 상정하지 않는 모든 사람은, 그들이 정당하게 판단하는 한, 데카르트의 측정 외에 다른 어떤 것도 결코 만날 수 없을 것이다.

§ 152

살아 있는 힘에 대한 무센브뢱의 역학적 증명

무센브뢱의 증명은 다음과 같다.

용수철이 단단하게 부착되어 있는 속이 빈 실린더를 가정해보자.[192] 이 실린더에서 막대가 하나 돌출되어 있는데, 이 막대는 작은 구멍을 가지고 있고 딱딱한 금속판의 입구를 통해 관통되어 있다고 해보자. 이제 만약 당신이 철로 된 용수철을 이 금속판에 힘껏 밀어붙여서 이 막대가 이

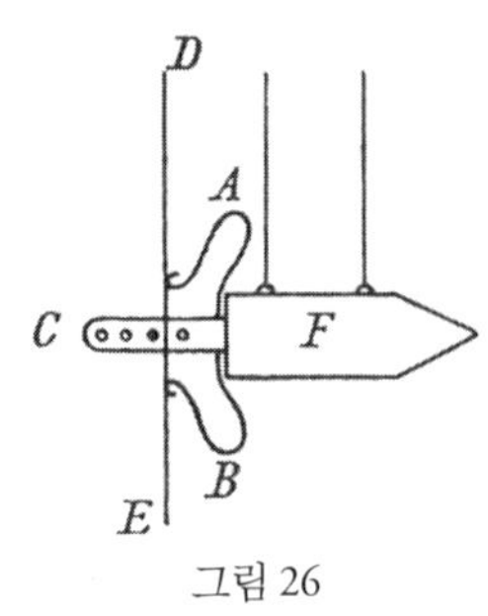

그림 26

금속판의 입구를 관통해 더 많이 튀어나오
A 228 도록 압착한다면, 당신은 금속판의 돌출한 쪽에 하나의 핀이 막대의 작은 구멍을 꿰뚫게 함으로써 이 용수철이 압착되어 있도록 유지할 수 있을 것이다. 마지막으로 실린더를 진자처럼 두 가닥의 실로 기계의 임의의 곳에 매단 다음 핀을 끄집어내면 용수철은 풀어져 튕길 테고, 도달된 높이로 알 수 있
I 173 는 어떤 속도가 실린더에 부여될 것이다. 이 속도를 10이라고 하자. 그런 다음 당신이 이 실린더에 필요한 만큼 무게를 부여함으로써 이 실린더를 이전보다 2배 무겁게 만들고, 용수철을 이전처럼 압착해보자. 이제 이 경우 만약 당신이 용수철을 다시 풀어져 튕기게 한다면, 당신은 실린더가 도달한 높이에서 속도가 7.07단위를 갖는다는 것을 발견하게 될 것이다. 여기에서 무센브뢰크은 다음과 같이 논증한다.

용수철은 두 번 동일하게 압착되었고 따라서 두 경우 동일한 힘을 가졌다. 그리고 용수철은 그때마다 자신의 전체 힘을 사용했기 때문에, 용수철은 또한 동일한 힘을 두 번 실린더에 부과했다. 따라서 1단위 질량과 10단위 속도를 가진 물체가 소유한 힘은 2단위 질량과 7.07단위 속도를 가진 다른 물체에 존재하는 힘과 동일해야만 한다. 그러나 이것은 질량과 속도의 제곱을 곱한 것에 따라 측정하는 경우 외에 다른 어떤 방식으로도 가능하지 않다. 왜냐하면 속도의 모든 다른 가능한 함수는 이 동일성을 허용하지 않지만, 제곱 측정에 따를
A 229 때만 10과 7.07의 제곱은 질량 1과 2에 근사치로 반비례하고,[193] 따라서 속도의 제곱들과 이와 연관된 질량들을 곱한 값들이 동일해지기 때문이다.

따라서 그는 힘은 속도를 척도로 하는 것이 아니라 속도의 제곱에

따라 측정해야 한다는 결론을 내린다.

§ 153

나는 내가 이 논증에 반대하여 제시하고자 할 때 염두에 두어야 할 것들을 지나치게 장황하게 만들지 않으려고 한다. 그런 까닭에 나는 내가 여기에서 역시 제기할 수 있는 근거 있는 반론, 즉 팽창하는 용수철의 압력의 계기들은 라이프니츠주의자들이 인정하는 것에 따를 때에도 단지 죽은 힘에 불과하며, 이 힘뿐만 아니라 이 힘으로 물체에 전달된 힘의 계기들, 따라서 이 계기들의 총합인 전체 힘도 역시 단지 단순 속도에 따라 측정해야만 한다는 반론에 대해 아무것도 언급하지 않으려고 한다. 오히려 나는 [나의 반론을] 기하학의 명료성을 그 자체로 가지고 있는, 누구나 알고 있는 역학적 방법에 따라 다룰 것이며, 그와 동시에 어떤 점에 대해서는 좀더 상세하게 해명할 것이다. 이는 이 문제가 간단하게 파악되기에는 상당히 쉽지 않은 문제처럼 보이려는 것이 아니라 오히려 힘의 측정에 대한 논쟁에서 용 I 174
수철의 작용과 관련하여 이제까지 만연했던 모든 혼란을 최종적으로 완전히 제거하기 위해서다.

§ 154

무센브뢰크은 이렇게 말했다. "용수철은 두 경우에 동일하게 압축되며, 따라서 용수철은 두 개의 동일한 힘을 갖지만, 실린더에 자신의 전체 힘을 각각 전달하기 때문에 용수철이 팽창할 때 용수철은 실린

A 230 더에 동일한 힘을 두 번 준다." 이것이 증명의 토대이자 또한 오류의 토대다. 그리고 이 오류는 무센브뢱 개인에게만 고유한 것이 아니라 오히려 라이프니츠의 힘의 측정에 대한 전체 옹호자들에게 고유한 것이다.

동일하게 압축된 용수철은 더 작은 물체보다 더 큰 물체에 더 큰 힘을 전달한다

만약 사람들이 용수철의 전체 힘에 관해 말한다면, 사람들은 그 힘을 용수철이 압착될 때 갖게 된 내재력 외에 다른 어떤 것으로도 이해할 수 없을 것이다. 그리고 이 내재력은 용수철이 물체에 작용할 때, 그 용수철의 한순간의 압력에서 물체에 전이된 힘과 동일하다고 이해할 것이다. 이 힘과 관련하여 사람들은 아마 용수철의 작용을 받는 물체가 크든 작든 그 힘은 동일하다고 말할 수 있을 것이다. 그러나 만약 물체에 자신의 힘을 일정한 시간 자신의 계속된 압력으로 부과하는 그런 힘에 대해 생각해본다면 다음은 명백하다. 즉 이런 방식으로 물체에 전달된 힘의 양은 동일한 압력이 물체에 누적되는 데 소요되는 시간의 양에 달려 있다는 것, 그리고 이 시간이 길면 길수록 동일하게 압착된 용수철이 이 시간 동안 물체에 전달하는 힘도 더 커진다는 것은 명백하다. 그러나 이제 만약 누군가가 이 경우 밀쳐져야만 하는 질량을 더 크게 만든다면, 누구나 알듯이 그는 용수철이 완전히 펼쳐질 때까지 물체를 밀어붙일 때 소요되는 시간을 임의로 더 길게 만들 수 있을 것이다. 따라서 사람들은 또한 바로 이 용수철에 밀쳐지는 질량이 증가하거나 감소하는 것에 따라, 용수철이 동일한 압착에서 어떤 때는 더 많은, 또 어떤 때는 더 적은 힘을 자신의 팽창을 통해 전달하도록 임의로 설정할 수 있
A 231 다. 여기에서 용수철은 자신이 팽창함으로써 밀어붙이는 물체에 자신의 전체 힘을 전달한다는 표현이 얼마나 반자연적인지가 밝혀진

다. 왜냐하면 용수철이 물체에 주는 힘은 용수철의 힘뿐만 아니라, 동시에 이 물체가 용수철의 압력에 더 길게 노출되어 있는지 또는 더 I 175
짧게 노출되어 있는지, 다시 말해 이 물체가 더 큰 질량을 가졌는지 또는 더 작은 질량을 가졌는지에 따른 피충돌체의 특성에도 의존하는 결과이기 때문이다. 그러나 용수철 자체의 힘만 고려한다면, 그것은 용수철의 팽창 계기 외에 다른 어떤 것도 아니다.

§ 155

무센브뢱의 난점 해결

이제 무센브뢱의 증명에 있는 혼란을 벗겨내는 일은 쉽다.

두 배 더 무거운 실린더는 용수철이 팽창하는 동안 1단위의 질량을 가진 다른 실린더보다 용수철의 압력에 더 오래 노출된다. 용수철은 이 후자를 동일한 장력으로 전자보다 더 빠르게 밀어붙이고 더 짧은 시간에 자신이 팽창할 수 있는 공간을 끝내버린다. 그러나 용수철이 매순간 실린더에 압력을 가하는 힘의 계기는 양자에서 동일하기 때문에(왜냐하면 용수철의 속도의 계기는 질량에 반비례하기 때문이다), 더 무거운 실린더는 용수철의 작동으로 더 가벼운 실린더보다 더 큰 힘을 넘겨받는다. 따라서 이 힘들이 양자에서 동일하게 존재한다는 측정은 오류다. 즉 이 힘들은 속도의 제곱에 따라 측정될 수 없다.

§ 156

실린더 속도의 제곱이 질
A 232 **량과 반비례하는 이유**

그럼에도 만약 사람들이 도대체 여기에서 동일한 용수철에 의해 실린더가 획득한 속도가, 그 속도의 제곱이 질량과 반비례하는(이 비례 관계가 바로 라이프니츠 옹호자들을 유혹했던 그것이다) 비례 관계를 갖는 이유를 알고자 한다면, 우리는 또한 이 때문에 데카르트의 척도 외에 다른 척도의 도움을 받지 않고도 아무런 어려움 없이 이것을 명백하게 만들 수 있다.

왜냐하면 역학의 제1근거들에 따라 다음이 알려져 있기 때문이다. 즉 등가속 운동[194]에서는 획득된 속도의 제곱이 통과된 공간들과 비
I 176 례한다는 것, 따라서 만약 등가속 운동을 하는 두 물체의 속도의 계기가 부등하다면, 두 물체가 그러한 운동에서 획득하는 속도의 제곱은 공간들과 이 속도의 계기들을 합성한 관계에서 성립한다. 그러나 이제 무센브뢱의 실험에서 동일하게 압착된 용수철은 각각의 실린더에 자기 운동을 등가속 운동으로 전달하며, 용수철이 자신의 최대 연장 지점까지 펼쳐지는 동안 그러한 가속운동을 하며 통과하는 공간들은 동일하다. 따라서 여기에서 전달받은 속도의 제곱은 용수철의 압력을 각 실린더에 전달하는 속도의 계기와 비례한다. 다시 말해 속도의 제곱은 이 실린더의 질량에 반비례한다.

§ 157

A 233 이제야 나는 자연에서 속도의 제곱에 따라 측정할 수 있는 힘의 현실성과 현존을 반박할 여지없이 증명한, 그리고 나의 자애로운 독자

들에게 이 형편없는 글이 야기했던 수고스러운 주의에 대해 성공적인 확신을 선사하게 될 실험과 경험을 제시할 수 있는 지점에 다다랐다.

살아 있는 힘을 증명하려는 실험들

나는 살아 있는 힘에 관한 논쟁의 특성을 충분히 잘 아는 사람들에 대해서만 다루어왔다. 따라서 내 독자들이 연성체[195]와 충돌해서 야기되는 압력을 측정함으로써 물체의 힘들을 탐구했던 리치올리,[196] 그라브산드, 폴레니 그리고 무센브릭의 저 악명 높은 실험들에 관해 충분한 정보를 가지고 있다고 전제한다. 나는 다음을 간략히 언급하고자 한다. 예를 들어 상이한 높이에서 밀랍과 같은 연성체를 향해 자유롭게 낙하하는, 크기와 질량이 동일한 공들은 떨어진 높이에 비례하는, 다시 말해 공의 속도의 제곱에 비례하는 구멍을 내며 연성체에 박힌다. 그리고 만약 이 공들이 크기는 동일하지만 질량은 다르고 낙하하는 높이가 이 질량에 반비례한다면, 이 경우 연성체에 박히는 구멍들은 동일할 것이다. 데카르트주의자들은 이 실험들의 정당성을 반박하는 어떠한 반론도 펼 수 없었고, 여기에서 도출 I 177
된 결론은 사람들의 논쟁거리가 되었을 뿐이다.

라이프니츠주의자들은 여기에서 다음과 같은 형태의 완전히 정당한 논증을 펼쳤다. 연성체가 박히는 물체의 힘과 맞서도록 하는 장애 A 234
는 연성체 부분들의 응집력 외에 다른 어떤 것도 아니다. 그리고 물체가 이 연성체에 박힐 때 그 물체가 행한 것은 오로지 그 물체가 연성체의 부분들을 분리했다는 것뿐이다. 그러나 이 응집력은 연한 덩어리 전체에 걸쳐 두루 한결같다. 그러므로 저항의 양, 즉 물체가 이 연성체를 깨뜨리기 위해 사용해야만 하는 힘의 양은 분리된 부분들의 합, 즉 파인 구멍의 크기와 같다. 그러나 이것은 상술한 실험에 따르면 박히는 물체의 속도의 제곱에 비례하며, 따라서 이 물체의 힘은 자신의 속도의 제곱에 비례한다.

§ 158

데카르트주의자들의 반론 데카르트주의의 옹호자들은 이에 대한 어떠한 적절한 반론도 제기할 수 없었다. 그러나 그들도 이미 라이프니츠주의자들 역시 의존했던 수학[적 검증]에 따른다면 살아 있는 힘은 유죄판결을 받아야 한다는 것을 의심할 여지없이 확실하게 알고 있었기에, 기하학이 허용하지 않는 것을 확정하는 것처럼 보이는 실험들은 기만적일 수밖에 없다는 사실을 의심하지 않은 채, 가능한 한 적절하게 이러한 난제에서 자신들을 구해내려고 생각했다. 우리는 이에 반해 이미 위에서 염두에 두어야 할 필수적인 것들을 환기했고, 이제는 데카르트주의자들이 인용된 실험들을 타당하지 않은 것으로 만드는 데 사용했던 핑계가 어떤 종류였는지를 살펴보자.

A 235 그들은 여기에서 또 라이프니츠주의자들이 이 구멍들이 만들어지
는 시간을 주목하지 않았다는 반론을 편다. 이 연성체의 장애를 극복하는 데 소요되는 시간은 중력을 극복하는 데 소요되었던 시간과 정확히 같은 매듭[을 가진 문제]이다. 파인 구멍들은 동일한 시간에 만들어지지 않는다. 간단히 말해 데카르트주의자들은 시간에 관한 반론은 중력의 장애를 극복하는 문제에 대해 타당했다고(그것이 그 경
I 178 우에는 사실상 그랬던 것처럼) 확신했다. 그리고 이제 그들은 사람들
이 그 반론을 여기에 다시 적용할 수 있고 살아 있는 힘에 반대하는 바로 그 결론을 내리는 데 사용할 수 있다고 생각했다.

§ 159

반박됨

나는 라이프니츠주의자들이 이러한 비판을, 그들이 바닥면이 상이한 두 개의 원추형 물체를 연성체에 낙하시킨 후, 그 경우 연성체의 구멍이 만들어지는 시간은 필연적으로 동일했지만, 그럼에도 그 결과는 이전과 마찬가지였다고 함으로써 간단하게 모면했다는 것을 잘 알고 있다. 그러나 나는 이러한 유리함과 단절하고 데카르트주의자들이 만들어낸 난점을 밑바닥에서부터 분쇄할 것이다.

중력이 작용하는 시간도 함께 고려해야 한다

사람들은 다음과 같은 이유, 즉 물체가 극복해야 하는 중력 압력의 저항이 공간이 아니라 시간에 비례하기 때문이라는 점을 숙고하는 것 외에 더는 어떤 것도 할 필요가 없다. 이제 그 근거는 이렇다. 만약 물체가 중력 용수철을 극복한다면, 이 물체는 이로써 중력 용수철의 효력을 상쇄하는 것이 아니라 오히려 용수철에 반무게[197]를 부과하는 것이다. 그러나 그럼에도 이 용수철은 자신의 저항노력[198]을 줄이지 않고 유지하여 그 물체가 용수철에 노출되어 있는 것과 동일한 단위를 가지고 오랫동안 계속해서 작용을 미친다. 만 A 236
약 물체가 모든 중력 용수철 하나하나를 극복함으로써 말하자면 분쇄하여 그 힘을 상쇄한다면, 각각의 용수철은 동일한 힘을 가지기 때문에 물체가 겪는 저항은 시간이 얼마나 걸리든 상관없이 모든 분쇄된 용수철의 합과 같을 것이라는 점은 의심할 여지가 없다. 그러나 이제 각각의 용수철은, 그것들이 물체에 의해 극복되는 것과 상관없이, 자신들의 압력을 유지하며 물체가 그 압력하에 있는 한 이 압력을 계속해서 전달한다. 따라서 개별적이고 분리 불가능한 압력은 어떤 하나의 용수철이 행하는 작용으로 지정될 수 없다. 오히려 용수철은 서로 연결되어 있는 일련의 압력을, 즉 물체가 그 압력에 종속되어 있는 시간이 더 길어지면 길어질수록 그 압력이 더 커지는 그런 압력을 행사한다. 예를 들어 물체의 운동이 더 느린 공간의 부분에서는 운동이 더 빠른 공간보다 체류하는 부분시간도 모든 점에서 더 길다. 따라서 물체는 각각의 용수철에 따라 운동이 빠른 경우보다 느린 경우에 일련의 동일한 압력을 더 길게 겪는다.

이것은 연성체의 경우에는 완전히 다르다

I 179 그러나 이것은 연한 덩어리를 분리하는 경우와는 완전히 다르다. 연한 덩어리 각각의 요소는 동일한 힘으로 응집되어 있다. 그리고 이 힘으로 이 연한 덩어리는 자신을 분리하는 물체에 동일한 단위의 힘을 빼앗지만, 바로 이로써 동시에 자신도 분리된다. 따라서 물체가 이 연한 덩어리에 머무르는 시간이 그 이후 아무리 오랫동안 지속된다 할지라도, 이 연한 덩어리는 이미 더는 어떠한 저항도 행사하지 않는다. 왜냐하면 여기에서는 용수철이 자신의 저항과 정확히 같은 작용으로 동시에 부서지며, 따라
A 237 서 그 자체로 소진되지 않는 중력 용수철처럼 계속해서 작용할 수는 없기 때문이다. 그러므로 연한 덩어리가 박히는 물체에 행하는 저항은 물체가 부수는 용수철의 합, 즉 물체에 파인 구멍과 같다. 그리고 이 경우 시간은 전혀 아무런 관계가 없다.

§ 160

라이프니츠주의자들은 데카르트주의자들의 이런 중요한 잘못에 적잖이 만족해하면서 승리할 만한 이유를 가지고 있다. 이 일은 수많

은 과오로 비난을 자초했던 불명예를 자신의 적들에게 동일한 운명을 안겨줌으로써 되갚아준 것이다. 라이프니츠주의자들은 살아 있는 힘을 그것들이 존재하지 않는 사례에서 발견했다고 생각했지만, 이를 방해한 것은 무엇인가? 데카르트주의자들은 살아 있는 힘이 현실적으로 존재하는 사례에서 그리고 엄청난 현혹이 없었다면 아무도 살아 있는 힘을 간과할 수는 없었을 사례에서 여전히 살아 있는 힘을 간파하지 못했다.

§ 161

따라서 상술한 실험은 자연에 속도의 제곱을 척도로 삼는 힘이 현존한다는 것을 증명한다. 그러나 앞에서 행한 우리 고찰은 어떠한 조건에서 살아 있는 힘이 발생하지 않는지 그리고 또한 어떤 조건이 살아 있는 힘을 발견할 수 있는 유일한 조건인지를 설명한다. 만약 사람들이 이 모든 것을 우리 증명에 따라 잘 활용한다면, 살아 있는 힘에 관한 충분한 확신을 얻을 수 있을 것이다. 그뿐만 아니라 또한 이제까지 그래 왔거나 또는 그럴 수 있었던 것보다 더 정당할 뿐만 아
니라 더 완벽한 살아 있는 힘의 본성에 관한 개념도 획득할 수 있을 I 180
것이다. 제시된 이 실험의 특수한 특성은 여전히 특별한 언급을 유발 A 238
할 수 있는 몇 가지 예외적인 특징을 보여준다. 그러나 나는 호의적인 독자들의 주의가 너무 많이 전개된 탐구에 지쳐서 아마도 이 고찰의 결론 외에 더는 어떠한 것도 원하지 않을 것이므로, 이러한 특징에는 전혀 관여하지 않을 것이다.

그러나 이전 법칙들을 입증하고 그 법칙들에 커다란 빛을 던져주는 여전히 내가 관여하지 않을 수 없는 것이 하나 있다. 우리가 검토

한 실험은 속도의 제곱에 따른 측정을 자체로 가지고 있는 힘을 증명했다. 따라서 이 실험에서는 § 138 4항을 기준으로 한다면 장애의 모든 요소가 저항하는 속도는 유한한 단위로만 발생해야 한다. 왜냐하면 만약 그 속도가 중력의 압력과 같이 무한히 작은 단위로 발생할 수 있다면, 저항의 극복은 중력의 압력에서와 마찬가지로 제곱에 따라 측정할 수 있는 힘을 알게 해줄 수는 없을 것이기 때문이다. (§ 139) 따라서 우리는 다음을 증명하고자 한다. 즉 연한 덩어리의 모든 요소의 저항[199]은 중력처럼 무한히 작은 속도가 아니라 유한한 단위를 가지고 발생한다.

§ 162

연한 물질의 장애의 계기는 유한한 속도로 발생한다

만약 사람들이 공처럼 생긴 물체가 연한 물질을 뚫어 만든 원통형 구멍을 두께가 무한히 얇은 겹쳐진 원판으로 나눈다면, 그 각각의 원판은 대체된 질량의 요소를 가리킬 것이다. 따라서
A 239 각각의 원판은 관통하는 물체에서 그 물체 속도의 무한히 작은 부분을 빼앗을 것이다. 이 원판들은 모두 합쳐서 물체에서 전체 속도를 빼앗기 때문이다. 그러나 그러한 원판의 양[200]은 공의 질량에 비해 무한히 작을 것이므로, 원판이 자신의 저항을 통해 물체에서 그 물체 운동의 무한히 작은 부분을 빼앗을 수 있으려면 자신의 저항 속도는 유한량이어야만 한다는 것이 귀결된다. 따라서 연한 물질의 각각의 요소는 속도의 유한한 척도를 가진 성향으로 박히는 물체에 자신의 저항을 수행한다. 이상이 내가 증명하려던 내용이다.

§ 163

I 181

따라서 우리는 우리 임무를 완결했고, 만약 성과가 이러한 대담한 시도에 적합했다면, 이것은 의도했던 기획과 관련하여 대단히 충분한 것이었다. 나는, 특히 중심과제에 관한 한, 반박할 수 없는 확실성을 요구할 수 있다고 생각한다. 내가 감히 인정하는 이러한 탁월성과 관련하여 먼저 나의 채권자들과 박식과 창안에 대한 계산을 끝내지 않고는 현재의 논고를 끝낼 수는 없다. 데카르트주의자들의 명민한 노력 이후, 제곱 측정에 관한 혼란을 수학을 가지고 방지하는 것은 어렵지 않게 되었다. 그리고 라이프니츠주의자들의 의미심장한 노력 이후, 이 제곱 측정이 자연에 존재하지 않는다는 것은 거의 불가능해졌다. 이 두 개의 가장 외적인 한계를 인지하는 것이야말로 어려움 없이 두 측면의 참됨이 함께 성립하는 지점을 규정해주었음이 틀림없다. 이 지점을 만나는 것에 결코 엄청난 명민함이 필요한 것 A 240
이 아니었다. 이것은 다만 지나친 당파성에서 잠시 벗어나 편향된 마음에 약간의 균형을 맞추는 일이 필요했고, 그렇게 해서 불편함이 즉각 사라지게 되었을 뿐이다. 만약 내가 라이프니츠의 문제들에서 몇 가지 실수를 알아채는 데 성공했다면, 나는 그럼에도 또한 이 점에서 이 위대한 사람에게 빚을 지고 있는 셈이다. — 나는 연속성의 법칙이라는 탁월한 실마리가 없었다면 아무것도 할 수 없었을 것이기 때문이다. 이 법칙에 대해 우리는 불멸의 창안자에게 감사해야만 하며, 이 법칙이야말로 이러한 미궁으로부터 출구를 발견하게 해준 유일한 수단이었다. 간단히 말해, 비록 그 문제가 나의 이익에 최상으로 기여했고 그럼에도 나에게 남겨진 명예의 몫은 미미할지라도, 나는 그 명예를 나에게 부여하는 것을 싫어할 정도로 명예욕을 낮출 수 있다는 것을 염려하지 않는다.

일반 자연사와 천체이론 또는 뉴턴의 원칙에 따라 다룬 우주 전체의 구조와 기계적 기원에 관한 시론

이남원 옮김

차례[1]

헌사 ……… 261
머리말 ……… 263

이 책 전체의 요지 ……… 282

제1부 항성군의 체계적 구조의 개요와 그러한 항성계가 상당히 다수라는 것에 관하여 ……… 287

개요 뉴턴 우주론의 기본 개념 중 이하의 서술을 이해하기 위해 가장 불가결한 기본적인 개념의 개요 ……… 288

항성군의 체계적 구조에 관하여 ……… 293

제2부 자연의 최초 상태, 천체의 형성, 천체 운동과 이 운동의 체계적 관계의 원인을 특히 행성의 구조 내에서, 그리고 창조 전체에 관해서 논함 ……… 306

제1장 행성 우주 일반의 기원과 그것의 운동 원인에 관하여 ……… 307

제2장 행성들의 밀도 차이와 그것들의 질량 관계에 관하여 ······ 317

제3장 행성궤도의 이심률과 혜성의 기원에 관하여 ······ 325

제4장 위성의 기원과 행성의 자전에 관하여 ······ 332

제5장 토성 고리의 기원에 관하여 그리고 그 고리의 비율로 토성의 자전 주기를 계산함 ······ 340

제6장 황도광에 관하여 ······ 355

제7장 공간과 시간에서 무한한 전 범위에 걸친 창조에 관하여 ······ 357

제7장의 보완 태양의 일반 이론과 역사 ······ 376

제8장 우주 전체 구조에 관한 기계적 학설이 정당하다는 것의 일반적 증명, 특히 우리 학설의 특별함에 관하여 ······ 385

제3부 자연의 유비에 기초해서 여러 행성의 거주자를 비교하려는 시도 ······ 404

부록 여러 행성의 거주자에 관하여 ······ 405

결론 ······ 423

일러두기

『일반 자연사와 천체이론 또는 뉴턴의 원칙에 따라 다룬 우주 전체의 구조와 기계적 기원에 관한 시론』(*Allgemeine Naturgeschichte und Theorie des Himmels oder Versuch von der Verfassung und dem mechanischen Ursprunge des ganzen Weltgebäudes, nach Newtonischen Grundsätzen abgehandelt*) 번역은 1755년 발표된 원전을 대본으로 사용했고, 학술원판(Immanuel Kant, *Vorkritische Schriften 1747-1756*, in *Kant's gesammelte Schriften*, Bd. I, pp.215-348, hrsg. von der Königlich Preußischen Akademie der Wissenschaften, Berlin, 1902)과 바이셰델판(*Vorkritische Schriften bis 1768*, in *Immanuel Kant. Werke in Zehn Bänden*, Bd. I, pp.218-400, hrsg. von Willhelm Weischedel, Darmstadt, 1983)을 참조했다.

가장 고귀하고 가장 위대한 국왕 폐하 A III; I 217

프로이센 국왕 프리드리히 폐하

브란덴부르크의 변경 백작

신성로마제국 재무장관과 선제후

실레지엔의 군주와 공작 등

나의 가장 은혜로우신 폐하에게

봉헌함.

A V; I 219 가장 고귀한 국왕 폐하

가장 은혜로우신 폐하!

저 자신의 비천과 왕좌의 영광을 감안하면 송구스럽기 짝이 없지
A VI 만, 지극히 자비심 깊은 폐하께서 관대한 도량으로 신민들에게 내려
주시는 은혜 덕분에 제가 불손하게 시도하는 것이 폐하의 노여움을
사지는 않을 것이라는 한 가지 희망을 가져봅니다. 폐하의 가장 고귀
A VII 한 아카데미는 폐하의 독려와 비호에 힘입어 여러 학문에서 다른 나
라들과 경쟁하고 있습니다. 그래서 저는 세심한 배려에 대한 보답으
로 신하로서 최대의 존경을 표하면서 이 책을 폐하의 발아래에 헌상
합니다. 가장 공손하고 겸손한 신민이 조국을 위해서 끊임없이 기여
하려고 하는 현재의 노력에 대해 폐하께서 지고의 만족을 얻는 것으
A VIII 로 이 시론이 성공을 거둔다면 얼마나 행복하겠습니까. 가장 깊은 헌
신을 하겠습니다.

국왕 폐하의

가장 공손한 종복,

쾨니히스베르크

1755년 3월 1일

저자 올림

머리말 A IX; I 221

나는 독자들이 본래 어려움이나 종교와의 관계 때문에 시작 단계에서 적의를 품은 편견을 가질 수도 있는 것을 글의 주제로 선택했다. 창조의 거대한 구성 부분들을 무한한 범위 전체에 걸쳐 결합하는 체계를 발견하고, 천체 자체의 형성과 천체 운동의 기원을 기계적 법칙을 통해 최초의 자연 상태에서 도출하는 이러한 통찰들은 인간 이
성의 힘을 훨씬 넘어서는 것처럼 보인다. 다른 측면에서 보면, 종교 A X
는 최고 존재자의 직접적인 손길을 올바로 알아차릴 수 있는 그런 결과들이 자립적 자연에 속한다고 대담하게 주장하는 이런 불손을 엄숙하게 고발하면서 우리를 위협하고, 그러한 주제넘은 탐구에서 무신론자의 해명을 발견할까 우려한다. 나는 이 모든 어려운 점을 알지만, 결코 주눅 들지는 않겠다. 내 앞길을 가로막는 매우 강한 힘이 있다는 점을 느끼지만, 단념하지 않겠다. 나는 약간의 추측에 기초해서 위험한 여행을 떠나기로 대담하게 마음먹었으며, 이미 신천지의 언덕을 보고 있다. 탐구를 수행하려는 용기가 있는 사람들은 이 신천지에 발을 들여놓을 것이며, 이 땅에 자기 이름을 거는 희열을 느낄 것이다.

나는 종교의 의무와 관련하여 나 자신이 안전하다고 생각하기 전

A XI 까지는 이 기획에 착수하지 않았다. 한 걸음 지날 때마다 안개가 사
I 222 라지는 것을 보고는 열의가 배가되었다. 이 어두운 안개의 배후에는
괴물이 숨어 있는 것처럼 보이지만, 안개가 사라지게 되면 최고 존재
자의 영광이 매우 생생하게 빛을 발휘하면서 나타난다. 나는 이들 노
력이 모든 비난에서 자유롭다고 생각하기 때문에, 마음씨가 좋거나
심성이 약한 사람들이 나의 계획에 대해 불쾌해할 수 있는 어떤 것을
충실하게 인용할 것이며, 정직하고 솔직한 정통파 최고재판소[2]의 엄
정한 판정에 이 계획을 맡길 준비가 되어 있다. 따라서 우선 신앙의
대변자가 자신의 근거를 말할 수 있게 해보자.

만약 모든 질서와 아름다움을 갖춘 우주[3]가 일반적인 운동법칙에
따르는 물질의 결과일 뿐이라고 한다면, 만약 자연의 힘의 맹목적인
기계적 작용이 어떻게 해서 카오스에서 그렇게 훌륭하게 전개될 수
A XII 있으며 완전성에 스스로 도달하게 되는지를 안다면, 우주의 아름다
움을 주시하는 데서 도출되는 신적 창조자의 증명은 완전히 그 힘을
잃어버리게 된다. 자연은 그 자체로서 충분하며, 신의 지배는 불필요
한 것이 되어버린다. 그리스도교의 한복판에 에피쿠로스가 되살아
나고, 경건치 못한 세속의 철학이 그런 철학을 밝히기 위해 밝은 빛
을 비추는 신앙을 도리어 짓밟는 결과를 낳고 만다.

이러한 비난이 근거가 있다는 사실을 내가 발견했다면, 신의 진리
가 무오류라고 하는 신념은 나에게서 너무나 강력하기 때문에, 신의
진리와 모순되는 모든 것은 충분히 논박된다고 생각하고 그것을 거
부할 것이다. 그러나 나의 체계와 종교는 정확하게 일치하며, 이러한
일치 덕분에 나의 확신은 어떤 어려움에 직면해도 두려움 없는 평정
A XIII 심을 갖게 한다.

우주의 아름다움과 완전한 질서에서 가장 지혜로운 창조자를 도
출하는 증명의 전체 가치를 나는 알고 있다. 사람들이 확신을 주는

모든 주장에 대해 제멋대로 반대하지 않는다면, 그러한 논쟁할 여지 없이 확실한 근거들에 그 승리를 넘겨야 한다. 그러나 종교의 옹호자들은 이러한 근거를 잘못 사용하며, 그렇게 할 필요가 없는데도 약점을 보여주면서 자연주의자들[4]과 논쟁을 계속한다고 나는 주장한다.

사람들은 자연에서의 조화, 아름다움, 목적, 그리고 목적과 수단
의 완전한 상응을 주목하고 강조하는 경향이 있다. 그러나 그들은 이 I 223
러한 관점에서 자연을 고양하면서도, 다른 관점에서 다시 그것을 낮 A XIV
추어버리고자 한다. 그들에 따르면 이러한 조화는 자연과는 무관하
고, 자신의 일반적 법칙에 따르게 내버려두면 자연은 무질서밖에 낳
지 않을 것이다. 이들 조화는 자연과는 무관한 손길에 따른 것이며,
그 손길은 규칙성을 완전히 결여한 물질을 지혜로운 계획에 복속하
도록 만들었다. 그러나 나는 이에 대해 다음처럼 대답하고자 한다.
만약 물질의 일반적 작용 법칙이 또한 최고 계획에 따른 귀결이라고
한다면, 그 법칙은 추측건대 가장 존엄한 지성이 의도한 계획을 스스
로 성취하려고 노력하는 것 이외에 다른 규정을 가질 수 없거나, 그
런 경우가 아니라면 적어도 물질과 그것의 일반적인 법칙은 독립적
이어서 그렇게 칭찬할 만한 방식으로 그 법칙을 사용할 수 있었던 가
장 지혜로운 능력은 위대하지만 무한하지 않으며 강력하지만 완전
히 충족적이지는 않다고 믿어버리게 되는 유혹에 우리가 빠져들지
않겠는가? A XV

종교의 옹호자는 이러한 조화가 만약 물질의 자연적 경향성으로 설명될 수 있다면, 그 조화는 자연이 신의 섭리에서 독립해 있음을 증명하는 것이라는 점을 우려한다. 종교의 옹호자가 아주 분명하게 인정하는 것처럼, 물질의 가장 일반적이고 본질적인 특성에 따라 생겨날 수 있는 우주의 모든 질서에서 자연적 근거를 발견할 수 있다면, 최고의 지배하는 힘에 호소하는 일은 불필요할 것이다. 자연주의

자는 이러한 전제를 두고 다툴 일은 없다고 셈할 것이다. 그러나 자
연주의자는 완전히 아름다운 결과들을 가지고서 자연의 일반법칙의
풍성함을 증명하는 예들을 추적하고, 그것을 근거로 하여 독실한 신
앙인을 궁지로 몰아넣으려 할 것이다. 그 근거들이 자연주의자 손에
A XVI 라도 들어가게 되면 무적의 무기가 될 수 있을 것이다. 몇 가지 예를
들어보기로 한다. 인간을 돌보는 은혜로운 섭리 가운데 아주 명료한
증명의 하나로 자주 언급된 것은, 지구의 가장 뜨거운 지역에서는 가
열된 땅이 냉각을 정말로 필요로 할 바로 그 시점에 마치 소환이라도
된 듯 해풍이 그 땅으로 불어와서 기분을 상쾌하게 해준다는 사실이
다. 예를 들면 자메이카섬에는 태양이 상승하여 지면이 가장 뜨거워
지는 오전 9시가 되자마자 바다에서 일어난 바람이 육지 곳곳에 불
I 224 어온다. 태양이 점점 더 높아지면서 그 바람도 더 세게 분다. 통상 가
장 뜨거운 오후 1시가 되면 바람이 가장 강하게 불고 태양이 내려가
면서 점차 잦아들다가 해질녘이 되면 해돋이 때와 같이 고요해진다.
A XVII 이러한 바람직한 배치가 없었다면, 이 섬에는 누구도 거주하지 못했
을 것이다. 열대 지역 해안은 모두 그야말로 이와 동일한 혜택을 누
리고 있다. 이들 해안은 육지 중 가장 낮은 지역이므로 더위도 가장
심하며, 그렇기 때문에 이들 지역에는 이런 혜택이 가장 필요하다.
왜냐하면 해풍이 도달하지 않는 더 높은 데 위치한 지역의 경우, 더
높은 위치는 더 시원하기 마련이며, 따라서 이들 지역은 해풍이 그만
큼 필요하지 않기 때문이다. 이 모든 것이야말로 정말 아름답지 않은
가? 이것들은 현명하게 응용된 수단으로 달성된, 눈에 보이는 목적
들이 아닌가?

그러나 이와는 반대로 자연주의자는 대기의 가장 일반적인 속성들 안에서 해풍의 자연적 원인을 발견하지만, 그러면서도 그것을 위해 특별히 준비되어 있었다고 추정할 필요를 인정하지 않는다. 자연

주의자가 정당하게 고찰하듯이, 섬에 한 사람도 살지 않더라도 이 해 A XVIII
풍은 그런 주기적 운동을 하는 것이 틀림없고, 즉 이 운동은 대기의
특성의 결과로만, 즉 공기의 탄성과 무게의 결과로만 발생할 수 있으
며, 이 대기의 특성은 식물의 성장을 위해서는 반드시 필요한 테지
만, 이러한 목적을 의도하는 것은 아니다. 태양의 뜨거움은 육지 위
의 공기를 희박하게 함으로써 대기의 균형을 깨뜨리고, 그렇게 함으
로써 더 냉각된 바다의 공기를 원래 장소에서 상승하게 하여 그 자리
를 차지한다.

바람은 지구의 선을 위해서 참으로 유용하지 않은가! 사람들의 영리함은 바람을 참으로 이용하지 않겠는가! 그럼에도 바람을 일으키는 데에는 대기나 열의 일반적 성질 외에 어떤 다른 준비도 필요하지 않으며, 대기와 열의 일반적 성질은 이들 목적과는 무관하게 지구에 존재했음이 틀림없다.

이 지점에서 자유사상가는 다음처럼 말한다. 가장 일반적이고 가 A XIX
장 단순한 자연의 법칙에서 가장 지혜로운 분의 어떤 특별한 지배 없
이도 특정한 목적에 맞는 유용한 구조가 도출될 수 있다면, 당신이
인정하지 않을 수 없는 증명이 여기에 나타나게 된다. 모든 자연, 특
히 무기적 자연은 그런 증명들로 가득 차 있으며, 그러한 증명들은
물질, 즉 자신의 힘을 지닌 기계적 작용에 따라 규정되는 물질이 결
과적으로 질서를 가지게 되고, 어떤 강제하는 힘이 없더라도 질서 정
연한 규칙을 충족할 것이라는 사실을 보여준다. 선의를 가진 사람이 I 225
종교의 좋은 면을 구하기 위하여 일반적 자연법칙의 이 힘을 부정하
려고 한다면, 그는 자신을 난처한 상황에 몰아넣게 될 테고, 서투른
방어 때문에 도리어 신앙심이 없는 사람에게 승리할 기회를 내주게
될 것이다.

그러나 적의 수중에 있을 때 위험할 수 있어 두려운 것이 되는 이 A XX

유들이 어떻게 해서 오히려 적을 반박하는 강력한 무기가 되는지 살펴보자. 가장 일반적인 법칙에 따라서 규정되는 물질은 그것의 자연적인 작용에 따라 혹은 그런 이름을 사용하고자 한다면 맹목적인 기계적 작용에 따라 가장 지혜로운 분의 계획인 것처럼 보이는 질서 정연한 결과를 낳는다. 대기, 물, 열은 그냥 그대로 두더라도 대지를 축축하게 하는 바람이나 구름이나 비나 하천을 만들어내고, 이 모든 유용한 결과를 낳는다. 만약 이들 결과가 없었다면 자연은 반드시 비참하고, 황폐하며, 불모인 채로 남아 있지 않을 수 없었을 것이다. 그러나 이들은 이러한 결과들을 어떤 요행이나 우연으로 생겨나게 한 것은 아니다. 우연은 또 쉽게 유해한 것으로 될 수도 있다. 오히려 우리는 이것들이 자신의 자연적 법칙에 제한되어 있기 때문에 이러한 결과를 가지게 되며 다른 결과는 가지지 않는다는 사실을 알게 된다.
A XXI 이러한 일치에 대해 우리는 무슨 생각을 해야 할까? 만약 만물이 공통의 기원을 가지지 않는다면, 다시 말해 만물의 특성들을 서로 관계 맺게 하는 공통 근거, 즉 무한 지성이 인정되지 않는다면, 서로 다른 본성을 가지고 있는 것들이 결합해서 그렇게 탁월한 조화와 아름다움을 낳는, 더욱이 말하자면 죽은 물질의 범위 바깥에 있는 것을 목적으로 삼아, 즉 인간이나 동물의 이익을 위해서 낳는 일이 어떻게 가능할까? 만약 만물의 본성이 각자 필연적이고 서로 의존하지 않고 독립해 있다면 얼마나 놀라운 우연일까. 또는 만물이 저마다 독자의 자연적 노력을 하면서도 마치 숙고하는 것 같은 영리한 선택에 따라
A XXII 결합되는 것처럼 서로 적합하게 되었다는 것은 진정 불가능한 일이 아닐까.

이제 나는 안심하고 이 고찰을 나의 현재 목적에 적용해보고자 한다. 나는 우주 전체의 물질은 널리 분산되어 있다고 가정하며, 여기에서 완전한 카오스를 생각한다. 나는 이미 확립된 인력의 법칙에 따

라 물질이 스스로를 형성하고, 척력에 따라 그 운동이 변화한다는 것을 알고 있다.[5] 자의적인 허구의 도움을 빌리지 않고, 이미 확립된 운 I 226
동법칙을 근거로 해서 질서 정연한 전체가 형성되었다는 것을 아는 것은 즐거운 일이다. 이 전체는 우리가 눈앞에서 보게 되는 우주의 체계와 매우 유사하기 때문에, 양자는 동일하다고 생각하지 않을 수 없다. 이렇게 뜻하지 않게도 자연의 질서가 대규모로 전개되었다는 사실을 나는 처음에 미심쩍게 생각했다. 왜냐하면 이러한 전개가 그처럼 복잡하고 질서 정연한 체계를 이만큼 조악하고 단순한 근거 위에 세웠기 때문이다. 결국 나는 앞선 고찰에서 다음과 같은 점을 배 A XXIII
우고자 한다. 즉 자연의 그러한 전개는 엄청난 일은 아니며, 자연의 본질적 노력은 이런 전개를 필연적으로 낳는다. 이러한 사실은 자연이 근원적 존재자에 의존한다는 명백한 증거이며, 이 근원적 존재자야말로 자연의 여러 존재자 자체와 그것의 제1작용법칙[6]의 원천까지 자신 안에 가지고 있다. 이러한 통찰은 내가 했던 제안에 신뢰를 배가한다. 나의 확신은 전진하면 할수록 커지게 되었고, 나의 소심함도 완전히 사라지게 되었다.

그러나 어떤 사람들의 말에 따르면 이 체계의 변호는 동시에 그것과 유사성이 가장 큰 에피쿠로스의 견해에 대한 변호인 셈이다. 나는
에피쿠로스와 일치한다는 사실을 완전히 부정하지는 않겠다. 많은 A XXIV
사람은 그러한 근거들의 겉모습만 보고서 무신론자가 되었지만, 그 근거들은 좀더 세밀하게 살펴보면 최고존재자의 확실성에 관해 사람들을 가장 강력하게 확신시킬 수 있었다. 혼란된 지성은 대단히 자주 가장 흠잡을 데 없는 원리에서도 매우 비난받을 만한 귀결을 도출한다. 에피쿠로스의 이론이 위대한 정신의 예리함과 일치함에도 그의 결론은 바로 이러한 경우에 해당한다. 그러므로 나는 루크레티우스의 이론이나 그의 선구자인 에피쿠로스, 레우키포스, 데모크리토

스의 이론이 내 이론과 공통점이 상당히 있다는 것을 부정하지 않는
다. 이들 철학자와 마찬가지로 나도 자연의 최초 상태에서는 모든 천
체의 원소재가 혹은 이들 철학자에 따르면 원자가 보편적으로 분산
되어 있었다고 가정한다. 에피쿠로스는 이들 요소적인 입자를 낙하
A XXV 시키는 무게를 가정했지만, 이것이 내가 받아들이는 뉴턴의 인력과
대단히 큰 차이가 있는 것 같지는 않다. 또 그는 직선적 낙하운동에
서 일탈을, 비록 이 일탈의 원인과 결과에 관해서는 터무니없는 생각
을 했지만, 이들 입자 탓으로 돌렸다. 그런데 이 일탈은 우리가 입자
I 227 의 척력에서 도출하는 직선적 낙하의 변화와 어느 정도 일치한다. 마
지막으로, 원자의 교란 운동에서 생겨나는 소용돌이는 레우키포스
와 데모크리토스 이론의 주요 부분이었으며, 또 이들 소용돌이는 우
리 이론 안에도 있을 것이다. 그러나 원래 신을 부정한 고대의 이론
과 매우 유사함에도 내 이론은 고대 이론의 잘못된 면과 연결되지는
않을 것이다. 사람들의 찬동을 얻는 데 성공했지만 실은 가장 어리
A XXVI 석은 견해에서도 우리는 항상 어느 정도 진리가 있음을 발견할 것이
다. 하나의 거짓된 원리 혹은 그것과 연관된 약간의 원리는 사람들을 진리의 작은 길에서 감지할 수 없을 정도의 잘못된 방향을 거쳐 바로 깊은 나락으로 떨어뜨린다. 내가 방금 언급했던 유사점에도 불구하고 고대의 우주 진화론과 현재의 그것 사이에는 근본적 차이가 있으며, 그래서 우리는 고대의 것과 정반대 결론을 후자에서 도출할 수 있다.

우주의 기계적 기원을 설명한, 앞서 언급한 교사들은 우주[7]에서 지각될 수 있었던 모든 질서를 뜻밖에 일어나는 우연에서 도출했다. 즉 이 우연으로 원자들은 너무나 다행스럽게 함께 결합하여 질서 정연한 전체를 이루었다. 에피쿠로스는 너무나 뻔뻔스럽게 원자가 어떤 원인이 없더라도 직선 운동에서 일탈하여 서로 충돌할 수 있었다

고 주장했다. 이들 교사 모두는 함께 이러한 불합리한 주장을 너무 A XXVII
나 멀리까지 밀고 나아가서 모든 생물의 기원조차 이 맹목적인 일치
의 탓으로 돌렸다. 사실상 비이성에서 이성이 도출된 것이다.[8] 이에
반해서 내 이론에서는 물질은 일정한 필연적 법칙에 구속되어 있다.
물질이 완전히 해체되고 분산되는 경우에서도 나는 아름다움과 질
서 있는 전체가 아주 자연적으로 전개되고 있음을 보게 된다. 이러한
일은 우연히 발생하지 않으며, 오히려 사람들은 자연의 속성들에 따
라서 필연적인 방식으로 생겨난다는 사실을 알 수 있다. 그리하여 사
람들은 물질에는 왜 질서와 조화를 목적으로 삼는 그런 법칙이 있을
수밖에 없는지 질문하지 않겠는가? 각자가 다른 것들에 대해 독립적
본성을 가지는 많은 것이 질서 정연한 전체를 생겨나게 하는 식으로 A XXVIII
저절로 서로를 규정하는 일이 실제로 가능했을까? 그리고 만약 이런
것들이 실제로 그러한 전체를 생겨나게 한다면, 이러한 사실은 이들
의 최초 기원이 공통적이라고 하는 사실, 그리고 이 최초 기원이 만
물의 본성을 통일된 목적에 따라서 설계한 완전히 자족적인 최고 지
성임이 틀림없다는 사실에 대한 불가피한 증명을 제공하는 것이 아
닐까?

그리하여 만물의 원소재인 물질은 일정한 법칙에 구속되어 있고, I 228
방해를 하지 않고 이들 법칙에 따르게 내버려둔다면, 그 물질은 필연
적으로 아름다운 결합을 이루어내지 않을 수 없다. 물질은 이 완전성
의 계획에서 자유롭게 벗어나지 못한다. 그러므로 물질은 가장 지혜
로운 목적에 종속되어 있기 때문에, 물질을 지배하는 제1원인에 따
라 필연적으로 그러한 조화로운 결합을 하지 않을 수 없었다. 자연은 A XXIX
심지어는 카오스에서도 규칙적이고 질서 정연한 방식 외에는 어떤 식으로
도 작동할 수 없다는 바로 그 이유로, 정확하게 신은 존재한다.

나의 제안에 대해 그것을 음미하는 영광을 제공한 사람들의 정직

한 태도를 나는 높이 평가한다. 앞서 언급한 근거들이, 내 이론에서
유해한 결과가 나오지는 않을까 하는 걱정을 완전히 불식하지는 못
하겠지만, 적어도 내 의도의 진실성을 의심할 여지가 없게 만들 것이
라는 점을 나는 확신한다. 그럼에도 가장 무구한 의견을 유해한 것으
로 해석하는 것을 자신들의 성스러운 직무라고 생각하는 악의에 찬
광신자가 있다면, 그들의 판단이 모든 합리적인 사람에게는 그들 의
도와는 정반대 결과를 가져오리라는 것을 나는 확신한다. 게다가 사
람들은 데카르트가 천체의 형성을 순수하게 기계적인 법칙에 따라
서만 설명하고자 했을 때, 그가 항상 공정한 재판관에게서 얻게 되었
A XXX 던 것과 동일한 권리를 나에게서 박탈하지는 않을 것이다. 그러므로
『일반 자연사』*의 저자를 인용할 것이다. "그러나 우리는 다음처럼
믿지 않을 수 없다. 이 철학자는 일단 힘이 가해졌던 운동이 단순히
계속됨으로써 어떤 시점에서 카오스적 물질에서 우주가 형성되었다
고 설명하고자 시도했는데, 이러한 시도는 우주의 이러한 형성을 몇
몇 단순하고 일반적인 법칙으로 환원해버렸다. 그 뒤에 다른 사람들
도 또한 물질의 근원적이고 규칙적인 속성에서 동일한 것을 시도했으며,
점점 많은 찬동을 얻게 되었다. 많은 사람은 이들 철학자의 시도가 처
벌될 만한 것이며 신의 품위를 떨어뜨릴 것이라고 생각할 수도 있었
지만, 그런 것은 아니다. 왜냐하면 그런 시도로 오히려 신은 무한의 지
혜를 가지고 있다고 하는 개념이 생겨났기 때문이다."[9)]

I 229 나는 종교 측면에서 내 주장을 위협하는 것처럼 보였던 난점들을
A XXXI 제거하고자 시도했다. 그러나 문제 자체와 관련해서도 그것 못지않게
중요한 난점들이 있다. 사람들이 언급하는 것처럼 신이 카오스에서 완
전한 우주 구조를 스스로 형성하는 비밀스러운 능력을 자연의 힘 안

* 제1부, § 88.

으로 부여했다는 것이 사실이라면, 가장 흔히 있는 것에 관해서도 너
무나 취약한 인간의 지성이 그렇게도 위대한 기획 안에 숨어 있는 속
성들을 탐구하는 일이 가능하겠는가? 그러한 일에 착수하는 것[10]은
누군가가 나에게 물질을 준다면 그 물질을 가지고서 당신에게 우주를 세
워 보일 것이라고 말하는 것과 같은 것이다. 당신의 통찰력은 매일 당
신 주변에서 일어나는 가장 사소한 것들로도 무용하게 될 만큼 취약
한데, 무한한 것 그리고 우주가 심지어 존재하기 전에 자연 안에서
일어났던 것을 발견하고자 시도하는 일이 무익하다는 사실을 당신
은 그렇게 취약한 당신의 통찰력에서 배울 수는 없겠는가? 나는 이
러한 난점을 파괴할 것이다. 왜냐하면 자연의 탐구에서 제기될 수 있 A XXXII
는 모든 탐구 중 이것이야말로 사람들이 가장 쉽게, 가장 확실하게
그것의 기원에까지 돌아갈 수 있는 탐구라는 사실을 분명히 보여줄
수 있기 때문이다. 자연 연구의 모든 과제 중 대규모 우주의 참된 구
조, 운동의 법칙, 모든 행성궤도의 내적 작동만큼 정확하고 확실하
게 해결할 수 있는 과제도 없으며, 이러한 과제에 대해 뉴턴 철학은
다른 부문의 어떤 철학에서도 발견할 수 없는 통찰을 줄 수 있다. 바
로 이것과 마찬가지로 나는 우리가 그것의 제1원인을 탐구할 수 있
는 모든 자연물 중에서 우주 체계[11]의 기원, 천체의 생성과 천체 운
동의 원인은 우리가 철저하게 그리고 신뢰할 수 있게 이해하기를 기
대해도 좋은 원인이라고 주장한다. 이에 대한 이유는 쉽게 이해될 수
있다. 천체는 구형 덩어리다. 즉 사람들이 그 기원을 탐구할 수 있는 A XXXIII
물체가 가질 수 있는 가장 단순한 형태다. 천체의 운동도 마찬가지로
단순하다. 즉 천체에 일단 힘이 가해진 도약력[12]은 중심점에 있는 물
체의 인력과 결합하여 원운동을 일으키지만, 천체의 운동이란 방해
받지 않고 계속되는 원운동과 다름없다. 더욱이 천체가 운동하는 공
간은 텅 비어 있고, 천체 간의 거리는 엄청나게 멀어서 운동이 엉클

어지지 않으며[13] 그 운동을 명료하게 주목할 수 있을 정도로 모든 것
I 230 은 가장 분명하게 떨어져 배치되어 있다. 내 생각에 여기서 사람들은 추측에 의지하지 않고 확실한 지성 속에서 다음과 같이 말할 수 있을 것이다. 나에게 물질을 준다면, 그 물질을 가지고서 우주를 세울 것이다. 즉 나에게 물질을 준다면, 나는 당신에게 우주가 그 물질에서 어떻게 존재하게 되는지를 보여줄 것이다. 왜냐하면 만약 물질에 본질적인
A XXXIV 힘으로서 인력이 주어진다면, 대규모 우주 체계의 배열에 기여할 수 있었던 원인들을 확정하는 일은 어렵지 않기 때문이다. 우리는 물체가 구형이 되기 위해서 무엇이 필요한지를 알고 있으며, 또 자유롭게 떠 있는 구체가 중심점으로 끌려들어가더라도 그 중심점을 돌면서 원운동을 일으키려면 무엇이 필요한지를 이해한다. 궤도 상호 간의 위치, 운동 방향의 일치, 이심률,[14] 이 모두는 가장 단순한 기계적 원인으로 환원될 수 있고, 우리는 이들을 확신을 가지고서 발견하기를 기대해도 좋다. 이들은 가장 단순하고 명료한 근거 위에서 확립될 수 있기 때문이다. 그러나 가장 보잘것없는 식물이나 곤충과 관련해서도 우리가 이러한 이점을 자랑하는 일이 가능할까? 나에게 물질을 주면, 나는 한 마리 모충(毛蟲)이 어떻게 생겨날 수 있는지를 당신에게 보여
A XXXV 줄 것이라고 말할 수 있을까? 이 경우 우리는 이 대상의 참된 내적 본성을 알지 못하고, 그 대상 안에 포함되어 있는 다양한 부분의 복잡성도 알지 못하기 때문에, 최초의 첫걸음에서조차 곤경에 빠지지 않겠는가? 그러므로 단 하나의 식물이나 모충의 생성을 기계적 근거에서 명료하고 완전히 알기에 앞서서, 우리가 모든 천체의 형성, 천체 운동의 원인, 한마디로 말해서 현 우주의 전체 구조의 기원을 안다고 내가 감히 말하더라도, 그것은 결코 기이하게 생각될 일은 아닐 것이다.

이것들이 바로 내가 우주론의 자연적 부문[15]이 미래에 그것의 완

성에 도달하리라고 확신하는 이유들이다. 뉴턴은 수학적 측면에서
그것의 반을 달성했다. 현재의 우주 구조가 따르는 법칙들 옆에 수학 A XXXVI
적 정밀성이 있는데, 자연에 관한 탐구 전체에서 이것만큼 정밀성이
있는 것은 아무것도 없으며, 우주는 이들 법칙에 따라 생성되었을 것
이다. 그리고 의심할 여지없이 경험이 많은 수학자의 손은 여기서 비
옥한 토지를 개간할 것이다.

내가 고찰한 주제를 호의적으로 받아들일 것을 장려하려는 노력
을 한 후 그 주제에 대해 다루었던 방식을 짤막하게 설명하고 싶다.
제1부는 대규모 우주 구조의 새로운 체계에 관계한다. 1751년 『함부 I 231
르크 자유비평』에 실린 그 논문을 보고 알게 된 듀르햄의 라이트 씨[16]
덕분에 비로소 나는 여러 항성이 어떤 눈에 띄는 질서도 없이 분산되
어 있는 성군이 아니라 행성계와 극히 유사한 체계라고 생각하게 되 A XXXVII
었다. 그래서 행성계에서 여러 행성이 하나의 공통 평면에 대단히 가
까이 있는 것과 마찬가지로, 여러 항성도 하늘 전체를 가로질러 확장
되어 있는 것으로 생각되어야 하는 어떤 평면에 가능한 한 가까운 곳
에 있으며, 이들 항성은 가장 조밀하게 집중되어 있는 곳에서는 은하
라고 부르는 밝은 띠를 형성하게 된다. 나는 무수한 태양에 의해서
빛나게 되는 이 띠가 대단히 정확하게 대단히 큰 원의 형태 구조이기
때문에, 우리의 태양도 또 마찬가지로 이 큰 관계평면에 매우 가까이
있지 않으면 안 된다고 확신한다. 나는 이러한 특징의 원인이 무엇인 A XXXVIII
가를 추구하면서, 항성도 실제로는 더 높은 질서에서 천천히 움직이
는 유성은 아닐까 생각하게 되었다. 이러한 생각은 나만의 것이 아니
라는 사실을 보증하기 위해 여기서 나는 항성의 운동에 관한 브래들
리 씨[17]의 저서 중 한 곳을 인용할 것이다. "우리가 현재까지의 최상
의 관찰과 이전에 상당히 정확하게 행해졌던 관찰을 비교하고, 그 결
과로 판단해본다면, 몇몇 항성이 상호 간의 위치를 실제로 변경한 것

처럼 보인다는 사실, 게다가 이 변화는 우리 행성계의 운동과는 무관
하게 보이며, 오직 항성 자체의 운동 탓으로만 돌려질 수 있다는 사
실이 분명하게 된다. 대각성(大角星)은 이러한 사실에 대한 강한 증
A XXXIX 명을 제공한다. 왜냐하면 대각성의 현재 적위[18]를 티코[19]나 플램스티
드[20]가 확정했던 그 별의 위치와 비교해보면, 그 차이는 관찰의 부정
확성에서 생겨난다고 추정되는 차이보다 크다는 사실이 발견될 것
이기 때문이다. 그렇다면 육안으로 보이는 다수 항성 안에는 그것과
유사한 현상의 다른 예도 틀림없이 있다고 추정하는 것도 당연한 일
이다. 항성들의 상대적 위치는 여러 가지 원인으로 변화할 수도 있기
I 232 때문이다. 또 우리의 태양계가 절대 공간에서 관찰될 경우 자신의 위
치를 바꾸는 것으로 생각할 수 있다면, 이때 일정한 시간이 경과한
경우 항성 간의 각거리[21]가 변화하는 것으로 보일 수 있기 때문이다.
A XL 그리고 그러한 경우 태양계의 더 가까이에 있는 항성의 위치 쪽이 멀
리 떨어져 있는 항성의 위치보다도 이 태양계의 운동에서 더 큰 영
향을 받기 때문에, 항성 자체는 실제로는 운동하지 않는다고 하더라
도, 가까이 있는 항성 간의 위치 관계는 변화하는 것처럼 보일 수 있
을 것이다. 그것과는 반대로, 우리의 행성계가 정지해 있고, 어떤 항
성들이 실제로 운동한다고 생각하는 것도 가능하다. 그러나 이 경우
에도 마찬가지로 항성 간의 위치 관계는 변화하는 것으로 보일 수 있
을 것이다. 그리고 이들 항성이 우리 가까이에 있으면 있는 만큼, 즉
운동의 방향이 우리에게 인지되는 그런 상태에 있으면 있는 만큼, 그
위치 관계의 변화도 커질 것이다. 이처럼 항성 간의 위치 관계는 그
렇게 다양한 원인에서 변화할 수 있지만, 어떤 항성들이 놀랄 정도로
먼 거리에 있다는 사실을 고려한다면, 단 하나의 항성에 관해서라도
겉보기의 변화가 일어나는 법칙을 확정하는 일에는 몇 세대에 걸친
A XLI 관측이 필요할 것이다. 그 때문에 가장 주목할 만한 항성 모두에 관

계하는 법칙들을 확정하는 일이 더더욱 어렵다는 것은 틀림없는 사실이다."

라이트 씨의 체계와 나의 체계 사이에 어디가 다른지, 어떤 점에서 내가 그의 기획을 단순히 모방했는지, 아니면 그의 기획을 더 확장했는지를 엄밀하게 판단할 수는 없다. 그러나 나는 그의 기획을 어떤 측면에서 상당히 확장하기 위한 훌륭한 근거를 제시했다. 나는 모
페르튀이 씨[22]가 『별의 형태론』*에서 고려했고, 다소 열린 타원의 형 A XLII

---

* 나는 여기서 언급된 논문을 가지고 있지 않기 때문에, 관련된 부분을 1745 I 232
년 『학사원(學士院) 기록』[23]에 게재된 『모페르튀이 씨의 논문집』[24]의 설명을 인용해 여기에 삽입하겠다. 첫째 현상은 하늘의 빛나는 권역이다. 이
것은 성운이라 하며, 작은 항성들의 퇴적이라고 생각된다. 그러나 천문학 A XLII
자들은 성능이 좋은 망원경의 도움을 받아 성운은 하늘의 다른 부분보다 다소 밝은 큰 타원형의 권역에 지나지 않는다는 점을 발견했다. 호이겐스[25]는 이러한 종류의 것을 오리온좌(座)에서 처음으로 발견했다. 핼리[26]는 『영국 학사원 회보』[27]에서 그러한 권역을 여섯 개 논하고 있다. 1. 오리온좌의 검(劍) 안, 2. 사수좌의 안, 3. 켄타우루스좌의 안, 4. 안티누스의 오른쪽 발 앞,
5. 헤라클레스좌 안, 6. 안드로메다좌의 허리띠 안. 이것들을 8피트의 반 I 233
사 망원경으로 관측하면, 이 중 넷째 것만이 별의 퇴적으로 간주될 수 있음을 알 수 있다. 다른 것은 하나가 더 둥근 원에 가깝고, 다른 것은 더 타원형이라는 것을 제외하고는 어떤 유의미한 차이를 보이지 않고 단지 희끄무레하게 나타날 뿐이다. 또 전자의 경우에는 망원경으로 볼 수 있는 작은 별들이 이들의 희끄무레한 빛의 원인일 수는 없는 듯이 보인다. 핼리는 이들 현상이 창세기 창조사의 시작 부분에서 발견되는 것을 설명할 수 있다고, 즉 빛은 태양 이전에 창조되었다고 믿고 있다. 더햄[28]은 이들의 권역을 입구와 비교했는데, 이러한 입구를 통해서 그 이상의 측정할 수 없는 영역
과 아마도 정화계(淨火界)가 나타나게 되었다고 생각한다. 그에 따르면 이 A XLIII
들 권역 가까이에서 보였던 별들은 이들의 밝은 권역보다도 훨씬 우리에게 가까운 데 있다는 사실을 관찰할 수 있다. 이러한 관찰에 따라서 저자는 헤벨리우스[29]에서 가져왔던 성운의 목록을 부가했다. 저자는 이들 현상을 강력한 회전으로 평평하게 되었던 거대한 빛의 덩어리로 본다. 이 덩어리를 구성하는 물질은, 만약 그것이 다른 별들과 같은 발광력(發光力)밖에 가지고 있지 않다면, 엄청나게 거대한 것이 틀림없다. 왜냐하면 이들 성운은 다른 별들보다 훨씬 멀리 떨어져 있는데도 망원경으로는 현저하게 그것과

I 233 태를 보여주는 일종의 성운을 고찰했다. 또 내가 쉽사리 확신했던 점
A XLIII 은 성운이 상당수 항성들의 퇴적 이상의 것일 수 없다는 사실이다.
A XLIV 이들 성운의 형태는 항상 규칙적인 원형이었으며, 이것에서 나는 상상할 수 없을 만큼 다수의 별무리가 하나의 공통된 중심점 주위에 배열되어 있음이 틀림없다고 생각하게 되었다. 왜냐하면 만약 그렇지 않다면 별들은 서로 제멋대로 위치하게 되고, 따라서 불규칙한 모습을 나타내게 되며, 결코 규칙적인 형태를 나타내지는 않기 때문이다. 또 나는 이들 성운이 원형이 아니라 타원형이기 때문에 이들이 모여 있는 체계에서는 하나의 평면에 주로 집중해 있음이 틀림없음을 알았으며, 희미하게 빛나기 때문에 이들이 우리와 상상할 수 없을 만큼 멀리 떨어져 있음이 틀림없다는 사실을 알았다. 내가 본 저서에서 이러한 유추로 결론 내렸던 것의 옳고 그름은 공평한 독자의 이해에 맡길 것이다.

I 234 이 책의 가장 본질적인 주제를 포함하는 제2부에서 나는 기계적인
법칙만으로 자연의 가장 단순한 상태에서부터 우주의 구조를 전개
A XLV 해나갈 것이다. 이 무리한 기도에 대해 화가 나는 사람이 있겠지만, 영광스럽게도 내 생각을 음미하고자 하는 사람들도 있을 것이다. 만

구분되는 형태와 크기를 가지고 있기 때문이다. 그러나 이러한 빛의 덩어리는, 만약 다른 항성과 크기에서 거의 유사하다면, 우리와 훨씬 가까운 거리에 있을 뿐만 아니라 그 빛도 훨씬 약함이 틀림없다. 왜냐하면 이 덩어리는 그만큼 근접해 있고 눈에 보일 만큼의 크기임에도 극히 희미한 미광(微光)밖에 발하지 않기 때문이다. 그러므로 이들 성운에 시차가 있다면 이 시차를 발견하고자 노력하는 일은 매우 가치 있는 일이 될 것이다. 이러한 시차를 부정하는 사람들은 아마도 소수 사례에서 모두를 추론하기 때문이다. 이들 권역, 예를 들어 오리온좌의 중앙에 있는 작은 항성(혹은 더 나은 예를 든다면 성운에 둘러싸인 항성으로밖에 보이지 않는 안티누스좌의 오른쪽 발 앞에 있는 소항성)은 만약 우리와 더 가까이에 있었다면, 그 권역에서 어떤 종류의 투영에 따라 관찰되거나, 아니면 마치 혜성의 꼬리를 통해서 천체가 보이는 것처럼 이들 덩어리를 통해서 그렇게 보일 것이다.

약 읽는 순서를 감히 요청하는 일이 허용된다면, 제8장을 가장 먼저 읽기를 권한다. 이 장에서 미리 준비를 해둔다면, 올바른 시각을 지닌 판단도 기대할 수 있을 것이다. 그러나 호의적인 독자가 내 의견을 음미해준다고 해도 당연히 걱정스럽다. 즉 이러한 종류의 가설은 통상 철학적 꿈 이상으로 평가받지 못하기 때문에, 독자는 내가 스스로 고안해낸 자연의 역사를 면밀히 검토하려고 마음먹고, 독자가 만나게 되는 어려움을 피하려고 저자가 사용하는 말 돌리기에 참을성을 가지고 따라가서 결국에는 아마도 런던 향구사(香具師)*의 구경꾼 A XLVI
처럼 자신의 고지식함에 자조하게 될 것이다. 그러나 나는 자신 있게 약속한다. 만약 시작할 때 제시한 예비적 장에 대해 독자가 내 희망대로 납득해서, 그러한 개연적 추측을 기초로 해서 자연학의 모험을 감행한다면, 그는 아마도 애초에 걱정했던 만큼 많은 우회로나 통행 불가능한 장애물을 만나지는 않을 것이다.

실제로 나는 세심한 주의를 기울이면서 모든 자의적인 허구를 배제했다. 나는 우주를 가장 단순한 카오스로 환원한 이후, 자연의 위대한 질서를 전개하기 위해 인력과 척력 이외의 어떤 힘도 사용하지 않았다. 이들 두 힘은 꼭 같이 확실하고, 꼭 같이 단순하며, 꼭 같이 A XLVII
근원적이면서 일반적이다. 둘 다 뉴턴의 철학에서 빌려온 것이었다. 인력은 지금 의심할 여지없이 자연의 법칙이다. 뉴턴 과학에서 척력은 인력만큼 충분히 명료하게 제시될 수 없다. 그렇지만 나는 여기서 어느 누구도 그것을 부정할 수 없다는 의미에서만, 즉 예컨대 증기와 I 235
같은 물질의 극소 부분의 발산과 관계해서만 척력을 가정한다. 나는 매우 단순한 근거에 기초해서 주의 깊은 독자들이 저절로 도달하게 될 귀결 이외의 어떤 것도 고려하지 않고 다음 체계를 도출했다.

---

* 겔레르트[30]의 우화 「한스 노드」를 참조할 것.

마지막으로 이하의 이론에서 나타나게 될 명제들의 타당성과 가
A XLVIII 치 있어 보이는 것에 관해 짤막한 설명을 덧붙이고자 한다. 그리고
공정한 재판관들이 이들 명제를 기초로 해서 이 이론을 검토해주기
를 원한다. 저자는 자기 작품에 찍었던 인장에 따라서 공정하게 판
정된다. 그러므로 나는 사람들이 이 논문의 여러 부분에서 내 의견에
스스로 부여한 가치 이상의 엄격한 책임을 요구하지 않으리라 희망
한다. 사실상 이러한 종류의 논문에 대해서는 최대의 기하학적 엄밀
성이나 수학적 무오류성이 요구될 수는 없다. 이 체계가 신뢰성의 규
칙이나 올바른 사고방식에 따른 유추나 조화에 기초하는 한, 그 대상
A XLIX 이 요구하는 모든 것을 충분히 만족시키는 셈이 될 것이다. 나는 이
논문의 몇몇 부분에서 그 정도 수준의 완전성에는 도달했으리라 믿
는다. 예를 들면 항성계의 이론, 성운의 성질에 관한 가설, 우주의 기
계적 생성의 일반적 구상, 토성의 고리와 여러 다른 이론이 그것이
다. 나의 설명 중 어떤 다른 부분들은 덜 만족스러울 것이다. 예를 들
면 이심률의 확정, 행성들의 질량 비교, 혜성의 다양한 일탈과 다른
것들이 그것이다.

그러므로 제7장에서 체계의 풍부함, 우리가 상상할 수 있는 최대
한의 그리고 가장 찬탄할 만한 대상의 매력에 유혹되고, 유추와 이
A L 성적 신뢰성의 인도에 따라서 내가 대담하게 우리 학설의 귀결을 가
능한 한 확장하더라도, 그리고 무한의 피조물, 새로운 우주의 형성,
오래된 우주의 소멸, 카오스의 무제한의 공간을 상상력으로 제안한
다 하더라도, 나는 독자들이 주제의 강렬한 매력에 빠지고, 이 이론
을 가장 큰 규모로 확장해도 조화를 이룬다는 사실을 목격하고 경험
I 236 하는 쾌락에 빠지기를 원한다. 또 이러한 고찰에서는 결코 도달할 수
없는 기하학적 엄밀성을 기준으로 삼아 판정하지 않기를 원한다. 내
가 제3부에서 기대하는 것은 정확하게 이러한 공정성이다. 그럼에도

독자들은 그 이론에서 확실성보다는 못하지만 단순히 자의적인 것을 넘어서는 무언가를 발견할 것이다.

A LI; I 237

이 책 전체의 요지

제1부

은하의 현상에서 도출된 항성군의 일반적·체계적 구조의 개요. 이 항성계와 행성계의 유사. 타원형을 이루는 하늘의 거대함을 보여주는 여러 체계의 발견. 모든 피조물의 체계적 구조에 관한 새로운 개념.

결론. 행성의 이심률은 거리에 비례해서 늘어난다는 법칙에 근거해서 토성을 넘어 다수 행성이 존재한다는 것을 개연적으로 추측함.

제2부

제1장

우주의 기계적 기원을 설명하는 학설의 근거. 이에 대한 반대 근거. 모든 가능한 개념 중 둘 다를 만족시킬 유일한 개념. 자연의 최초 상태. 모든 물질의 요소들이 우주 전체에 걸쳐 분산되어 있음. 인력을 통한 최초의 운동.[31] 가장 강력한 인력의 점(点)에서 물체의 형성을 시작함. 이 중심 물체를 향해 요소들이 전반적으로 낙하함. 물질이 극소

부분들로 분해될 때 이 극소 부분은 척력을 가짐. 척력과 인력이 결
합함으로써 낙하 운동의 방향이 변함. 이들 운동은 모두 동일하게 하 A LII
나의 영역을 향함. 모든 입자는 하나의 공통 평면으로 밀어닥쳐, 거
기서 퇴적하려 함. 이들 입자의 운동 속도는 서서히 줄어들어, 그것
들이 위치하는 거리에 맞추어 중력과 균형을 이룸. 모든 입자가 원을 I 238
그리며 중심 물체의 주위를 자유롭게 공전함. 행성은 이들 운동하는
요소들에서 형성됨. 그렇게 형성된 행성은 공통 평면에서는 동일한
방향으로 향하고, 중심점 가까이에서는 거의 원의 궤도를 그리면서
중심점에서 멀리 떨어질수록 이심률을 증가시키면서 자유롭게 운
동함.

제2장

이 장은 행성들의 여러 가지 밀도와 그것들의 질량 관계를 다룸. 태양에 근접해 있는 행성이 멀리 떨어진 행성보다도 밀도가 높은 이유. 뉴턴의 설명은 불충분함. 중심 물체가 그 주위의 가장 가까운 곳에서 회전하는 구체(球體)보다도 가벼운 이유. 행성의 질량이 거리에 비례하는 관계. 중심 물체가 최대의 질량을 가지는 원인을 그들의 생성 방식에서 찾음. 우주 물질의 모든 요소가 분산되었을 때의 희박도[32] 계산. 이 희박도의 개연성과 필연성. 유추에 기초한 천체의 생성 방식에 관한 뷔퐁 씨[33]의 주목할 만한 중요한 증명.

제3장

행성궤도의 이심률과 혜성의 기원에 관하여. 이심률은 태양과 거리에 A LIII
비례해서 커짐. 이 법칙의 원인을 우주생성론에서 찾음. 혜성의 궤도
가 황도의 평면에서 자유롭게 일탈하는 이유. 혜성이 가장 가벼운 유
형의 소재로 형성된다는 사실의 증명. 북극광에 관한 부수적 주석.

제4장

위성의 기원과 행성의 자전에 관하여. 위성을 형성하는 소재는 행성이 자신을 형성하기 위하여 입자를 모았던 영역 안에 포함되어 있었음. 이들 위성 운동과 이 운동의 모든 특성의 원인. 큰 행성에만 위성이 있는 이유. 행성의 자전에 관해서, 위성은 애초에 훨씬 빠른 속도로 자전했는가? 지구 자전의 속도는 감소하고 있는가? 행성의 궤도면과 관계하는 행성 축의 위치에 관하여. 행성 축의 이동.

제5장

토성의 고리의 기원에 관하여 그리고 그 고리의 관계들에서 토성의 자
I 239 전 주기를 계산함. 혜성의 성질과 비교된 토성의 원초적 상태. 토성의
자전에 영향을 받은 운동에 따라 고리는 토성 대기권의 입자에서 형성됨. 이 가설에 따라서 토성의 자전 주기를 확정함. 토성의 형태에 대한 고찰. 천체 일반은 편평하게 된 회전 타원형임. 이 고리의 성질에 관한 더 상세한 기술. 새로운 발견에 대한 개연적 추측. 지구에는 노아의 홍수 이전에 고리가 있었는가?

A LIV

제6장

황도광에 관하여.

제7장

공간과 시간에서 무한한 전 범위에 걸친 창조에 관하여. 거대한 항성계의 기원. 항성계의 중심에 있는 중심 물체. 창조의 무한성. 창조의 전체적 본질에서 일반적인 체계적 관계. 자연 전체의 중심 물체. 새로운 우주가 끊임없이 형성됨으로써 무한한 시간과 공간에서 창조는 계속되고 있음. 형성되지 않은 자연의 카오스에 관한 고찰. 우주

는 점차적으로 붕괴하고 소멸함. 이러한 사고방식은 적절함. 붕괴한 자연은 재생함.

제7장의 보완

태양의 일반 이론과 역사의 개괄. 개개 우주의 중심 물체가 타고 있는 물체인 이유. 타고 있는 물체에 대한 더 상세한 고찰. 타고 있는 물체 주위에 있는 대기의 변화에 관한 고찰. 태양의 소멸. 태양의 형태를 상세하게 봄. 자연 전체의 중심점에 관한 라이트 씨의 견해. 이 견해의 개선.

제8장

우주 일반의 구조에 관한 기계적 학설이 정당하다는 것에 대한 일반적
증명. 특히 우리 학설의 확실성에 관하여 그러함. 사물의 본성에는 질 A LV
서와 완전성으로 올라가는 본질적인 힘이 구비되어 있다고 하는 것
은 신의 존재에 대한 가장 아름다운 증명임. 자연주의의 비난에 대한
방어.

우주의 구조는 단순하며, 자연의 힘을 넘어서지는 않음. 우주의 기
계적 기원을 확실하게 증명하는 유추. 동일한 것을 일탈에서 증명함. I 240
신의 직접적인 명령을 추가한다 하더라도 이런 물음들에 대한 충분
한 대답은 아님. 뉴턴에게 기계적 이론을 포기하게 만든 난점. 이 난점의 해결. 여기서 서술한 학설이 모든 가능한 수단 중 두 진영의 근거에 정당함을 부여하는 유일한 수단임. 더 나아가 이 학설은 행성들의 밀도, 질량, 그들 간의 거리, 이들 특성의 단계적 연관으로 증명됨. 신의 선택이라는 동인은 이들 상황을 직접 확정하지 않음. 종교와의 관계에서 정당화. 신의 직접적 명령을 주장하는 학설에서 생겨나는 난점.

제3부

여러 천체의 거주자를 비교하는 것에 관하여

모든 행성에 주민이 있는가? 그것을 의심하는 이유. 여러 행성 주민 간의 자연적 관계의 근거. 인간에 대한 고찰. 인간 본성이 불완전
A LVI 한 원인. 태양에서의 거리 차이에 따른 생명체의 신체적 성질의 자연적 관계. 이 관계가 정신 능력에 미치는 결과. 여러 천체의 사고하는 존재자 비교. 이들 존재자의 주거 장소 상황에서 이것을 확인함. 이들 존재자를 최선으로 만들기 위해 신의 섭리가 있었던 배치에서 이것을 그 이상으로 증명함. 짤막한 탈선.

결론

미래 인류의 삶에서 일어날 일.

일반 자연사와 천체이론 I 241

제1부

항성군의 체계적 구조의 개요와 그러한 항성계가 상당히 다수라는 것에 관하여

> 이 우주의 모든 부분을 결합하고 당기고,
> 위대한 전체를 보존하는 위대한 경이의 연쇄를 보라.
> —포프[34]

A Ⅰ; Ⅰ 243

개요

뉴턴 우주론의 기본 개념 중 이하의 서술을 이해하기 위해 가장 불가결한 기본적인 개념의 개요*

태양을 중심으로 궤도를 그리는 6개 행성, 그중에서 3개 행성에는 위성이 존재하는데, 수성, 금성, 달이 있는 지구, 화성, 4개 위성이 있는 목성, 5개 위성이 있는 토성, 그리고 이와 마찬가지로 모든 방향에서 대단히 긴 궤도로 운행하는 혜성들은 우리가 태양계 혹은 행성 우주라 부르는 체계를 이룬다.[35] 이들 행성의 위성은 원형의 순환 운동을 하기 때문에, 어떤 학설에서도 똑같이 필요한 두 가지 힘을 전제
A Ⅱ 한다. 즉 하나는 **직진력**[36]인데, 이것에 따라 이들 천체는 그들의 곡선 궤도 각 점에서 직선 방향의 운동을 계속한다. 이 직진력은 만약 다른 하나의 힘이 없었다면 무한히 멀리 날아갔을 것이다. 그것이 무엇이든 이 **둘째 힘**이 작용함으로써 이들 천체는 끊임없이 직선 방향의 운동을 멈추고, 태양을 중심으로 하는 곡선 궤도를 운행할 수밖에 없다. 이 둘째 힘은 기하학 자체가 명백하게 규정하는 것처럼 어떤 점에서도 태양을 향해 있어서 낙하력, 구심력 혹은 중력이라고 한다.

Ⅰ 244 만약 천체의 궤도가 완전한 원이라면, 곡선 운동의 합성을 극히

* 이 짤막한 서언은 대부분 독자에게는 불필요한 것으로 보일 수도 있겠지만, 나는 뉴턴의 원리들을 충분히 알 수 없는 독자에게 이하의 이론을 이해할 준비로서 이 서언을 제시하고 싶었다.

단순하게 분석하는 것만으로도 중심점을 향한 지속적인 구동력이
요구된다는 사실을 알 수 있을 것이다. 그러나 모든 행성과 혜성의
운동은 타원운동을 하며, 이들의 공통 초점은 태양이다. 그럼에도 케
플러의 유추[37][이것에 따르면 동경(動徑), 즉 행성에서 태양으로 그
어진 선분은 항상 시간에 비례한 공간을 타원 궤도에서 그린다]의
도움을 받은 고등 기하학은 어떤 하나의 힘이 행성을 그 궤도 운행
의 모두에 걸쳐 태양의 중심을 향해 지속적으로 몰고 나가지 않으면
안 된다는 사실을 의심할 수 없는 확실성을 가지고서 증명한다. 그렇
다면 행성계의 전 공간에 걸쳐 적용되고 태양계를 향해 있는 이 낙
하력[38]은 자연의 확정된 현상이며, 이 힘이 중심에서 멀리 떨어진 공 A III
간 범위까지 미친다는 것을 보여준 법칙은 또 마찬가지로 확실하게
증명되었다. 즉 이 힘은 중심에서 거리의 제곱이 증대하는 데 반비례
해서 감소한다. 이 규칙은 거리가 다양하게 떨어져 있는 행성의 공전
주기에서 마찬가지로 틀림없이 도출된다. 이 주기는 항상 태양에서
행성 평균거리의 세제곱의 제곱근에 비례하기 때문에, 이것에서 우
리는 이들 천체를 공전의 중심점으로 끄는 인력이 거리의 제곱에 반
비례해서 감소해야 한다는 점을 연역할 수 있겠다.

태양의 주위를 공전하는 행성들에 적용되는 법칙은 동일하게 더
작은 천체계, 즉 행성 주위를 공전하는 위성들에 의해서 구성되는 체
계에서도 발견된다. 위성의 공전주기도 행성에서의 거리에 정확하
게 동일한 방식으로 비례하고, 또 행성을 향한 낙하력에 관해서도 이
행성과 태양의 관계와 동일한 관계가 확정된다. 이 모두는 부정할 수
없는 관측에 근거를 둔 가장 확실한 기하학의 결과로서 어떤 반론도
허용하지 않는다. 추가해서 한 가지 생각을 해보면, 이 낙하력은 행
성의 표면에서는 중력이라 부르며, 위의 법칙에 따라 행성과 거리에
따라서 감소하는 구동력이다. 이것은 지구 표면의 중력의 양과 달을 A IV

그것의 궤도 중심점으로 몰고 나가는 힘을 비교해보면 알 수 있는 일
I 245 이다. 즉 이들 힘은 전 우주에서의 인력과 동일한 관계를 맺고 있다.
즉 거리의 제곱에 반비례한다. 이것이 바로 자주 언급했던 중심의 힘
을 중력이라 부르는 이유다.

더 나아가서 어떤 특정한 물체가 현전하는 것만으로, 그리고 이 물체로 접근하는 데 비례해서 어떤 작용이 발생한다면, 그 방향 또한 이 물체에 매우 정확하게 관계한다는 사실은 개연성이 매우 높기 때문에 이 물체는 어떤 방식에서든 간에 그 작용의 원인이라는 사실을 알 수 있다. 그래서 태양을 향한 행성의 전반적 낙하가 태양의 인력에 따른 것이며, 이 끌어당기는 힘이 모든 천체 일반에 구비되어 있다고 생각하더라도, 이것은 근거가 있다.

그러므로 만약 물체가 이 물체를 태양이나 어떤 다른 행성을 향하
여 낙하하게 하는 이 구동력의 영향에 자유롭게 맡겨진다면, 그 물
체는 끊임없이 그 운동을 가속화하면서 태양이나 행성을 향해 떨어
질 것이며 순식간에 이 덩어리와 하나가 될 것이다. 그러나 만약 물
A V 체가 한쪽 측면으로 충격을 받게 된다면, 게다가 이 충격이 낙하하는
힘과 정확하게 같을 만큼 강하지 않다면, 그 물체는 중심 물체를 향
하여 만곡(彎曲)운동을 하면서 낙하할 것이다. 그러나 그 물체에 가
해진 도약력[39]이 적어도, 이 물체가 중심 물체의 표면에 접촉하기 전
에, 이 물체를 중심 물체의 반지름 정도로 수직선에서 떼어놓을 만큼
강력하다면, 그 물체는 중심 물체의 표면에 접촉하지 않을 것이며,
중심 물체를 거의 스칠 정도로 뛰어넘은 뒤 낙하로 도달하게 된 속력
에 의해서 재차 낙하했던 것과 동일한 높이까지 상승하며, 결과적으
로 그 물체는 영속적인 궤도운동을 하면서 중심 물체 주위를 계속 공
전할 것이다.

따라서 혜성과 행성의 운행궤도 간의 차이는 그것을 낙하하게 하

는 힘에 저항하는 측면 운동의 일탈에서 성립한다. 이들 두 힘이 균형을 더 이루면 이룰수록 궤도는 원형에 가깝지만, 그것들이 균형을 덜 이루면 이룰수록 추진력이 중심력과 관계에서 약해지게 되어 궤도는 길어지게 되거나 곧잘 이야기하는 것처럼 중심에서 벗어나게 된다. 천체는 그 궤도의 어떤 부분에서 다른 부분에서보다 훨씬 태양에 가깝기 때문이다.

자연 전체에서 어떤 것도 완전히 엄밀하게 균형을 이루지 못하기 I 246
때문에, 어떤 행성도 완벽하게 원형의 궤도를 그리지 못하지만, 혜성은 완벽한 원형에서 일탈하는 정도가 가장 크다. 왜냐하면 그것의 측면에서 가해졌던 도약력과 그것의 최초 거리에서 중심력의 비례가 가장 작기 때문이다.

이 책에서 나는 자주 우주의 체계적 구조라는 표현을 사용할 것이
다. 이것이 무엇을 의미하는지 이해하기는 어렵지 않을 테니 짤막하 A VI
게 설명하겠다. 실제로 우리의 우주에 속하는 모든 행성과 혜성은 하나의 공통된 중심 물체의 주위를 공전한다는 사실로 하나의 체계를 이룬다. 그러나 나는 이 체계라는 용어를 좁은 의미로 사용한다. 왜냐하면 나는 이들 행성이나 혜성 상호 간의 결합을 규칙적이고 제일적으로 만드는 더 엄밀한 관계를 고려하기 때문이다. 행성들의 궤도는 하나의 공통 평면과 가능한 한 가까운 거리 관계를 유지한다. 즉 태양의 적도 연장면과 가까운 거리 관계를 유지한다. 이런 규칙에서의 일탈은 모든 운동이 서서히 멈추게 되는 체계의 가장 바깥 경계에서만 일어난다. 그러므로 하나의 공통 중심점 주위에 배열되어 있고, 이것 주위를 운행하는 일정한 수의 천체가 동시에 일정한 평면에 제한되어 있어서, 그 평면의 양측으로 가능한 한 일탈하지 않는다면, 그리고 그러한 일탈이 중심점에서 가장 멀리 떨어져 있어 다른 물체보다도 중심점에 관계하는 정도가 적은 천체들에서만 그러한 일탈

이 서서히 일어난다면, 이들 천체는 서로에 대해서 체계적인 구조 안에 있다고 말할 수 있다.

일반 자연사와 천체이론 제1부 항성군의 체계적 구조에 관하여

A 1; I 247

우주의 일반적 구조에 관한 이론[40]은 호이겐스 시대 이래로 어떤 눈에 띨 만한 진전도 없었다.[41] 지금 우리는 그 당시 이미 알려졌던 것, 즉 모두가 하나의 평면 위에서 원궤도를 그리며 공전하는 위성을 10개 가진 행성 6개와 모든 방향으로 뻗어나가는 불멸의 혜성이 태양을 중심으로 한 하나의 체계를 이룬다는 것, 이 태양을 향해 모든 A 2
것이 낙하하고, 태양의 주위를 모든 행성과 혜성이 운행하며, 태양이 이들 모두를 비추어 따듯하게 해서 이들을 활기차게 한다는 것, 그리고 마지막으로 항성들도 다수의 유사한 체계들의 태양이며, 이들 체계에서 모든 것은 우리 체계에서와 동일한 규모와 질서로 배열되어 있으며, 무한한 우주 공간에는 그 수나 탁월성에서 이들 창조자의 무한성과 관계를 가지는 태양계들로 넘쳐난다는 것 이상을 알지 못한다.

자신들의 태양 주위를 운행하는 행성들의 결합에서 일어나는 체계적 배열은 매우 많은 항성에서 모두 사라진 것으로 간주되었으며, 소규모 천계에서 발견된 규칙적인 관계가 대규모 우주의 관계에는 적용되지 않는 것처럼 보였다. 항성군에는 이들의 위치를 상호 제한하는 법칙은 없고, 이들 항성군이 어떤 질서나 의도도 없이 모든 하

I 248 늘에 가득 차 있는 것으로 보였다. 인류의 지식에 대한 욕망이 이러
한 제한을 자신에게 부과한 이래로, 어느 누구도 그렇게까지 상상할
수 없을 정도의 위대한 작품 안에서 자신을 드러낸 사람의 위대함을
추측하고 경탄하는 것 말고는 어떤 것도 하지 못했다.

영국인인 듀르햄의 라이트 씨에게, 운 좋게도 하나의 고찰로 한 걸
음 더 나아갈 기회가 주어졌다. 그러나 라이트 씨 자신은 이러한 고
A 3 찰이 유용한 목적을 위해 사용된다고 생각했던 것 같지는 않았고, 그
것을 응용하는 일이 유익하다는 사실을 충분히 알아차리지 못했던
것 같다. 라이트 씨는 항성군을 어떤 의도도 없이 흩어져 있는 무질
서한 성군이라고 보지는 않았다. 오히려 그는 전체 안에 하나의 체계
적 구조, 즉 이들 성군과 이들이 차지하는 공간의 주요 평면 간에 일
반적인 관계가 있다는 것을 발견했다.[42]

우리는 그가 전개해나갔던 생각을 개선하고 수정하고자 할 것이며, 그렇게 함으로써 중요한 결과들이 탄생할 수 있고, 그것의 성과를 완전히 확증하는 일은 미래 세대에서 기대될 수 있을 것이다.

쾌청한 밤에 별들로 가득 찬 하늘을 바라보는 누구라도 빛의 띠를
발견할 것이다. 그것은 다른 곳이 아니라 바로 거기에 집중되어 있는
엄청난 수의 별이라는 것 때문에, 그리고 매우 멀리 떨어져 있는 이
유로 별들 하나하나가 더는 식별될 수 없다는 사실 때문에 은하라는
이름이 주어졌다. 하늘의 관측자들이 오랫동안 하늘에 확실히 구별
되는 이 대(帶)의 성질에 마음을 움직여서 항성군의 위치에서 특수
한 특성들을 그것에서 추측하지 못했다는 것은 불가사의한 일이다.
왜냐하면 은하는 큰 원 방향으로, 끊임없이 전 하늘을 일주한다는 사
실을 확인할 수 있으며, 이들 두 조건은 매우 정확하게 결정되어 있
A 4 고, 어렴풋한 우연과는 분명하게 구별되는 특징들이어서 주의 깊은
천문학자들은 자연스럽게 이러한 현상을 주의 깊게 설명하고자 하

는 열망을 가지지 않을 수 없었기 때문이다.

항성군은 움푹 들어간 면으로 보이는 천구에 있는 것이 아니라 우
리 시점에서 다른 것보다 더 멀리 떨어져 있어서 하늘의 심연으로 사
라져버린다. 따라서 이들 현상에서 고찰해볼 때, 성군은 그것의 하나
하나의 배후에 또 다른 성군이 앞에 있는 식으로 우리에게서 떨어져
있기 때문에, 모든 방향을 향해서 무차별적으로 흩어져 있는 것이 아 I 249
니라, 우리 시점을 교차하는 어떤 특정한 평면에 주로 관계함이 틀림
없고, 이 평면의 가능한 한 가까운 데서 발견되는 것이 틀림없다.

이런 관계는 너무나 명백한 현상이기 때문에 은하의 희끄무레한 띠에 포함되지 않은 다른 성군조차 그들의 위치가 은하권에 가까이 있으면 있을수록 집중되어 조밀하게 보이며, 따라서 육안으로 볼 수 있는 별 2,000개는 대부분 은하를 중심으로 하는 그렇게 넓지 않은 대에서 발견된다.

그런데 하늘을 통한 평면을 생각하고 그것을 무제한한 거리로 넓
혀서, 모든 항성과 항성계는 이 평면과 일반적 관계를 맺고 있으며,
그래서 이들은 다른 영역보다 이 평면에 좀더 가까이 있다고 가정해
보면, 이 관계평면의 안에서 하늘의 움푹 들어간 구면에 있는 별의 A 5
영역을 전망할 경우, 이러한 평면의 방향에 있는 이 극히 조밀한 별
들의 집중은 상당량의 빛으로 빛나는 대 모양으로 보일 것이다. 이
빛의 띠는 관찰자의 위치가 이 평면 자체 안에 있기 때문에 거대한
원의 방향으로 확장될 것이다. 이 대 안에는 별들이 다수 존재할 것
이며, 이들 별은 하나하나의 광점으로 식별될 수 없을 만큼 작고 조
밀하게 보이기 때문에 희끄무레한 빛, 한마디로 말하면 은하로 나타
난다. 이 평면과 관계가 서서히 감소하는 다른 천체군 또는 관측자
위치에 더욱더 가까이에 있는 다른 천체군은 그것의 집중이라는 점
때문에 이 평면과 여전히 관계를 맺기는 하지만, 그럼에도 넓게 흩어

져 있는 것으로 지각될 것이다. 마지막으로, 이러한 사실에서 다음이 귀결되어 나온다. 우리의 태양계에서는 이 항성계가 가장 큰 원의 방향으로 지각되기 때문에, 태양계도 또 이 항성계와 함께 바로 이 동일하게 거대한 평면의 부분이며, 또 다른 항성계와 함께 하나의 체계를 형성한다.

우주를 지배하는 일반적 관계의 본성을 더욱 잘 탐구하기 위해서 우리는 항성의 위치가 왜 공통 평면과 관계하는지 그 근거를 발견하고자 한다.

A 6; I 250 태양 인력의 범위는 행성계의 좁은 영역에 한정되어 있지 않다. 면밀히 살펴보면 무한하게 확장된다. 토성의 궤도를 훨씬 넘어 운행하는 혜성도 태양의 인력에 따라 재차 되돌아와서 자신의 궤도를 운행한다. 그러므로 한정되지 않은 것이 물질의 본질에 편입되어 있는 것처럼 보이는 힘의 본성에 더 어울리며, 이 힘의 본성은 실제로 뉴턴의 법칙을 승인하는 사람들에 의해 그런 것으로 인정되어 있음에도 우리는 이 태양의 인력이 가장 가까이에 있는 항성에까지 미친다는 사실이 승인되기를 원한다. 항성군도 또 그렇게 많은 태양처럼 태양과 동일한 범위만큼 영향을 미친다는 사실, 따라서 항성의 전체 집단은 인력에 따라 상호 접근하려고 노력한다는 귀결이 뒤따른다는 사실도 승인되기를 원한다. 그리하여 모든 태양계[43]는 멈추지도 않고 방해받지도 않는 상호 접근으로 조만간 하나의 덩어리로 합체하게 될 것이다. 우리 행성계의 천체에서처럼, 중심에서 멀어지고자 하는 힘에 의해서 이런 파괴가 멈춰지지 않는다면, 이 붕괴는 방해받지 않게 될 것이다. 천체를 직선적인 낙하에서 딴 곳으로 돌리는 원심력은 인력과 결합해서 영원한 회전운동을 낳고, 그것에 의해서 창조의 체
A 7 계는 파괴를 면하게 되고, 끝없는 지속으로 이어질 것이다.

그리하여 하늘의 모든 태양은 하나의 일반적인 중심의 주위를 공

전 운동하거나 다수의 중심점 주위를 공전 운동하거나 어느 쪽이 될 것이다. 이 문맥에서 우리는 태양계의 회전운동에 근거해서 다음과 같이 유추할 수 있다. 즉 이들 고차의 우주의 태양을 고차의 우주 질서에 속하는 다수의 운행하는 별들로 간주한다면, 행성을 회전시키는 원심력을 준 것과 동일한 원인이 행성의 운행궤도를 조정하고, 이들 행성 모두를 하나의 평면에 관계시켰던 것과 같은 방식으로 회전력[44]을 태양에 주었던 어떤 원인이 동시에 또 이들 궤도를 가능한 한 하나의 평면으로 가져오며, 이 평면에서 일탈하는 것을 제한하려 했다고 유추할 수 있다.

이러한 개념에 따르면, 행성계를 무한하게 확대할 경우 항성계는 행성계로 어느 정도 서술될 수 있을 것이다. 왜냐하면 위성을 10
개 가진 행성 6개 대신에 행성을 수천 개 상정하고, 이전에 관측되었 I 251
던 28개 혹은 30개 혜성 대신에 그것의 백 배 혹은 수천 배 혜성을 상정한다면, 그리고 이들 천체를 스스로 발광하는 것으로 생각한다면, 이들 천체는 지구에서 바라보는 관찰자 눈에는 은하의 항성군과 같은 모습을 연출할 것이기 때문이다. 왜냐하면 지금 고려하는 행성들
은 공통의 관계평면 가까이에 가게 됨으로써 지구와 아주 동일한 평 A 8
면에 있는 우리에게는 무수한 별로 빛나는 거대한 원 방향의 대로 보일 것이기 때문이다. 가설에 따르면 이들 별은 움직이고 그리하여 하나의 장소에 고정되어 있지 않음에도 이 밝은 띠는 도처에 많은 별로 가득 찰 것이다. 왜냐하면 다른 별들이 자신의 장소를 변경하더라도, 장소의 이동으로 한쪽 측면에 충분할 정도의 별들이 항상 존재할 것이기 때문이다.

일종의 황도대라고 하는 이 빛나는 대의 폭은 앞서 언급한 행성[45]이 관계평면에서 어느 정도 일탈하느냐에 따라서, 그리고 이들 궤도가 이 동일한 표면에 대해서 어느 정도 경사를 이루느냐에 따라서 결

정된다. 그리고 별은 대부분 이 관계평면 가까이에 있기 때문에, 이 평면에서 멀어질수록 별의 수는 분산되어 나타날 것이다. 그러나 모든 장소를 무차별적으로 운동하는 혜성은 하늘의 영역을 이 평면의 양 측면에서 덮을 것이다.

그러므로 항성 하늘의 형태는 소규모 행성계가 갖고 있는 체계와 동일한 체계적 구조를 가진다는 것 외에는 다른 원인을 갖지 않는다. 모든 태양은 하나의 체계를 이루며, 그것의 일반적 관계평면이 은하이기 때문이다. 이 평면과 최소한 관계가 있는 것들은 이 평면의 한 측면에 있는 것으로 보이지만 덜 집중되어 있다. 정확하게 이유를 말
A 9 한다면, 이들은 더 넓게 분산되어 있고 띄엄띄엄 있기 때문이다. 말하자면 이들은 태양들 사이에 있는 혜성들이다.

그러나 이 새로운 학설은 서로 떨어져 있는 운동을 태양에 속한 것으로 보지만, 모든 사람은 태양들이 움직이지 않고 처음부터 자신의 장소에 고정되어 있는 것으로 본다. 이런 이유로 항성에 주어진 이름은 모든 세기의 관측으로 확정되고 의심할 여지가 없는 것으로 생각된다. 이러한 난점은 만약 근거가 있었더라면 위에서 전개된 학설을 파괴할 것이다. 그러나 모든 점을 고려해볼 때, 항성이 운동을 하지 않는다는 것은 단지 겉보기[46]에 그럴 뿐이다. 움직이지 않는 것처럼 보이는 것은 항성의 공전의 공통 중심점에서 거리가 멀어서 운동
I 252 이 예외적으로 완만하게 일어나기 때문이거나, 아니면 관측 장소에서의 거리로 운동이 일어나는 것을 지각할 수 없기 때문이다. 이러한 생각이 어느 정도 개연적인지 산정하기 위해서 우리의 태양 가까이에 있는 어떤 항성이 태양을 중심으로 공전한다고 가정하고, 그 항성이 가지고 있는 운동을 계산해본다. 호이겐스의 계산에 따라서 이 항성이 지구에서 태양까지 거리의 2만 1,000배 이상 떨어져 있다고 한다면, 공전 주기는 중심점의 거리의 세제곱의 제곱근에 비례한다는

이미 확정된 법칙에 따를 경우, 이 항성이 태양 주위의 궤도를 한 번
도는 데 걸리는 시간은 150만 년 이상일 테고, 따라서 4,000년에 1도
만큼 그 위치를 변경시킬 것이다.[47] 그런데 아마도 호이겐스가 시리 A 10
우스에 대해 추정했던 것과 같이 소수의 항성만이 태양 가까이에 있
고, 천체의 나머지 항성의 거리는 시리우스의 거리를 엄청나게 능가
할 것이다. 따라서 이러한 주기의 공전을 위해서는 대단히 긴 시간이
요구되고, 게다가 추가적으로 생각될 수 있는 것은 항성인 하늘의 태
양은 그것의 공통 중심점을 공전하는데, 이 둘 사이의 거리 또한 엄
청나게 멀어서 항성의 운동은 매우 느릴 수밖에 없다는 것이다. 그
때문에 우리는 이러한 사실에서 인류가 이들 항성을 관찰했던 모든
시간으로도 그들의 위치에서 일어났던 변화를 알아차리기에는 충분
하지 않다는 사실을 추측할 수 있다. 그러나 언젠가는 이 변화를 발
견할 수 있다는 희망을 포기해서는 안 된다. 이를 위해서는 세밀하
고 조심스러운 관찰자와 멀리 떨어진 관측 간의 비교가 요구될 것이
다. 또 이러한 관찰들은 주로 은하의 성군에 집중되어야 할 것이다.*
은하는 모든 운동의 주요 평면이 될 것이기 때문이다. 브래들리 씨는 A 11
거의 지각될 수 없는 항성의 운동을 관측했다. 고대인들은 하늘의 어
떤 장소에 별들이 있다는 점을 관측했다. 우리는 다른 장소에서 새로
운 별들을 본다. 우리가 보고 있는 별들이 고대인들이 관측한 별들과
동일하지만, 단지 위치만 바뀌었을 뿐이라는 것을 누가 알겠는가. 관
측 도구가 우수해지고, 천문학이 완성되면 그 기묘한 현상도 발견하
리라는 희망을 충분히 가질 수 있다.** 자연의 근거와 유추에 근거해 I 253

---

* 예컨대 북두칠성처럼 다수 별이 어떤 작은 공간 안에 서로 근접한 그런 별들의 집중도 관찰해야 할 것이다. 북두칠성은 아마 더 큰 체계 안에 있는 하나의 작은 체계를 이룰 것이다.

** 드 라 이르[48]는 1693년 파리 아카데미의 『정기간행물』[49]에서 자신의 관

서 문제 자체를 확신하는 것은 이런 희망을 너무 잘 지지하여, 자연과학자들로 하여금 이들을 완수할 수 있도록 주의를 환기할 수 있게 한다.

은하는 거의 하늘의 이 권역에서만 나타났다가 사라지는 황도대이며, 하늘의 다른 권역에서는 이런 일이 생겨나지 않는다. 이러한 시각의 변화가 이들 별이 우리에게서 주기적으로 멀어졌다 가깝게 되는 사실에 기인한다면, 이상에서 언급한 성군의 체계적 구조에서 추측해보건대, 그러한 현상은 단지 은하의 권역에서만 볼 수 있는 것
A 12 처럼 여겨진다. 왜냐하면 마치 위성이 그것의 행성 주위를 공전하는 것처럼, 다른 항성 주위를 타원형 형태로 공전하는 별들도 있으므로, 운동의 공통 평면 가까이에 있는 천체들만이 이들 천체 주위를 공전하는 위성들을 가지고 있는 우리 행성체계에서 유추해보면, 은하 안에 있는 별들만이 그 별 주위를 공전하는 태양들을 가지게 될 것이기 때문이다.[51)]

내가 여기서 제출한 학설 안에는 창조 계획에 대해 숭고한 견해를 제시했기 때문에 아주 매력적인 부분이 있다. 나를 그 부분으로 인도했던 일련의 생각들은 간략하고 단순하다. 그것은 다음처럼 구성되어 있다. 만약, 우리가 은하를 묘사했던 것처럼, 하나의 공통 평면에 관계하고 위치한 항성들의 체계가 우리에게서 너무나 멀리 떨어져 있어서 이 체계를 구성하는 개개의 별들이 망원경으로도 식별할 수 없다면, 그리고 은하의 별들까지의 거리에 대한 그 항성계까지의 거리의 비가 우리에게서 태양까지의 거리의 비와 같다면, 요컨대 항성계를 측량할 수 없는 거리에서 그 바깥에 있는 관찰자의 눈으로 본다

측에서 그리고 그 관측을 리치올리[50)]의 관측과 비교함으로써 북두칠성의 위치에서 주요한 변화를 지각했다고 진술했다.

면, 이 항성계는 좁은 시각 속에서 약한 빛이 비치는 작은 공간으로 I 254
나타날 것이다. 그것의 형태는 평면이 눈에 직각으로 나타나면 원형
이 되고, 측면에서 보인다면 타원형이 될 것이다. 만약 그런 현상이 A 13
나타난다면, 이는 빛의 약함, 그것의 형태, 또 식별할 수 있을 만큼 큰
지름에 따라 개별적으로 관측할 수 있는 모든 다른 별과 명료하게 구
별될 것이다.

우리는 천문학자들의 관측 가운데서 이런 현상을 찾을 수 있다. 이 현상은 여러 관측자가 명료하게 인지했다. 사람들은 그런 현상의 기이함에 놀라고, 여러 가지로 억측하며, 때로는 불가사의한 것이라고 상상하고, 때로는 명백한 개념을 제시하기도 했으나, 이 개념은 불가사의하다고 상상하는 것과 마찬가지로 근거가 없는 것으로 판명되었다. 우리가 여기서 언급하는 것은 성운이거나, 오히려 모페르튀이 씨가 다음처럼 기술하는 종류의 별이다.* 그것들은 하늘의 텅 비어 있는 공간의 암흑보다도 약간 밝은 작은 장소들이고, 그것들 모두가 일치하는 점은 그들이 다소 차이는 있지만 열린 타원 형태를 하며, 이들의 빛은 하늘에서 지각되는 어떤 다른 빛보다 훨씬 약하다는 것이다.[53] 천문학의 저자는 그것들이 하늘의 입구라고 상상했으며, 저자는 이것을 통해서 자신이 정화계(淨火界)를 볼 수 있다고 믿었다.[54]이미 언급한 모페르튀이 씨와 같은 더 계몽된 통찰을 지닌 철학자는 그것들의 형태와 식별 가능한 지름을 토대로 해서 그것들을 엄청나게 거대한 천체
로 간주했으며, 이들 천체는 측면에서 보면 회전운동으로 상당히 편 A 14
평하게 되었기 때문에 타원형으로 보인다고 생각했다.

쉽게 알 수 있는 일이지만, 모페르튀이 씨의 설명도 잘못되었다. 왜냐하면 이러한 종류의 성운은 의심할 여지없이 적어도 다른 항성

* 별의 형태론.[52]

만큼이나 우리에게서 멀리 떨어져 있고, 그 크기가 가장 큰 별의 수천 배를 넘을 만큼 클 뿐만 아니라 스스로 발광하는 물체, 즉 태양인데도 가장 효력을 잃은 약한 빛을 발한다고 하는 것은 참으로 기이한 일이 틀림없기 때문이다.

성운은 그런 크기를 지닌 하나의 별이 아니라 별들의 체계이며, 우
리에게서 떨어져 있는 이 체계의 거리는 이들 체계를 매우 좁은 공간
에 있는 것처럼 보이게 한다. 그로써 개개의 빛으로는 우리에게 지각
I 255 되지 않는 성운의 빛은 그 막대한 양에도 불구하고 하나같이 어슴푸
레한 빛을 낸다고 생각하는 것이 더 자연스럽고 이해가능한 일이다.
우리가 거주하는 태양계와의 유비, 우리 학설에 따를 경우 그러한 것
이 틀림없는 형태, 무한한 거리를 전제할 수밖에 없는 빛의 약함, 이
모든 것은 완전히 일관되게 이 타원 형태가 정확하게 동일한 우주 구
A 15 조, 말하자면 은하로 간주되어야 한다는 생각을 뒷받침해준다. 그것
의 구조는 우리가 방금 살펴보았던 것이다. 만약 추측에서 유추와 관
찰이 서로 완전히 뒷받침해줄 경우, 이 추측은 형식적 증명과 같은
가치를 지닌다는 점이 인정된다면, 우리는 이들 체계의 확실성은 증
명된 것으로 간주해야 할 것이다.[55]

이제 하늘의 관찰자들은 이 주제에 주의 깊게 몰두할 충분한 열의를 가지게 되었다. 우리가 알고 있는 것처럼 항성은 모두 하나의 공통 평면에 관계하고, 그리하여 여러 우주의 우주인 질서 정연한 전체를 형성한다. 우리는 측량할 수 없을 정도로 먼 거리에 그러한 체계들이 많이 있으며, 창조는 그 크기의 무한한 전 범위에 걸쳐 체계적이며 상호 관계적이라는 사실을 알 수 있다.

우리는 또 이런 고차의 우주 질서가 상호 관계가 없는 것은 아니며 이 상호 관계를 바탕으로 더 측량할 수 없는 체계도 형성한다는 사실을 추측할 수 있게 된다. 실로 모페르튀이 씨가 제시했던 이러한 종

류의 타원형 성운은 은하의 평면에 매우 밀접하게 관계한다는 사실
을 알 수 있다. 이 방대한 영역에서 관측을 수단으로 하여 발견을 많 A 16
이 하지 않으면 안 된다. 성운이라 부르며 그것에 관해 논의되는 별
들은 이 학설에 따라 연구되고 음미되어야 한다. 자연의 부분들이 의
도와 발견 계획에 따라서 고찰된다면, 그렇지 않았을 경우 미처 알아
차릴 수 없는 어떤 특성들이 드러나게 되지만, 우리 고찰이 어떤 안
내도 받지 않고 모든 대상을 상대로 해서 이루어진다면, 이런 특성들
은 감추어진 채 남아 있게 된다.

우리가 제시했던 이 학설이 우리에게 창조의 무한한 영역에 대한
조망을 열어주고, 위대한 건축자의 무한성에 어울리는 신의 작품에 I 256
대한 생각을 제공한다. 거대한 행성계에서 지구는 모래 한 알에 지나
지 않으며, 거의 주목을 받지 못하지만, 이 거대함 때문에 우리 지성
이 경탄을 금치 못한다면, 은하 전체를 채우는 무한한 크기의 우주와
체계를 주시할 때, 우리는 얼마나 환희를 느끼며 경탄하게 될까. 그
러나 측량할 수 없는 모든 별의 질서가 그 끝을 우리가 알지 못하는
무수한 우주의 한 단위에 불과하며, 이 무수한 우주도 아마도 은하와
마찬가지로 이해할 수 없을 정도로 크지만 이것 또한 서로 결합해 있
는 새로운 무수한 우주의 한 단위에 불과하다는 것을 우리가 알게 될
때, 이 경탄은 얼마나 클까. 우리가 보는 것은 여러 우주나 체계의 무
한히 늘어나는 관계의 첫 항에 지나지 않을 뿐이지만, 이 무한한 증 A 17
가의 첫 부분만으로도 이미 우리는 전체에 관해서 무엇을 추측할 수
있는지를 이해하게 된다. 여기서는 끝이 없다. 여기에 있는 것은 진
실로 측량할 수 없는 심연이다. 여기에서는 수학의 도움을 받아 인간
의 이해력이 높이 올라가겠지만, 결국 그 이해력은 심연 속으로 가라
앉고 만다. 스스로 계시했던 지혜, 선, 능력은 무한하며, 동일한 정도
로 다산적이고 활동적이다. 그런 이유로 그런 것을 계시한 계획도 그

것과 마찬가지로 무한하며 제한이 없다.

그러나 우리가 창조의 거대함에 대해 생각을 확장하는 역할을 하는 중요한 발견들은 단지 대규모 형태로만 이루어지는 것은 아니다. 소규모에서도 아직 발견되지 않은 것은 적지 않으며, 우리 태양계에서도 이 체계의 부분들은 측량할 수 없을 정도로 서로 떨어져 있고, 이들 중간 부분은 아직 발견되지도 않았다. 우리가 알고 있는 행성들의 가장 바깥쪽에 있는 토성과 아마 그것의 10배 이상 떨어져서 우리 쪽으로 다가오는, 이심률이 가장 작은 혜성 사이에, 토성보다도 혜성의 운동에 가까운 운동을 하는 행성은 없을까? 그리고 일련의 매개물들을 통해 행성과 혜성의 성질을 접근시킴으로써 행성을 서서히 혜성으로 변하게 하고 후자의 부류들을 전자의 부류들과 연관해줄
A 18 매개물은 정말 없을까?

행성궤도의 이심률이 태양에서의 거리에 비례[56]한다는 법칙은 이
I 257 러한 추측을 뒷받침한다. 행성운동의 이심률은 태양에서의 거리에 따라서 커지며, 그리하여 원거리의 행성은 혜성의 성질에 가깝게 된다. 그러므로 토성을 넘어서 다른 행성들이 있을 것이라고 가정되며, 이런 행성은 이심률이 크기 때문에 혜성에 점점 더 유사하게 되고, 연속적인 단계에 따라 그 행성은 결국 혜성이 되어버린다고 가정된다. 금성의 이심률은 그것의 타원 궤도에서 긴반지름의 1/126이고, 지구의 그것은 1/58, 목성은 1/20, 토성은 1/17이다. 그 때문에 이심률은 명백히 거리에 따라서 커진다. 수성과 화성은 태양에서 거리가 허용하는 한도보다 이심률이 훨씬 크기 때문에 이 법칙에서 예외가 된다는 것은 사실이다. 그러나 이하에서 지적하는 것처럼 행성이 형성될 때 어떤 행성들에 대해 작은 질량만 허용했던 것과 동일한 원인이 회전에 필요한 도약력의 부족을 낳았기 때문에 결과적으로 이들의 이심률이 생겨났고, 따라서 이들 두 행성의 이심률도 불완전하게

되어버렸다.

그 결과로 토성 바로 너머에 위치한 천체의 이심률 감소[57]는 토 A 19
성 아래쪽에 있는 행성의 그것과 거의 비례할 테고, 행성들은 거리가
멀어지면 멀어질수록 서서히 혜성의 부류와 관계한다는 것이 개연
적이지 않을까? 왜냐하면 정확하게 말해서 이 이심률로 혜성과 행성
이 본질적으로 구별되고, 혜성의 꼬리와 흐릿한 구형이 그것의 결과
에 지나지 않는다는 것은 확실한 사실이며, 이와 유사하게 천체에 공
전 궤도를 준 그 어떤 원인은 멀어지면 멀어질수록 약하게 되어 공전
을 위한 도약력을 낙하력과 균등하게 하지 못하게 하고, 그것 때문에
운동을 이심적으로 만들 뿐만 아니라, 동일한 이유로 더 낮은 천체들
이 운동하는 하나의 공통 평면 쪽으로 이들 구형의 궤도를 가져올 수
없게 되며, 그로 인해 모든 방향으로 혜성이 일탈하는 일이 생겨나기
때문이다.

이런 추측에 따르면, 우리는 아마도 토성보다 더 큰 이심률을 가
지며, 따라서 혜성의 성질에 더 가까운 새로운 행성을 토성 너머에
서 발견하기를 기대해볼 수도 있다. 그러나 바로 동일한 이유로 우리
는 이 새로운 행성을 짤막한 시간밖에, 즉 그것이 근일점(近日点)에
있을 때밖에 볼 수 없을 것이다. 그러한 사정으로 그리고 이들 행성 A 20
에 접근하기 어렵고 빛도 약하기 때문에, 이 행성은 지금까지 발견되 I 258
지 않았고, 마찬가지로 미래에도 발견하기 어려울 것이 분명하다. 이
렇게 말해도 좋다면 최후 행성이자 최초 혜성은 이심률이 매우 클 테
고, 그리하여 근일점에서는 그것에 가까이 있는 행성의 궤도를, 따라
서 아마도 토성의 궤도를 횡단하게 될 것이다.

A 21; I 259

일반 자연사와 천체이론

제2부

자연의 최초 상태, 천체의 형성, 천체 운동과 이 운동의 체계적 관계의 원인을 특히 행성의 구조 내에서, 그리고 창조 전체에 관해서 논함

보라, 형성된 자연이 그의 위대한 목적을 향하여 움직이는 것을,
미세한 우주 먼지도 서로를 향해 움직인다.
당겨진 것은 자신에게로 다른 것을 당기고,
차례차례 다른 것을 감싸안고, 그것에 형태를 부여하기 위해.
보라, 물질이 천 가지 방식으로,
우주 중심을 향해 다가가는 모습을.
—포프[58)]

일반 자연사와 천체이론 제2부 A 23; I 261

제1장
행성 우주 일반의 기원과 그것의 운동 원인에 관하여

우주에 대한 고찰은 우주 부분들이 서로에 대해 가지게 되는 변화
관계나 이들 부분의 기원적 원인을 드러내는 그런 관계를 고려할 때
두 측면이 있으며, 이 두 측면은 모두 동일하게 개연적이며 승인될
수 있는 것이라는 점을 보여준다. 한편으로는 태양을 중심으로 해서 A 24
궤도를 그리고 위성[59]이 10개인 행성 6개가 모두 한쪽 방향을 향해
서 운동하고, 그럼에도 이 방향은 인력의 힘을 바탕으로 이 모든 행
성의 공전을 지배하는 태양 자신의 회전 방향과 동일하다. 그리고 행
성의 궤도는 공통 평면, 즉 태양의 적도 연장 면에서 그렇게 멀리까
지 이탈하지 않는다. 또한 태양계에 속하지만 가장 멀리 떨어진 천
체에서는 운동의 공통 원인이 우리가 추측할 수 있는 바에 따를 경
우 아마 중심점에 가까이 있는 곳만큼 강력하지 않으므로 거기에 힘
이 가해진 운동이 부족한 그만큼 정확하게 그 천체는 공통 평면에서
일탈하게 된다. 이 모두를 우리가 고려한다면, 그것이 무엇이든 간에
하나의 원인은 체계의 전체 공간에 일관된 영향을 미치며, 행성궤도 I 262

의 방향이나 위치는 일치의 결과, 즉 이들 행성 모두가 행성에 운동이 일어나게 했던 물질적 원인에 대해 가질 수밖에 없는 일치의 결과라고 믿지 않을 수 없다.

다른 한편 우리 태양계의 행성이 공전하는 공간을 고려한다면, 이
A 25 공간은 완전히 텅 비어 있고,* 이들 천체에 공통의 영향을 미치고 이들 운동을 일치하게 하는 어떤 물질도 이 공간에는 전혀 존재하지 않는다. 이러한 사정은 완전한 확실성을 가지고서 확정되었으며, 아마도 앞서 진술한 개연성을 능가할 것이다. 뉴턴은 이런 근거를 납득하고 있었고, 따라서 행성계의 공간에서 확장됨으로써 공통 운동을 유지하는 어떤 물질적 원인도 승인할 수 없었다. 뉴턴의 주장에 따르면, 신의 직접적인 손이 자연의 힘을 적용하지 않고서 이런 질서를 부여했다.

공평하게 검토해보면, 이 두 주장의 근거는 꼭 같이 강하며, 둘 다 완전히 확실한 것으로 간주되어야 한다는 사실을 알 수 있다. 그러나 마찬가지로 확실한 것은 이들 명백히 서로 충돌하는 근거들이 결합될 수 있고 또 결합되어야 한다는 사고방식이 있지 않으면 안 된다는 것, 이러한 새로운 개념에서 참된 체계를 찾을 수 있다는 것이다. 우리는 그것을 짤막하게 진술하고자 한다. 행성 우주의 모든 구가 회전하는 현재의 공간 구조에서는 이들 운동을 일으키거나 조정할 수 있
A 26 는 어떤 물질적 원인도 존재하지 않는다. 이 공간은 완전히 텅 비어 있거나 텅 비어 있는 것이나 다를 바 없다. 그러므로 이 공간은 초기에는 현재와 다르게 구성되었다. 즉 그 공간 안에 있는 모든 천체의

A 25 * 나는 여기서 이 공간이 가장 본래적 의미에서 텅 비어 있다고 할 수 있는지를 검토하지는 않는다. 왜냐하면 이 공간에서 만날 수도 있는 모든 물질은 너무나 무력해서 문제가 되는, 운동하는 덩어리에 어떤 작용도 하지 못한다는 것에 주목하는 것만으로도 여기서는 충분하기 때문이다.

운동을 일으키고, 그 운동은 자신의 운동과 일치하도록 했으며, 따라
서 다른 모든 운동과 일치하도록 할 만큼 충분히 강력한 힘이 이 공
간 안에 가득 차 있었다. 인력이 위에서 진술한 모든 공간을 석권하
고, 분산된 모든 물질을 모아서 특정한 덩어리로 만든 후에, 행성은
언젠가 이들 행성에 가해진 운동으로 저항하지 않는 공간 안을 자유
롭게 그리고 변함없이 계속 운동했음이 틀림없다. 처음에 제안했던 I 263
개연적인 근거들은 이러한 사고방식을 확실하게 요구한다. 이 두 주
장 중간에 제3의 가능성은 없기 때문에, 이런 사고방식은 확실한 찬
동을 얻을 것이며, 이러한 찬동으로 단순한 가설을 능가할 것이다.
사람들이 상세하게 논의하고자 한다면 호화스러운 수학적 방식, 즉
자연학의 문제를 다룰 때 통상 도출하는 것보다 훨씬 빛이 나는 수학
적 방식에 따라 일련의 추론들을 하나씩 추적해나감으로써 우주 구
조의 기원에 관해 논의하는 것도 가능할 것이다. 그러나 나는 내 의 A 27
견의 타당성을 오류가 있는 것처럼 보이는 논증으로 의심스럽게 만
들고, 무지한 사람을 납득시켜 전문가들의 찬동을 잃어버리게 하기
보다는, 내 의견을 가설 형식으로 제출하고 그것의 가치를 검증하는
일을 독자의 통찰에 맡기고자 한다.

나는 우리의 태양계에 속하는 구체, 즉 모든 행성과 혜성을 구성하는 물질이 모두 만물의 시작에서처럼 요소적인 원재료로 해체했을 때, 이 모든 물질이 이들 형성된 천체가 현재는 회전하는 우주의 전 공간을 채웠다고 생각한다. 우리가 이러한 자연의 상태를 어떤 체계도 고려하지 않고 그 자체만으로 고찰한다고 하더라도, 이 자연의 상태는 무(無)로 이어질 수 있는 가장 단순한 것처럼 보인다. 그때에는 아무것도 아직 형성되지 않았다. 서로 떨어져 있는 천체 간의 배열, 인력으로 조절되는 천체들 간의 거리, 모인 물질의 균형에서 생겨난 천체의 모양은 뒤에 나타난 상태다. 창조 직후 자연은 있을 수 있는

한의 조야한 상태였고, 아직 형성되지 않은 상태 그대로였다. 그러나 카오스를 구성하는 요소들의 본질적 특성에서조차 우리는 그 요소들이 그 기원에서부터 가지고 있던 완전함의 특징을 느낄 수 있다. 그 요소들의 본질은 신의 지성의 영원한 관념에서 생겨나기 때문이다. 어떤 의도도 없이 기획된 것처럼 보이는 가장 단순하고 일반적인 특성, 단순히 수동적인 것처럼 보이며 형성도 배열도 결여된
A 28 것처럼 보이는 물질은 그 가장 단순한 상태에서도 자연적 전개에 따라 더 완전한 상태로 자신을 형성하려고 노력한다. 그러나 요소에
I 264 여러 가지 차이가 있다는 것은 대부분 자연의 운동과 카오스의 전개로 이어졌고, 그렇게 됨으로써 흩어져 있는 요소들이 일반적으로 동종이라면 요소들은 정지하게 되겠지만, 자연의 운동과 카오스의 전개로 이런 정지는 사라지고, 카오스는 인력이 더 강한 곳으로 자기 형성을 시작한다. 자연은 모든 면에서 헤아릴 수 없기 때문에 이 원소재의 종류는 의심할 여지없이 무한히 다양하다. 그 때문에 가장 높은 밀도와 큰 인력을 가진 요소는 그 자체로는 더 작은 공간을 차지하고 있고 또 더 희박하다. 그래서 우주 공간 곳곳에 흩어져 있는 경우에는 더 가벼운 요소보다도 띄엄띄엄 분산되어 있다. 1,000배 큰 비중을 가지고 있는 요소는 1,000배 정도 띄엄띄엄 분산되어 있고, 100만 배 큰 비중을 가지고 있는 요소는 100만 배 정도 띄엄띄엄 분산되어 있다. 그리고 이러한 계열들은 가능한 한 무한한 것으로 간주되어야 하기 때문에, 행성계의 반지름을 가진 것으로 기술된 구체가 그것의 1/1000의 선분[60]을 지름으로 하는 다른 구체를 능가하는 것과 같은 정도의 비율로, 어떤 물체적인 구성 부분의 밀도가 다른 구성 부분의 밀도를 능가하는 것과 마찬가지로, 분산되어 있는 요소들 중 더 무거운 종류는 더 가벼운 요소보다 서로 훨씬 멀리 떨어져 있을 것이다.

이런 식으로 채워진 공간에서 전반적인 정지는 단 한순간만 지속 A 29
할 뿐이다. 여러 요소는 서로를 운동하게 하는 본질적 힘을 가지고 있으며, 그 자체로 생명의 기원이다. 물질은 직접적으로 자신을 형성하고자 노력한다. 흩어져 있는 요소 중 밀도가 높은 종류는 인력에 따라 자기 주위의 어떤 영역에서 비중이 더 가벼운 물질을 모은다. 그러나 이들 요소 자체는 자신과 결합했던 물질과 함께 밀도가 더 높은 부분이 있는 곳으로 모이며, 또 이 부분도 마찬가지로 밀도가 더 높은 부분으로 모인다. 이러한 일들은 계속 이어진다. 자기를 형성하는 자연이 카오스의 전 범위에 걸쳐서 일어난다고 생각하게 될 때 사람들이 쉽게 알게 되는 것처럼, 이 작용은 궁극에 가서는 여러 가지 덩어리의 합성으로 끝을 맺게 되며, 이런 형성이 완료된 후 이 덩어리들은 인력이 균형을 이루게 됨으로써 영원히 정지하게 된다.

그러나 자연에는 여전히 다른 힘이 비축되어 있다. 이들 힘은 물질이 입자로 해체될 때 특히 드러나게 되며, 그 힘에 의해서 입자들은
서로 반발할 수 있고, 이들 힘이 인력과 충돌함으로써 말하자면 자연 I 265
의 지속적 생명이라는 운동이 발생한다. 이 척력은 증기의 탄성이나 강한 냄새가 나는 물체의 발산이나 모든 알코올성 물질의 확산에서
나타나며, 이것은 논쟁할 여지가 없는 자연 현상이다. 이 척력 때문에 A 30
인력점들을 향해서 하강하는 요소들은 직선 운동에서 서로에 영향을 주어 측면으로 방향을 바꾸게 하며, 수직의 낙하 운동은 결국[61] 낙하의 중심점을 포함하는 원운동으로 바뀌게 된다. 우주의 형성을 명료하게 이해하기 위해서 우리는 자연의 무한한 전체에서 하나의 특수한 체계로, 즉 우리의 태양에 속하는 행성계로 고찰을 한정할 것이다. 이 행성계의 생성을 고찰한 이후에 유사한 방식으로 더 높은 우주 질서의 기원으로 나아갈 테고, 무한한 생성의 전체를 하나의 학설로 개괄할 수 있을 것이다.

그리하여 하나의 거대한 공간 안의 하나의 점에 위치한 요소들이
그 점 주위의 어떤 다른 곳보다 더 큰 영향을 미치는 인력을 가지고
있다면, 이 범위의 전체에 걸쳐 분산되어 있는 요소적 입자들의 기본
원소재[62]는 이 점을 향하여 낙하할 것이다. 이 전반적인 낙하에 따
라 가장 먼저 이 인력의 중심점에서 하나의 물체가 형성된다. 이 물
체는 말하자면 무한히 작은 종자에서 빠르게 성장하지만,[63] 이 물질
이 증대함에 따라 더 강력한 힘으로 주위 입자들을 움직여 자신과 결
합하도록 만든다. 이 중심 물체의 질량이 매우 증대하여 이 물체가
먼 거리에 있는 입자들을 당기는 속도가 그 입자들을 서로에 대해 반
A 31 발하게 하는 약한 척력에 의해서 측면으로 휘게 되고, 원심력에 의해
서 중심 물체를 하나의 원 안으로 포함할 수 있는 측면 운동으로 변
하게 된다면, 입자들의 거대한 소용돌이가 생겨나게 된다. 이들 입자
는 각각 인력과 측면 방향으로 회전하는 힘이 결합한 결과로 인해 곡
선을 그리게 된다. 이런 유형의 궤도는 모두 서로 교차하며, 이런 일
이 일어나는 것은 이들 입자가 이 공간 안에 매우 듬성듬성 분산되어
있기 때문이다. 그러나 여러 가지 방식으로 서로 충돌하는 이들 운
동은 자연스럽게 서로를 평형으로, 즉 하나의 운동이 가능한 한 다른
I 266 것을 방해하지 않게 하는 상태를 낳고자 한다. 이러한 일은 우선 이
러한 입자의 운동이 다른 입자의 운동을 제한하여 결국 모두가 동일
한 방향으로 움직임으로써 발생하고, 둘째, 입자가 자신을 인력의 중
심에 가까이 있게 하는 수직 운동을 제한해서 결국 이들 입자 모두를
수평으로,[64] 즉 태양을 중심으로 평행하게 원운동을 하게 하여 이들
이 서로 더는 교차하지 않게 되고, 도약력과 낙하력이 동등하게 됨으
로써 이들이 떠 있는 높이[65]에서 자유롭게 영원히 원운동을 유지함
으로써 발생한다. 그리하여 결국에는 낙하로 속도를 얻게 되었고, 다
른 입자의 저항으로 방향을 얻게 되었던 입자들이 공간 영역에 떠 있

게 되며, 따라서 자유로운 원운동을 유지할 수 있게 된다. 모든 입자가 A 32
하나의 방향으로 움직이고, 평행한 원의 궤도를 그리며, 즉 자유롭게
원운동을 하며, 획득했던 도약력에 따라 중심 물체의 주위를 운행하
는 상태에서는 요소들의 충돌과 집중은 사라지며, 모든 것은 최소의
상호작용 상태에 이르게 된다. 이러한 일은 서로 충돌하는 운동을 일
으켰던 물질이 있는 모든 경우에 자연스럽게 나타나는 결과다. 그러
므로 분명한 점은 흩어져 있는 입자들 중 상당히 많은 입자가 이 입
자들에 서로 이런 상태에 이르도록 만드는 저항으로 앞서 언급한 특
성을 엄밀하게 가지지 않으면 안 된다는 사실이다. 그럼에도 그렇게
되지 않는 입자도 다수 있으며, 이들 입자는 낙하 목표가 되는 중심
물체의 덩어리를 크게 하는 역할을 하는 것 말고 다른 것은 하지 않
는다는 사실이다. 왜냐하면 이들 입자는 떠다니는 높이에서 자유롭
게 머무를 수 있는 것이 아니라, 낮은 위치에 있는 입자들의 궤도와
교차하며, 결국에는 낮은 위치에 있는 입자들의 저항으로 모든 운동
을 상실하기 때문이다. 그 결과 많은 물질이 모임으로써 행성계의 주
요 부분이 되었던, 인력 중심점에 있는 이 물체가 바로 태양이다. 그
당시 태양에는 아직 훨훨 타는 백열광은 없었다. 그것은 태양이 완전
하게 형성된 이후 태양의 표면에서 분출되었다.

또 주목해야 하는 것은 자신을 형성하는 자연의 모든 요소는 위에
서 증명되었듯이 하나의 방향을 향해서 태양을 중심점으로 하여 운 A 33
동한다는 사실이다. 이 경우 궤도는 이른바 하나의 공통축 주위를 돌
면서 단 하나의 방향으로 회전하지만, 미세한 물질의 회전은 이런 식
으로 유지될 수 없다. 왜냐하면 구심운동의 법칙에 따르면, 모든 궤 I 267
도운동은 그 궤도평면을 가지고서 인력 중심점과 교차하지 않으면
안 되지만, 하나의 공통축 주위를 하나의 방향을 향해 회전하는 모든
궤도 중 태양의 중심점과 교차하는 평면은 단 하나만 존재하기 때문

이다. 이 때문에 모든 물질은 머릿속에서 그려진 이 축의 양 측면에서, 공통 낙하 중심점에서 정확하게 회전축을 거쳐 나아가는 이 원을 향해 돌진한다. 이 원은 모든 떠다니는 요소가 관계하는 평면이며, 이 요소들은 가능한 한 이 평면 주위에 퇴적해 있고, 이 평면과 떨어져 있는 곳은 텅 비어 있게 된다. 왜냐하면 모든 것이 몰려 있는 이 평면에 가까이 갈 수 없는 요소들은 그것들이 떠다니는 장소에 무한정 머무를 수가 없으며, 주위에 떠다니는 요소와 충돌함으로써 결국 태양을 향해 낙하할 것이기 때문이다.

그러므로 우주의 이러한 원소재가 인력에 따라 그리고 저항의 일
반적 법칙의 기계적 결과에 따라 자신의 위치를 정하는 상태에서 주
A 34 위를 떠다닌다는 점을 고려한다면, 우리는 서로 멀리 떨어지지 않은
두 평면 사이에 있는 공간, 그 가운데 일반적인 관계평면이 존재하
는 공간이 태양의 중심점에서 측량할 수 없을 만큼 떨어져 있는 곳까
지 펼쳐져 있다는 사실을 알게 된다. 또 우리는 거기에 포함되어 있
는 모든 입자가 각각 그것의 높이와 그곳을 지배하는 인력에 따라서
자유롭게 공전하면서 규칙적인 원운동을 수행한다는 사실을 알게
된다. 그리하여 이러한 상태에서 이들 원소재의 입자 인력이 서로에
대해 작용을 시작하지 않는다면, 그리하여 행성의 종자라는 새로운
형성을 낳지 못한다면, 이들은 가능한 한 더는 서로를 방해하지 않
기 때문에 항상 이런 상태에 머물러 있게 될 것이다. 왜냐하면 태양
을 중심으로 나란히 원운동을 하는 요소들은 태양에서의 거리에서
그다지 큰 차이를 보이지 않고, 그들의 평형 운동의 균등으로 이 요
소들은 서로에 대해 상대적으로 거의 정지해 있으므로, 거기서 발견
된 요소들 중 탁월한 고유 인력을 가지고 있는 요소는 직접적으로 상
A 35 당한 영향력을 미쳐서,* 가까이에 있는 입자들을 모아 하나의 물체를
I 268 형성하기 때문이다. 이 물체는 그 덩어리의 성장 정도만큼 인력을 점

점 멀리까지 확장하고, 먼 거리의 요소들을 움직여 자신과 하나가 되게 만든다.

[나의] 이 체계에서 행성의 형성은 어떤 다른 가능한 학설보다 다음과 같은 장점이 있다. 이러한 덩어리의 기원이 동시에 운동의 기원을 나타내며, 또 동시에 궤도의 위치를 나타낸다. 그뿐만 아니라 이들 규정의 가장 큰 정확성이나 조화에서의 일탈조차 하나의 조망에서 해명된다. 떠다니는 입자는 그 높이를 유지하면서 원의 궤도를 그리며 정확하게 운동하는데, 행성은 이들 입자에서 형성된다. 그리하여 이들 입자로 결합된 덩어리들은 정확하게 동일한 운동을, 정확하게 동일한 속도로, 정확하게 동일한 방향을 향해 계속할 것이다. 왜 행성의 운동이 원운동에 가깝고 그 궤도가 하나의 평면 위에 있는지를 이해하는 데에는 이것으로도 충분하다. 만약 행성들이 자신들을 형성하기 위해 요소들을 모은 거리가 매우 가깝고, 따라서 이들 요소들에서 운동의 차이가 거의 없었다면, 행성의 궤도는 완전히 정확한 원을 그렸을 것이다.* 그러나 우주 공간에 대단히 많이 흩어져 있던 미세한 원 A 36
소재에서 행성이라는 조밀한 덩어리를 형성하려면 광대한 범위가 필요하기 때문에, 이들 요소와 태양 간의 거리 차이는, 또 이들 요소

* 행성 형성의 시작을 뉴턴의 인력에서만 찾을 수는 없다. 인력은 그렇게 예외적으로 미세한 입자의 경우에는 너무 느리고 미약하다. 오히려 사람들은 이러한 공간에서는 평범한 화합의 법칙에 따라서 결합하는 일부의 요 A 35
소들이 함께 흘러 다니면서 최초로 형성되었고, 그것에서 나온 덩어리가 서서히 성장하여 어느 정도 크기가 되었을 때 뉴턴의 인력이 작용하여 멀리까지 그 덩어리를 서서히 키울 수 있었다고 말할 것이다.

* 이 정확한 원운동은 실제로 태양 가까이에 있는 행성에만 해당한다. 왜냐 A 36
하면 가장 먼 거리에 있는 행성이나 혜성이 형성된 저 먼 권역에 관해서는 그곳에서 원소재의 낙하 운동이 약하고, 그 원소재가 분산되어 있는 공간도 매우 크기 때문에, 그곳에 있는 원소재는 그 자체로 원운동에서 일탈되고, 따라서 그것에서 형성된 물체의 원인[66]임이 틀림없다고 쉽게 추측할 수 있기 때문이다.

간의 속력 차이는 더는 경시될 수 없다. 그 때문에 운동이 이렇게 상
I 269 이함에도 행성들의 중심력과 공전 속도가 균형을 유지하려면 상이
한 높이에서 상이한 운동을 하면서 이 행성으로 모이는 입자들은 서
로 부족함을 보충해줄 것이다. 이러한 일은 매우 정확하게 일어남에
A 37 도,* 완전한 보충에 무언가 부족한 부분이 있기 때문에 공전 운동이
나 이심률에서 일탈이 발생한다. 이것과 마찬가지로 쉽게 이해될 수
있는 점은, 행성의 모든 궤도가 실제로 하나의 평면에 있어야 함에
도, 여기서도 약간 일탈이 발생한다는 사실이다. 왜냐하면 이미 언급
한 것처럼 요소적 입자들은 가능한 한 관계평면 가까이에 있음에도,
그것의 양 측면에 어떤 공간을 포함하기 때문이다. 만약 모든 행성이
관계평면의 양 측면 사이 중심에서 정확하게 형성되기 시작했다면,
그것은 너무나도 다행스러운 우연일 것이다. 입자는 양측에서 발생
하는 이러한 일탈을 가능한 한 제한하고자 함에도, 매우 좁게 한정되
어 있기는 하지만 입자가 양측의 공간에 약간이나마 남아 있기 때문
에 행성궤도도 작으나마 서로에 대해 기울게 된다. 자연의 어디서에
도 극히 정확한 규칙성은 일반적으로 발견될 수 없기 때문에, 여기서
그런 것이 발견될 수 없다고 해서 놀랄 필요는 없다. 원래 어떤 자연
의 특성에도 다양한 사정이 관여해서 정확한 규칙성 등은 기대할 수
없기 때문이다.

A 37 * 왜냐하면 태양과 비교적 가까운 곳에 있는 입자들은 이들 입자가 행성에 모이는 경우에 공전 운동을 하기 위해서 그 장소에서 필요한 속도보다도 공전 속도가 더 크기 때문에, 태양에서 더욱 멀리 떨어져 그야말로 이 행성과 합쳐지는 입자가 이 행성의 타원 궤도의 긴 축(軸) 끝에서 원형으로 운동하기 위해 필요한 속력의 부족분을 만회하기 때문이다.

제2장 A 38

행성들의 밀도 차이와 그것들의 질량 관계에 관하여

이미 살펴보았듯이 요소적 원소재의 입자들은 본래 우주 공간에 균등하게 분산되어 있기 때문에, 이들 입자는 태양을 향해 낙하함으로써 낙하하는 가운데서 얻은 속력이 인력과 동등하게 되는 장소에서 계속 떠다닌다. 그리하여 그들의 방향은 원운동의 경우처럼 원의 I 270
방사선에 대해 직각으로 굴절하게 된다. 그러나 상이한 여러 특정 밀도를 가진 입자들이 태양에서 동일한 거리에 있다고 생각한다면, 비중이 더 큰 입자는 다른 입자의 저항을 뚫고 비중이 작은 입자보다 태양에 더 가까이까지 다가가며, 비중이 작은 입자만큼 빠른 속도로 그것의 방향이 굴절되지는 않는다. 따라서 이들의 운동은 태양에 더 가까운 곳에서만 원의 궤도를 형성한다. 이에 반해서 더 가벼운 유형의 요소들은 더 빠르게, 즉 그것들이 중심으로 그만큼 가까이 가기 이전에 낙하하는 직선에서부터 굴절하게 되고 궤도운동을 하게 된다. 따라서 그런 요소들은 더 먼 거리에서는 공중에 떠다니게 될 테고, 요소들로 가득 찬 공간을 뚫고 태양 가까이까지 다가가지 못하며, 이 운동도 이들 요소의 저항에 따라 약해지는 일도 없고, 중심점 A 39
가까이에서 공전하기 위해 필요한 정도의 높은 속력을 얻을 수도 없을 것이다.[67] 그리하여 운동이 균형을 이룬 후에는 특별히 가벼운 입자는 태양에서 더 멀리 떨어진 곳에서 공전하는 반면에, 더 무거운 입자는 태양과 더 가까운 곳에서 발견될 것이다. 그러므로 태양에 더 가까이 있는 더 무거운 입자에 의해 형성된 행성들은 태양에서 더 멀리 떨어진 곳에 있는 더 가벼운 원자의 집합에서 형성된 행성보다 밀도가 높을 것이다.

그리하여 우주 공간에 있는 물질의 높이가 그것의 밀도에 반비례

한다고 규정하는 것은 일종의 정역학의 법칙이다. 그럼에도 동일한
높이에 있는 입자가 동일한 밀도만 가질 필요는 없다고 하는 것도 마
찬가지로 쉽게 이해된다. 어떤 일정한 유형의 입자 중 더 멀리서 태
양을 향해 낙하하는 입자는 태양에서 더 멀리 떨어진 곳에서 떠다니
고 있고, 더 먼 거리에서 지속적인 원운동을 하기 위해서 필요한 정
도로 그 낙하가 완화된다. 반면에 물질이 보편적으로 배분되어 카오
스 상태에 있는, 원래 위치가 태양에 더 가까이 있는 입자는 그 밀도가
반드시 높지는 않다 하더라도 태양 가까이에서 원운동을 하면서 공
A 40 전할 것이다. 그러므로 낙하의 중심점에 관하여 물질이 점하는 위치
는 물질의 비중에 따라 결정될 뿐만 아니라, 자연의 최초 정지 상태
에서 그 물질이 점하는 위치에 따라 결정되기 때문에, 이것에서 쉽게
알 수 있는 것처럼, 매우 다양한 유형의 물질은 제각각 태양에서 일
I 271 정한 거리가 떨어진 곳에 모이게 되고 거기에서 떠다니게[68] 되지만,
일반적으로 밀도가 더 높은 물질은 중심점에서 멀리 있는 곳에서보
다 가까이 있는 곳에서 존재하게 되고, 그러므로 행성은 대단히 다양
한 물질이 혼합되었음에도 행성 덩어리의 밀도는 태양에 가까이 있
을수록 높아지며, 태양에서 멀어질수록 낮아진다.

행성에 관한 이 밀도의 법칙과 관련해서 우리 학설은 그것의 원인
에 관해서 사람들이 가졌거나 가지게 될 수도 있는 모든 개념과 비
교할 때 탁월한 완벽함을 보여준다. 몇몇 행성의 밀도를 계산에 따
라 확정했던 뉴턴은 행성의 밀도와 거리가 이러한 비례관계를 갖게
된 원인이 신의 적절한 선택과 궁극목적에 대한 열의에서 발견될 것
이라고 믿었다. 왜냐하면 태양에 더 가까이 있는 행성은 태양에서 나
오는 더 큰 열을 견뎌내야 하고, 태양에서 더 멀리 떨어진 행성은 낮
은 열로도 견뎌내며, 이러한 일은 태양에 더 가까이 있는 행성이 밀
A 41 도가 높은 종류가 아니고, 태양에서 더 멀리 떨어진 행성이 더 가벼

운 물질로 구성되어 있지 않다면 가능하지 않은 것처럼 보이기 때문이다. 그러나 그렇게 많이 생각하지 않더라도 그러한 설명이 부적절하다는 것은 분명하다. 하나의 행성, 예를 들어 우리의 지구를 고려해보면, 그것은 대단히 상이한 물질들로 합성되어 있다. 이 중에서 더 가벼운 물질, 즉 태양의 동일한 작용에 따라 더 많이 침투되고 운동하게 되는 물질은, 그리고 태양광선이 작용한 결과 나오게 되는 열에 비례해서 합성된 물질은 지구 표면에 배분되었음이 틀림없다. 그러나 이러한 사실에서 지구라는 덩어리 전체 안에 있는 그밖의 다른 물질의 혼합도 이와 동일한 관계를 갖지 않으면 안 된다는 귀결이 나오는 것은 아니다. 태양은 행성의 내부에는 어떤 작용도 미치지 못하기 때문이다. 뉴턴은 만약 지구가 수성이 있는 지점만큼 가까이에서 태양광선을 받을 만큼 낮게 위치했다면, 지구는 혜성처럼 타버리고 말 테고, 지구를 구성하는 물질은 이 열에 의해 해체되지 않을 만큼 충분한 내화성을 갖지 못할 것이라는 점을 염려했다. 그러나 그렇게 된다면, 지구를 구성하는 물질보다도 네 배나 가벼운 태양 자신의 물질은 이 엄청난 열에 얼마나 많이 파괴되겠는가? 또는 달은 태양에서 지구와 동일한 거리에 지구와 함께 떠 있는데도 왜 지구 밀도의
두 배나 되는가? 그리하여 우리가 밀도의 비를 태양의 열의 비에 귀 I 272
속한다면, 가장 큰 모순에 빠지지 않을 수 없다. 오히려 행성의 위치 A 42
를 행성 덩어리의 밀도에 따라서 배분한 원인은 행성을 구성하는 물질의 표면에 관계하는 것이 아니라 그것의 내부에 관계함이 틀림없다. 이 원인은 그것이 확정한 결과와 상관없이 동일한 천체에서도 물질의 상이성을 허용하고, 합성된 전체에서만 밀도의 관계를 확정함이 틀림없다. 우리 학설에서 개진된 것과는 다른 정역학의 법칙이 이 모두를 만족하게 할 만한 설명을 제공할지 어떨지에 관한 판단은 독자의 판단에 맡기고자 한다.

행성들 간의 밀도 관계는 앞서 개관한 설명과 완전히 일치함으로
써 우리 학설이 정당하다는 것을 확증하는 다른 하나의 사정을 수반
한다. 어떤 천체가 중심점이 되어 그 주위를 다른 천체가 공전하는
경우, 이 천체는 통상 이 천체의 가장 가까운 곳을 공전하는 천체보
다 가벼운 종류다. 지구와 달, 태양과 지구의 관계가 이런 밀도의 관
계를 증명한다. 우리가 제안한 구상에 따르면, 이러한 조건은 필연적
이다. 아래쪽의 행성을 주로 형성했던 나머지 요소적 물질은 그 밀도
의 이점으로 중심점에 그만큼 가까운 곳까지 필요한 정도의 속도를
A 43 가지고 나아갈 수 있는 반면에, 중심점 자체에 있는 천체에는 법칙
에 따른 운동을 획득하지 못하는, 종류가 다른 모든 물질이 무차별적
으로 퇴적하고, 그런 물질 가운데서도 더 가벼운 물질이 가장 큰 부
분을 이룬다. 이것에서 쉽게 알 수 있듯이, 중심점에 가장 가까운 곳
에서 공전하는 천체나 천체들은 자신 안에 이른바 밀도가 높은 종류
를 포함하는 데 반해서, 중심 물체는 모든 종류의 물질을 무차별적으
로 혼합한 것을 포함하기 때문에, 전자는 후자보다 밀도가 높은 종류
다. 사실상 달의 밀도는 지구의 그것보다 2배이며, 지구의 밀도는 태
양의 그것보다 4배다. 우리가 가정할 수 있는 바에 따르면, 태양에 더
가까이 있는 천체, 즉 금성이나 수성은 밀도의 높기 정도에서 이 모
든 천체를 능가할 것이다.

이제 우리 학설에 따라서 천체의 물질이 태양에서의 거리와 어떠
I 273 한 관계를 맺고 있는지에 주목하여, 우리 학설의 성과를 뉴턴의 정
확한 계산에 따라 검토해본다. 많은 말을 할 필요도 없이, 중심 물체
는 항상 이 물체의 주요 부분이며, 따라서 태양은 모든 행성보다 훨
씬 큰 질량을 갖지 않으면 안 된다는 사실을 쉽게 이해할 수 있다. 마
찬가지로 이것은 목성이나 토성이 그들의 위성에 대해서 가지는 관
A 44 계와 같다. 중심 물체는 인력의 전 범위에 걸쳐 입자들이 낙하함으로

써 형성되었는데, 이 입자들은 가장 정확하게 확정된 원운동을 얻을
수도 없었고, 공통 평면과 가까운 관계도 없었으며, 이들의 수량은
분명히 행성을 형성했던 입자들의 수량보다 대단히 많았음이 틀림
없다. 이런 고찰을 우선 태양에 적용해본다. 만약 원운동을 하고 행
성의 원소재가 되었던 입자들이 공통 평면에서 가장 멀리까지 이탈
했던 공간의 전 범위를 측정하고자 한다면, 그것은 행성궤도 상호 간
일탈의 최대폭보다 얼마간 크다고 추정해볼 수 있을 것이다. 그러나
행성들이 공통 평면에서 양측으로 이탈할 때, 이들의 상호 간 기울
기는 가장 클 때가 7.5도다. 그러므로 우리는 태양을 중심점으로 해
서 각도가 7.5도인 두 면 사이의 공간 안에 행성을 형성했던 물질이
모두 흩어져 있었다고 생각할 수 있다. 그러나 가장 큰 원을 향하던
7.5도 영역의 폭은 구면의 1/17보다 약간 크다. 따라서 7.5도 폭으로
천체 공간을 절단한 두 면의 사이에 있는 입체 공간도 천구 전체 체
적(體積)의 1/17보다 약간 크다. 그러므로 이런 가설에 따르면, 행성 A 45
을 형성하기 위해 사용된 물질의 총량은 태양이 이 양 측면에서 가장
멀리 떨어져 있는 행성에서 자신을 형성하기 위해서 모았던 물질의
1/17에 가깝다. 그러나 이 중심 물체는 모든 행성의 총체적보다 큰
덩어리이고, 그것의 비율은 뉴턴의 계산에 따르면 17 대 1이 아니라
650 대 1이다. 그러나 쉽게 알 수 있는 것처럼 토성 너머 위쪽에 있는 I 274
공간에서는 행성의 형성은 중지되거나 드물게 일어날 뿐이어서 몇
몇 혜성과 같은 천체만 형성되었을 뿐이다.[69] 특히 그곳에서 원소재
의 운동은 중심에 가까이 있는 곳에서처럼 자연의 법칙에 따라 지배
되는 중심력과 동등한 힘을 얻지 못하기 때문에, 거의 전반적으로 중
심점을 향하여 낙하하는 것으로 끝을 맺게 되고, 태양은 모든 물질을
그렇게 광대하게 퍼져 있는 공간에서 모으며, 이런 이유로 태양의 덩
어리는 그만큼 특별히 거대한 질량을 가지게 되었을 것이다.

그러나 행성들을 그것의 질량과 관련해서 비교하기 위해, 먼저 우리는 행성이 형성될 때 물질의 양은 앞서 본 형성 방법에 따라 태양에서 거리의 크기에 좌우된다는 점을 주목해보기로 한다. 그 이유는
A 46 다음과 같다. (1) 태양은 그 자신의 인력에 따라서 행성의 인력 범위를 제한하지만, 동일한 사정하에서라면 더 멀리 떨어져 있는 행성은 가까이 있는 행성만큼 제한을 받지 않기 때문이다. (2) 더 멀리 떨어진 행성을 구성하기 위해 입자들이 모여서 형성된 원은 더 가까이 있는 행성보다 반지름이 크며, 더 작은 원보다 원소재를 더 많이 포함하기 때문이다. (3) 이미 언급된 이유로 가장 크게 일탈했던 두 행성 사이의 폭은, 그 일탈의 각도가 동일하다 하더라도, 높이가 높을수록 더 크기 때문이다. 이에 반해서 더 멀리 떨어져 있는 행성이 더 낮은 행성에 비해 이렇게 우월하더라도, 그 우월함은 태양에 더 가까이 있는 입자들이 더 먼 거리에 있는 입자들보다 밀도가 높으며, 모든 것을 고려해볼 때 덜 분산되어 있다는 사실로 한계를 갖게 된다. 그러나 쉽게 추정할 수 있는 것처럼, 큰 질량을 형성하는 데 멀리 떨어져 있는 행성이 갖는 우월함은 더 가까이에 있는 행성이 갖는 한계를 훨씬 능가한다. 일반적으로 태양에서 멀리 떨어진 곳에서 형성된 행성은 태양 가까이에 있는 행성보다 큰 질량을 얻는 것이 틀림없다. 그렇다면 이러한 일은 우리가 태양이 있는 곳에서만 행성이 형성된다는 것을 고려하는 한에서만 생겨난다. 그러나 만약 여러 행성이 다양한 거리에 따라서 형성된다는 점을 고려한다면, 이들 행성의 인력 범위는 서로서로 제한하게 될 테고, 이 때문에 앞서 말한 법칙의 예외도 생겨나게 된다. 왜냐하면 질량이 매우 큰 행성 가까이에 있는 행
A 47 I 245 성은 자신을 형성한 권역의 상당 부분을 잃어버릴 테고, 그리하여 그것과 태양에서 거리의 관계 자체가 요구하는 것보다 훨씬 작아질 것이기 때문이다. 따라서 우리 학설의 주요한 두 부분인 토성과 목성이

태양에서 가장 멀리 떨어져 있기 때문에 가장 큰 행성이라는 사실에서 분명해지듯이, 일반적으로 행성은 태양에서 멀어짐에 따라서 큰 질량을 갖지만, 그럼에도 이 유추에서 일탈이 있게 된다. 그러나 이러한 일탈 속에서 천체의 일반적 형성이 갖는 특성이 항상 뚜렷해진다. 즉 모든 행성은 태양에서의 거리에 맞게 할당된 질량을 가지기 마련인데도, 매우 큰 행성은 양측에 있는 가장 가까운 행성에서 그 질량을 빼앗아버린다. 즉 그런 큰 행성은 자신과 가장 가까이에 있는 행성을 형성했던 물질의 일부를 흡수해버린다. 사실상 주어진 위치로 본다면 지구보다 커야 할 화성은 화성에 가까이 있는 매우 큰 목성의 인력에 의해서 질량의 일부를 상실했으며, 토성 또한 그 거리 때문에 화성보다 우월함에도 목성의 인력에 따라 상당한 손실을 겪는 데서 완전히 자유롭지는 못했다. 또 수성의 질량이 매우 작은 것은 인력이 강력한 태양 가까이에 있기 때문만이 아니라, 금성에 가까이 있기 때문인 것처럼 보인다. 왜냐하면 금성의 밀도와 그것의 크기를 비교해보면 금성은 질량이 상당한 행성임이 틀림없기 때문이다.

그런데 모든 것은 우리가 기대하는 만큼 탁월한 방식으로 일치되 A 48
어 우리는 우주와 천체의 기원에 관한 기계적 학설이 적절한 것임을
확인할 수 있었다. 그 때문에 우리는 이제 행성의 원소재가 그 행성
형성 이전에 분산되어 있었던 공간을 측정함으로써 이 중간 공간이
당시에 어느 정도 희박하게 되었는지, 거기에 떠다니던 입자가 어느
정도 자유롭게 혹은 어느 정도 방해를 받지 않고서 운동의 법칙에 따
라 그 공간 안에서 움직일 수 있었는지를 고려할 것이다. 행성의 모
든 물질을 에워싸는 공간이 토성 권역의 일부, 즉 태양 중심점에서
볼 때 모든 높이에서 7도만큼 서로 떨어진 두 면 사이에 끼인 그 부
분, 따라서 토성의 높이를 반지름으로 하는 전체 권역의 1/17의 부분
안에 포함되어 있다고 가정한다면, 행성의 원소재가 이 공간을 채우 I 276

는 희박 정도를 계산하기 위해서, 우리는 토성의 높이가 지구 지름의
10만 배에 달했다고 추정할 것이다. 그럴 경우 토성 궤도의 전 권역
은 지구 체적의 1,000조[70] 배가 된다. 만약 1/17 대신에 1/20이라고
만 가정한다 하더라도, 그 권역 안에 요소적 원소재가 떠다니는 공간
A 49 은 지구 체적의 50조 배를 능가하지 않으면 안 된다. 그런데 우리가
뉴턴과 함께 행성과 위성의 모든 질량이 태양의 그것의 1/650이라고
가정한다면, 태양의 1/169282에 불과한 지구와 모든 행성 물질의 질
량의 비는 1 대 276.5[71]가 된다. 따라서 만약 이들 물질이 모두 지구
와 밀도가 동일하다고 가정한다면, 지구보다 277.5배 큰 공간을 점하
는 물체가 탄생할 것이다. 그러므로 지구 형태의 특성이 요구하는 것
처럼 만약 지구의 밀도가 그 덩어리 전체에서 지구 표면에서 발견되
는 고체의 밀도를 크게 상회하지 않고, 이 표면 물질이 물의 거의 4배
나 5배가 되는 밀도를 가지고 있으며, 물이 공기보다 1,000배에 달하
는 밀도를 가지고 있다고 가정할 경우,[72] 행성 전체 물질은, 만약 그
것이 공기만큼 희박하게 분포되어 있다면, 지구보다 140만 배 큰 공
간을 차지할 것이다. 이 공간은 행성 전체 물질이 분산되어 있다고
가정된 공간과 비교해보면 1/30000000만큼 작다. 따라서 후자 공간
에서 행성 물질은 우리의 대기 입자가 가지고 있는 것보다 훨씬 희
박하다. 실제로 이 분산의 크기는 믿을 수 없을 만큼 불필요하고 부
A 50 자연스럽다. 떠다니는 입자들은 마치 거의 텅 빈 공간 안을 운동하는
것처럼 자유롭게 운동하며, 입자 상호 간의 저항을 무한하게 줄이려
면 입자는 가능한 한 커야 한다. 그러나 입자가 저절로 그렇게 희박
하게 되는 일이 가능하다는 것은 틀림없다. 왜냐하면 우리는 기화(氣
化)할 때 물질이 얼마만큼 분산하는지를 조금밖에 알지 못하거나, 하
늘의 주제에 한정해서 혜성의 꼬리 안에 있는 물질의 희박함을 고려
I 277 해보면 되기 때문이다. 혜성의 지름은 지구 지름의 100배 두께가 됨

에도 혜성의 꼬리는 너무나 투명해서 작은 별들조차 그것을 투과해서 보이기도 한다. 그러나 태양이 비치는 우리의 대기에서는 혜성의 꼬리 두께의 수천분의 일의 높이에 있는 것조차 볼 수 없다.

나는 하나의 유추를 추가함으로써 이 장을 마무리짓고자 한다. 이 유추만으로도 천체의 기계적 형성에 관한 현재 이론은 가설의 개연성을 넘어서서 정확한 확실성에 도달할 수 있다. 행성이 자신을 구성했던 원소재의 입자들로 태양이 형성되었다면, 그리고 그들 간의 유일한 차이가 태양의 경우에는 모든 종류의 물질이 무차별적으로 퇴적된 데 반해서, 행성에서는 그것들의 다양한 거리에 따라서 밀도가 여러 종류인 물질이 배분되었다는 점에 있었다면,[73] 그래서 행성 물 A 51
질의 모두를 합쳐서 고려한다면, 그러한 혼합물 전체의 밀도는 태양의 밀도와 거의 같아질 것이다. 그런데 우리 학설에서 귀결된 결론은 저 고명한 철학자 뷔퐁 씨가 행성 물질의 총계 밀도와 태양의 밀도를 비교해본 비율, 즉 640 대 650이라는 유사한 비율로 운 좋게도 확증된다. 어떤 학설에서 자연스럽게 도출된 필연적 귀결이 자연의 실제 관계에서도 이런 식으로 확증된다면, 이론과 관찰의 이러한 일치가 우연에서 나온 것이라고 믿을 수 있을까?

제3장
행성궤도의 이심률과 혜성의 기원에 관하여

혜성은 행성 가족과 종류가 완전히 구별되는 특수한 천체가 아니
다. 자연은 다른 모든 곳에서처럼 여기서도 알아차리지 못할 만큼 점 A 52
차적으로 활동하며, 모든 단계의 변화를 거쳐 일련의 중간 항을 매개 I 278
로 해서 먼 곳에 있는 별의 성질과 가까이에 있는 별의 성질을 결합

한다. 행성의 이심률은 자연이 행성 운동을 그야말로 원처럼 만들고자 노력했지만, 여러 가지 사정으로 방해를 받았기 때문에 결코 완전히는 도달할 수 없었던 노력의 부족으로 생겨난 결과다. 행성의 운동은 태양 가까이에 있는 것보다 멀리 떨어져 있으면 있을수록 원에서 일탈한다.

이러한 특성은 모든 가능한 단계의 이심률을 매개로 해서 연속적인 단계를 거쳐 행성에서 마지막으로 혜성에 이르기까지 나아가게 된다. 이러한 결합이 토성에서 차단되고, 이 중단으로 혜성 가족은 행성과 완전히 결별함에도 제1부에서 보았듯이 토성 너머에 다른 행성이 있을 수 있으며, 이 행성은 토성에 비해 그 궤도가 원운동에서 멀리까지 일탈하기 때문에 혜성의 궤도에 접근한다. 이러한 유사성은 지성으로는 제법 오래전부터 알려졌지만, 육안으로는 그 정도까지 확인할 수 없었다. 그렇게 된 까닭은 관찰 부족에 기인하거나 아니면 관찰의 어려움에 기인한다.

A 53 우리는 제2부의 제1장에서 이미 천체의 운행궤도를 이심적으로 만든 원인을 언급했다. 행성을 형성한 원소재가 그것이 떠다니는 모든 장소에서 원운동을 하게 만드는 데 필요한 힘을 가지고 있다고 가정하더라도, 행성 운동은 이심적으로 된다. 행성은 원소재를 서로 상당히 떨어져 있는 높이에서 모으기 때문에, 그리고 그런 높이에서는 원운동의 속도도 상이하기 때문에, 그 원소재는 각각에 내재하는 상이한 정도의 궤도운동을 하면서 행성과 만나게 된다. 따라서 이들 운동은 태양과 행성의 거리에 상응하는 속도에서 일탈한다. 이런 식으로 하여 입자에 가해진 여러 가지 운동이 서로 그 일탈을 완전히 보충해주지 못하는 한에서, 그 원소재는 행성에 이심률을 주게 된다.

이심률이 이것 이외에 어떤 다른 원인을 가지지 않는다면, 이심률은 모든 곳에서 적절하게 될 것이다. 또 태양에서 더 멀리 떨어진 더

작은 행성이 태양과 가까이 있는 더 큰 행성보다 그 이심률은 적을
것이다. 그러나 그렇게 되려면 원소재의 입자가 실제로 이미 정확한
원운동을 했다고 가정해야만 한다. 그런데 이심률에 대하여 이렇게 I 279
가정한 조건은 관찰과 일치하지 않는다. 이미 주목했던 것처럼 이심
률은 태양에서 거리와 함께 증대하고, 화성의 경우에 우리가 본 것처 A 54
럼, 질량이 작은 행성은 이심률 증대에서 예외인 것처럼 보인다. 따
라서 우리는 원소재 입자의 정확한 원운동이라는 가설을 제한하지
않으면 안 된다. 즉 태양에 가까운 권역에 있는 입자의 운동은 정확
한 원운동에 대단히 근접하지만, 이들 요소적 입자가 떠다니는 권역
이 태양에서 멀리 떨어지면 떨어질수록 그만큼 이 정확한 원운동에
서 일탈이 발생한다. 원소재의 자유로운 원운동이라는 원리를 이런
방식으로 수정하는 것이 자연에 더 적합하다. 왜냐하면 원소재가 자
유롭게 떠다닐 만큼 공간이 희박하고, 이들 원소재가 서로 제한을 가
해서 각각의 중심력이 동일하게 되어 완전한 균형점에 도달하는 것
과는 무관하게, 자연의 이러한 목적의 성취를 방해하는 원인이 적지
않기 때문이다. 흩어져 있는 원소재의 부분들이 태양에서 멀어지면
멀어질수록, 그 원소재를 낙하하게 했던 힘은 약해진다. 이때 아래쪽
부분들의 저항은 원소재 부분들의 낙하를 옆으로 휘게 하고, 그것의
방향을 방사선에 대해 수직으로 배열하게 하는데, 이 방사선보다 아
래쪽에 있는 부분이 태양을 향해 낙하해서 태양과 하나로 되어 사라
져버리거나 태양 가까운 권역에서 공전을 시작하는 정도에 따라 아
래쪽 부분의 저항도 감소한다. 높은 곳에 있는 이러한 물질은 대단히
가볍기 때문에 만물의 근거인 낙하 운동도 이들 물질에서는 이들에
게 저항하는 입자를 밀어내는 데 필요한 힘을 획득할 수 없으며, 아 A 55
마도 이들 멀리 떨어져 있는 입자들은 서로 제한하고, 결국 상당한
시간이 흐른 후에는 이러한 균형에 도달하게 될 것이다. 따라서 이들

입자 가운데에서 이미 작은 덩어리는 많은 천체의 출발점으로서 형
성되었으며, 이러한 천체는 약하게 운동하는 물질에서 모였기 때문
에 이심적 운동만 가지고서 태양을 향해 낙하한다. 이런 운동을 하면
서 이들 천체는 더 빨리 운동하는 입자들과 합해져 수직으로 낙하하
면서 휘게 되지만, 이들이 형성되었던 공간이 태양을 향해서 낙하하
게 되거나 각각 분리된 덩어리로 모임으로써 순화되거나 텅 비게 된
다면 결국에는 혜성인 채로 남아 있게 된다. 행성의 이심률이나 이
심률이라는 특성에서 행성을 능가하기 때문에 그렇게 불리는 혜성
의 이심률이 태양에서의 거리에 따라 증대하는 원인은 바로 이와 같
I 280 은 사실에 기인한다. 태양에서의 거리에 따라 증가하는 이심률의 법
칙을 훼손하는 두 가지 예외가 여전히 상존한다. 이들을 우리 체계의
가장 작은 두 행성, 즉 화성과 수성에서 관찰할 수 있다. 그러나 화성
의 경우에는 아마도 매우 큰 목성이 가까이에 있다는 것이 그 원인일
것이다. 목성은 자신을 형성하기 위하여 자신의 인력에 따라 자기 쪽
으로 화성에서 입자를 빼앗는다. 그리하여 태양 방향을 향해 팽창하
는 여지밖에 화성에 남아 있는 것이 없기 때문에 화성은 과도한 구심
A 56 력과 이심률을 갖게 된다. 반면에 행성 중 가장 아래쪽에 있고 이심
률이 큰 수성에 관해 말한다면, 다음과 같은 점을 쉽게 파악할 수 있
다. 즉 태양의 자전 주기는 어느 곳에서도 수성의 속도와 같지 않기
때문에, 태양이 자신을 둘러싼 공간 속의 물질에 제공하는 저항은 가
장 가까이에 있는 입자에서 구심운동을 박탈할 뿐만 아니라 이 저항
은 쉽게 수성에까지 닿을 수 있으며, 이런 방식으로 수성의 회전 속
도는 상당히 감소할 것이다.

이심률은 혜성의 가장 두드러진 특징이다. 태양에 접근함에 따라 그 열로 팽창하는 혜성의 대기와 꼬리는, 무지의 시대에 몽매한 사람들에게 공상의 운명을 알리고 공포를 주는 이미지 역할을 했지만, 사

실은 이심률의 결과에 불과하다. 혜성 형태의 기이함보다 운동의 법
칙에 좀더 주목했던 천문학자들은 혜성 가족을 행성 가족과 구별하
는 제2의 특성, 즉 혜성은 행성과 달리 황도대에 모여 있는 것이 아니
라 하늘의 모든 영역에서 자유롭게 운행한다는 사실을 알게 되었다.
이러한 독특함은 이심률과 같은 원인을 가진다. 행성의 궤도가 황도
대의 좁은 영역 안에 에워싸여 있는 것은 태양 가까이에 있는 요소적
물질이 원운동을 획득하고, 이 운동이 그것의 각 궤도에서 관계평면 A 57
을 횡절(橫截)하려고 노력하며, 일단 형성된 물체를 모든 물질이 양
측면에서 밀고 들어가는 이 평면에서 일탈하지 않도록 하기 때문이
다. 그러므로 중심점에서 떨어진 공간에 있는 원소재는 인력에 따른
운동이 약하게 되어 자유로운 원운동을 획득할 수 없다. 이심률을 낳 I 281
는 것과 정확하게 동일한 이유 때문에 이 정도 높이에 있는 모든 원
소재는 모든 행성 운동의 관계평면에 집적(集積)될 수 없고, 따라서
여기서 형성된 물체를 특히 이 궤도로 밀어넣는 것이 불가능하다. 오
히려 이 분산된 원소재는 아래쪽의 행성처럼 특정 영역에 한정되어
있지 않기 때문에, 관계평면에서 멀리 떨어져 있든 가까이 있든 어떤
방향에서도 쉽게 천체로 형성될 것이다. 이 때문에 혜성은 완전한 자
유를 가지고서 모든 방향에서 우리에게로 내려올 것이다. 그러나 최
초로 형성된 장소가 행성궤도에서 그만큼 높지 않은 혜성은 그 궤도
의 한계에서 그다지 일탈하지 않음을 보여주고, 따라서 작은 이심률
을 보여줄 것이다. 태양계의 중심점에서 멀어질수록 혜성이 무규칙
적이고 자유롭게 일탈하는 일이 증대하게 되고, 하늘의 깊은 곳에서
는 공전하는 일도 완전히 멈추게 된다. 이 가장 먼 데서 형성된 물체
는 태양을 향해 자유롭게 낙하하게 되며, 체계의 구조에 대해 마지막 A 58
한계를 정하게 된다.

혜성 운동에 대한 이러한 개요에서 나는 혜성 운동의 방향은 대부

분 행성 운동의 방향과 같을 것이라는 점을 전제한다. 태양에 가장 가까이 있는 혜성의 경우 이것은 의심할 여지가 없는 것처럼 보인다. 그리고 이와 같은 공통성은 하늘의 심연에서 요소적 원소재의 운동이 가장 무력[74]하게 되어, 예를 들어 낙하로 생겨난 회전이 모든 방향을 향해 일어날 때 비로소 상실된다. 왜냐하면 낮은 쪽의 운동과 하나가 되어 그 회전운동을 행성의 운동 방향과 일치시키기 위해 필요한 시간이 거리가 너무 멀다보니 너무 오래 걸려서, 그러한 일치가 가능하기 이전에 아래 영역에서는 이미 자연이 형성되기 때문이다. 그러므로 아마도 반대 방향에서 운행하는 혜성, 즉 동에서 서로 운행하는 혜성이 존재하게 될 수도 있을 것이다. 이러한 특이한 점이 관찰된 19개 혜성 중 일부에서 아마도 광학상의 착각으로 이런 식으로 운행하는 것으로 보일 수도 있을 것이다. 나는 이 점을 거의 확신하지만 그 이유를 여기서 밝히지는 않을 것이다.

I 282 나는 혜성의 질량과 혜성 물질의 밀도에 관해 몇 가지를 고찰하고
A 59 자 한다. 앞 장에서 서술한 근거에서 본다면, 이들 천체가 형성된 위쪽의 권역에서는 늘 그 거리가 멀어지면 질량이 더 크게 형성되어야 한다. 그리고 몇몇 혜성이 토성이나 목성보다 크다는 것은 당연한 사실이다. 그러나 이 질량의 크기가 이런 식으로 계속 증대한다고는 생각하지 않는다. 우주의 가장 먼 권역에서는 원소재는 띄엄띄엄 분산되어 있고, 그 입자도 대단히 가볍기 때문에 그 권역에서 형성되는 것은 완만하다. 여기에 있는 원소재는 이 측량할 수 없을 정도로 먼 거리의 전체 범위 안에 확정되지 않은 채 뻗어 있고, 일정한 평면을 향하여 집적해 있는 특성도 가지지 못하기 때문에, 하나의 거대한 천체 대신에 더 작은 천체가 상당수 생겨나게 된다. 또 구심력이 부족하기 때문에 대부분 입자는 모여서 덩어리를 이루는 대신에 태양을 향해 낙하한다.

혜성을 구성하는 물질의 특수한 밀도는 질량의 크기보다 훨씬 흥미롭다. 혜성은 우주의 최상층부에서 형성되기 때문에 혜성을 구성하는 입자는 가장 가벼운 종류다. 그리고 우리는 이것이 다른 천체와 혜성을 확실하게 구별 짓는 증기의 구(球)와 꼬리의 가장 주요한 원인이라는 것을 의심하지 않는다. 우리는 태양열의 작용을 혜성의 물질이 증기로 분산된 주요한 원인이라고 생각해서는 안 된다. 어떤 혜 A 60
성은 근일점(近日点)에서도 지구 궤도에 거의 도달하지 못하고, 많은 혜성은 근일점에서 지구 궤도와 금성 궤도 사이에 머무르며, 그다음에 되돌아온다. 이 정도의 보통 열로 혜성의 표면상 물질이 그렇게까지 분해되고 희박하게 된다면, 혜성을 구성하는 물질은 전 자연의 물질 중 열에 의해서 가장 희박하게 되기 쉬운 가장 가벼운 물질로 구성되어 있음이 틀림없다.

게다가 혜성에서 그렇게 빈번하게 나오는 증기도 그 천체가 이전에 근일점에서 획득한 이래 그대로 간직하던 열에 기인할 수는 없다. 왜냐하면 어떤 혜성이 형성되었을 때 그 혜성은 상당히 큰 이심률로 약간 공전하면서 진행되었고, 그 후에는 공전 횟수가 서서히 감소했다고 추정할 수 있는 반면에, 동일한 추측이 가능한 다른 행성들에서는 이러한 현상이 나타나지 않았기 때문이다. 그러나 만약 가장 가벼 I 283
운 종류의 물질이, 혜성이 형성될 때와 마찬가지로 나타나서 행성 형성에 포함된다면, 행성 자체에서도 이러한 현상이 나타날 것이다.

혜성의 증기 분산과 꼬리에 비교될 수 있는 것이 지구에도 있다.*
태양의 작용이 지구의 표면에서 끌어내는 가장 미세한 입자는 태양 A 61
이 궤도를 반쯤 돌아서 반대쪽 반구에 도달했을 때, 지구의 양극 중 한쪽 주위에 퇴적한다. 지구의 열대에서 상승하는 가장 작고 가장 활

* 북극광이 그것이다.

발한 입자는 대기의 일정한 높이에 도달한 후, 태양광선의 작용에 따라 바로 그때 태양의 반대쪽에 있고 긴 밤에 덮여 있던 지대로 물러가서 거기에서 퇴적한다. 그리고 이들 입자는 한대 지방 주민에게 큰 빛의 부재를 보상한다. 즉 그 빛은 이런 입자로 저 멀리 떨어진 지방에서도 주민들에게 자신이 가진 열의 작용을 증여하는 것이다. 북극광을 만들어내는 태양광선의 이 동일한 힘은 가장 미세하고 가장 민첩한 입자들이 혜성에서와 같이 지구에 다량으로 존재한다면, 꼬리를 가진 증기의 원을 생겨나게 할 것이다.

제4장
위성의 기원과 행성의 자전에 관하여

주위의 요소적 물질로 자신을 형성하고자 하는 행성의 노력은 동
A 62 시에 그것의 자전의 원인으로, 그것 주위를 운행하는 위성을 만들어
낸다. 태양과 그 행성에 관한 커다란 그림은 작은 규모이기는 하지만
광범위하게 분산된 인력 권역을 가지고 있는 행성을, 즉 그것의 부분
들이 중심 물체의 인력에 의해서 운동하게 되는 체계의 주요 부분을
설명하는 데에도 적용된다. 원소재의 입자를 인력의 전 범위에서 운
동하게 하여 행성이 형성되기 때문에, 그 행성은 이들 낙하 운동 모
I 284 두를 상호작용하게 함으로써 원운동을 낳을 것이며, 마지막에는 공
통 방향을 갖게 될 그런 운동을 낳을 것이다. 이들 원운동 중 일부는
자유운동을 적절하게 완화함으로써 하나의 공통 평면에 가까이 갈
것이다. 이런 공간 안에서 만약 그런 천체의 인력 범위가 이들의 형
성에 좋은 조건을 제공한다면, 태양 주위에 행성이 형성되듯이, 행성
주위에도 위성이 형성될 것이다. 더 나아가 태양계의 기원에 관해 언

급된 것은 충분한 유사성을 가지고 목성계와 토성계에도 적용할 수 있다. 위성은 하나같이 공전 궤도를 하나의 방향을 향해 그리고 거의 하나의 평면 위에서 운행하며, 사실상 동일한 이유로 대규모로 이 유추를 적용하는 것도 가능하다. 그러나 공통 방향을 도는 위성들이 다른 방향이 아니라 행성들이 운행하는 방향과 같은 방향으로 운행하는 이유는 무엇일까? 결국 위성의 궤도는 행성의 원운동으로 생겨나 A 63
지 않는다. 즉 위성의 궤도는 오직 행성의 인력만을 주요 원인으로 인정할 뿐이며, 이런 점을 고려할 때 어느 방향도 꼭 같이 가능하다. 이들 모든 가능한 방향 중 소재의 낙하 운동이 궤도를 그릴 때 단지 우연적일 뿐인 것이 위성의 궤도 방향을 결정할 것이다. 사실상 행성이 공전 운동을 한다고 해서 행성 주위에 위성을 형성하게 될 물질에다 자기 주위를 회전할 힘을 가하는 것은 결코 아니다. 즉 행성 주위의 모든 입자는 태양의 주위를 그것의 행성이 운행하는 것과 동일하게 운동하며, 그리하여 그것의 행성에 대해서 상대적으로 정지해 있다. 행성의 인력만이 모든 것을 결정한다. 그러나 이 인력에서 생겨나게 될 원운동은 어느 방향을 향하더라도 무방하기 때문에, 다른 방향이 아니라 이 방향을 운행하기 위해서는 아주 작은 외적인 한정만 필요할 뿐이다. 그리고 이 원운동은 태양 주위를 더 빠른 속도로 운행하고 행성의 인력 범위 안으로 들어오는 요소적 입자의 전진 운동에서 이 작은 정도의 조타(操舵)를 받아들인다. 왜냐하면 이러한 일은 다른 입자보다 태양 가까이를 더 빠르게 운행하는 입자가 자신의 궤도 방향을 벗어나서, 행성궤도보다 더 높이 긴 타원 궤도를 운행할 것을 요구하기 때문이다. 이들 입자는 행성 자체보다 속력이 빠르기 때문에, 행성의 인력에 따라 낙하할 때, 자신의 직선 낙하뿐만 아 A 64; I 285
니라 다른 입자의 낙하도 서에서 동으로 일탈하게 한다. 인력이 일으키는 낙하가 원운동이 될 때 다른 방향이 아니라 이 방향을 취하는 데에는 이 작은 조타가 있는 것으로도 충분하다. 이 때문에 모든 위성은 행성의 공전 방향과 운동 방향이 일치할 것이다. 그러나 위성의 궤도평면도 행성의 궤도평면에서 그렇게 많이 벗어날 수 없다. 왜냐하면 위성을 형성한 물질은 우리가 일반적으로 방향에 대해서 언급했던 것과 같은 이유로 이 가장 엄밀한 특성으로, 즉 주요 궤도의 평면과 일치하는 쪽을 향하기 때문이다.

이 모든 사실에서 어떤 사정으로 이 위성을 가지게 되는지를 명료하게 알 수 있다. 행성의 인력은 크고, 따라서 그 작용 범위도 넓지 않으면 안 된다. 그래야만 행성을 향해 길게 낙하하면서 운행하는 입자는 어떤 저항이 작용하더라도 충분한 속도로 자유 회전을 할 수 있고, 위성의 형성에 충분한 물질이 인력권 안에 있게 된다. 만약 인력
A 65 이 너무 작으면 이런 일은 일어날 수 없다. 그러므로 질량이 크고, 멀
리 떨어져 있는 행성만이 위성을 갖게 된다. 목성과 토성, 즉 가장 크고 가장 멀리 떨어져 있는 두 행성에는 위성이 가장 많다. 그 행성들보다 훨씬 작은 행성인 지구에는 위성이 단지 하나만 있을 뿐이다. 그리고 화성은 그 거리로 이런 장점을 나누어 가질 만함에도 그 질량이 너무나 작기 때문에 위성을 가지지 못한다.

위성을 형성하기 위해 소재를 공급하면서 동시에 위성의 운동을 결정한 행성의 동일한 인력이 행성 본체에까지 나아가고, 이 본체가 행성을 형성했던 것과 동일한 작용으로 서쪽에서 동쪽으로 일반적 방향으로 자전하는 일이 어떻게 일어나는지 고찰하는 것은 약간 즐거움을 준다. 위에서 언급했듯이 서에서 동으로 일반적인 운동을 하면서 낙하하는 원소재의 입자는 대부분 행성 표면에 낙하하고 행성 덩어리와 혼합된다. 왜냐하면 이들 입자는 자유롭게 떠다니면서 원운동을 유지하기 위해 필요한 정도의 속력을 가지지 못하기 때문이
I 286 다. 그런데 이들 입자가 행성과 결합하여 행성의 일부가 될 때, 이들

은 행성과 결합하기 전에 했던 것과 동일한 방향으로 동일한 회전운동을 계속하지 않으면 안 된다. 앞에서 진술한 내용을 기준으로 살펴본다면, 필요한 운동의 부족으로 중심 물체를 향해 낙하하는 다수 입자는 필요한 정도의 속력을 얻을 수 있었던 다른 입자의 수를 크게 A 66
상회할 것이 틀림없다. 따라서 이 중심 물체가 자전 운동에서 왜 이 표면상의 중력과 원심력 간의 균형에 도달하는 속력을 거의 가지지 못하는지 쉽게 알 수 있다. 그럼에도 질량이 크고 태양에서 먼 거리에 떨어져 있는 행성은 질량이 작고 태양에 가까이 있는 행성보다 빠른 속도로 자전한다. 사실상 목성은 우리가 알고 있는 것 중에서 가장 빠르게 자전한다. 그 덩어리가 다른 모든 덩어리를 능가하는 물체에 그러한 사정이 있다는 것은, 만약 천체의 운동 자체를 이 천체가 바로 이 덩어리 크기에 따라서 행사하는 인력의 결과로 생각하지 않는다면, 어떤 학설로도 설명될 수 없을 것이다. 자전이 어떤 외적 원인의 결과라고 한다면, 화성은 목성보다 빠르게 자전해야 할 것이다. 동일한 운동력에 따른 것이라면 작은 물체가 큰 물체보다 더 많이 운동하기 때문이다. 그뿐만 아니라 모든 운동은 중심점에서 멀어지면 멀어질수록 감소하기 때문에, 멀어지면 멀어질수록 자전 속도가 증대하는 이유가 무엇이며, 목성에서는 그것의 연간 운동 자체보다 2.5배나 빠른 이유가 무엇인지에 놀라움을 금치 못하는 것은 당연한 일이다.

그러므로 우리는 행성의 자전에서, 자연에서 운동의 일반적 원천인 것과 동일한 원인을 즉 인력을 인정하지 않을 수 없기 때문에 이 A 67
러한 설명은 그것의 근본 개념의 자연스러운 특권에 따라 그리고 이 근본 개념의 애쓸 필요도 없는 귀결에 따라 그 정당함을 확보해줄 것이다.

그러나 물체 자체가 형성되는 경우 자전도 생겨난다면, 당연한 일

이지만 우주의 모든 구체는 자전하지 않으면 안 된다. 그러나 달은
왜 자전하지 않는가? 어떤 사람에 따르면 달이 항상 동일한 면을 지
구 쪽으로 향하는 것은 달이 실제로 회전하는 것이라기보다는 달의
I 287 반구 한쪽이 너무 무겁기 때문이라고 하지만, 이것은 잘못이다. 달은
아마도 한때는 더 빠르게 자전했지만 그 어떤 원인에선가 이 운동이
서서히 느려졌고, 결국 항상 동일한 면을 지구 쪽으로 향하는 운동만
남게 된 것은 아닐까? 이 문제에 대한 해답을 행성 중 하나와 관련해
서 줄 수 있다면, 그 해답은 모든 행성에 적용될 수 있을 것이다. 나는
이것에 관해 다른 기회에 논할 것이다.[75] 왜냐하면 그 해답은 베를린
왕립 자연아카데미가 1754년 현상 문제로서 제출했던 과제와 필연
적으로 결부되어 있기 때문이다.

자전의 기원을 설명하고자 하는 어떤 이론도 행성의 궤도평면과
관련하여 그것들의 회전축 위치를 동일한 원인에서 연역할 수 있다
A 68 는 것은 틀림없는 사실이다. 자전하는 행성의 적도가 그 행성 주위
를 도는 위성의 궤도평면과 동일한 평면에 있지 않은 이유가 무엇
인지에 대해 사람들이 의아해하는 까닭이 있다. 왜냐하면 위성의 공
전 방향을 정하는 동일한 운동이 행성 본체에까지 미침으로써 행성
의 자전을 낳고, 그 자전에 위성과 동일한 방향과 위치를 부여할 수
밖에 없기 때문이다. 자기 둘레를 운행하는 위성이 없는 천체들은 그
럼에도 역시 그 소재 역할을 했던 입자들의 바로 동일한 운동을 통해
서, 그리고 이들 천체를 그것의 주기적 궤도평면에 제한했던 것과 동
일한 법칙을 통해서 자전하게 되며, 동일한 이유로 자전 방향은 공전
평면과 일치하지 않으면 안 된다. 이들 원인의 귀결로서 모든 천체의
축은 황도에서 그렇게 일탈하지 않은 행성체계의 일반적 관계평면
에 대해 직각으로 되어 있어야 할 것이다. 그러나 천체의 축은 이 태
양계에서 가장 중요한 부분, 즉 목성과 태양에서만 직각이다. 자전이

우리에게 알려진 다른 행성에서 그 축은 궤도평면을 향해서 경사를 이룬다. 토성은 다른 행성보다 그 경사가 더 크다. 지구의 경사는 화성보다 더 크지만, 화성의 축은 황도에 대해 거의 직각에 가깝다. 토성의 적도는 (토성의 고리 방향에서 그것을 확인하는 것이 가능한 한)
그것의 궤도평면에 대해 31도 기울어져 있지만, 이에 반해 지구의 적 A 69
도는 단지 23.5도 기울어져 있다. 이러한 일탈의 원인은 한데 뭉쳐서
행성을 형성했던 소재의 운동 차이에서 기인한 것이 아닌가 한다. 행 I 288
성의 궤도평면에서 입자들의 주요한 운동은 행성의 중심점을 도는 것이고, 거기에 관계평면도 있으며, 요소적 입자는 이 평면의 주위에 퇴적한다. 그런 까닭에 이곳에서 운동은 가능한 한 원형에 가까우며, 따라서 위성을 형성하기 위해 퇴적한 재료도 행성의 운행궤도에서 그렇게 일탈하지 않는다. 행성이 대부분 이들 입자만으로 형성되었다면, 형성될 당초 행성의 자전은 그것 주위를 운행하는 위성과 마찬가지로 관계평면에서 거의 일탈하지 않았을 것이다. 그러나 내 학설이 보여준 것처럼 행성은 오히려 관계평면의 양측에서 낙하했던 입자에서 형성되었으며, 그것의 수와 속력은 완전하게 균형을 이루었던 것처럼 보이지 않기 때문에, 반구 한쪽은 다른 반구보다 약간 많은 운동을 받아들이게 될 테고, 따라서 축에서도 약간 일탈이 생겨나게 된다.

이러한 이유에도 불구하고, 나는 이 설명을 하나의 추측으로 제시할 뿐 단정할 자신이 없다. 나의 실제 의견은 다음과 같다. 행성들이 최초로 형성될 때인 원래 상태에서 행성들의 자전은 연(年) 주기 궤
도의 평면과 정확하게 일치했으며, 이 축을 최초 위치에서 밀어낸 어 A 70
떤 원인들이 있었다. 최초의 액체 상태에서 고체 상태로 이행하는 천체는, 이런 방식으로 완전히 형성되었을 때 표면의 규칙성에서 큰 변화를 겪는다. 더 깊은 곳의 물질은 그것의 비중에 따라서 아직 충분

하게 낙하하지 않은 반면에, 표면은 굳은 고체가 된다. 이 덩어리와
함께 혼합되어 있던 물질 중 더 가벼운 것은 다른 물질과 분리되고,
그 후 결국 굳게 된 최상층의 외곽 아래로 움직여 큰 동굴을 만들어
낸다. 그 동굴 중 가장 크고 넓은 것은 적도나 적도 인근에서 발견되
는데, 그 이유가 너무 길어서 여기서는 제시할 수 없다. 앞에서 언급
한 외곽은 결국 이들 동굴 안으로 가라앉고, 산이나 웅덩이 같은 모
든 유형의 울퉁불퉁한 것을 만들어낸다. 그런데 지구, 달, 금성에서
는 명백하게 그런 일이 일어나지만 이런 식으로 표면이 울퉁불퉁해
I 289 진다면, 모든 면에서 균등한 자전 운동은 가능할 수 없게 된다. 크기
가 상당한 덩어리의 몇몇 돌출 부분은, 그 반대편에서 그런 힘에 저
항할 수 있는 다른 돌출 부분이 없는 경우, 곧 회전축을 이동하여 물
질이 균형을 유지하는 위치로 그 축을 가져다놓으려고 노력하지 않
A 71 으면 안 된다. 그러므로 천체를 완전히 형성하는 동안 그 천체의 표
면을 평평한 상태에서 울퉁불퉁한 모습으로 변화하게 한 것과 동일
한 원인, 즉 일반적 원인에 따라서, 모든 천체 축의 원래 위치가 변화
하지 않으면 안 되지만, 이것은 망원경으로 충분히 그리고 분명하게
발견할 수 있는 사실이다. 그러나 이러한 변화에는 제한이 있으며,
따라서 너무나 멀리까지 일탈하지는 않는다. 이미 언급한 것처럼 울
퉁불퉁한 것은 자전하는 천체의 적도에서 멀리 떨어진 곳에서보다
는 적도 가까이에서 많이 생겨난다. 양극 인근에서는 이것은 거의 완
전히 사라진다. 그것의 원인에 관해서는 다음 기회에 설명한다. 이런
이유 때문에 평평한 표면 위에서 가장 돌출한 덩어리는 주야평분(晝
夜平分) 권역[76] 가까이에서 발견될 것이며, 이들 덩어리는 도약력[77]
의 이점(利點)에 따라 이 권역에 가까워지려고 노력하기 때문에, 천
체의 축은 궤도평면에 대해 직각을 이루는 위치에서 기껏해야 약간
만 어긋날 것이다. 따라서 아직 완전히 형성되지 않은 천체에서 축의

위치는 그것의 운행궤도에 대해서 직각을 유지할 것이며, 이런 상태
는 아마 몇 세기가 경과해야 비로소 변화하게 될 것이다. 목성은 아
직 이런 상태에 있는 것처럼 보인다. 목성의 질량과 크기는 대단하
며, 물질도 가볍기 때문에 목성의 물질은 다른 천체보다도 몇 세기
늦게 굳어져 안정된 상태에 이르게 될 것이다. 아마도 목성 덩어리 A 72
내부는 아직 운동하고 있을 것이다. 그것을 구성하는 부분들은 그것
의 비중에 따라서 중심점을 향해 낙하하고, 더 가벼운 부분과 더 무
거운 부분이 분리됨으로써 고체 상태에 이르게 된다. 그러한 상태에
서 목성의 표면은 아직 안정화될 수 없다. 그 표면에서는 황폐와 붕
괴가 난무한다. 이것은 망원경만으로도 확인된다. 달, 금성, 지구는
변화하지 않은 형태로 자신을 유지하는 데 반해 목성의 형태는 계속
변화한다. 또 우리의 지구보다도 2만 배 이상 크지만 밀도가 1/4밖에 I 290
되지 않는 천체의 경우 그 형성이 몇 세기 뒤에 완성된다고 생각하는
것은 당연하다. 그것의 표면이 안정된 상태에 이르렀을 때, 의심할
여지없이 지구 표면에서 나타난 것과 같은, 그렇지만 그것보다 규모
가 훨씬 큰 울퉁불퉁한 형태가 그 천체의 회전 속도와 결합해서 그것
의 회전은 얼마 가지 않아 이 천체에서 힘의 균형이 요구하는 안정된
위치를 얻게 될 것이다.

목성의 1/3 크기밖에 되지 않는 토성은 아마도 태양에서 더 멀리
떨어져 있기 때문에 목성보다 더 일찍 형성될 수 있었을 것이다. 적
어도 토성은 목성보다 빨리 회전하고, 원심력과 표면의 중력 간의 비 A 73
율이 더 크기 때문에(이것은 다음 장에서 서술한다), 아마도 그렇게 하
여 생겨난 토성 표면의 울퉁불퉁한 것은 얼마 가지 않아 축을 움직
임으로써 더 무게가 있는 쪽으로 뚜렷한 모습을 보일 것이다. 솔직
히 인정하지만, 내 학설 중 행성 축의 위치와 관련된 이 부분은 아직
불완전하며, 기하학적 계산에 맡길 정도도 되지 않는다. 온갖 종류의

받아들이기 힘든 이유들을 끌어들여 내 학설의 다른 부분에까지 해를 끼치기보다는 오히려 이것을 정직하게 밝히고자 한다. 그렇지만 다음 장은 전체 가설의 신빙성을 확립할 수 있다. 이런 가설은 우주의 운동을 설명할 것이다.

A 74

제5장
토성 고리의 기원에 관하여 그리고 그 고리의 비율로 토성의 자전 주기를 계산함[78)]

우주가 체계적으로 구성되어 있기 때문에 우주의 부분들은 그 성
I 291 질의 단계적 변화에 따라 서로 연관되어 있으며, 따라서 태양에서 가
장 멀리 떨어져 있는 행성은 태양에 가장 가까운 혜성이 이심률을 줄
임으로써 행성 가족이 되려는 경우에 그 혜성이 가지고 있는 그런 특
성과 유사한 특성을 가지고 있다. 따라서 우리는 토성이 대단히 큰
이심률로 혜성 운동과 같은 방식으로 여러 번에 걸쳐 공전 운동을 했
으나, 점차 원과 더 유사한 궤도를 돌게 되었다고 생각할 것이다.* 토
성이 근일점에 도달했을 때 얻게 된 열은 표면의 가벼운 소재를 상승
A 75 시켰다. 우리가 앞 장에서 본 것처럼 이 소재는 가장 높은 천체에서
는 극도로 희박해지고, 약간의 열만으로도 확장하게 된다. 그러나 이
행성이 여러 번 공전한 끝에 현재 떠다니는 위치로 온 이후 과거에
얻었던 열을 점차 잃어버리고 온도가 내려갔으며, 토성 주위에서 확
장을 계속하던 증기는 혜성의 꼬리처럼 상승하는 일을 멈추게 되었

---

* 또는 다음처럼 생각하는 것이 더 개연적일 수도 있다. 즉 토성이 그것의 이심률 때문에 여전히 가지고 있는 혜성과 유사한 성질에 따라 혜성의 대기를 확장했고, 그 결과 표면의 가장 가벼운 물질은 완전히 분산되었다.

다. 새로운 증기가 빈번하게 상승해서 옛 증기를 늘리는 일도 어느새
하지 않게 되었다. 요컨대 토성이 열을 발산하여 결국 조용하고 순수
한 행성이 되는 동안 이미 토성을 에워쌌던 증기는 우리가 곧 서술
할 원인으로 계속 토성 주위를 떠다니게 되었으며, 영원한 고리가 되
어 혜성과 흡사한 이전 성질을 보유하게 되었다. 이제부터는 상승했
던 증기가 자유롭게 떠다니게 하는 일을 이 천체가 유지할 수 있었던
비밀을, 그것과 함께 토성 주위에 확산된 대기를 곳곳에 떨어져 있는
고리 형태로 변화시킨 비밀을 드러내보자. 나는 토성이 예전부터 자
전하고 있었다고 가정한다. 이것 말고 비밀 모두를 밝힐 수 있는 것
은 없다. 이 유일한 메커니즘 말고 어떤 다른 메커니즘도 직접적인
기계적 결과로 앞서 언급한 현상을 이 행성에서 생겨나게 하지 못한
다. 그리고 감히 주장하지만, 최초에 형성된 조야한 상태에서부터 하 A 76
늘의 이러한 특이한 현상이 그렇게 전개될 수 있었던 기원을 쉽게 이
해시킬 수 있는 것은 자연 전체 안에 몇 가지밖에 없다.

토성에서 상승한 증기는 스스로 운동하고, 상승했던 일정한 높 I 292
이에서는 자유롭게 그 운동을 계속한다. 또 이 운동이 생겨났던 것
은 증기가 원래 자전하는 토성의 일부분이었기 때문이다. 토성의 적
도 인근에서 상승했던 입자는 가장 빠르게 운동하는 데 반해, 적도에
서 극 쪽으로 멀어질수록, 즉 입자가 상승했던 장소의 위도가 높으
면 높을수록 그 운동은 약해지게 된다. 입자들은 그들의 비중 차이에
따라 어느 정도 높이까지 상승하는가 하는 것이 결정된다. 그러나 토
성에서 떨어진 장소에서 끊임없이 자유롭게 원운동을 유지할 수 있
었던 입자는 토성의 자전에서 입자가 획득했던 속력과 균형을 이루
는 중심력을 낳을 만큼의 거리에 엄밀하게 머무르던 입자뿐이었다.
그밖의 입자들은 다른 입자와 상호관계에 따라 이 엄밀한 거리에 도
달할 수 없었기 때문에 운동이 과도해서 행성 권역 바깥으로 이탈되

든가, 아니면 운동이 부족해서 행성으로 재차 낙하하지 않을 수 없었다. 이 증기 구(球)의 전 범위에 걸쳐서 흩어진 입자는 동일한 인력의
A 77 법칙 때문에 회전운동을 하면서 토성의 적도 연장면을 양 측면에서 횡절하게 된다. 그리고 두 반구에서 다가와 이 평면에서 서로 만나게 되는 이들 입자는 서로 운동을 저지함으로써 거기에 퇴적하게 된다. 앞서 진술한 증기는 토성이 차가워져서 마지막으로 방출한 것이라고 가정하기 때문에 분산된 증기 물질 모두는 이 행성 근처의 폭이 좁은 공간에 모일 테고, 양측의 공간은 텅 비게 될 것이다. 그러나 이 새롭고 변화된 방향 속에서도 증기는 동일한 운동을 계속할 테고, 동심원을 그리면서 자유롭게 떠다닐 것이다. 이렇게 하여 이 증기의 원은 완전히 원이었던 형태를 바꾸어 토성의 적도와 정확하게 일치하는 연장평면의 형태가 된다. 그러나 동일한 기계적 이유로 이 형태도 최후에는 고리 모습을 가질 수밖에 없게 된다. 그 고리의 바깥 테두리는 태양광선의 작용으로 결정된다. 즉 토성의 중심점에서 일정한 거리만큼 떨어져 운동했던 이들 입자는 태양광선에 의해서 흩어지
I 293 고 분산된다. 이것은 혜성의 경우에서 일어난 것과 동일한 작용이다. 이런 식으로 해서 증기 권역의 바깥쪽 경계의 윤곽이 그려진다. 이 새로 만들어진 고리의 내부 테두리는 적도에서 토성의 속력과 비례
A 78 해서 결정된다. 왜냐하면 이 속력이 그 장소의 인력과 균형을 이루는 토성의 중심점에서 떨어진 장소가 바로 토성의 본체에서 상승했던 입자가 자전에서 획득했던 운동으로 원운동을 그릴 수 있는 가장 큰 접점이기 때문이다. 이보다 가까이 있는 입자는 원운동을 하기 위해 더 큰 속력을 요구하기 때문에, 그리고 토성의 적도에서조차 그 운동은 그만큼 빠르지 않기 때문에, 이렇게 큰 속력을 가지는 것은 불가능하며, 따라서 이심적 궤도를 얻게 될 것이다. 이들 이심적 궤도는 교차해서 서로 운동을 약하게 만들고, 결국 자신이 거기에서 상승했

던 토성 쪽으로 내려앉을 것이다. 토성의 고리라고 하는 놀라울 정도
로 이상한 현상이 처음 발견된 이래 그것을 본 천문학자들은 항상 찬
탄을 금치 못하며 그것의 원인을 발견하고자 했으나, 어느 누구도 가
능한 희망조차 품을 수 없었다. 그렇지만 이러한 현상은 모든 가설에
서 벗어나 쉬운 기계적 방식으로 나타난다는 사실을 이제야 우리는
알게 된다. 여기에서 쉽게 알 수 있는 것처럼 토성에서 일어났던 것
은, 일정한 높이를 유지하고, 자신의 본체를 점차 차갑게 할 경우 충
분히 자전 운동을 할 수 있는 모든 혜성에도 꼭 같이 일어날 것이다.
카오스에서조차 자연은 그 힘이 자신에게 맡겨져 있을 때 탁월한 전
개를 보여줄 만큼 다산적이며, 계속 이어지는 형성은 피조물의 공통
이익을 위하여 훌륭한 관계와 조화를 수반하며 나타나는데, 그것에 A 79
따라 우리 모두는 자연의 본질적 특징인 영원하고 불변적인 법칙에
서 위대한 존재자를 확실히 인식하게 된다. 이 존재자에서 이 특징들
은 공통[79] 의존을 매개로 결합해서 전체적 조화를 이루게 된다. 토성
은 그것의 고리에서 큰 이익을 얻는다. 토성의 낮은 고리에 따라 길
어지고 밤에는 다수 달에서 빛이 나오기 때문에, 그만큼 태양이 거기
에 없다는 것을 쉽게 잊어버리고 만다. 그러나 그렇다고 해서 우리는
기계적 법칙에 따른 물질의 일반적 전개가 그것의 일반적 규정들만
으로 이성적 피조물에 이익을 가져다주는 관계들을 낳을 수 있었다 I 294
는 것을 부정해야만 할까? 모든 존재자는 하나의 원인으로 연결되어
있다. 그리고 그 원인은 신의 지성이다. 그러므로 모든 존재자는 바
로 동일한 신의 이념 안에 있는 완전함의 표상을 포함하는 것 이외의
다른 결과를 초래할 수 없다.

우리는 지금 이 천체의 자전 시간을 앞서 언급한 그 고리 생성의 가설에 따라서 그 고리의 비율에서 계산하고자 한다. 고리 입자들의 모든 운동은 토성의 자전에 따라 일체가 되는 운동이고, 이들 입자는

토성 표면에 있기 때문에, 이들 입자의 가장 빠른 운동은 토성 표면
A 80 에서 발견되는 가장 빠른 회전과 일치한다. 즉 고리의 입자들이 내부
테두리에서 공전하는 속도는 그 행성이 적도에서 가지는 속도와 같
다. 그러나 토성의 위성 중 하나의 속도는 이 행성의 중심점에서 거
리의 제곱근에 비례해서 취해지기 때문에, 내부 테두리의 공전 속도
는 토성의 위성 중 하나의 속도에서 구해지므로 쉽게 발견할 수 있
다. 이렇게 해서 발견된 속도에서 토성의 자전 시간이 바로 산출된
다. 그것은 6시간 23분 53초다.[80] 어떤 천체의 알려지지 않은 운동을
이렇게 수학적으로 계산하는 것은 본래 자연학에서 찾을 수 있는 그
런 종류의 유일한 예측방법이며, 이것이 미래의 관찰로 확증되기를
기다린다. 현재 알려져 있는 망원경은 우리가 토성 표면에 있는 것으
로 추정할 수 있는 반점을 발견하고, 그것의 이동으로 토성의 자전
을 판정할 수 있을 만큼 토성을 충분히 확대하지 못한다. 그러나 망
원경은 아직은 사람들이 망원경에 바랄 수 있는 완전성에 도달하지
는 못했지만, 기술자들의 근면과 숙련이 우리에게 그것을 약속하는
것처럼 보인다. 훗날 우리가 관찰에 따라 우리의 추측에 대해 결정
A 81 적 증명을 준다면, 토성 이론은 얼마만큼 확실하게 될까. 그리고 동
일한 근거에 기초한 전 체계는 얼마만큼 신뢰하게 될까. 토성의 자전
I 295 시간은 그 표면의 중력에 대한 적도에서의 원심력의 비(比)를 수반
한다. 이 비는 20 대 32다. 즉 중력은 원심력보다 단지 3/5 크기일 뿐
이다. 그렇게 큰 비는 이 행성의 지름들의 매우 현저한 차이[81]를 필
연적으로 초래하고, 이 차이는 틀림없이 너무 크게 나타나기에 이 행
성 관찰이 망원경으로 조금만 확대되더라도 이 차이는 매우 분명하
게 목격되어야 하지만, 그러한 일은 실제로는 일어나지 않는다. 따라
서 이 이론은 결정적인 충격을 받을 수 있다는 염려가 일어날 수도
있다. 철저히 검토해보면 이러한 난점은 완전히 해결된다. 행성 내

부의 중력이 철저하게 같다는 호이겐스의 가설에 따르면, 지름 차이
가 적도의 지름에 대해서 가지는 비는 원심력이 극의 중력에 대해서
가지는 비보다 두 배 작다. 예를 들면 지구의 경우 적도의 원심력[82)]
은 극의 중력의 1/289이기 때문에 호이겐스의 가설[83)]에 따르면 적도
평면의 지름은 지축보다 1/578만큼 크지 않으면 안 된다. 그 이유는
다음과 같다. 이 가설에 따르면 지구 덩어리의 내부에서 중력은 중
심점에 아무리 가깝더라도 표면의 중력과 그 크기가 같지만, 원심력 A 82
은 중심점에 가까이 감에 따라 줄어들기 때문에, 중력은 어디에서도
1/289은 아니고, 적도 평면에서 액체 기둥 무게의 전체 감소도 이런
이유로 1/289은 아니며, 그것의 반, 즉 1/578이다. 이에 반해 뉴턴의
가설[84)]에서는 자전을 일어나게 하는 원심력은 적도 평면 모두에서
중심점에 이르기까지 그 장소의 중력에 대해 동일한 비를 가진다. 왜
냐하면 행성 내부에서는 (그것이 철저하게 같은 밀도라고 가정된다면)
이 중력은 중심점에서 거리가 멀어질수록 원심력과 같은 비율로 감
소하고, 따라서 원심력은 항상 중력의 1/289이기 때문이다. 이것은
적도 평면에서 액체 기둥을 가볍게 만들고, 또 적도 평면을 1/289만
큼 올라가게 만들며, 이 지름 차이는 이 [뉴턴의] 학설에 따르면 커
지게 된다. 왜냐하면 축이 짧아지는 것은 중심점으로 부분들을 접근
하게 하고, 따라서 중력도 증가하게 하지만, 적도의 지름이 길어지는
것은 부분들을 동일한 중심점에서 멀어지게 하며, 따라서 그 부분의
중력도 감소하기 때문이다. 이런 이유 때문에 뉴턴의 회전 타원체의 I 296
편평률은 지름 간의 차이가 1/289보다 올라가게 되어 1/250이 되는
식으로 커지게 된다.

이런 이유로 토성의 두 지름은 서로에 대해 20 대 32보다 더 큰 비 A 83
가 되어야 하고, 거의 1 대 2의 비가 되어야 한다. 이러한 차이는 너
무나 크기 때문에, 토성이 망원경을 통해서 아무리 작게 보인다 하더

라도 조금이라도 주의해보면 그 차이를 놓칠 수 없을 것이다. 그러
나 이것만으로도 알 수 있듯이 같은 밀도라는 전제는 지구 본체에서
는 상당히 적절한 것처럼 보인다 하더라도, 토성에서는 진실에서 상
당히 벗어나 있다. 그 덩어리의 내용물 대부분이 가장 가벼운 물질로
구성되어 있는 행성의 경우에는 고체 상태로 되기 전의 합성[85]에서
더 무거운 부분은, 밀도가 더 높은 소재가 물질의 낙하를 완만하게
하고 이러한 낙하가 일어나기 전에 물질이 고체화되는 천체보다 자
유롭게 중심점으로 낙하한다. 따라서 우리가 토성의 내부에서 물질
의 밀도가 중심점에 가까이감에 따라 증가한다고 가정한다면, 중력
은 더는 이러한 비로 감소하지 않는다. 오히려 점점 증가하는 이 밀
도는 행성 안 일정한 높이 이상의 장소에 있는 부분들, 그리고 이들
A 84 부분의 인력에 따라 행성의 중력에 어떤 것도 기여하지 않는 부분들
의 결여를 보충해준다.* 가장 깊은 곳에 있는 물질의 압도적 밀도가
매우 높다면, 인력의 법칙에 따라 그 밀도는 행성 내부의 중심점으로
갈수록 감소하는 중력을 거의 한결같은 모습으로 변화시키고, 두 지
I 297 름의 비를 호이겐스의 비, 즉 항상 원심력과 중력의 비의 1/2인 호이
겐스의 비에 가깝게 만든다. 따라서 두 지름의 비는 서로에 대해 2 대
3인 것처럼 되기 때문에, 이 행성의 지름 차이는 적도 지름의 1/3이
아니라 1/6이 될 것이다. 마지막으로 이 차이는, 토성의 축이 그것의
궤도면에 대해서 항상 31도 경사를 이룬다는 사실 때문에 숨겨져 있
으며, 적도를 향한 토성의 위치를 목성과 달리 수직으로 향하게 하지

* 왜냐하면 뉴턴의 인력법칙에 따르면 구 내부에 있는 물체를 끌어당기는 것은 이 물체가 중심점과 일정한 간격을 두고 그 중심점 주위에서 구형을 그리는 부분뿐이기 때문이다. 이 거리 바깥에 있는 중심 부분들은 이들의 인력이 상쇄하는 균형 때문에 그 물체를 중심점으로 끌어당기는 데에도 중심점에서 멀게 하는 데에도 기여하지 않는다.

않는다. 따라서 앞서 언급했던 차이는 외관상 거의 1/3이 된다. 이러
한 상황에서 특히 토성의 먼 거리를 고려할 때, 우리는 토성 본체의 A 85
편평한 모양은 우리가 생각하는 것만큼 그렇게 쉽게 목격될 수 없다
는 사실을 쉽게 인정할 수 있다. 그럼에도 천문학의 진보는 무엇보다
도구의 완전성에 달려 있으므로 너무 과도하게 떠벌리지는 않겠지
만 천문학은 아마도 이들 도구의 도움을 받아 상당히 주목할 만한 특
성을 발견할 위치에 놓이게 될 것이다.

내가 토성의 모양에 관해서 말하는 것은 어느 정도 천계의 본성 이
론에 관한 일반적 소견으로서 역할을 할 수 있다. 정확한 계산에 따
르면 목성의 중력과 그것의 적도에서의 원심력의 비는 적어도 9.25
대 1이다. 만약 이 목성 덩어리가 뉴턴의 명제[86)]에 따라서 철저하게
같은 밀도를 유지한다면, 목성은 축과 적도 지름이 1/9보다도 더 큰
차이를 보여야 한다. 그러나 카시니[87)]는 그것을 단지 1/16, 파운드[88)]
는 1/12 또는 1/14이라고 생각했다. 이 모든 상이한 관찰은, 이 차이
때문에 측량에 어려움이 발생하지만, 뉴턴의 체계에 따르는 경우보
다도 또는 오히려 같은 밀도라는 그의 가설에 따르는 경우보다도, 적
어도 이 차이를 상당히 작게 설정한 점에서 일치한다. 그러므로 우리
가 이론과 관찰 사이의 그와 같은 광범위한 불일치를 야기하는 같은
밀도라는 가정을 행성 덩어리의 밀도는 그 중심점을 향해 접근하면
커진다고 하는 훨씬 개연적인 가정으로 변경한다면, 목성에 대한 관 A 86
찰을 정당화할 뿐만 아니라 측량하기 훨씬 어려운 행성인 토성에 대
해서도 회전 타원체에서 토성 본체의 편평률을 줄이는 원인을 더 명
확히 통찰하게 된다.

우리는 토성 고리의 생성에서 망원경으로는 발견할 수 없는 자전 I 298
의 시간을 계산함으로써 그것을 결정하는 대담한 일보를 내디딜 기
회를 얻게 되었다. 자연학의 예측에 대한 이러한 시도에다 미래에 바

로 동일한 행성에 대한 다른 시도, 즉 더욱 완전한 도구로 그 예측의 올바름의 증명이 기대되는 시도를 추가해보자.

토성의 고리는 입자들의 퇴적이며, 이들 입자는 이 천체의 표면에서 증기로서 상승한 이후에 이 천체의 자전에서 얻게 되고 그 후에도 계속되는 도약력에 따라 입자들에서 멀리 떨어져 있는 높이에서 계속 자유롭게 원운동을 유지한다는 이 가정에 따르면, 이 입자들은 그것들이 중심점에서 떨어져 있는 모든 거리에서 동일한 공전 주기를 갖지 않고, 오히려 이 입자들이 인력 법칙에 따라 둥둥 떠다닌다면, 이 입자들의 비는 각각 입자의 거리의 세제곱 제곱근이 된다.[89] 그런데 이 가정에 따른다면 고리의 내부 테두리 입자가 공전하는 시간은
A 87 약 10시간이고, 외부 테두리 입자가 공전하는 시간은 정확히 계산할 경우 15시간이다. 따라서 고리의 가장 낮은 부분들이 세 번 공전한다면, 가장 멀리 떨어져 있는 부분들은 단지 두 번밖에 공전하지 못한다. 그러나 고리의 평면에서 많이 분산된 입자들이 서로에 대해서 하는 방해가 아무리 희박하더라도, 입자들은 중심점에서 멀어질수록 원운동이 느려지기 때문에, 더 빨리 운동하는 아래 부분을 방해한다. 이에 반해서 이 아래 부분들은 좀더 빠른 원운동을 만들어내기 위해서 위의 부분들에 자신의 운동 일부를 전달하는 것이 틀림없다. 만약 이 상호작용이 끝까지 중단되지 않는다면, 아래쪽에 있는 것이든 멀리 떨어져 있는 것이든 그 고리의 입자들이 모두 동일한 시간에 공전하게 되고, 따라서 그런 상태에서 이들 입자가 서로에 대해 상대적으로 정지하게 되어 운동을 통해 서로에게 아무런 작용도 미치지 못할 때까지 원운동은 계속된다. 그러나 고리의 운동이 이처럼 끝나게 되면, 그러한 상태는 고리 자체를 완전히 파괴할 것이다. 그 이유는 다음과 같다. 우리가 고리 평면의 중앙 부분을 취해서 거기서의 운동은
I 299 그 이전과 동일한 상태에 있으며, 자유로운 원운동을 유지할 수 있음

이 틀림없다고 가정한다면, 중앙 부분보다 낮은 곳의 입자는 상당히
방해를 받으므로 그 높은 곳을 떠다니지 못하게 되지만, 비스듬한 이 A 88
심적 운동에서는 서로 교차하게 된다. 그러나 중앙 부분에서 더 멀리
떨어진 입자들은 그것의 거리에 알맞은 중심력보다 더 큰 운동의 압
박을 통해서 태양의 작용에 따라 결정된 고리의 외부 테두리보다 더
멀리 토성에서부터 움직일 것이며, 태양의 작용과 이 행성의 뒤로 분
산되어 멀리 나아갈 것이 틀림없다는 것이 그 이유다.

그러나 우리는 이 모든 무질서를 두려워할 필요가 없다. 고리를 생
성한 운동의 메커니즘은 고리를 파괴하는 바로 그 동일한 원인으로
그 고리를 안전한 상태가 되게 하는 결정을 수행한다. 즉 그 고리는
다수의 동심(同心) 원형 대(帶)로 분할되고, 이들 대는 자신들을 분리
하는 공극 때문에 서로에 대해 공통된 영역을 더는 갖지 않는다. 왜
냐하면 고리의 내부 테두리에서 도는 입자들이 그들의 더 빠른 운동
으로 위쪽의 입자들을 다소간 촉진하고, 이들의 원운동을 가속화할
때 더 높은 단계로 증가된 속도는 이들 입자에서 원심력의 과잉을 초
래하며, 이 입자들이 이전에 떠다녔던 장소에서 이탈하는 운동을 초
래하기 때문이다. 그러나 만약 우리가 위쪽에 있는 입자가 아래쪽에
있는 입자에서 분리되고자 노력할 때, 위쪽의 입자가 분산된 증기라
하더라도 이 입자에서 결코 사소한 것으로 보이지 않는 어떤 종류의
결합을 이 입자가 극복해야 한다고 전제한다면, 더 높은 단계로 증 A 89
가된 도약력은 위에서 언급한 어떤 종류의 결합을 극복하려고 노력
할 것이다. 하지만 아래쪽 입자와 동일한 시간에 원운동을 할 때 도
약력이 사용하는 원심력의 과잉이 그 장소의 중심력 너머로 이 접착
력[결합]을 능가하지 않는 한, 그 결합을 극복하지 못할 것이다. 이러
한 이유로 비록 위쪽의 입자가 아래쪽의 입자에서 멀어지려고 노력
함에도 이 결합은 이 고리 대의 일정한 폭 안에서 존속하게 된다. 왜

냐하면 동일한 시간에 움직이는 이들 입자의 속력은 거리에 따라 증가하며, 따라서 이 속력이 증기 입자들의 결합이 할 수 있는 정도[접착력]를 능가할 때 이 속력이 인력 법칙에 따르는 경우보다 훨씬 증가하는 동안, 이들 입자는 증기의 입자에서 분리되며, 그 장소의 중심력을 넘어선 회전력 과잉에 적합한 거리를 취하지 않으면 안 되기
I 300 때문이다. 이런 식으로 고리의 최초 대를 다른 대와 분리하는 공극이 만들어진다. 동일한 방식으로 아래쪽 입자들의 빠른 회전으로 가속화된 위쪽 입자들의 운동, 그리고 분리를 저지하려고 노력하는 아래쪽 입자들의 결합은 제2의 동심의 고리를 낳고, 이 제2의 고리에서 제3의 고리가 적절한 간격[공극]을 두고 분리된다. 입자들을 서로 결합하는 접착력[인력]의 정도를 알면 우리는 이들 원형 대의 수와 이
A 90 들 사이 간격의 폭을 계산할 수 있다. 그러나 우리는 고리의 파괴를 막고 자유운동에 따라 그 고리를 떠다니게 하는 토성 고리의 구성을 상당한 정도 개연성을 가지고 추측하는 것으로 만족할 수 있겠다.

나는 이런 추측에 적잖이 만족한다. 이 추측이 언젠가 실제의 관측으로 확정되리라 기대하기 때문이다. 몇 년 전 런던에서 온 뉴스에 따르면, 브래들리 씨가 개량한 새로운 뉴턴식 망원경으로 토성을 관측한 결과 토성의 고리는 실제로 여러 공극에 의해서 분리된 많은 동
I 301 심 고리의 결합이었던 것으로 나타났다. 이 뉴스는 그 후 계속되지
A 91 않았다.* 관찰 도구는 우주의 가장 멀리 떨어진 권역을 우리 지성에

I 300 * 이것을 쓴 이후 나는 1705년 파리 왕립 과학 아카데미의 비망록에 카시니 씨의 「토성의 위성과 고리에 관하여」라는 논문이 있다는 것을 알게 되었다. 슈타인베르[90]의 번역 제2부 571쪽에 있는 이 논문에 따라 내 추측은 그 정당성에 어떤 의문도 더는 남아 있지 않다는 것이 확증되었다. 카시니 씨는 그 자체로는 그럴듯하지 않다 하더라도, 우리가 제출했던 진리에 어느 정도 접근했던 사고를 진전시켰다. 즉 이 사고에 따르면 아마 이 고리는 작은 위성들의 무리일 수도 있으며, 이 무리는 토성에서 본다면 지구에

열어놓았다. 그런데 새로운 진전을 이룰 것인가 하는 문제가 주로 이 도구에 달려 있다면, 인간의 통찰을 확장할 수 있는 모든 것에 대한 금세기의 주목에서, 우리는 그러한 주목이 특히 중요한 발견의 기대를 최대한 줄 수 있는 쪽으로 향하리라는 희망에 대한 개연적 근거를 실제로 가지게 된다.

그러나 토성이 고리를 얻을 만큼 행운을 가졌다면, 왜 다른 행성은 이러한 이점에 참여하지 못했을까? 그 원인은 분명하다. 고리는 조야한 상태에서 발산했던 행성의 증기에서 생성되고, 이들 증기가 행 A 92
성을 향한 중력과 이 주어진 운동이 균형을 이루는 일정한 높이에 도달할 때, 행성의 자전 운동은 증기가 단지 계속 가지고 있을 뿐인 도약력을 이들 증기에 틀림없이 주기 때문에, 만약 우리가 행성의 지름, 자전 주기, 표면의 중력을 안다면, 행성의 적도에서 가졌던 운동으로 증기가 자유롭게 원운동을 유지하려면 그 증기가 행성 위 어디까지 올라가는지 그 높이를 우리는 계산으로 쉽게 알 수 있다. 중심운동의 법칙에 따르면, 어떤 행성의 자전 속도와 같은 속도로 그 행성 주위를 자유롭게 원운동할 수 있는 물체의 거리와 그 행성의 반지름의 비는 이 행성의 적도에서의 원심력과 중력의 비와 같다. 이 때문에 토성 반지름을 5로 가정한다면, 토성 고리 내부 테두리의 거리는 8이 된다. 이 두 숫자는 32 대 20과 같은 비이며, 우리가 이미 보

서 보이는 은하와 같을 것이다. (만약 우리가 이들 작은 위성 대신에 앞서 이 A 91
야기했던, 운동을 하면서 토성 주위를 도는 증기 입자를 설정한다면, 이러한 사고도 고려할 수 있다.) 계속해서 그는 다음과 같이 말한다. 이 사고는 토성의 고리가 [평년보다] 더 넓게 보인, 그리고 더 트여 보인 몇 년 전 행해진 관측으로 확증된다. 왜냐하면 고리의 폭이 하나의 어두운 타원형의 선에 의해서 분리된 것으로 보였으며, 그중 구(球)에 가장 가까운 부분은 가장 멀리 떨어져 있는 부분보다 밝게 보였기 때문이다. 구와 고리의 폭이 양자 사이에 있는 최대의 어둠을 매개로 알려지는 것처럼, 이 선은 말하자면 두 부분의 작은 공극을 이루고 있다.

았던 것처럼 32 대 20은 중력과 적도에서의 원심력 간의 비를 나타
낸다. 같은 이유로 만약 우리가 동일한 방식으로 생겨난 고리를 목성
이 가지고 있다고 가정한다면, 이 고리의 최소 반지름은 목성 반지
A 93 름의 10배 이상이 될 것이다. 이 거리는 가장 멀리 떨어진 위성이 목
I 302 성 주위를 공전하는 거리와 정확하게 같다. 따라서 이 때문에, 또 행
성의 증기는 그렇게 멀리까지 확산될 수 없다는 이유 때문에, 그러한
거리가 나오는 것은 불가능하다. 왜 지구에 고리가 없는지 그 이유를
알고 싶다면, 우리는 지구의 고리 [만약 지구에 고리가 있다면] 내부
테두리가 가져야 할 반지름의 크기에서 그 답을 발견하게 될 것이다.
그것은 지구 반지름 크기의 289배가 될 것이 틀림없다. 천천히 움직
이는 행성의 경우 고리의 생성 가능성은 현저히 낮다. 그러므로 우리
가 설명했던 방식으로 어떤 행성이 고리를 획득할 수 있는 경우는 실
제로 고리를 가지고 있는 행성 말고는 없다. 이것은 우리 설명 방식
의 신빙성을 적잖이 강화해준다.

그러나 토성을 둘러싼 고리는 통상적인 방식으로 생겨나지 않았
고, 전 행성계를 지배하며 토성에 위성들을 제공한 일반적 형성 법칙
에 따라 생성되지 않았다는 사실, 그리고 내가 말했듯이 이 외적 물
질은 이러한 목적을 위해서 결코 고리의 재료를 공급하지 않았고, 오
히려 그 물질이 행성 자신의 산물이라는 것, 즉 행성은 자신의 극히
민활한 부분들을 열로 상승시켜 회전에 필요한 도약력을 자신의 자
전으로 이 부분들에 제공했다는 사실을 나에게 확신하게 만든 것은
A 94 다음과 같다. 고리는 토성의 다른 위성과 달리, 일반적으로 주요 행
성의 반성(伴星)에 있는 모든 회전 물체와 달리, 행성 운동의 일반적
관계평면을 향해 있는 것이 아니라 오히려 그 평면에서 상당히 일탈
해 있다. 이러한 사실에서 다음과 같은 점이 확실하게 증명된다. 즉
고리는 일반적인 기초 물질에서 형성된 것이 아니고 또 그 운동을 이

기초 물질의 낙하에서 획득한 것이 아니다. 오히려 행성의 형성이 완
료되고 훨씬 뒤에 행성에서 상승했으며, 행성에서 분리된 부분이 행
성의 이미 확립된 회전력에 따라 행성 자전에 관계했던 운동과 방향
을 획득했다.

천체의 극히 특이한 특성 중 하나를 그것의 본질과 생성의 전 범위
에서 완전히 이해했다는 만족감 때문에 우리는 그렇게 방대한 논의
를 할 수 있었다. 만약 호의를 가진 독자들이 허락한다면, 이 논의를
임의로 지나칠 정도까지 이탈해보겠다. 그렇게 하여 우리는 어떤 제
한도 없이 자유롭게 임의로 의견을 제시하는 즐거운 방식에 우리 자
신을 맡긴 후, 그만큼 더 신중하고 세심하게 다시 진리로 돌아올 것 I 303
이다.

지구도 한때 토성과 같이 고리가 있었다고 상상할 수는 없는가?
[당시의] 지구가 지금의 속도보다 훨씬 빠른 속도로 자전하다가 지
금과 같은 속도로 되게 한 어떤 원인으로 속도가 떨어지는 동안에,
토성의 경우와 마찬가지로 이 고리는 지구 표면에서 상승했고, 오랫 A 95
동안 거기에 머물러 있었는지도 모른다. 혹은 우리는 낙하하는 일반
적인 기본 재료가 앞에서 설명했던 규칙에 따라서 그것을 형성했을
수도 있다고 생각할 수 있다. 우리가 색다른 것에 호기심을 갖는 경
향을 만족시키고자 한다면, 이상의 추측을 너무 엄밀하게 받아들여
서는 안 된다. 그러나 그러한 발상에는 아름다운 설명과 추론이 얼마
나 가득 저장되어 있는가! 반지를 낀 지구라니! 창조된 인간이 낙원
인 지구에서 살고 있다는 것은 얼마나 아름다운 광경인가! 자연이 모
든 곳에서 웃음을 보내면서 환영하는 사람들은 얼마나 안락할까! 그
러나 이것은 그러한 가설을 창조 이야기의 기록들에서 빌려올 수 있
는 확증과 비교해보면 아무것도 아니다. 그러한 기록은 자신의 분방
한 재기에 명성을 더하기 위해서 그것을 과도하게 사용할 때, 자신

이 신성을 모독한 것이 아니라 계시된 종교의 명예를 확증한 것이라
고 믿는 사람들을 칭찬하기 위해 적지 않게 추천된다. 모세의 기술에
서 언급한 천공(天空)의 물은 이미 해석자들에게 적지 않은 어려움을
주었다. 사람들은 이 어려움에서 스스로를 구원해내기 위해 이 고리
를 사용할 수 있을까? 의심할 여지없이 이 고리는 수증기로 되어 있
다. 그리고 이 고리가 지구의 최초 주민들에게 제공할 수 있었던 이
A 96 익에 추가해서, 스스로 그렇게 아름다울 가치가 없게 만든 세계를 홍
수가 벌할 수 있도록 필요할 때 세계를 파괴하는 이점이 추가된다.
어떤 혜성의 인력이 이 고리 부분의 규칙적 운동에 혼란을 가져왔거
나 그것이 위치했던 지역을 냉각시켜 분산해 있는 증기 입자들을 응
결하고, 그것을 가장 무시무시한 홍수로 만들어 지구로 보낸다. 이것
의 결과가 어땠는지를 우리는 이미 알고 있다. 전 세계는 물속으로
가라앉았고, 거기에 더해서 이 이상한 비의 낯설고 민활한 증기로 모
든 피조물을 거의 죽이고 파괴하게 만드는 독이 천천히 흡수되었다.
I 304 이제 창백하고 밝은 궁형(弓形)은 지평선에서 사라졌다. 그리고 새로
운 세계[의 거주민]는 신의 이 끔찍스러운 천벌 도구에 직면해서 느
끼는 전율이 없었기 때문에 이 광경을 기억할 수 없었으며, 최초에
내린 비에서 이전의 궁형을 모방했던 것처럼 보이는 다양한 색깔의
궁을 보고는 아마도 적잖이 당황했겠지만, 이 궁은 화해를 이룬 천계
의 보증으로 지금처럼 변화하는 지구가 계속 유지되는 것에 대한 은
총의 표시와 기념이었다. 이런 기념적 표시의 형태와 그것이 묘사한
사건이 유사하다는 것으로 계시의 불가사의를 일상적인 자연법칙과
하나의 체계로 가져오는 지배적 경향성을 따르는 사람들은 그러한
A 97 가설에 끌릴 수 있다. 자연적 유추가 자연적 진리를 지시하기 위하여
서로 지지할 때, 규칙적인 연관의 인지에서 생겨나는 참된 만족 때문
에 그러한 일치가 야기할 수 있는 일시적 찬동을 완전히 희생시키는

것이 더 현명하다고 나는 생각한다.

제6장
황도광[91]에 관하여

태양은 미세한 증기 형태의 물질로 둘러싸여 있다. 이 물질은 적도 평면에서 양 측면에 단지 작은 폭으로 대단한 높이에 이르기까지 태양을 둘러싸고 있다. 그것에 관해서 우리는 메랑 씨[92]가 묘사한 것처럼 이 물질이 볼록렌즈 형태로 태양의 표면과 접해 있는지, 또는 토성의 고리처럼 곳곳에서 이러한 표면과 떨어져 있는지는 확인할 수 없다. 이것이든 저것이든 관계없이 양자는 충분히 유사하기 때문에 이 현상을 토성의 고리와 비교하고 어떤 공통의 기원에서 도출해보기로 한다. 이 분산된 물질이 태양에서 유출되었다면, 그런 식으로
보는 것이 가장 개연적이기에, 태양 적도의 공통 평면으로 그것을 가 A 98
져오는 원인을 쉽게 알 수 있다. 오랫동안 태양의 불이 태양 표면에 I 305
서 들어 올린 가장 가볍고 민활한 재료는 태양의 작용으로 태양 위 멀리까지 내몰리게 되며, 그것이 얼마나 가벼운가에 따라서 태양광선의 구축(驅逐) 작용이 이들 증기 입자의 중력과 균형을 이루는 거리에서 떠다니거나, 그렇지 않으면 이들 입자는 이들 증기 입자에 계속 추가되는 새로운 입자의 유입으로 지원된다. 그런데 태양은 자전함으로써 그것의 표면에서 떨어져나간 이들 증기에 대해 자신의 운동을 균등하게 나누어주기 때문에, 이들 증기는 회전을 위한 도약력을 획득하고, 그렇게 함으로써 중심력의 법칙[인력의 법칙]에 따라서 원운동을 하면서 양 측면에서 태양의 적도 연장면을 횡절(橫截)하고자 노력한다. 그러므로 이들 증기는 양 반구에서 동일한 양으로 적

도 연장면으로 밀려들기 때문에 거기에서 균등한 힘을 가지고서 퇴
적하고, 태양 적도에 관계하는 평면에 광범위한 평평한 면을 형성하
게 된다.

그러나 토성의 고리와 이렇게 유사함에도 그것과 관계없이 본질
적 차이가 있다. 이 차이가 황도광의 현상을 토성의 고리와 상당히
다르게 만든다. 토성 고리의 입자는 이 입자에 가해진 회전운동을 통
A 99 해 자유롭게 떠다니면서 원운동을 계속하지만, 황도광의 입자는 태
양광선의 힘으로 그들의 높이를 유지한다. 이 광선의 힘이 없다면 태
양의 회전으로 이들 입자에 가해진 운동은 이들이 자유운동을 하면
서 낙하하는 것을 막을 만큼 충분하지는 못할 것이다. 왜냐하면 태양
표면에서 자전의 원심력은 인력의 1/40000도 채 안 되므로, 이들 상
승한 증기는 태양 반지름의 4만 배 정도 떨어져 있어야 비로소 그 중
력과 전달된 운동이 균형을 이루게 될 것이 틀림없기 때문이다. 그래
서 우리는 태양 황도광이라는 이 현상을 토성 고리의 경우와 같은 방
식으로 태양에 귀속할 수 없다는 것을 확신하게 된다.

그럼에도 태양의 이 목걸이가 아마도 전 자연이 가지고 있는 것과
동일한 기원을 가진다는, 즉 그것은 일반적 원소재에서 형성되었다
는 적지 않은 개연성이 있다. 이 원소재의 부분들은 태양계의 가장
높은 권역에서 떠다니면서 회전하기 때문에 태양계 전체가 완전히
형성된 뒤에야 비로소 때늦게 약화된 운동을 하면서 태양을 향하여
I 306 낙하했다. 이 부분들은 비록 약화된 운동이긴 하지만, 서쪽에서 동쪽
으로 곡선을 그리면서 운동하며, 이런 종류의 원운동을 함으로써 태
양 적도 연장면을 횡절하고, 그곳에 머물면서 양 측면에서 퇴적을 통
A 100 해 그 위치에서 광범위한 평면을 가지게 되었다. 이제는 이 위치에서
이 부분들의 일부는 태양광선에 의한 구축 작용으로, 또 다른 일부는
그들이 실제로 획득했던 원운동에 따라 계속 동일한 높이를 유지한

다. 현재의 설명이 억측에 기인한 것 외에 어떤 장점도 가지고 있지 않은지, 임의적인 승인 이외의 어떤 주장도 가지고 있지 않은지를 판단하는 것은 독자의 몫이다. 어느 쪽이 가장 납득될 수 있는 것처럼 보이는지는 독자 판단에 맡겨져 있다.

제7장
공간과 시간에서 무한한 전 범위에 걸친 창조에 관하여

우주[93)]는 측량할 수 없는 크기로 그리고 모든 면에서 우주에서 발하게 되는 무한한 다양성과 아름다움으로 침묵의 경탄을 자아낸다. 이 모든 완전성의 표상이 상상력을 불러일으킨다면, 다른 한편 지성은 그토록 화려한 장관과 웅장함이 영원하고 올바른 질서를 갖춘 유일한 일반적 규칙에서 어떻게 흘러나오는지를 바라다볼 때, 다른 종
류의 환희를 경험하게 된다. 태양이 모든 궤도의 중심점에서 강력한 A 101
인력에 따라 행성 우주에서 사람이 살고 있는 구체[지구]를 영원히 공전하게 한다. 그런데 이 행성 우주는 우리가 이미 보았듯이 태초에 분산되어 있던 원소재에서 전적으로 형성되었다. 천계의 텅 빈 깊이에서 우리 눈을 통해 발견되는 항성, 그리고 일종의 낭비를 나타내는 듯한 항성은 모두 태양 그리고 이와 유사한 체계의 중심점이다. 따라서 유추해본다면 이들 체계가 신이 현전하는 무한한 범위인 텅 비어 있는 공간을 채웠던 요소적 물질의 극히 작은 부분에서 우리 태양계와 동일한 방식으로 형성되고 생겨났다는 것은 의심할 여지가 없다.

그런데 모든 세계와 세계질서가 동일한 종류의 기원을 용인한다 I 307
면, 인력이 무제한적이고 일반적이지만 그러나 그것의 척력도 마찬가지로 계속해서 활동적이라면, 무한한 것과 비교할 때 큰 것도 작

은 것도 미세한 것에 불과하다면, 규모가 좀더 작은 우리 태양계의 여러 천체, 예컨대 토성, 목성, 지구가 각각 독립된 체계이지만 더 높은 체계 내의 부분으로서 서로 관계를 맺은 것처럼, 모든 우주도 관
A 102 계적 구조와 서로 체계적 결합을 취하지 않겠는가? 사람들이 은하의 모든 태양이 형성되었던 측량 불가능한 공간 안에 한 점을 가정하고, 그 점 주위에 무언가 알려지지 않은 원인으로 최초의 자연 형성이 카오스에서 시작했다고 하자. 최대한 질량과 터무니없는 인력을 지닌 물체가 거기에서 생겨났을 것이다. 이 물체는 그런 식으로 자기 주위의 거대한 영역 안에서 형성 과정에 있는 모든 체계에 힘을 가할 수 있게 되며, 모든 체계를 이러한 체계들의 중심점인 자신을 향해 낙하하게 한다. 그리고 소규모 형태로 태양 주위에 행성들을 형성했던 요소적인 원소재들이 만들었던 것과 동일한 체계를 그 전체에 걸쳐 만들었을 것이다. 관측에 따르면 이 추측은 거의 의심할 여지가 없다. 별무리는 하나의 공통 평면에 관계하는 위치를 통해서 우리 태양계의 행성들이 태양 주위를 도는 것과 꼭 같은 체계를 형성한다. 은하는 더 높은 세계질서의 황도이며, 이 황도는 자신의 영역에서 가능한 한 일탈하지 않으며, 그것의 대역(帶域)은 행성들의 수대(獸帶)가 이 구체의 빛에 의해 대단히 소수의 점에서이긴 하지만 때때로 깜빡거리는 것과 마찬가지로 자신의 빛으로 밝혀진다. 이들 태양은 각각 자신의 주위를 도는 여러 행성과 함께 독립된 체계를 형성한다. 그러나 목성이나 토성이, 각각 독자 위성들을 가지고 있음에도 훨씬 큰 우주
A 103 의 체계적 구조 안에 제한되어 있는 것과 마찬가지로, 이들 태양도 훨씬 큰 체계[94]의 부분이 된다. 구조에서 그렇게 엄밀한 일치가 일어나는데, 우리가 생성의 동일한 원인과 방식을 인정할 수 없겠는가?

그런데 만약 항성이 체계를 형성하고, 그것의 범위가 중심점에 있는 물체의 인력권역에 따라 결정되어 있다면, 무한한 공간 영역에서

는 훨씬 많은 태양계가, 말하자면 훨씬 많은 은하가 생겨나지 않을까? 우리는 천계의 놀라운 모습을 목격했는데, 그것은 공통 평면에 I 308
제한된 항성계, 이렇게 표현해도 좋다면 은하와 다름없다. 이들 항성계는 우리 눈에 비치는 상이한 위치에 따라서, 무한한 거리로 약해진 미광(微光)을 발하는 타원 형태로 나타난다. 이들 항성계는 말하자면 우리 태양계의 지름보다 무한 곱하기 무한 배나 더 지름이 큰 체계이지만, 의심할 여지없이 이 태양계의 구조와 마찬가지 방식으로 생성되고, 동일한 원인으로 정돈되고 배열되며, 동일한 메커니즘으로 유지된다.

만약 우리가 이러한 별들의 체계를 재차 전 자연의 거대한 연쇄의 항으로 본다면, 이전과 같은 많은 동일한 원인으로 이들이 서로 관계하고 결합한다고 생각해야 한다. 이런 관계와 결합은 전 자연을 지 A 104
배하는 최초의 형성 법칙에 따라 대단히 거대한 새로운 체계를 구성하며, 이러한 거대한 체계는 이전의 어떤 것과도 비교할 수 없을 정도로 강한 물체의 인력으로 이들 체계의 규칙적 위치의 중심점에서부터 통제된다. 은하의 항성에서 체계적인 구조의 원인인 인력은, 만약 인력에 균형을 제공하는 규칙적으로 배분된 도약력이 없고 이 양자가 체계적 구조의 근거가 되는 이 관계를 낳지 못한다면, 이 세계 질서의 먼 곳에까지 영향을 미쳐서 항성들의 위치를 옮기고 세계를 불가피하게 절박한 카오스로 빠져들게 한다. 인력은 의심할 여지없이 실체들을 상호 의존 관계로 결합함으로써 공간을 만드는 공존만큼이나 널리 퍼져 있는 물질의 성질이거나 좀더 정확하게 말한다면 자연의 부분들을 하나의 공간 속에서 결합하는 일반적 관계다. 그러므로 인력은 무한한 곳에 이르기까지 공간의 연장 모두에 미친다. 빛이 이러한 멀리 떨어져 있는 항성계에서 우리가 있는 데까지 오지만, 빛이 단지 힘이 가해진 운동에 지나지 않는다면, 오히려 인력은 모든

I 309 운동보다 시간상 앞서고, 더는 외적인 원인이 필요하지 않으며, 어떤
A 105 장애로도 정지될 수 없는 원초적인 운동의 근원이 아닌가? 왜냐하면 인력은 자연의 전반적 정지 상태에서 어떤 충격을 가하지 않더라도 물질의 가장 깊숙한 내부에까지 작용을 미치기 때문이다. 그래서 인력은 항성계가 측량 불가능할 정도로 멀리 떨어져 있더라도, 또 자연의 첫째 운동에서 그 재료가 형성되지 않고 분산되어 있더라도, 이들 항성계를 운동하게 하지 않았겠는가? 이것은 우리가 작은 규모로 보았던 것과 꼭 마찬가지로 체계적 결합의 원천이며, 항성계를 붕괴하지 않도록 지켜주는, 그 부분들의 지속적 항구성의 원천이다.

그러나 이 체계적 배열의 끝은 결국 무엇일까? 어디서 창조 자체가 멈출 것인가? 창조가 무한한 존재자의 힘과 관계있다고 생각하면, 창조의 한계는 결코 없음이 틀림없다는 사실을 쉽게 알 수 있다. 우리가 지름 1인치의 구체 안에 공간의 한계를 두는 것보다 신의 창조력이 계시한 공간을 은하의 반지름으로 기술된 영역 안에 포함시키는 것이 신의 창조력에 더 가까이 가는 것은 아니다. 유한하고 한계가 있으며 단위와 일정한 관계가 있는 모든 것은 무한한 것과 멀리 떨어져 있다는 점에서는 동일하다. 그런데 신의 효력을 신이 가진 창조력의 무한히 작은 부분만으로 제한하여, 신의 무한한 힘과 진정으로 측량할 수 없는 자연과 세계의 무능력하고 또 진정 측량할 수 없는 자연과 세계의 보고가 무위라고 여기거나 영원히 실행력을 결여
A 106 했다고 생각하는 것은 불합리할 것이다. 그러므로 오히려 창조의 총체를 어떤 척도로도 측량할 수 없는 힘의 증거가 되기 위해 존재해야 하는 것으로 생각하는 것이 더 적절하지 않겠는가? 아니 더 적절하게 표현하면 그렇게 서술하는 것이 필연적이지 않겠는가? 이 때문에 신의 성질을 계시하는 영역은 이 성질 자체와 마찬가지로 무한하
A 107; I 310 다.* 영원성은, 만약 그것이 무한한 공간과 연결되지 않는다면, 최고

존재자의 증거를 이해하기에는 충분하지 않다. 형성,[96] 형상, 아름다움, 완전함이 우주의 물질을 구성하는 근본 소재와 실체의 관계들이라는 것은 사실이다. 우리는 신의 지혜가 여전히 항상 작동하는 배열 속에서 그것을 인지한다. 그러한 배열들이 그 안에 심어져 있는 일반적 법칙에서 강요되지 않은 연속에 따라 전개된다는 것은 신의 지혜에 가장 적합하다. 그러므로 우리는 우주의 질서와 배열이 창조된 자연 물질의 보고에서 시간 계열 속에서 점차 생겨난다는 사실을 충분한 이유를 가지고서 정립할 수 있다. 그러나 그것의 성질과 힘이 모든 변화의 근거가 되는 원물질 자체는 신 존재의 직접적 귀결이다. 따라서 이것은 일시에 매우 풍부하고 완전하게 되지 않으면 안 되므로 원물질의 합성의 전개는 영원한 흐름 속에서 있을 수 있는 모든 것을 자신 안에 포함하는 평면 위로, 요컨대 어떤 척도도 받아들이지 않는 무한한 평면 위로 뻗어나갈 수 있다.

그러므로 창조가 공간에 관해 무한하거나 적어도 물질에 관해 처 A 108

---

* 세계의 무한 연장이라는 개념은 형이상학에 정통한 사람 중에서 반대자를 I 309
발견하는데, 최근에 바이텐캄프 씨[95]에게서 그것을 발견했다. 이 신사가 무수한 양이나 무제한의 양은 불가능하다고 언급했기 때문에 이 관념을 용인할 수 없다면, 당장 나는 다음처럼 물을 것이다. 영원히 계속되는 미래는 다양성과 변화의 진정한 무한성을 자신 안에 포함하지는 않는가? 이 무한한 계열은 모두 일시에 신의 지성 안에 지금도 이미 완전히 나타나는 것은 아닌가? 그런데 신이 서로 계기하는 계열에서 모든 것을 일시에 그의 마음
안에 나타내는 무한성 개념을 실제로 만드는 일이 가능하다면, 신이 다른 I 310
무한성의 개념을 공간적으로 결합해 있는 연결 속에 나타내지 않을 이유는 무엇이고, 그렇게 함으로써 세계의 범위를 무제한적으로 만들지 않을 이
유는 무엇인가? 사람들은 이 물음에 답하려고 하지만, 나는 난점이라고 생 A 107
각된 것을 수의 본성에서 취한 설명으로 제거하기 위해서 오게 될 기회를 이용할 것이다. 그러나 그때 이런 문제는 다음 논의를 요구하는 문제로서 엄밀하게 해명할 필요가 있을 것이다. 그것은 최고 지혜를 수반하는 힘이 자신을 계시하기 위해 생산한 것과 그 힘이 생산할 수 있었던 것의 관계는 서로 미분 계수의 관계를 갖는가 하는 문제다.

음부터 이미 실제로 무한했지만, 그러나 형상이나 형성에 따라서 무한하게 될 준비를 한다면, 우주 공간은 무수히 그리고 끝없이 세계와 함께 활력을 얻게 될 것이다. 그런 다음 우리가 앞서 모든 부분에서 따로 고려했던 체계적 결합이 전체로 확장되고 전 우주를, 즉 자연 안에 있는 모든 것을 인력과 원심력의 결합으로 하나의 체계 안으로 통합했을까? 나는 다음처럼 말하겠다. 서로 간에 어떤 전체적 결합
I 311 관계도 없는 순전히 고립된 우주들만 존재할 경우, 우리가 이들 항의 연쇄를 실제로 무한한 것으로 가정한다면, 우리는 이 부분들이 모든 면에서 정확하게 동일한 인력을 유지하며, 인력이 동일하다는 이 사실로 이들 체계는 내부의 상호 인력이 이들 체계를 위협했던 붕괴에서 안전하게 지켜졌을 것이라고 생각할 수 있을 것이다. 그러나 이를 위해서는 인력과 균형을 이루는 거리가 아주 정확하게 측정되어 결정될 필요가 있으며, 따라서 아무리 작은 이동조차 우주의 파괴를 낳을 테고, 오랜 시간을 거쳐 우주를 붕괴시킬 것이며, 결국 우주는 종말에 이르게 될 것이다. 기적 없이는 자신을 유지하지 못하는 우주
A 109 구조는 신의 선택 표시인 항상성의 특징을 가지지 못한다. 그리하여 무한 공간의 전체를 채우는 세계와 세계질서를 하나의 중심점과 관계시키는 하나의 체계가 창조의 전체에서 생겨난다고 가정하면 훨씬 적절할 것이다. 분산된 무수한 우주는, 먼 거리를 두고 서로 분리되어 있다고 하더라도, 일반적 중심점을 향해, 우주 인력의 중심점을 향해, 그리고 자연 전체의 지지점을 향해 관계하는, 체계적 운동을 통한 어떤 배열이 있지 않으면 방해받지 않는 성향 때문에 파멸하고 파괴될 것이다.

형성된 자연이든 조야한 그대로의 자연이든 자연 전체는 이 일반적 중심점을 향해 낙하하는데, 이 일반적 중심점에서 의심할 여지없이 가장 예외적인 인력을 가진 덩어리가 발견된다. 그런데 이 덩어리

는 시간이 만들어낸 모든 세계와 질서, 그리고 영원이 만들어낼 모든
세계와 질서를 자신의 인력 영역 안에 포함한다. 우리는 자연이 자기
형성의 시초를 만들었다는 사실, 그 위치에 여러 체계도 가장 조밀하
게 퇴적했지만, 무한한 공간 안 중심점에서 분산 정도도 커지므로 이
들 체계는 소멸하게 된다는 사실을 개연성을 가지고 추측할 수 있다.
또 우리는 이 규칙을 우리 태양계와의 유추로 추정할 수 있으며, 이
러한 구조는 어쨌든 멀리 떨어진 곳에서는 일반적 중심 물체뿐만 아
니라 그 물체 가까이에서 공전하는 모든 체계가 그들의 인력을 결합 A 110
하여, 말하자면 하나의 덩어리에서 더 멀리 떨어진 거리에서도 그 체
계를 향해 인력을 행사한다는 사실을 보여주는 역할을 한다. 그렇다 I 312
면 이것은 무한한 범위에 걸쳐 있는 자연 전체를 하나의 유일한 체계
로 이해하는 데 도움을 줄 것이다.

이제 자기 형성을 향해 노력하는 물질의 기계적 법칙에서 이 모든
자연의 일반적 체계의 확립을 추적하기 위하여, 요소적인 원소재가
분산되어 있는 무한한 공간의 어떤 장소에서 이 원소재는 가장 조밀
하게 퇴적했으며, 그런 다음 전 우주에 근거 역할을 하는 물질을 거
기서 시작한 탁월한 형성으로 그 우주에 조달했다. 무한한 공간에서
본래 어떤 점도 중심점이라 불리는 특권을 가질 수 없다는 것은 확
실하다. 그러나 원소재의 본질적 밀도에 근거한 어떤 관계에 따르면,
이 원소재는 창조된 순간에 일정한 장소에서 더 높은 밀도를 가지고
서 퇴적했고, 그 장소에서 멀리 떨어지면서 분산이 커짐에 따라 중심
점이라 불리는 특권을 그 점은 가질 수 있게 되었으며, 거기에서 가
장 강력한 인력을 가진 중심 물질을 형성해 실제로 그렇게 된 것이
다. 특수한 형성 중에 포함된 나머지 모든 요소적 물질은 낙하하게
되며, 자연의 전개가 아무리 멀리까지 미친다 하더라도, 무한한 창 A 111
조 영역에서 이 요소적 물질은 이 낙하로 단지 하나의 체계를 만들어

낸다.

그러나 찬동을 얻는다면 크게 주목할 만한 가치가 있는 중요한 것은 다음과 같다. 즉 우리의 이 체계에서 자연의 질서에 따르면 창조 혹은 오히려 자연의 형성은 처음에는 이 중심점에서 시작하여, 계속 전진하면서 멀리 떨어진 모든 장소로 점진적으로 흩어져 영원한 진행과정에서 무한한 공간을 세계와 질서로 채우게 된다. 조용히 즐기면서 잠시 이러한 개념을 추구해보자. 창조의 계속적인 완성에 관한 이론의 이 부분만큼, 전능의 무한한 영역에 관한 조망을 열어줌으로써 인간 정신을 더 고귀한 경이까지 고양하는 것은 없을 것이다. 모든 세계를 형성하는 소재인 물질이 신이 현전하는 무한한 공간 전체에서 꼭 같은 방식으로 흩어져 있는 것이 아니라 아마도 입자들의 밀도에 관계하는 어떤 일정한 법칙에 따라서 분산되어 있다는 사실을
I 313 사람들이 인정한다면, 그리고 그 일정한 법칙에 따를 경우 가장 조밀하게 퇴적한 장소가 된 어떤 점에서 원소재의 분산이 거리에 따라서
A 112 증가하게 된다는 사실을 인정한다면, 자연의 원초적 운동에서 형성은 이 중심의 가장 가까운 곳에서 시작할 테고, 그런 다음 점진적으로 시간이 경과함에 따라 더 거리가 떨어진 공간은 그 중심에 관계하는 체계적 구조에 따라 점차 세계와 세계질서를 형성했을 것이다. 모든 유한한 기간의 길이는 완성된 작품의 크기와 관계가 있으며, 그것의 중심점에서 형성된 유한한 영역만 낳을 뿐이다. 한편으로 남아 있는 무한한 부분은 여전히 혼란이나 카오스와 다툴 테고, 이미 형성된 자연의 영역에서 멀어지면 멀어질수록 그만큼 완성된 형성의 상태에서 멀어질 것이다. 그 결과 우주 안 우리의 체류 장소에서 우리가 충분히 완성된 것처럼 보이는 세계에 대해 조망하더라도, 말하자면 체계적으로 결합된 세계질서의 무한한 무리를 조망하더라도, 실제로 우리는 자연의 모든 중심점 가까이에서 우리 자신을 발견하게

되며, 여기에서 자연은 이미 카오스에서 벗어나 적절한 완성에 도달했다는 것을 발견하게 된다. 만약 우리가 어떤 일정한 영역을 넘어설 수 있다면, 거기에서 우리는 카오스와 요소들의 분산을 목격하게 될 것이다. 이 요소들은 이 중심점에 가까운 정도에 따라서 부분적으로는 조야한 상태를 떠나 완전한 형성에 가까이 가게 되지만, 거리가 멀어지면서 점차 완전히 분산되어 사라져버린다. 우리는 신이 현 A 113
전하는 무한한 공간이, 즉 그 안에서 자연의 모든 가능한 형성을 위한 비축이 발견될 수 있는 그런 공간이, 어떻게 미래에 출현할 세계의 소재로 사용될 물질로 가득 차 있는, 그리고 이 물질을 운동하게 만드는 원동력으로 가득 차 있는 고요한 밤 속에 몰래 감추어져 있는지를 알게 될 것이다. 이러한 추진력은 약한 자극으로도 이런 운동을 시작하며, 이런 운동으로 이 황량한 공간의 무한성이 어느 때인지 활기를 띠게 되었을 것이다. 아마도 형성된 자연의 영역에 이르기까지 수백만 년, 아니 수억 년이 흘렀고, 이 영역에서 우리는 우리 자신이 거기에 깃들어 있는 완전성으로 성장해 있음을 발견하게 된다. 그리고 아마도 자연이 카오스에서 이와 동일한 큰 보폭을 취하기까지 마 I 314
찬가지로 긴 시간이 흘렀을 것이다. 그러나 형성된 자연의 영역은 끊임없이 자신을 확장하는 일에 몰두한다. 창조는 한순간의 일이 아니다. 창조는 무한의 물체와 물질의 산출과 더불어 시작한 이후에도 항상 다산성을 늘려가면서 영원의 전 계열에 걸쳐서 작용한다. 수백만 년과 수억 년의 전체 산맥이 흘러가고, 그러는 가운데 자연의 중심점에서 멀리 있는 곳에서 계속 항상 새로운 세계와 세계질서가 형성될 테고 완성에 이르게 될 것이다. 이들 세계와 세계질서는 그 부분 A 114
들 가운데 있는 체계적 구조와는 무관하게, 중심점과 일반적인 관계에 다다르게 될 테고, 이 중심점은 형성의 첫째 점이자 그것의 탁월한 물질의 인력으로 창조의 중심이 된다. 미래의 시간적 연속의 무한성으로 영원성이 고갈되는 것은 아니지만, 그러한 무한성은 신이 현전하는 모든 공간에 완전히 활기를 불어넣을 테고, 점차 이들 공간에 신의 계획의 탁월성에 적합한 규칙성을 정립할 것이다. 만약 누군가가 담대한 생각을 하면서 모든 영원성을 이른바 하나의 개념으로 요약할 수 있다면, 그는 또한 무한한 공간 전체가 우주 질서로 가득 차 창조가 완성된 것을 볼 수 있을 것이다. 그러나 실제로 영원한 시간에서 남아 있는 일부는 항상 무한하고 흘러간 부분은 유한하기 때문에, 형성된 자연의 영역은 미래 세계의 씨앗을 자신 안에 가지고 있으며, 또 길거나 짧은 시간에 걸쳐 카오스의 조야한 상태에서 벗어나려고 노력하는 총체의 무한하게 작은 부분에 불과할 뿐이다. 창조는 결코 완성되지 않는다. 오히려 창조는 일단 시작했으니 결코 멈추지 않을 것이다. 창조는 자연 현상,[97] 새로운 사물, 새로운 세계를 산출하는 일로 항상 바쁘다. 창조가 만들어내는 작품은 그것이 사용하는
A 115 시간에 비례한다. 무한한 공간의 광대한 영역 전체에 무수하고 무한한 세계들로 활기를 불어넣기 위해서 창조는 그야말로 영원성만 필요로 한다. 독일의 뛰어난 시인 중 한 명이 영원성을 다음처럼 그렸지만, 우리도 이와 같은 것을 창조에 관해 말할 수 있을 것이다.

I 315 무한이여! 그대를 측정할 자 누구인가?
그대 이전에는, 세계는 하루요, 인간들은 일순간일세.
지금 돌고 있는 것은 천(千) 중 하나의 태양.
아직 천의 태양이 남아 있다.
시계가 추에 의해 활기를 갖게 되듯,
태양은 신의 힘에 의해 서둘러 움직인다.
시계의 태엽이 움직임을 멈추지만, 다른 시계가 울음을 운다.
그러나 그대는 머물러 있으며, 시계의 수를 세지 않는다.

—폰 할러[98]

그의 상상력의 도움으로 완전한 창조의 한계를 넘어서서 카오스
의 공간으로 비상하고, 형성된 세계의 영역 가까이에서 조야한 자연
이 불완전성의 모든 단계와 색조를 거쳐 형성되지 않은 공간 전체에
서 점차 소멸되어가는 것을 보는 것은 작지 않은 즐거움이다. 그러
나 사람들이 이야기하듯, 자연은 무한히 작은 부분만 형성되고, 무한
의 공간은 아직 카오스와 다투며, 미래에 비로소 완전한 질서를 가지
고 있는 세계와 세계질서의 전체 무리와 아름다움을 나타낼 것이라
고 주장하면서, 완전히 자의적인 가설을 제시하고, 그것을 지성의 오
락의 주제로 칭찬하는 것은 비난할 만한 무모함이 아니겠는가? 나는 A 116
내 이론이 제시하는 귀결을 그렇게 고집하지 않기 때문에, 창조가 자
신 안에 소재를 포함하는 무한한 공간을 통해서 계속 확대된다는 추
측이 그것은 증명될 수 없는 것이라는 반대를 어떻게 완전히 거부할
수 있는지를 알지 못한다. 그러나 나는 개연성 정도를 평가할 위치에
있는 사람들에게서 다음을 기대한다. 즉 그러한 무한성의 지도가 인
간의 지성에 영구히 감추어져 있는 것처럼 보이는 주제를 포함하더
라도, 그 지도는, 특히 의심할 수 없는 증명의 실(糸)이 지성에 결여
되어 있는 경우 항상 우리를 인도하는 유추의 도움을 받는다면, 이런
이유로 곧바로 환상으로 간주되지는 않을 것이라고 기대한다.

그러나 유추가 합당한 근거로 지지될 수 있고, 내가 그러한 찬동
을 기대해도 좋다면, 통찰력을 가진 독자는 이들 근거에 보다 중요한
근거를 추가할 수 있을 것이다. 자연의 모든 부분에 작용하는 인력 I 316
의 일반적인 노력에 대해, 지금까지 모든 것에 미치는 특성이 대항해
서 붕괴와 무질서를 향한 인력의 성향에 충분히 저항할 수 있는 것이
아니라면, 구심력과 결합해서 일반적인 체계적 구조를 확정하는 도 A 117

약력을 자연이 줄 수 없었다면, 사람들은 창조가 항상성의 특성을 가지고 있지 않다고 생각하게 된다, 이 점을 고려한다면, 사람들은 우주의 모든 부분을 어떤 결합된 관계 안에서 함께 유지하게 하고 자연의 총체에서 단 하나의 체계를 형성하는 우주 전체의 일반적 중심점을 상정하지 않을 수 없다. 우리가 앞서 개관했던 것처럼, 여기에다 사람들이 분산되었던 요소적 물질에서 천체가 형성되었다는 개념을 추가한다면, 그럼에도 여기서 그것을 하나의 특정한 체계에 제한하지 않고 자연 전체로 확장한다면, 사람들은 창조 전체의 중심점을 자연스럽게 포함하는 원초적인 카오스의 공간에 원소재가 그런 식으로 분산되어 있다고 생각하지 않을 수 없다. 그렇게 해서 그 영역 안에 전 자연을 포괄하는 활동적 덩어리가 함께 모이고, 일관된 관계가 실현될 수 있으며, 그렇게 됨으로써 모든 세계는 유일한 구조를 형성하게 된다. 그러나 무한한 공간에서 자연 전체의 참된 중심점과 낙하점을 정립하는 원초적 원소재의 분산 방식이 가능하기 위해서는, 증가하는 분산 법칙에 따라서 이 분산이 그 점에서 모든 원거리에까지 진행되었다고 생각해야 한다. 그러나 이 법칙에 의하면 동시에 하나의 체계가 형성되는 데 필요한 시간은 무한한 공간의 여러 영역에서
A 118 달라지게 된다. 그리하여 어떤 세계 구조의 형성 장소가 창조의 중심에 가까이 있을수록 이 시간은 짧아진다. 거기서는 소재의 요소가 더 조밀하게 퇴적되어 있기 때문이다. 거기에 반해서 거리가 멀수록 긴 시간이 요구된다. 거기서는 입자들이 더 넓게 분산되어 있어서 형성을 위해 모이는 일이 더 늦어지기 때문이다.

사람들이 내가 말했던 것과 또한 실제로 제안할 것의 전 범위에 걸쳐 개관하는 가설 전체를 고려한다면, 그것의 요구가 적어도 변호를
I 317 받아들일 수 없을 만큼 무모하지는 않다는 것을 인정할 것이다. 모든 완전한 세계 구조가 점차 파멸하게 되는 불가피한 경향은, 그것에 반

해 우주가 하나의 장소에서 잃었던 손실을 대체하기 위하여 세계의 다른 영역에서 생산적 활동을 지속하게 되리라는 것을 확정할 수 있는 근거들로 간주된다. 우리가 알고 있는 자연의 전체 조각은, 그것이 비록 우리 시야의 위, 아래에 감추어져 있는 것의 관점에서는 원자일 뿐이라고 하더라도, 끝이 없는 자연의 이 다산성을 보증한다. 이 다산성은 신의 전능 자체를 행사하는 것 이외의 다른 것이 아니기 때문이다. 무수한 동물과 식물은 매일 죽어서 절멸하며 무상의 희생 A 119
물이 되지만, 자연은 다할 수 없는 생산 능력을 바탕으로 그것 못지않은 수의 동식물을 다른 장소에서 다시 생산해내며 빈 곳을 채운다. 우리가 살고 있는 지구의 상당한 지역은 행운의 시대에 바다에서 융기했지만, 다시 바닷속에 매몰된다. 그러나 자연은 다른 장소에서 그 손실을 보충하고, 깊은 바닷속에 감추어져 있는 다른 지역을 융기시켜 여기에 다산의 풍부함을 새롭게 펼친다. 이와 마찬가지로 세계와 세계질서는 사라지고 영원의 심연에 삼켜지지만, 반면에 창조는 하늘의 다른 영역에서 새로운 형성을 계속하고 손실을 이익으로 보완한다.

우리는 신의 작품의 위대함에서도 무상함을 허용하는 것에 놀라서는 안 된다. 유한하고 시작과 기원이 있는 모든 것은 자신 안에 제한된 본성이라는 특징을 가진다. 그것은 틀림없이 지나가고 종말을 고하게 된다. 세계의 지속은 그 배열의 탁월성 때문에 우리 개념에 따라 무한한 지속에 다가가는 항상성을 가지고 있다. 수십만 년, 아마도 수억 년도 그것을 파멸하지 못할 것이다. 그러나 유한한 자연에 붙어 있는 무상함은 계속해서 그것의 파멸을 진행하기 때문에 모든 A 120
가능한 시간을 자신 안에 포함하며, 점차 쇠퇴를 거쳐 결국 멸망의 시점에 이르게 된다. 신의 성질을 그의 작품의 완전성으로 찬미한 위대한 뉴턴은 신의 계시를 향한 가장 큰 외경을 자연의 탁월함에 대한

가장 깊이 있는 통찰과 결합했지만, 운동의 기계적인 부분에 있는 자
연적 경향으로 자연의 쇠퇴를 선포하지 않을 수 없는 자신을 목격했
I 318 다. 체계적 구조가 거대한 시간의 흐름 속에서 쇠퇴하게 된다는 본질
적인 귀결로 사람들이 상상할 수 있는 가장 작은 부분조차 혼란한 상
태에 다가간다면, 영원성이 무한히 경과하는 가운데 점진적인 감소
가 모든 운동을 고갈시킬 시점이 반드시 있지 않으면 안 된다.

그러나 우리는 세계 구조의 몰락을 자연의 진정한 상실로 여기며
한탄할 필요는 없다. 자연은 어떤 종류의 낭비에서 그것의 풍요로움
을 증명한다. 즉 자연의 어떤 부분들은 무상함에 자신의 공물을 바치
지만, 반면에 자연은 무수한 새로운 산출로 자신의 완전성의 전 범
위에서 무사히 유지된다. 단 하루의 추위로 얼마나 많은 꽃과 벌레
가 죽는가? 이러한 꽃과 벌레는 자연의 멋진 작품이며 신이 전능함
의 증명임에도 우리는 그것들이 사라짐에 대해 거의 탄식하지 않는
A 121 다. 다른 장소에서 이 손실은 과잉으로 다시 대체된다. 창조의 걸작
인 것처럼 보이는 인간 자체도 이 법칙의 예외가 되지 않는다. 자연
은 자신이 실로 풍요롭고 가장 사소한 피조물과 마찬가지로 가장 탁
월한 피조물을 생산하는 데에서 무진장하다는 것, 그리고 또 피조물
의 몰락조차 태양의 다양성 가운데 있는 하나의 필연적 색조라는 것
을 증명한다. 피조물의 생산은 자연에 어떤 부담도 주지 않기 때문이
다. 오염된 공기의 유독한 작용, 지진, 홍수는 한 민족 전체를 지상에
서 말살한다. 그러나 그것에 의해서 자연이 손실을 겪는 것으로 보이
지는 않는다. 이와 마찬가지로 전 세계와 전 체계는 자기 역할을 끝
내고는 무대를 떠난다. 창조의 무한성은 너무나 거대하므로, 세계 혹
은 세계들로 이루어진 은하를 창조와 비교해보는 것은 마치 한 송이
꽃이나 한 마리 벌레를 지구와 비교해보는 것과 같다. 자연이 여러
변화 장면을 가지고서 영원을 장식하는 동안 신은 더욱 거대한 세계

를 형성하기 위한 소재[99])를 만드는 끊임없는 창조의 일로 바쁘다.

> 그는 만물의 창조자이기 때문에,
> 영웅이 몰락하는 것도, 한 마리 작은 참새가 떨어지는 것도,
> 수포(水泡)가 도약하는 것도, 전 세계가 사라지는 것도,
> 동일한 눈으로 본다.
> —포프(브로케스 옮김)[100])

그러므로 이들 무시무시한 파멸도 섭리의 일상적 방식이라고 생각하는 데 익숙해지자. 그리고 그것들을 어떤 종류의 만족을 가지고서 보려고 해보자. 실로 어떤 것도 이만큼 자연의 풍요에 어울리는 것은 없다. 왜냐하면 어떤 세계 체계가 지속의 긴 계열에서 그 배열에 포함될 수 있는 모든 다양성을 소진한다면, 그 세계 체계가 이제는 존재의 연쇄에서 불필요한 고리가 된다면, 그 체계가 우주의 흘러가는 변화의 무대에서 모든 유한한 것에 어울리는 마지막 역할을 하는 것만큼, 즉 무상함에 자기 책무를 맡기는 것만큼 더 적절한 것은 없기 때문이다. 이미 서술했듯이 자연은 그것의 총체의 작은 부분에서조차 영원한 운명이 자연 전체에 지시했던 처리 규칙을 보여준다. 그리고 다시 이야기하지만, 몰락하게 되는 것이 아무리 커도 이 경우 조금도 지장이 없다. 왜냐하면 창조가 무한한 공간에서 영원의 연속에 걸쳐 나타내는 무한과 비교한다면, 큰 것은 모두 작은 것이 되며 흡사 하나의 점에 불과한 것이 되기 때문이다. A 122; I 319

자연의 모든 사물과 마찬가지로 여러 세계에도 정해져 있는 종말은 어떤 법칙에 종속되어 있는 것처럼 보이지만, 이 법칙의 고찰은 그 이론을 새롭고 정연한 것으로 만든다. 이 법칙에 따르면, 산출과 형성이 우주 중심의 바로 옆에서 최초로 시작됐듯이, 종말은 우주의

A 123 중심점에 가장 가까운 천체들에서 시작된다. 그곳에서 쇠퇴와 파멸이 더 먼 거리로 조금씩 넓어지면서 운동의 점차적인 쇠약에 따라 수명을 다한 모든 세계를 끝내는 하나의 완전한 카오스로 매몰시켜버린다. 반면에 형성된 우주의 반대편 가장자리에 있는 자연은 분산된 요소의 조야한 소재로 부단히 우주를 형성하려고 한다. 자연은 중심점에 가까이 있는 측면에서는 노쇠하지만, 다른 측면에서는 젊고 새로운 생성 속에서 다산성을 보인다. 이에 따라서 형성된 세계는 파괴된 자연의 공허와 아직 형성되지 않은 자연의 카오스 중간에 있게 된다. 아마도 사람들이 이미 완성에까지 성장한 세계는 그것이 형성되기 위해 필요한 것보다 더 긴 시간을 지속할 수 있으리라 생각한다면, 무상함이 끊임없이 파괴를 낳는다 하더라도, 우주 전체의 범위는 일반적으로 확대될 것이다.

I 320 그러나 마지막으로, 사람들이 신의 작품 구조에 어울릴 뿐만 아니라 매우 개연적인 구상의 여지를 남겨놓고자 한다면, 자연의 변화를 그런 식으로 서술함으로써 생겨나는 만족은 가장 높은 정도의 즐
A 124 거움에 이르기까지 상승할 것이다. 자연이 카오스에서 규칙적인 질서와 정교한 체계로 나아갈 수 있다면, 그 자연이 운동의 감소로 가라앉게 된 새로운 카오스에서 다시금 용이하게 자기를 형성하고 원래 결합을 갱신하는 위치에 있게 되리라는 사실을 사람들은 믿을 수밖에 없지 않겠는가? 분산된 물질의 소재를 운동하게 하고 질서 잡게 한 태엽이, 기계의 정지로 운동과 질서가 멈춘 후 확장된 힘에 의해 다시 활동하게 되고, 원래의 형성이 생겨나게 한 것과 동일한 일반적 법칙에 따라 서로 제한해서 일치할 수는 없을까? 우주의 공전운동이 마침내 힘을 잃게 됨으로써 행성과 혜성이 모두 태양을 향해 낙하한 후 이 태양의 뜨거움은 그렇게 많고 큰 덩어리의 혼합으로 무한하게 증가하는 것이 틀림없다는 점을 사람들이 고려한다면, 사람

들이 이상과 같은 사실을 인정하는 데 긴 시간이 필요하지 않을 것이
다. 특히, 위에서 증명된 우리 이론에 따르면, 태양계에서 멀리 떨어
져 있는 구체는 모든 자연 안에서 가장 가볍고 불 안에서는 가장 활
발하게 작용하는 소재를 포함하기 때문이다. 새로운 연료와 가장 휘
발성이 강한 물질로 가장 강렬하게 옮겨 붙는 이 불은 의심할 여지없
이 다시 모든 것을 가장 작은 요소로 해체할 뿐만 아니라, 이런 식으
로 그 요소들을 뜨거움에 적합한 팽창력에 따라서, 그리고 중간에 있
는 공간의 어떤 저항으로도 약화되지 않는 속도에 따라서, 자연의 첫
째 형성 이전에 이들 요소가 차지했던 거대한 공간으로 흩트리고 분
산한다. 그렇게 해서 중심 불의 격렬함이 그것의 질량을 거의 분산함 A 125
으로써 그리고 인력과 척력의 결합으로 감소된 이후, 이 불은 옛날의
창조[101]를 반복하고, 또 체계적으로 관계된 운동을 옛날과 동일한 규
칙성을 가지고서 반복하며, 이리하여 새로운 세계 구조의 모습이 드
러난다. 그리하여 개개의 행성계가 이런 식으로 쇠퇴하게 되고, 본질 I 321
적인 힘으로 다시금 자신을 형성하게 된다면, 게다가 그 행성계가 이
러한 활동을 한 번 이상 반복한다면, 항성들을 그것의 항으로 하는
거대한 체계를 언젠가는 동일한 방식으로 그 운동의 쇠락을 통해서
카오스로 거두어들이는 시기가 올 것이다. 이 경우에도 명료해지는
것처럼, 이들 불타고 있는 태양과 같은 작열하는 소재의 무한한 양
은 엄청난 뜨거움으로 해체되는 자신의 행성 계열과 함께 그 덩어리
의 소재를 그 소재가 형성된 옛날의 공간 영역으로 분산해버릴 테고,
거기에서 새로운 형성을 위한 소재가 동일한 기계적 법칙에 따라 제
공되며, 여기에서 다시 황량한 공간은 세계와 체계로 활기를 얻게 될
것이다. 시간과 공간의 모든 무한성을 통해서 재에서 원기를 회복하 A 126
여 소생하기 위해서만 자신을 불태우는 자연의 불사조를 우리가 추
적해본다면, 어떻게 해서 자연이 쇠망하고 노쇠하게 되는 영역에서

조차 새로운 장면을 끊임없이 반복하고 창조의 다른 면에서, 즉 형성되지 않은 조야한 물질의 공간에서 영원성과 함께 모든 공간을 경이로 채우는 신적 계시의 계획을 확장하기 위해서 부단한 발걸음을 계속하는지를 우리가 알게 된다면, 이 모든 것을 사변하는 정신은 큰 놀라움에 어찌할 바를 모르게 된다. 그러나 정신은 그만큼 거대한 대상이 무상하다는 것을 충분히 납득하지 못하기 때문에, 그는 그런 존재자를 좀더 가까이에서 알고 싶어 한다. 그 존재자의 지성과 위대함은 말하자면 하나의 중심점에서 자연의 전체로 확장되는 빛의 원천이다. 정신은 자신이 이 모든 변화의 뒤에도 살아남을 것임을 알아차릴 때, 자신의 본질에 대해서조차 존경하는 마음을 표하지 않을 수 없으며, 철학적 시인이 영원에 대해 말하는 것과 동일한 것을 자신에게도 말할 수 있다.

> 둘째 무(無)가 이 세계를 덮을 때,
> 만물의 장소밖에 남아 있지 않을 때,
> 여전히 다른 별들에 의해 밝혀지는 많은 하늘이
> 그 운행을 끝낼 때,
> A 127 당신은 지금처럼 젊을 테고, 지금처럼 죽음과는 멀리 떨어져 있을 것이다.
> 오늘처럼 미래도 영원할 것이다.
> —폰 할러[102)]

I 322 요소가 혼란하고 자연이 몰락하더라도, 정신은 항상 높은 곳에 있으며, 그곳에서 정신이 세계의 사물들이 무상함 때문에 말하자면 자신의 발아래서 흘러가버리고 마는 황폐를 목격한다면, 얼마나 행복할까! 이성이 결코 기대할 수조차 없는 축복은 우리에게 확신을 가

지고서 계시를 희망하도록 가르친다. 우리와 피조물의 허무함을 묶어버리는 족쇄가 우리 존재를 일변시키기로 결정했던 그 순간에 풀린다면, 불멸의 정신은 유한한 것의 의존성에서 해방되어 무한한 존재와 일체가 됨으로써 참된 지복의 향유를 발견하게 될 것이다. 신의 만족과 일반적인 조화 관계가 있는 자연 전체는 모든 완전성의 이러한 근원과 일체가 되는 이성적 피조물을 영원히 만족시키는 것 말고 다른 것으로 채울 수 없다. 이러한 중심점에서 바라본 자연은 모든 면에서 순전한 확실성, 순전한 적절성만 보여줄 것이다. 자연의 장면이 아무리 변화하더라도, 일단 그 정도 높이에 도달한 정신의 평화스러운 행복은 꿈쩍도 하지 않을 것이다. 정신은 이 감미로운 희망으로 A 128
써 미리 이 상태를 음미하는 동안, 언젠가 모든 영원성이 울려 퍼질 찬가를 흥얼거릴 것이다.

언젠가 세계의 구조가 바쁘게 무(無)로 돌아가고,
당신이 손수 만든 작품이 더는 밤과 낮에 의해 분리되지 않을 때,
나의 흔들린 마음은 당신에 의해서 북돋아지고,
당신의 전능을 경배하면서, 당신의 왕좌 앞에 머리를 조아리려고 노력하리라.
나의 입은 감사로 가득차고, 영원히,
당신과 당신의 위엄에 무한한 찬사를 드리리라.
그 찬사가 완벽할 수는 없겠지만, 오 주여! 당신은 너무나 위대한 분이기에,
당신의 위엄에 찬사를 보내기에는, 영원으로도 충분치 않을지니.

—애디슨(고트셰트 번역)[103]

A 129; I 323

제7장의 보완
태양의 일반 이론과 역사

천계의 자연론과 완전한 우주생성론에서 그 해결이 불가피한 하나의 주요한 문제가 여전히 있다. 즉 왜 모든 체계의 중심점이 불타는 물체로 되어 있는가? 우리의 행성계는 태양을 중심 물체로 가지고 있고, 우리가 관찰하는 항성은 그 모든 외관에 따르면 행성계와 유사한 체계의 중심점이다.

행성 구조[104]의 형성에서 인력의 중심점 역할을 하는 물체가 왜 타는 물체여야 하는지, 반면에 이 인력권의 구체는 왜 어둡고 차가운 천체로 남아 있는지를 이해하려면 앞서 상술했던 것, 즉 행성계가 형성된 방식을 떠올리는 것으로 충분하다. 분산된 요소적인 원소재가 형성되고 체계적인 운동을 시작했던 광범위하게 퍼져 있는 공간에서 행성과 혜성은 인력의 중심점을 향해 낙하하는 요소적인 원소재
A 130 부분에서만 형성될 뿐이다. 그런데 이 요소적인 원소재의 부분은 공전에 필요한 방향과 속도를 정확하게 제한하는 모든 입자의 낙하와 상호작용으로 결정되었다. 이 부분은 위에서 보았듯이 낙하하는 물질 전체 중 가장 작은 부분이고, 실제로는 다른 부분의 저항으로 이러한 정도의 정확성에 도달할 수 있었던 밀도가 높은 종류의 쇄석(碎石)일 뿐이다. 이러한 혼합에는 특히 가볍게 위로 떠다니는 입자가 있다. 이러한 입자들은 공간의 저항에 방해를 받기 때문에 낙하하더라도 주기적인 공전에 필요한 속도에 도달하지 못하며, 그 결과 도약력이 줄어들어 모두 중심 물체를 향해 낙하한다. 그런데 이처럼 가볍고 민활한 부분들은 불을 유지하는 데 가장 효과적이기 때문에, 이들 부분이 추가됨으로써 물체나 체계의 중심점은 연소하는 구체, 한마디로 하면 태양이 되는 이점을 얻게 된다. 반면에 좀더 무겁고 불활

성인 소재에서 그리고 이들 불을 유지하는 입자들이 결여한 상태에
서 행성들에서는 그러한 성질을 잃은 차갑고 죽은 덩어리만이 생겨 I 324
날 것이다.

그렇게 가벼운 물질이 이런 식으로 추가되면서 태양은 특히 작아
지며, 그래서 태양의 밀도는 태양에서 세 번째 행성인 우리 지구 밀
도의 1/4에 지나지 않는다. 세계 구조의 이 중심점은 가장 낮은 곳에 A 131
있기 때문에, 이 중심점에서 가장 무겁고 밀도가 높은 유형의 물질이
발견되어야 한다고 믿는 것이 자연스럽다. 따라서 가장 가벼운 소재
가 그렇게 많이 추가되지 않았다면, 태양의 밀도는 모든 행성의 밀도
를 능가했을 것이다.

더 밀도가 높고 더 무거운 유형의 요소들이 이들 더 가볍고 더 민활한 요소들과 혼합되면, 중심 물체는 표면에서 연소하고 유지되는 가장 격렬한 열을 얻게 된다. 왜냐하면 우리가 알고 있는 것처럼, 불은 밀도가 높은 물질이 민활한 물질과 혼합되는 연료 물질에서 가벼운 물질로만 유지되는 불길보다 격렬하다는 이점이 있기 때문이다. 그러나 더 가벼운 물질 안에 무거운 유형의 물질이 이런 식으로 섞여 있다는 것은 천체 형성에 관한 우리 학설의 필연적 귀결이다. 또 열의 힘이 표면의 가연 물질을 갑자기 분산하지는 않으며, 그 힘은 내부에서 연료의 보급으로 점차적이고 항상적으로 보충된다는 이점이 있다.

거대한 별들의 체계 중심 물체가 어째서 훨훨 타는 구체인지, 즉
태양인가 하는 문제가 해결된 이후 잠시 이 주제에 몰두하고 신중하
게 음미하면서 그러한 천체의 상태를 탐구하는 것은 불필요한 일은
아닌 것처럼 보인다. 특히 여기서의 추측은 멀리 떨어진 천체의 구조 A 132
에 관한 연구에서 통상 몰두하는 것보다 타당한 근거에서 도출되기
때문에 그렇다.

우선 내가 확정한 것은 의심할 여지없이 태양은 실제로 훨훨 타는
물체라는 사실이며, 몇몇 사람이 최초 견해에서 마주치게 되었던 어
떤 난점들을 근거로 해서 결론내리고자 했던 것처럼, 가장 높은 정도
까지 뜨거워져서 용해되고 작열하는 물질 덩어리는 아니라는 사실
이다. 그 이유는 다음과 같다. 훨훨 타는 불이 다른 모든 종류의 열보
I 325 다 본질적 장점을 가지지만, 즉 훨훨 타는 불은 스스로 활동하고, 전
도에 의해 감소하거나 소모되지 않으며, 오히려 이 전도에 의해서 더
강렬함과 맹렬함을 획득한다. 그리하여 끊임없이 연소를 계속하기
위해 연료가 있기만 하면 된다는 장점이 있다. 반면에 가장 뜨거워진
덩어리의 열은 수동적인 상태에 불과하고, 이 덩어리에 물질이 접촉
하면 계속해서 열이 떨어지며, 작은 시초에서 뻗어나가거나 감소한
후에 다시 소생하는 원래의 힘을 전혀 가지지 않는다. 다른 근거는
A 133 고려하지 않는다 하더라도, 이 점을 고려하는 것만으로, 사람들은 모
든 우주에서 빛과 열의 원천인 태양이 훨훨 타는 성질을 가졌음이 틀
림없다는 사실을 명백하게 알 수 있다.

그런데 만약 태양이 또는 태양 일반이 훨훨 타는 구체라면, 여기에서 연역될 수 있는 표면의 첫째 성질은 공기가 존재해야 한다는 것이다. 불은 공기가 없다면 탈 수 없기 때문이다. 이런 사정에서 주목할 만한 귀결이 나온다. 만약 태양의 공기와 그 공기의 무게가 태양 덩어리와 관계한다면, 이 공기는 엄청난 압축을 받지 않겠는가? 그렇게 되면 그 공기는 그것의 탄력으로 극히 격렬한 정도의 불을 유지해야 하지 않겠는가? 모든 추측에 따른다면, 화염으로 해체된 물질에서 나온 연기의 구름이 이 대기 중에 생겨나고, 의심할 여지없이 이 연기의 구름은 조야한 입자와 가벼운 입자의 혼합물을 자신 속에 포함하며, 이들 입자가 높이 상승해서 더 차가운 공기를 유지할 만큼 상승한 이후에는 무거운 타르의 비나 유황의 비로 되어 낙하하여 화

염의 새로운 연료가 된다. 정확하게 이 대기도 또한 우리 지구상에
있는 것과 동일한 원인으로 바람의 운동에서 자유롭지 못하지만, 그
러나 이 운동은 그 모든 모습을 고려할 때 우리가 상상력으로 그릴
수 있는 모든 것을 격렬함에서 훨씬 능가함이 틀림없다. 분출하는 증 A 134
기를 억누르는 힘에 따라서건 혹은 가연 물질 공급의 부족에 따라서
건 태양의 표면에 있는 어떤 영역이 화염 분출을 줄인다면, 위에 있
는 공기는 어느 정도 차갑게 되며, 그 공기가 응집됨으로써 가까이에 I 326
있는 공기로 하여금 과도한 팽창에 적합한 힘을 지닌 공간으로 돌진
하여 힘을 잃은 화염을 다시 점화할 여지를 준다.

그럼에도 모든 화염은 항상 공기를 대량 소비하므로 태양을 둘러
싼 유동적인 공기 요소의 탄력은 틀림없이 시간이 지남에 감소하게
된다. 헤일[105] 씨가 우리의 대기 안에 있는 화염의 작용에 관한 조심
스러운 실험으로 확증했던 것을 여기서 대폭 적용해보면, 우리는 화
염에서 분출된 연기의 입자가 태양의 대기 탄력을 파괴하려고 끊임
없이 노력하는데, 이것이 해결하기 곤란한 주요 장애가 된다는 점을
알게 될 것이다. 왜냐하면 태양의 전 표면에서 화염이 연소하는 데
필요한 공기를 자신에게서 빼앗아버림으로써 만약 태양의 대기 대
부분이 소모되어버리면, 태양은 완전히 소멸될 위험에 처해버리기
때문이다. 불이 어떤 종류의 물질을 해체함으로써 또한 공기를 산출
한다는 것은 사실이다. 그러나 실험이 증명하는 것처럼, 생산되는 것
보다 소모되는 것이 항상 많다. 물론 태양의 불 일부가 증기의 억압 A 135
으로 그 불을 유지하려 했던 공기를 빼앗긴다면, 위에서 주목했던 것
처럼, 격렬한 폭우가 이 증기를 흩어지게 하고 휩쓸어가려고 한다.
그러나 일반적으로 다음 방식으로 생각하면 이 필요한 요소의 보충
을 이해할 수 있을 것이다. 즉 만약 연소하는 불에서 열은 위에서만
거의 작용하고, 아래에서는 단지 조금만 작용하기 때문에 열이 앞서

언급한 원인으로 억류될 때, 열은 태양 본체의 내부를 향해서 격렬하게 되고, 그곳의 심연을 강제하여 그것의 동굴에 폐쇄되어 있던 공기를 분출함으로써 불이 새롭게 붙게 한다는 사실을 고려한다면, 그리고 만약 그만큼 미지의 대상에서는 어떠한 자유로운 상상도 허용되기 때문에, 마치 초석처럼 탄력적인 공기를 무진장하게 생산하는 물질이 태양 내부에 있다는 것을 특히 우리가 상상한다면, 태양의 불은 대단히 오랜 기간에 걸쳐 항상 새롭게 된 공기를 공급받음으로써 쉽게 공기 부족을 겪지는 않을 것이다.

그럼에도 자연이 세계의 횃불로 내건 이 대단히 소중한 불에서도
사람들은 무상(無常)의 분명한 표시를 본다. 이윽고 그 불이 소멸되
I 327 는 시간이 올 것이다. 격렬한 열로 결코 다시 돌아오지 못하는 그리
고 황도광의 소재를 증대하는 가장 민활하고 미세한 물질을 빼앗긴
A 136 다. 타지 않는 물질과 다 타버린 물질, 예컨대 재가 표면에 쌓인다. 결
국 공기가 부족해지면서 태양은 종착지에 이른다. 거기에서 태양의
화염은 소멸하고, 지금은 전 행성계의 빛과 생명의 중심점인 태양의
자리는 영원한 어두움이 차지할 것이다. 새로운 동굴을 다시 만들어
내는 태양 불의 반복되는 노력으로 태양은 아마도 몰락에 직면해서
자신을 몇 번이고 회복했을 것이다. 그러한 노력은 몇몇 항성의 소멸
과 재등장을 설명할 수 있을 것이다. 소멸에 가까이 갔지만 잿더미에
서 몇 번에 걸쳐 자신을 재생한 태양도 있을 것이다. 이러한 설명이
찬동을 받을 수도 있고 그렇지 않을 수도 있지만, 어쨌든 우리는 이
러한 고찰이 다음을 통찰하게 하는 데 어떤 역할을 하게 되리라고 확
신한다. 즉 모든 세계질서의 완전성은, 그것이 이런 방식이든 저런
방식이든 불가피한 몰락에 따른 위협을 받기 때문에 우리는 그 질서
가 기계적인 구조의 성향으로 소멸하게 된다는, 앞서 언급한 법칙에
서 어떤 어려움도 발견하지 못하며, 특히 그것은 다음 이유로, 즉 이

구조는 카오스와 결합함으로써 부활의 씨앗을 자신 안에 가지기 때문에 받아들일 만한 가치가 있다.

마지막으로, 말하자면 가까이에 있는 불타는 태양이라는 놀랄 만
한 대상을 상상력으로 떠올려보자. 우리는 하늘을 향해서 화염을 뿜
어내는 넓은 불의 바다, 성난 폭우를 한눈에 본다. 이 폭우는 분노로
저 불의 바다의 격렬함을 배가하고, 불의 바다가 해안을 넘어 넘쳐흐 A 137
르게 함으로써 때로는 이 천체의 융기 부분을 뒤덮기도 하고, 때로는
그것을 끝내 가라앉게도 한다. 여전히 연소하고 있는, 무엇이든 삼
킬 것 같은 아가리에서 상승하여 뾰족머리와 충돌한다. 소용돌이 치
는 화염의 요소가 이들 바위를 전복하여 노출시킴으로써 태양의 흑
점이 주기적으로 나타났다 사라지게 된다. 불을 억제하는 두꺼운 증
기는 바람의 힘으로 상승하여 검은 구름을 이루게 되고, 또다시 불의
호우가 되어 떨어지며, 연소하는 강으로서 태양의 단단한 육지*의 높
은 곳에서 화염의 계곡으로 요소들의 소리들, 연소를 다한 물질의 부 A 138; I 328
스러기, 무질서의 가장 끔찍한 상태에서도 세계의 아름다움과 피조
물의 이익을 낳는, 파괴와 싸우는 자연을 쏟아낸다.

그리하여 모든 거대한 우주 체계의 중심점이 훨훨 타는 물체라면,

---

* 내가 단단한 육지의 모든 요철을, 즉 우리가 우리 지구나 다른 천체에서 만
나게 되는 산이나 계곡을 태양에 귀속시키는 것은 다 이유가 있다. 행성의
구체가 액체에서 고체 상태로 변화하여 형성되면 필연적으로 그것의 표면
에 그러한 요철을 낳는다. 이러한 덩어리의 액상으로 된 내부의 부분들에
서 물질이 그것의 무게에 따라서 중심점을 향해 낙하하기 때문에 그 표면
이 굳어버리면, 이들 물질과 혼합되어 있는, 탄력적인 공기나 불의 요소들
의 입자가 밖으로 튀어나와 그 사이에 응고했던 외곽의 아래에서 퇴적한
다. 그 외곽의 아래에서 이 물질은 태양의 덩어리에 비례해서 엄청나게 거
대한 동굴을 만들어낸다. 결국에는 앞에서 언급한 최상층의 외곽이 다양
하게 주름지면서 이 동굴을 향해 함몰하고, 이런 식으로 해서 융기했던 지 A 139
역과 산맥 그리고 광범위한 불의 바다의 계곡이나 범람하는 바닥을 준비
한다.

이것은 항성이 구성하는 측량할 수 없는 체계의 중심 물체에 가장 적합한 것이라고 추측될 수 있겠다. 그러나 이 중심 물체가 스스로 발광하는 물체 또는 태양이라고 한다면, 질량이 그 체계의 크기에 비례함이 틀림없는 그 물체는 각별한 밝기와 크기로 눈에 확연하게 보이는 것은 아닐까? 그럼에도 우리는 천체의 무리 중 그렇게 현저하게 구별되고 빛나는 항성을 결코 발견하지 못한다. 사실상 그러한 일이 일어나지 않더라도, 우리는 그렇게 놀라지 않는다. 만일 이 물체가 우리의 태양보다도 크기에서 10,000배를 능가한다고 하지만, 우리가 이 물체를 시리우스의 100배만큼 떨어져 있다고 가정한다면, 그것은 시리우스만큼 크고 밝게 보이지는 않을 것이다.

A 139 그러나 아마도 우리의 태양이 속한 항성계의 중심점*이 있는 영역

---

* 나로서는 가장 그럴듯한 추측에 따르면 시리우스, 즉 천랑성이 은하를 구성하는 성군 체계의 중심 물체이며, 이 모든 별이 관계하는 중심점을 차지하고 있다. 우리가 이 책 제1부의 개관에 따라서 이 체계를 하나의 공통 평면에 퇴적되었던 별들의 군집으로 간주한다면, 그리고 이들 태양이 공통 평면의 중심점에서 모든 방향으로 확산되어왔지만 관계평면에서 약간 일탈한 결과로서 그것의 양측에서 가로 방향으로 넓어진, 말하자면 원형의
I 329 공간을 이룬다면, 이 평면 가까이에 있는 태양은 이 체계의 가장 외곽테두리 가까이 위치한 측면을 향하여 가장 폭넓게 흰색으로 비치는 이 원형의 대역 모습을 보게 될 것이다. 왜냐하면 쉽게 추측되듯이, 이 태양은 정확하게 중심점에 있지 않기 때문이다. 그런데 은하의 대는 백조좌와 사수좌 사이에서 가장 넓어진다. 따라서 이것은 우리 태양의 위치가 원형 체계의 가장 바깥 둘레 가까이 있는 측면일 것이다. 이 절에서 우리는 특히 독수리좌와 여우좌가 거위좌와 일치하는 장소를 모든 위치 중 가장 가까운 위치로 생각할 것이다. 왜냐하면 은하를 나누는 중간 공간에서 별들은 가장 띄엄
A 140 띄엄 보이기 때문이다. 그러므로 만약 우리가 독수리좌의 꼬리에 가까운 장소에서 은하의 평면의 한가운데를 통해서 반대 측 점에 이르기까지 선을 당긴다면, 이 선은 틀림없이 체계의 중심점과 부딪칠 것이며, 사실상 그것은 모든 천계 안에서 가장 밝은 시리우스와 아주 정확하게 부딪친다. 이 시리우스는 그 멋진 모습과 그렇게 잘 조화를 이루는 행운의 일치 때문에 중심 물체로 간주될 가치가 있는 것처럼 보인다. 이런 개념에 따르면, 독수

을 발견하는 일은 적어도 미래 시대에 주어질 테고, 혹은 아마 심지 A 140; I 329
어는 우주의 모든 부분이 공통의 낙하 운동을 목표로 하는 우주의 중심 물체를 우리가 정립해야 하는 곳이 어딘지를 결정하는 것도 미래 시대에 주어질 것이다. 전 창조의 이 기본 부분이 어떤 것으로 구성되어 있으며, 거기서 발견될 수 있는 것이 무엇인지에 관해서는 듀르햄의 라이트 씨 결정에 맡기기로 하자. 그는 광신적인 의욕을 가지고서 신들과 같은 힘을 지닌 존재자를 그것의 행복한 장소에 위치하게 하며, 이른바 전 자연의 옥좌에까지 올려놓는다. 이 존재는 무한한 영역에서 작용하는 정신적인 인력과 척력을 가지고서 모든 덕을 끌어당기고 악덕을 배척한다. 우리는 대담한 추측에서 자의적인 허구 A 141
에 이르는 데까지 고삐를 늦추어서는 안 된다. 우리는 그러한 추측에서 너무 많은 것을 허용했다. 신은 무한한 전 우주에서 균등하게 존재한다. 여러 자연이 피조물의 의존성을 넘어서 최고 존재자와 교류하는 데까지 상승하는 곳에서는 어디서나 신성은 바로 가까이에 있다. 전 창조는 그것의 힘에서 퍼져 나오며 피조물에서 어떻게 자신을 자유롭게 하는지 방법을 아는 자만이, 즉 이 완전성의 원래 근거를 I 330
향유하는 데서만 최상의 행복이 추구될 수 있음을 통찰하는 자만이, 모든 자연에서 이러한 참으로 훌륭하고 참된 관계점에 가까이 갈 수 있다. 그러나 만약, 내가 저 영국인의 열광적인 생각을 함께하지 않고서 정신계의 거주 장소와 창조의 중심점의 자연적 관계에 근거해서 정신계의 여러 등급을 추측했더라면, 나는 더 개연성을 가지고서 가장 완전한 부류의 이성적 존재자를 이 중심점의 가까운 곳에서보다 더 먼 곳에서 찾을 것이다. 이성이 부여된 피조물의 완전성은, 그

리좌 꼬리에 있는 평면에서 약간 일탈한 우리 태양의 위치가 그 대역의 다른 측면을 향한 중심점의 시각적 차이의 원인이 되지 않는다면, 시리우스는 정확하게 은하의 대 안에서 발견될 것이다.

완전성이 물질의 구성에 의존적이고 이 물질과 결합함으로써 피조
물이 제한을 받는 한 소재의 미세함에 상당 부분 달려 있으며, 이 미
세함의 영향으로 피조물은 세계에 대한 표상을 갖게 되고 그것에 반
A 142 작용을 하게 된다. 물질의 관성과 저항은 정신적 존재가 활동을 하고
외적 사물이 감각의 명료성을 가지는 데 상당한 제한을 가하고 정신
적 능력을 무디게 한다. 정신적 존재는 적절한 가벼움에서 이 운동을
따라갈 수 없기 때문이다. 그러므로 우리가, 가능한 일이겠지만, 밀
도가 가장 높고 무거운 물질은 자연의 중심점에 가까이 있는 반면에
미세함과 가벼움이 우리 우주를 지배하는 유추에 따라서 거리가 멀
어지면서 증가한다고 가정하면, 그 결과는 명료하게 된다. 생성과 거
주가 창조의 중심점에 가까이 있는 이성적 존재자는 굳어서 움직일
수 없는 물질 안에 매몰되어 있다. 이 물질의 힘은 극복할 수 없는 관
성에서 유지되어야 하고, 또 우주[106]의 인상을 필요한 명료성과 경쾌
성으로 전달하고 교류할 수 없다. 그러므로 우리는 이러한 생각하는
존재가 낮은 단계의 부류라고 간주해야 할 것이다. 반면에 물질에 상
호 의존하는 정신적 세계의 이러한 완전성은 연속적인 사다리처럼
우주 중심에서 거리에 따라서 증가할 것이다. 따라서 우리는 가장 저
열하고 불완전하게 사고하는 유형의 피조물을 낙하점에서 가장 깊
고 낮은 곳에 위치시켜야 하며, 이런 방향으로 가면 사고라는 이 존
재의 탁월함은 점점 더 감소되어 마침내 사고도 반성도 완전히 사라
A 143; I 331 져버릴 것이다. 실제로 자연의 중심점이 동시에 자연의 조야한 소재
에서 형성된 시초를 이루고 있고, 카오스와 경계를 이루고 있다고 생
각해보자. 게다가 정신적 존재자의 완전성은 확실히 그 시작의 가
장 바깥쪽 한계를 가지고, 그 한계에서 그 존재자의 능력들이 비이성
과 충돌하지만, 이 정신적 존재자의 완전성은 어떤 한계도 가지지 않
으므로 끊임없이 올라가서 그것을 넘어서는 것이 불가능하고 오히

려 그 진전은 무한히 계속된다고 생각해보자. 따라서 이성적 피조물이 존재하는 장소는 공통된 중심점에 관계하는 질서에 따라서 배분된다고 하는 법칙이 존재한다고 가정해보자. 그렇다면 말하자면 정신적 세계 유형의 시초를 이루는 가장 저열하고 불완전한 종족은 전 우주의 시초라 부를 수 있는 그 영역에 위치하는 것이 틀림없을 것이다. 그래야만 이 시초와 동시에 동일한 정도의 진행 과정에서 사고하는 능력의 무한히 증가하는 완전성을 지닌 시간, 공간의 모든 무한성이 채워질 것이다. 말하자면 최고의 탁월한 목적, 즉 그럼에도 결코 그것에 도달할 수 없는 신성에 차츰차츰 가까이 가는 것이 가능하게 될 것이다.

제8장 A 144

우주 전체 구조에 관한 기계적 학설이 정당하다는 것의 일반적 증명, 특히 우리 학설의 특별함에 관하여

우리는 우주의 구조가 배치에서 매우 탁월한 질서를 가지고 있고, 그 관계들의 완전성에서 신의 손의 확실한 특성이 있다는 사실을 인정하지 않고서 우주를 바라볼 수는 없다. 이만큼 아름답고 탁월하다는 것을 고려해 찬탄을 보낸 이성이 이 모두를 우연의 일치와 요행탓으로 돌리려는 뻔뻔하고 대담한 바보에게 분격하는 것은 당연하다. 최고의 지혜가 계획을 수립했고 전능이 그것을 실행했음이 틀림없다. 그렇지 않으면 우주의 구조에서 하나의 목적으로 수렴되는 그 I 332
렇게 많은 의도가 만날 수 있게 되는 일은 불가능할 것이다. 그것은 단순히 다음과 같은 문제를 결정하는 것이다. 즉 최고 지성으로 계획된 우주 배열이 이미 영원한 자연들의 본질적 규정 안에 배치되었고 운동의 일반적 법칙에 심어졌는지, 그리하여 이 계획이 가장 완전한 질서에 적절한 방식으로 이들 특성이나 법칙에서 자연스럽게 전
A 145 개되었는지, 아니면 우주 구성 부분의 일반적 성질들은 완전히 상호 조화를 이룰 수 없고 결합된 관계를 조금도 가지고 있지 않아서 완전성과 그 안에서의 아름다움을 보여줄 수 있는 한정과 연결을 획득하기 위해서는 외부 손이 확실하게 필요한 것은 아닌지를 결정하는 것이다. 거의 일반적인 편견으로 대부분 철학자는 일반적 법칙에 따라 질서 있는 무언가를 낳는 자연의 능력에 반대한다. 이는 마치 우리가 자연의 힘들에서 근원적인 형성들을 찾을 때, 신으로 하여금 세계 지배를 다투게 하는 것과 같고, 또한 마치 근원적인 형성들이 신성에 의존하지 않는 원리이자 영원히 맹목적인 운명이 되어버리는 것과 같다.

우리가 자연은 그리고 실체의 상호작용을 위해서 이들 실체에 지시된 영원한 법칙은 신 없이 독립한 필연적인 원리가 아니라는 사실을 고려하고, 또 일반적인 법칙으로 생산한 것 안에 그렇게 많은 일치와 질서가 있다는 것을 자연이 보여준다는 사실 때문에 모든 사물의 본질이 어떤 근원적 존재 안에 공통된 기원을 가지고 있음이 틀림없다는 사실을 고려해보자. 또한 자연의 속성들이 유일한 최고 지성 안에 자신의 원천을 가지기 때문에 모든 사물이 순전한 상호관계와 순전한 조화를 보여준다는 사실을 고려하고, 이 지성의 현명한 이념이 만물을 끊임없는 균형으로써 계획하고, 있는 그대로 두어도 자연으로 하여금 작동 상태에서 순전한 아름다움, 순전한 질서를 생산하
A 146 게 하는 능력을 모든 사물 안에 심어놓았다는 사실을 고려해보자. 자연은 우리에게 통상 간주되는 것 이상으로 가치가 있는 것으로 보일 테고, 우리는 자연의 전개에서 일치 이외의 어떤 것도, 질서 이외의 어떤 것도 기대하지 않을 것이다. 이와 대조적으로 우리가 자연의 일

반법칙은 무질서밖에 낳지 않고 자연의 구조에서 겉으로 빛을 비추 I 333
는 어떤 유용한 일치도 신의 직접적인 손을 나타낸다는 근거 없는 편견을 인정한다면, 우리는 자연 전체를 기적으로 바꾸지 않을 수 없었을 것이다. 물방울이 태양광선의 색을 나눌 때 거기에서 나타나는 아름답고 화려한 궁형의 색깔을 그것이 아름답다는 이유로, 비가 유용하다는 이유로, 바람이 인간에게 끝없는 요구를 만족시키는 데 불가결한 이익을 준다는 이유로 물질에 심어져 있는 힘에서 그것들을 도출해서는 안 된다. 한마디로 말하면 물질에 심어져 있는 힘에서 적절성과 질서를 수반하는 세계의 모든 변화를 도출해서는 안 된다. 그러한 철학에 몰두하는 자연 연구가는 일을 시작하자마자 종교재판 앞에서 엄숙하게 해명해야 할 것이다. 실제로 그때에는 자연은 존재하지 않을 것이며 세계의 변화를 낳는 기계 속에 신만이 존재할 것이
다. 그러나 자연의 본질적 무능력을 근거로 해서 최고 존재자의 확실 A 147
성을 증명하는 이 기묘한 수단은 에피쿠로스 학도를 논박하는 데 효과적일까? 만약 사물의 본성이 그것의 영원한 법칙에 따라 무질서와 불합리밖에 낳지 못한다면, 바로 이런 방식으로 사물들은 그들이 신에게서 독립된 본성을 가지고 있다는 사실을 증명할 것이다. 일반적인 자연법칙이 어떤 강제로만 신에게 복종하고, 그 자체로는 신의 가장 현명한 계획에 어긋난다고 하면, 우리가 고려하는 신은 도대체 어떤 신일까? 섭리의 적은 자연의 일반적인 인과법칙이 어떤 특별한 제한 없이도 산출하는 일치를 증명할 수 있기 때문에, 그 적은 이러한 잘못된 원칙에 대해 승리를 거두지 않을까? 그리고 그는 그러한 예들을 가지고 있지 않겠는가? 이와 대조적으로 우리는 가장 적절하고 정당하게 다음처럼 추론해보기로 한다. 일반적인 성질 그대로 자연은 아름답고 완전한 수확물로 넘쳐난다. 이 수확물은 그 자체로 일치와 탁월을 보여줄 뿐만 아니라 자연 존재의 전 범위와 조화를 이

루며, 인간에게 유용한 것과 신의 속성들의 찬미와도 조화를 이룬다. 여기에서 귀결하는 것은 자연의 본질적 성질은 어떤 독립적 필연성도 가지지 못하고 자신의 기원을 유일한 지성, 즉 모든 존재의 기초와 기원에서 가져야만 한다는 사실이며, 이 지성에서 자연의 본질적
A 148; I 334 성질이 공통된 상호관계에 따라서 계획되었다는 사실이다. 상호 조화 속에서 서로 관계하는 모든 사물은 그들이 모두 의존하는 유일의 존재 안에서 서로 결합한다. 그러므로 모든 존재자 중의 존재자, 무한한 지성, 자기 충족적 지혜가 존재하며, 이 존재에서 자연은 또 자신의 기원을 비록 그것의 가능성에 따라서이긴 하지만 규정의 총체 속에서 도출한다. 이제 우리는 자연의 능력을 최고 존재에게 불리한 것으로 부정할 필요는 없다. 자연은 그 전개에서 더 완전하면 완전할수록, 자연의 일반법칙이 질서와 일치로 더 잘 귀결하면 귀결할수록, 신을 확실하게 증명하고 신에게서 이들 관계를 빌려온다. 자연의 산물은 우연성의 작용이 아니요, 우연한 것의 결과가 아니다. 모든 것은 불변의 법칙에 따라 자연에서 흘러나온 것이다. 그러므로 이 법칙은 솜씨를 보여주는 것이 틀림없다. 이 법칙은 어떤 무질서도 허용하지 않는 가장 현명한 계획과 다름없기 때문이다. 세계를 형성한 것은 루크레티우스의 원자의 우연한 충돌이 아니다. 가장 현명한 지성에 기원을 두는 심어진 힘과 법칙은 우연이 아니라 필연으로 자연에서 불가피하게 흘러나온 질서의 불변적 기원이었을 것이다.

그리하여 우리가 옛날의 무근거한 편견에서 해방될 수 있다면, 그리고 경건의 얼굴 뒤로 게으른 무지를 은폐하려고 시도하는 나태한
A 149 철학에서 해방될 수 있다면, 세계는 그것의 구성의 기원으로서 자연의 일반적 법칙에서 기계적으로 전개된 것이라는 증거를 준다는 확신, 둘째로 우리가 제시했던 그런 종류의 기계적 생성이 참된 생성이라는 확신을 논쟁할 여지가 없는 근거 위에 세우기를 나는 희망한다. 사람들이 운

동 법칙의 기계적 결과로 우주의 질서를 산출하기에 충분한 능력을
자연이 지녔는지를 판단하고 싶어 한다면, 그들은 우선 천체가 준수
하는 운동이 얼마나 단순한지를, 그리고 이들 운동은 자연적 힘의 일
반적 법칙이 그들 자신 안에서 가지는 더 정확한 규정 이외에 아무것
도 요구하지 않는다는 사실을 고려해야 한다. 공전 운동은 물질의 성
질의 어떤 결과로서 낙하력[구심력]과 이 낙하력의 결과로서 간주될
수 있는 직진 운동[원심력]의 결합으로 이루어져 있다. 직진 운동이 I 335
낙하력의 결과로 간주될 수 있는 이유는 직진 운동이 낙하에서 생겨
난 속력이고, 이런 낙하에서 수직 낙하를 옆으로 구부리기 위해서 단
하나의 원인만 필요하기 때문이다. 이들 운동의 결합이 일단 획득된
이후에는 계속된 공전 운동을 유지하기 위해서 더는 아무것도 필요
하지 않다. 일단 일으켜진 추진력이 본질적인 자연력에서 흘러나온
인력과 결합함으로써 이들 공전 운동은 계속해서 텅 비어 있는 공간
에서 존속하게 되고 그 이후 어떤 변화도 겪지 않는다. 그러나 이들 A 150
운동의 일치에서 유추는 기계적 기원이 참되다는 것을 너무나 분명
히 보여주므로, 누구도 그것에 의심을 품을 수 없다. 그것은 다음과
같은 이유 때문이다.

1. 이들 운동은 곳곳에서 일치하는 방향을 취하고, 그리하여 6개 행성과 10개 위성 중 그것의 전진 운동에서도, 자전 운동에서도, 서쪽에서 동쪽으로 향하는 것과 다른 방향으로 운동하는 별은 하나도 없다. 이들 방향은 너무나 정확하게 일치하기 때문에 공통 평면에서 단지 조금만 일탈해 있으며, 모든 것이 관계하는 이 평면은 전 체계의 중심점에서 그야말로 동일한 방향을 취하면서 자전하는 물체의 적도 평면이다. 이 물체는 자신의 강력한 인력으로 모든 운동의 관계점이 되며, 따라서 가능한 한 정확하게 모든 운동에 관계하는 것이 틀림없다. 모든 운동은 일반적 자연법칙에 따라 기계적인 방식으로

일어났으며 그런 방식으로 규정되었다는 하나의 증명은, 그리고 측면 운동을 야기했거나 그런 운동의 방향을 제공했던 원인은 행성 구조의 전 공간을 지배했다. 이런 점에서 공통의 운동 공간 안에 있는 물질이 준수한다는 하나의 증명은, 모든 상이한 운동이 결국에는 단
A 151 하나의 방향을 취하며 그 운동들을 가능한 한 정확하게 하나의 평면에 관계하게 만든다는 것을 의미한다.

2. 속력은 운동력이 중심점 안에 있는 그런 공간 안에 있어야 한다는 식으로 구성되어 있다. 즉 속력은 중심점에서 멀어지면 멀어질수록 감소하며, 가장 멀리 떨어진 곳에서는 수직 낙하를 단지 약간만 측면으로 구부리는 운동을 하면서 완전히 소멸해버린다. 도약력
I 336 이 최대치인 수성을 넘어서면 그 도약력이 단계적으로 감소하며, 가장 외측의 혜성에서 태양을 향해 실제로 떨어질 수 없을 만큼 최소치가 된다. 어느 누구도 반대할 수 없는 일이지만, 원궤도를 그리는 구심운동이 요구하는 것은 전반적인 낙하의 중심점에 가까이 가면 갈수록 회전 속력이 커지게 된다는 사실이다. 이 중심점에 가까이 있는 이들 천체가 원형의 궤도를 그리는 까닭이 무엇이겠는가? 아니 오히려 이들 천체는 모두 이 측정된 기하학적 정확성에서 일탈해 있는데 이 일탈이 거리에 따라서 증가하는 까닭이 무엇이겠는가? 이들 관계는 다른 규정 요인들이 현재 방식대로 방향을 바꾸기 전까지는, 모든 운동이 그쪽을 향해 있는 중심점 또한 그 운동이 그 중심점에 가까이 갈수록 크게 되는 그 중심점을 나타내는 것은 아닐까?

A 152 그러나 만약 우리가 우주의 구조와 운동의 기원을 자연의 일반법칙에서 제외하고, 그런 것들을 신의 직접적 손에 귀속시키기를 원한다면, 우리는 방금 언급했던 유추가 분명히 그러한 발상과 모순된다는 것을 곧바로 이해하게 될 것이다. 왜냐하면 우선, 모든 곳에서 방향이 일치하는 것에 관한 한, 천체 기원의 기계 작용이 그런 식으로

규정하지 않았다면, 그 천체들은 유일한 방향을 취하면서 공전해야 하는가 하는 이유가 여기서는 없다는 점이 명백하기 때문이다. 또 천체가 운행하는 공간은 무한히 작은 저항을 제공하고, 그래서 일정한 방향으로 운행을 제한할 필요가 없기 때문이다. 그리하여 신의 선택은 최소한의 동기 없이는 하나의 방향에 묶여 있지 않을 테고, 오히려 모든 종류의 변화와 차이를 두면서 더 큰 자유를 드러냈을 것이다. 더욱이 행성의 궤도가 그렇게 정확하게 하나의 공통 평면에, 즉 모든 운동의 중심점에서 행성의 공전을 지배하는 거대한 천체의 적도 평면에 관계하는 것은 무엇 때문일까? 이러한 [신의 직접적인 손이라는] 유추는 적절성의 운동 근거 자체를 보여주는 것이라기보다는 오히려 행성궤도의 제멋대로 일탈에 따라서라면 해결될 어떤 종
류의 혼란의 원인이 된다. 왜냐하면 행성의 인력들은 지금은 운동의 A 153
일양성(一樣性)을 교란하며, 만약 그 운동들이 공통 평면에 그렇게 정확하게 관계하지 않는다면, 결코 서로 방해하지 않을 것이기 때문이다.

이들 유추보다 훨씬 더 자연의 손의 가장 분명한 표시들은 자연 I 337
이 도달하려 노력했던 관계들에서 가장 엄밀한 규정의 결여를 보여준다. 행성궤도가 거의 공통 평면 위에 있는 것이 가장 좋다면, 엄밀하게 공통 평면 위에 있지 않은 것은 어떤 이유에서 그런가? 일탈은 회피했어야 하는데, 어째서 그 일탈의 일부가 남아 있는가? 또한 태양의 운행궤도 가까이에 있는 행성이 인력과 균형을 유지하는 도약력의 크기를 받아들였다면, 인력과 도약력이 완전하게 균형을 이루지 못하게 하는 것이 존재하는 이유는 무엇인가? 가장 위대한 능력이 지원하는 가장 현명한 의도가 단지 이러한 규정을 낳으려고 노력했는데도, 그 궤도가 완벽한 원이 아닌 것은 어떤 이유에서인가? 천체의 운행궤도를 설정했던 원인이 이들 천체를 공통 평면에 가져오

려고 노력했지만 이것을 완벽하게 달성하지 못했다는 것은 너무나 분명히 알 수 있는 것이 아니겠는가? 마찬가지로, 지금은 구체로 된 모든 물질이 회전 속력을 획득했을 때, 천체의 공간을 지배했던 힘이 중심점 가까이 있는 이 속력을 낙하력과 균등하게 하려고 노력했지만 완전하게는 이룰 수 없었다는 사실은 너무나 분명히 알 수 있는
A 154 일이 아니겠는가? 여러 가지 공동 작용의 개입으로 완전하게 엄밀한 규정에서 일탈이 이루어지는 자연의 일상적인 방식은 이 점에서 인정될 수는 없겠는가? 우리는 이러한 사태의 이유를 이런 식으로 직접 명령하는 최고 의지의 궁극 목적에서만 발견하게 되겠는가? 자연의 성질을 그것의 이점을 나열함으로써 호의적인 방식으로 설명하는 것이 이 경우 근거를 열거하는 바람직한 시험을 통과하지 못한다는 것은, 고집을 피우지 않는다면, 거부될 수 없다. 행성궤도가 완벽한 원인지 아니면 약간 이심(離心)적인지, 공통적인 평면 관계와 완전히 일치하는지 아니면 그것에서 약간 일탈해 있는지는 확실히 우주의 장점과는 무관한 문제다. 오히려 이렇게 일치되도록 제한받을 필요가 있었다면, 본래부터 이렇게 일치하도록 하는 것이 최상이었을 것이다. 신은 변함없이 기하학을 실행한다는 철학자의 말이 옳다면, 그리고 이것이 일반적인 자연법칙의 방법 안에 반영되어 있다면,
I 338 확실히 이 규칙은 전능한 의지의 직접적인 작품 속에서 흔적으로 남을 것이요, 이들 작품은 자신 안에서 기하학적 엄밀성의 완전함을 모두 드러낼 것이다. 혜성은 자연의 이런 결함에 속해 있다. 혜성의 운행, 그리하여 그 혜성이 겪게 되는 변화에 관하여 말한다면, 혜성은
A 155 우리에게 창조에서 불완전한 항으로 보인다. 혜성은 이성적인 존재자의 쾌적한 거주 장소를 제공하지도 못하고, 이미 제시되었듯이, 어느 단계에서 태양의 연료가 됨으로써 태양계 전체가 최선이 되는 데 유용하지도 못하다. 대부분 혜성은 행성계가 붕괴되기 이전에 이런

목적에 도달할 수 없기 때문이다. 우주는 자연의 일반법칙에서 자연스럽게 전개된 것이 아니라 최고 존재자가 세계에 대해 직접 질서를 주었다는 학설에서, 그런 식으로 언급하는 것은 확실한 것이긴 하지만 불유쾌한 것이다. 그러나 기계적 설명 방식에서는 세계의 아름다움과 전능의 계시가 이러한 언급으로 적지 않게 찬미된다. 자연은 모든 가능한 단계의 다양성을 자신 안에 포함하기 때문에 완전성에서 무에 이르기까지 모든 유형을 포함하며, 결여 자체도 과잉의 표시이고, 그 과잉으로 자연의 총체는 무진장한 것이 된다.

문제 자체의 본성에서 도출된 어떤 이유가 이 [우주의 기계적 기
원을 설명하는] 학설과 완전히 모순되는 것처럼 보이지 않는다면, 인
용된 유추는 편견을 넘어서 기계적 우주 기원을 승인할 수 있도록 만
드는 데까지 나아갈 수 있다. 천체의 공간은 이미 여러 번 언급했듯
이 텅 비어 있거나 무한하게 희박한 물질로 가득 차 있다. 그러므로 A 156
이 물질은 공통 운동을 천체 운동으로 밀어 넣는 어떤 수단도 만들어
낼 수 없었다. 이 난점은 매우 중요하고 타당하기 때문에, 다른 사람
못지않게 자신의 철학적 통찰에 이유가 있었던 뉴턴 자신도 이 난점
에 대해, 모든 일치가 기계적 기원을 나타냄에도 행성에 내재하는 도
약력이 어떻게 해서 전달되는지를 자연의 법칙과 물질의 힘을 언급
함으로써 해결하려는 희망을 포기해야만 했다. 단순한 기본 법칙과
는 거리가 먼 복잡한 현상의 경우에 탐구하려는 노력을 중단하고, 신
의 직접적인 의지를 인용하는 것에 스스로 만족하는 것이 철학자의
슬픈 결정이라 하더라도, 그럼에도 여기서 뉴턴은 자연과 신의 손가 I 339
락을, 자연의 확립된 법칙의 과정과 신의 암시를 분리하는 경계선을
인정했다. 그렇게 위대한 철학자가 절망한 후 이 곤란한 문제에서 여
전히 행운의 진전을 기대하는 것은 주제넘은 것처럼 보인다.

그러나 천체에 주어진 도약력의 방향과 규정이 우주의 체계적 성

격을 결정하지만, 뉴턴에게서 이 도약력의 이해를 박탈한 이 대단한
A 157 난점이야말로 우리가 앞 장에서 제시했던 학설의 원천이었다. 이 학설은 기계론의 기초를 이루지만, 뉴턴이 만족스럽지 못한 것으로 보았고 그 때문에 모든 기본 원인을 거부했던 기계론과는 거리가 멀다. 뉴턴이 그런 태도를 취한 것은, (내가 굳이 그것을 말한다면) 자신의 학설이 유일하게 가능한 종류의 것이라고 주장하면서 잘못을 범했기 때문이다. 심지어 뉴턴의 난점을 사용하더라도, 간결하고 철저한 추론에 따라 이 책에서 개관했던 기계적인 설명 방법의 확실성에 도달하는 것은 용이하고도 자연스러운 일이다. 위에서 언급한 유추가 확실하게 확정했던 것처럼, 질서 있는 방식으로 조화를 이루고 서로 관계하는 천체의 운동과 궤도는 자연적 원인을 그것들의 기원으로 한다고 전제한다면(사람들이 그것을 인정하지 않을 수 없는 것처럼), 이 원인은 현재 천체의 공간을 채우는 것과 동일한 물질일 수 없다. 따라서 이전에 이 공간을 채웠던 물질과 그 물질의 운동은 이 물질들이 이들 구체 안에 함께 축적되고 그리하여 현재 우리에게 텅 비어 있는 것으로 보이는 공간들을 청결하게 한 이후 현재 천체 궤도의 근거가 되었거나, 여기에서 곧바로 도출되는 것이지만 행성, 혜성, 그리고 심지어 태양까지도 구성하는 물질 자체는 최초에는 행성계
A 158 의 공간 안에 분산되었다. 이 상태에서 이 물질들이 각각의 덩어리로 결합되었으며, 이전에 분산되었던 우주 물질의 소재 모두를 자신 안에 포함하는 천체를 형성했을 때, 이 물질들이 보존했던 운동을 개시
I 340 했다. 자연을 형성하는 소재를 운동하게 하는 메커니즘을 발견하는 것은 여기서 어려운 일이 아니다. 물질의 결합을 낳았던 원동력 자체는 물질의 본질적 부분인 인력이고, 자연의 최초 활동과 함께 인력은 운동의 제1원인이었으며, 운동의 원천이었다. 이 힘에서 항상 중심점을 직선으로 향하는 것을 목표로 삼은 방향은 결코 문제가 되지

않는다. 왜냐하면 수직 운동에서 분산된 요소 중 미세한 소재는 다양
한 인력점에 따라, 마찬가지로 서로 교차하는 방향선으로 야기되는
방해 때문에 여러 가지 측면 운동을 하지 않을 수 없다는 것이 분명
하기 때문이다. 그리고 이 측면 운동에는 확실한 자연법칙이 작용한
다. 즉 상호작용으로 제한되는 모든 물질은 결국 하나가 다른 하나를
가능한 한 변화시킬 수 없는 상태에 도달하게 되고 그 후 운동 방향
은 일치하게 된다. 속력도 구심력에 따라서 각각의 거리에서 균형을
이룰 만큼 적절한 정도를 갖게 되며, 모든 요소는 구심력과 결합함으
로써 상하 어느 쪽으로도 일탈하지 않게 된다. 그리하여 모든 요소는 A 159
하나의 방향을 향할 뿐만 아니라 거의 평행하고 자유로운 원을 그리
면서 이 희박한 천체 공간 안에서 공통의 낙하점 주위를 돈다. 이들
부분의 이러한 운동은 행성의 구체가 형성된 이후에도 지속했음이
틀림없고, 힘이 전해진 도약력과 구심력이 결합함으로써 무한한 미
래에까지 존속할 것이다. 행성궤도의 방향이 하나 같은 것, 공통 평
면에 정확하게 관계하는 것, 각각의 장소에 따라서 도약력이 적절하
게 조정되는 것, 거리와 함께 이 유비의 정확성이 줄어드는 것, 가장
외측의 천체가 양측에서도 반대 방향에서도 멋대로 일탈하는 것, 이
모든 것은 이러한 이해하기 쉬운 근거에 기초해 있다. 생성의 규정들
이 서로 의존한다는 것을 보여주는 이들 징후가, 확실하게 물질이 원
초적으로 공간의 모두에서 운동하고 있고 또 거기에 분산되어 있다
는 사실을 가리킨다면, 현재는 텅 비어 있는 천체 공간 안에 행성, 태
양, 혜성 등의 천체를 구성하는 것 말고는 어떤 물질도 없다는 것은
이 천체가 그 자체 최초에는 분산 상태로 있었음이 틀림없다는 사실
을 증명한다. 우주의 이 모든 현상이 앞의 장들에서 가정된 원리에서 I 341
쉽고 정당하게 도출되었다는 것은 그러한 추측을 완전하게 하며 그 A 160
것에 더는 자의적이지 않은 가치를 부여한다.

우주의 기원, 특히 우리 우주의 기원에 관한 기계론의 확실성은
천체 자체의 형성을, 즉 천체 질량의 중요성과 크기를 천체와 인력
의 중심점과 거리에 대해 가지는 비례에 따라서 고려한다면, 가장 높
은 정도에까지 올라간다. 왜냐하면 첫째로 천체 소재의 밀도는, 우
리가 그것들을 천체 덩어리 전체에서 고려한다면, 태양에서의 거리
와 함께 연속적인 정도로 감소하기 때문이다. 이 규정은 최초 형성의
기계적 규정을 너무나 분명하게 목표로 하기 때문에, 누구도 그 이
상을 요구할 수 없다. 천체의 소재가 되었던 물질 중 더 무거운 물질
은 공통의 낙하점을 향해 더 깊은 장소에 도달하고, 반면에 더 가벼
운 물질은 더 먼 장소에 도달한다. 이 조건은 모든 종류의 자연적 생
성에서 필연적이다. 그러나 신의 의지에서 직접 나오는 구조에는 이
러한 관계에 대한 최소한의 근거도 없다. 왜냐하면 태양광선의 힘이
약하더라도 필요한 작용을 감지하려면 더 멀리 떨어진 구체가 더 가
A 161 벼운 소재로 구성되어야 하는 것처럼 보일 수 있다 하더라도, 이것
은 표면에서 발견되는 물질의 구성에 해당하는 목적, 즉 태양의 열
이 어떤 작용도 하지 못하는, 덩어리 내부의 더 깊이 있는 종류의 소
재에는 해당하지 않는 목적일 뿐이기 때문이다. 그리고 이 목적은 태
양 주위의 물체들을 태양을 향해 낙하하게 하는 행성의 인력을 산출
하는 역할을 할 뿐이며, 따라서 태양광선의 강약과는 아무런 관계도
없다. 그러므로 누군가가 뉴턴이 정확하게 계산한 지구 대 목성 대 토
성의 밀도의 비가 400 대 94.5 대 64로 되는 이유가 무엇이냐고 물을
때, 태양의 열 정도에 따라서 그것들을 조정했던 신의 의도가 그 원
인이라고 하는 것은 어리석은 일이 될 것이다. 여기서는 우리 지구가
I 342 우리에게 반례로서 역할을 할 수 있기 때문이다. 태양광선은 지구의
표면 아래 아주 낮은 깊이에만 작용하며, 지구 덩어리 중 태양광선
과 어느 정도 관계하는 부분은 전체의 100만분의 1에 훨씬 못 미치

고, 나머지 부분은 신의 의도와 아무런 관련도 없다. 그러므로 천체를 구성하는 소재가 거리와 조화를 이루는 질서를 갖게 된다면, 그리고 행성들이 현재 텅 빈 공간에서 서로 떨어져 있어 이제는 서로 제한할 수 없다면, 행성의 물질은 이전에는 행성들이 그들의 특수한 밀 A 162
도에 비례했던 장소에 서로를 제한하기 위해서 상호작용할 수 있었던 상태에 있었음이 틀림없다. 그리고 이러한 일은 행성들이 형성되기 이전에 체계의 전 공간 안에 이들 부분이 분산되지 않고는 일어날 수 없었을 것이며, 운동의 일반적 법칙에 따라서 그들 밀도에 어울리는 장소를 획득하지 않고는 일어날 수 없었을 것이다.

거리에 따라 증가하는 행성의 질량의 크기 비는 천체의 기계적 형성을 분명히 증명하고, 특히 이 형성에 관한 우리 이론을 분명히 증명하는 제2의 논거다. 그러면 천체의 질량이 거의 거리에 따라서 증가하는 이유는 무엇일까? 모든 것을 신의 선택에 위임하는 학설을 따른다면, 더 먼 행성이 더 큰 질량을 가져야 하는 이유로 고려될 수 있는 의도는 다음과 같은 것 이외에는 없다. 즉 멀리 떨어진 행성은 그곳에 거주하도록 정해진 주민들에게 안락한 삶을 살게 하기 위해서, 그 먼 지역 행성의 압도적으로 강한 인력으로 그 행성이 하나 내지 여러 개의 위성을 갖도록 했다는 것이다. 그러나 이러한 목적은 그들 행성 덩어리 내부의 압도적 밀도로도 성취될 수 있다. 그렇다면 특별한 근거에서 나온 소재의 가벼움은 이 관계에 대립하긴 하지만, 이 가벼움이 남아 있어야 할 이유는 무엇인가? 더 위쪽에 있는 행성의 질량이 더 아래쪽에 있는 행성의 질량보다 무거운 그만큼 체적의 우선이 이 가벼움을 능가해야 할 이유는 무엇인가? 이들 천체가 자연스럽게 생성된 방식을 고려하지 않는다면, 이 관계의 근거를 제시 A 163
하는 것은 어렵지만, 그것을 고려한다면, 이 규정을 이해하는 것만큼 쉬운 일은 없다. 모든 천체의 소재가 아직 행성계의 공간에 분산되어

I 343 있을 때, 인력은 구체들을 입자들에서 형성했으며, 의심할 여지없이 구체는 그들이 형성된 장소가 공통의 중심 물체에서 멀면 멀수록 그만큼 크게 되고, 이 중심 물체는 전 공간의 중심점에서 특별히 강한 인력으로 이 결합을 가능한 한 제한하고 방해한다.

우리는 처음에 분산되었던 원소재에서 형성된 천체의 특성을 중간 공극들의 폭에서 기꺼이 인지한다. 이런 중간 공극들은 천체의 궤도를 분리한다. 이러한 생각에 따르면, 중간 공극은 텅 빈 구획으로 간주되어야 하며, 이 구획에서 행성들은 자신들을 형성하기 위한 물질을 취해왔다. 우리는 궤도 간의 공극들이 이들에서 형성된 질량의 크기에 어떻게 비례하는지 안다. 목성 궤도와 화성 궤도 사이의 폭은 너무나 커서 그 폭 안에 포함되어 있는 영역은 그것보다 아래쪽에 있는 행성궤도를 모두 합친 평면을 상회한다. 그러나 이것은 모든 행성 중 가장 큰 행성, 즉 다른 모든 행성을 합친 것보다 질량이 큰 행성에 적합하다. 우리는 화성에서 목성까지의 거리를 그들의 인력이 가
A 164 능한 한 서로 방해하지 않게 하려는 의도로 돌릴 수는 없다. 왜냐하면 그런 근거에 따른 것이라면, 두 궤도 사이의 행성은 자신과 결합된 인력이 태양 주위의 두 궤도를 가능한 한 작게 방해할 수 있는 행성에 항상 가장 가까이 있을 것이며, 그 결과 그 행성은 최소 질량을 가질 것이기 때문이다. 그런데 뉴턴의 정확한 계산에 따르면, 목성이 화성에 작용할 수 있는 힘은 목성이 화성의 인력과 결합했던 힘으로 토성에 작용하는 힘과 비교하면 12512분의 1 대 200분의 1의 비가 되기 때문에, 만약 두 행성의 거리가 외적 관계의 의도로 규정되었으며 그들의 생성 메커니즘으로 결정되지 않았다면, 목성이 토성의 궤도보다 화성의 궤도와 얼마나 가까이 있는지를 우리는 쉽게 계산할 수 있다. 그러나 사실은 이와 완전히 다르기 때문에, 그리고 그것의 상하에 있는 두 궤도에 관해서 말한다면, 하나의 행성궤도는 질

량이 더 큰 행성궤도에서의 거리보다 더 작은 행성이 운행하는 궤도에서의 거리에서 종종 더 멀리 떨어져 있지만, 각각의 행성궤도 주위의 공극의 폭은 항상 그 질량과 정확하게 비례하기 때문에 생성의 방식이 이런 비를 규정했다는 사실은 아주 분명하다. 그리고 이러한 규 I 344
정들은 그 원인과 결과가 서로 결합되어 있는 것으로 여겨지기 때문에, 만약 우리가 궤도 사이의 공간을 행성이 스스로 형성되었던 소재의 용기로 간주한다면 가장 적절할 것이라는 사실은 명약관화하다.
여기에서 직접적으로 도출되는 것은 이들 공간의 크기는 그것의 질 A 165
량에 비례함이 틀림없고, 그것의 비는 최초 상태에서 이들 권역의 요소적 물질이 더 띄엄띄엄 분산되어 있기 때문에 더 멀리 떨어진 행성의 경우에 더 크게 된다는 점이다. 그러므로 질량이 거의 같은 두 행성 중 더 멀리 떨어져 있는 행성이 자신의 형성을 위해서 더 큰 공간을 가지고 있음이, 즉 가장 가까운 양측의 궤도에서 더 멀리 떨어져 있음이 틀림없다. 왜냐하면 첫째, 거기에 있는 소재는 그 자체 태양 가까이에서 형성된 소재보다 특히 가벼운 종류의 것이고, 둘째, 훨씬 더 띄엄띄엄 분산되어 있기 때문이다. 그러므로 지구는 달과 하나가 되어 물질적 내용에서 아직 금성과 같은 것처럼 보이지 않음에도 자신을 형성하기 위하여 자기 주위에 더 큰 공간이 필요했다. 왜냐하면 지구는 이 아래쪽 행성보다도 더 띄엄띄엄 분산되었던 소재로 자신을 형성해야 했기 때문이다. 이런 이유로 우리는 토성에 관한 한 그것의 형성 권역은 중심을 향한 측보다는 중심점에서 멀리 떨어진 측에서 훨씬 광범위할 것이라고 추측한다(이것은 거의 모든 행성에 적용된다). 그러므로 토성의 궤도와 그것을 넘어서 있다고 추측할 수 있는 다음 행성의 길 사이의 공극은 토성과 목성 사이의 공극보다 훨씬 광대할 것이다.[107]

그리하여 행성 구조에서 모든 것은 먼 거리에서보다는 중심점 가

까이에서 더 효력이 있는 최초 산출의 힘과 정확한 관계를 유지하면
A 166 서 모든 무한한 거리를 향해서 점차 진행한다. 힘이 전달된 직진력의
감소, 궤도의 방향과 위치에서 가장 엄밀한 일치에서의 일탈, 천체의
밀도, 자연의 형성 공간의 절약 같은 이 모든 것은 중심에서 멀어짐
에 따라 단계적으로 감소한다. 이 모든 것은 제1원인이 기계적인 운
동 규칙에 따라 구성되어 있으며, 자유로운 선택으로 작용하는 것이
아니라는 사실을 보여준다.

I 345 그러나 이제는 텅 비어 있는 우주 공간에서 원래는 분산되어 있
던 원소재에서 천체가 자연스럽게 형성되었다는 사실을 다른 어떤
것 못지않게 명료하게 보여준 것은 나와 뷔퐁 씨의 일치된 견해이지
만, 이러한 일치는 그의 이론에서는 내 이론에서만큼 잘 활용되지 않
는다. 왜냐하면 그의 견해에 따라서 질량을 계산해서 규정할 수 있는
행성들, 즉 토성, 목성 그리고 달을 포함한 지구를 총괄하면, 그것들
은 태양 본체의 밀도에 대한 그것의 밀도가 640 대 650의 덩어리를
만들어내기 때문이다. 이에 대해서 이들 행성이 태양계의 주요 부분
이기 때문에 남아 있는 행성들, 즉 화성, 금성, 수성은 거의 고려할 가
치가 없다. 그리하여 전체 행성 구조의 물질이 하나의 덩어리로 결합
해 있다고 간주한다면, 그것이 태양의 질량과 주목할 만한 일치를 보
A 167 인다는 사실에 놀라는 것은 당연할 것이다. 우리 지구상에서는 단지
몇 가지만 발견될 뿐인 무수하게 많은 다양한 물질 중에서 하나의 물
질이 다른 물질보다 밀도에서 15,000배를 능가하지만, 전체로서는
거의 1 대 1의 비에 접근하는 이러한 유추를 우연 탓으로 돌리는 것
은 무책임하고 사려가 없는 것이다. 우리가 태양을 모든 종류의 물질
의 혼합으로 간주하고, 이 물질이 행성 구조에서는 서로 분리되어 있
는 것으로 간주한다면, 이 모든 행성은 최초에는 한가지 모습으로 분
산되었던 소재로 가득 차 있고, 무차별적으로 중심 물체에 집중되어

있던 것처럼 보이지만, 행성의 형성에 이르러서는 높이에 따라 배분되었다는 것을 인정하지 않으면 안 된다. 나는 천체의 기계적 생성을 받아들이지 않고, 이러한 특별한 일치를 신의 선택 동기로 설명하는 사람들에게 그렇게 하도록 허용할 것이다. 끝으로 나는 세계 구조가 자연의 힘에 기초한다는 것만큼 확신을 줄 명료한 주제를 더욱 다양한 증명에 의해서 확실하게 하는 일은 끝내고자 한다. 이만큼 설득력 있는 명료성 앞에서도 견해를 움직이지 않는 사람이 있다면, 그는 편견의 속박에 너무 깊이 빠져 있으며 많은 인습적 견해를 넘어서서 가장 순수한 진리의 고찰까지 자신을 완전히 옮겨놓을 수 없다. 그러나 A 168; I 346
곳곳에서 결합하고 있는 우주가 이성적 피조물에 보여주고 있는 조화가 일반적인 자연법칙 이외의 것을 자기 기초로 가지지 않는 것처럼 보임에도, 우리가 더는 그들의 찬성을 고려할 필요가 없는 바보를 제외하고는 어느 누구도 이 이론의 정당성을 인정하지 않을 수 없다고 우리는 믿는다. 합당한 목적을 향한 숙련된 배치가 현명한 지성을 자신의 원천으로 삼아야만 한다는 사실을 믿는 것은 정당하며, 사물의 본성은 이것 말고 다른 원천을 인정하지 않기 때문에, 사물의 본질적이고 일반적인 특성들에는 서로에 대해 조화롭고 질서 정연한 귀결을 향한 자연적 경향성이 틀림없이 있다는 점을 우리가 고려한다면, 우리는 완벽하게 만족할 것이다. 그리하여 우리가 세계의 구조 속에 있는 배치가 피조물의 상호 이익을 풍요롭게 한다는 사실을 알게 된다면, 우리는 자연의 일반법칙의 자연스러운 귀결을 이들 배치에 돌리는 것을 이상스럽게 생각해서는 안 된다. 여기에서 나오는 것은 맹목의 우연이나 불합리한 필연성의 귀결이 아니기 때문이다. 또 결국 그것은 최고 지혜에 근거를 두며, 이런 지혜에서 일반적인 특성들은 자신들의 일치를 취하기 때문이다. 질서와 아름다움이 세계의 구조 속에서 나타난다면, 신은 존재한다. 이 결론은 완전히 옳다. 그

러나 다음 결론도 그에 못지않은 근거가 있다. 이 질서가 자연의 일
반적 법칙에서 나올 수 있다면, 자연은 모두 필연적으로 최고 지혜의
결과다.

A 169 그러나 운동의 일반적 법칙에서 전개가 어떤 조화로운 귀결을 낳
을 수 있다고 생각하지 않는 사람들이 조화와 유용한 목적을 포함하
는 자연의 모든 배치에 신의 지혜를 직접적으로 적용하고 싶어 한다
면, 나는 그들에게 우주를 보면서 자신의 눈을 하나의 천체로 향하게
하지 말고, 우주 전체로 향하게 해서 그것의 망상에서 즉시 벗어나라
고 충고하고 싶다. 지구의 공전 평면에 대해 지축이 경사져 있기 때
문에 소중한 계절의 변화가 일어나는 일이 신의 직접적 손의 증명이
라고 한다면, 사람들이 이 특성을 다른 천체의 경우와 비교하면 좋겠
다. 그렇다면 사람들은 이 특성이 천체의 각각의 경우에 따라 달라지
고, 이 차이에서 이러한 특성을 전혀 가지지 않은 천체가 존재한다
I 347 는 사실을 알게 된다. 예를 들면 목성의 축은 그것의 궤도평면에 대
해 수직이며, 화성의 축도 거의 수직이기 때문에 이들 두 행성에서
는 계절 차이는 없지만, 역시 다른 행성만큼이나 최고 지혜의 작품이
다. 토성, 목성, 지구의 위성이 우주의 전 체계에 걸쳐 이 목적에서 자
유로운 일탈이 자유로운 행동에서 엄청난 강제에 따른 방해 없이 이
들 규정을 만들어냈다는 점을 의미하지 않는다면, 최고 존재의 특별
한 배치인 것처럼 보일 것이다. 목성에는 네 개 위성이, 토성에는 다
A 170 섯 개 위성이, 지구에는 하나의 위성이 있으며, 나머지 행성은 이 세
행성보다 밤이 길기 때문에 위성이 더 필요한 것처럼 보임에도 전혀
위성을 가지고 있지 못하다. 행성에 그 힘이 전해진 도약력과 행성들
이 태양 주위를 거의 원을 그리며 운행하는 원인인, 그리고 태양에
의해 이런 식으로 제공된 따뜻함의 한결같음 때문에 이성적 피조물
의 거주 장소에 적합하게 되는 원인인, 행성들의 거리에서 구심력이

비례적인 균형을 이룬다는 사실에 대해 우리가 찬탄한다면, 그리고 그것을 전능의 직접적인 손가락으로 간주한다면, 동시에 그들은 자연의 일반적 법칙으로 되돌아가서 다음을 고려했으면 좋겠다. 이 행성의 특성은 모든 감소 단계를 거쳐 점차 하늘의 심연 속으로 사라지게 되고, 행성의 정연한 운동에 만족했던 최고 지혜는 그 체계가 완전한 불규칙성과 무질서 속에서 중지됨으로써 끝나게 되는 결함까지도 배제하지 않았다. 자연은 완전성과 질서를 위한 본질적 규정을 가지고 있음에도 그 다양성의 범위 안에 모든 가능한 변화, 심지어는 결함이나 일탈조차 포함한다. 자연은 이처럼 무한히 다산적이기 때문에 생물이 거주하는 천체뿐만 아니라 혜성도 생산하며, 유익한 산과 유해한 낭떠러지도, 풍요로운 전원과 황량한 사막도, 덕과 악덕도 생산한다.

A 171; I 349

일반 자연사와 천체이론

제3부

자연의 유비에 기초해서 여러 행성의 거주자를 비교하려는 시도

모든 우주의 관계를 그 모두에 걸쳐 아는 자,
수많은 태양과 모든 행성궤도를 아는 자,
모든 별의 다양한 거주자를 아는 자,
만물이 그것이 있는 그대로인 것은 어째서일까,
그것을 파악하고 우리에게 설명하는 것은, 이자에게만 허용된다.

—포프[108]

일반 자연사와 천체이론 제3부 A 173; I 351

부록
여러 행성의 거주자에 관하여

누군가가 어떤 종류의 무사려에서 자유분방한 재기를 겉으로 진실인 것처럼 보이기 위해 철학의 특성을 사용한다면, 다만 재미로 그랬을 뿐이라고 해명하더라도, 그것은 철학의 특성에 불명예스러운 일이라고 생각하기 때문에, 나는 이 책에서 우리 지식의 확대에 실제 A 174
로 기여할 수 있고 그것의 개연성이 동시에 좋은 근거를 가지고 있어서 우리가 그것의 타당성을 거의 부인할 수 없는 명제를 제외하고는 어떤 명제도 제시하지 않을 것이다.

이런 유형의 주제에서 상상력의 자유는 어떤 한계도 없고, 우리가 먼 세계 거주자의 성질을 판단할 때 미지의 나라의 식물이나 동물을 표현하는 화가보다도 훨씬 자유분방한 공상력의 솜씨가 주어질 수 있으며, 이런 유형의 사고가 적절하게 증명될 수도 증명되지 않을 수도 있는 것으로 여겨진다. 그럼에도 태양에서 천체까지 거리는 일정 I 352
한 관계가 있으며, 그 관계는 그 천체에 있는 사고하는 존재자의 여러 특성에 본질적인 영향을 미친다. 그 존재자의 능동적이며 수동적인 활동방식은 사고작용과 결합해 있는 물질의 성질에 구속되어 있으며, 이런 능동적 또는 수동적 활동방식은 세계가 그 존재들 안에서 일어나는 인상의 정도에, 즉 인력과 열의 중심점에 대해 이 사고하는 존재자의 거주장소가 어떻게 관계하는가에 따라 결정되는 인상의 정도에 의존한다.

행성의 모두 혹은 대부분에 거주자가 있다는 주장을 부정하는 것이 불합리하다 하더라도, 모든 행성에 틀림없이 거주자가 있다고 주
A 175 장할 필요는 없다. 세계나 체계가 창조의 전체에 비해서 햇빛 속에 있는 먼지에 불과할 뿐인 자연의 풍부함을 고려할 때, 자연의 목적을 위해 전혀 쓸모가 없는, 즉 이성적 존재자의 사변을 위해 전혀 쓸모가 없는, 텅 비어 있고 거주자가 없는 권역이 있을 수도 있다. 거주자가 없는 사막이 지구 표면의 광활한 영역을 차지하고 있고, 넓은 바다에 아무도 살지 않는 외딴섬이 있다는 점을 인정함으로써 신의 지혜를 의심하는 사람도 있을 수 있다. 그러나 창조 전체에서 본 행성은 지구 표면에서 본 사막이나 외딴섬보다는 훨씬 작다.

모든 천체가 다 아직 충분히 형성된 것은 아니다. 거대한 천체가 안정된 물질적 조건에 이르기까지는 수백 년, 아니 수천 년 걸린다. 목성은 아직 이러한 갈등 속에 있는 것처럼 보인다. 여러 번에 걸쳐 그 모습에서 놀랄 만한 변화가 일어났기 때문에, 천문학자들은 이미 오래전에 목성이 큰 붕괴를 겪고 있음이 틀림없고, 표면도 거주 가능한 행성과 같은 안정 상태에 거의 놓여 있지 않다고 추측했다. 목성에 지금 거주자가 없고 또 이전에도 없었다 하더라도, 측량할 수 없는 창조 전체를 고려한다면, 이것은 자연의 얼마나 무한히 작은 낭비
A 176 에 불과할까? 만약 자연이 모든 공간의 점에서 모든 풍부함을 조심스럽게 보여주려고 했다면, 그것은 자연의 과잉 표시라기보다는 빈곤 표시가 아닐까?

그러나 우리가 아직 큰 만족을 느끼면서 추측할 수 있는 것처럼,
목성이 비록 지금은 거주자가 없더라도 형성 기간이 완료될 때가 올
것이다. 아마도 우리 지구는 인간, 동물, 식물을 부양할 구조가 갖추 I 353
어지기 전까지 수천 년 혹은 그 이상 존재했을 것이다. 하나의 행성
이 수천 년 뒤에야 이러한 완전한 상태에 도달한다고 해서, 그것의
존재 목적에서 손상을 받는 것은 아니다. 이런 이유로 그 행성이 일
단 완전한 상태에 도달하게 되면, 그 행성의 구조의 완전성은 미래에
오랫동안 유지될 것이다. 다음과 같은 확실한 자연법칙이 있기 때문
이다. 즉, 시작이 있는 모든 것은 서서히 소멸에 더 가까이 가고 있고,
시작에서 멀리 떨어지면 떨어질수록 소멸에 가까워진다.

헤이그 출신의 어떤 재인은 학계의 일반적 동향을 보고한 후 모든
천체에는 반드시 거주자가 있다는 공상을 재미있게 표현했다. 이런
풍자적인 생각에는 동의할 수밖에 없다. 그의 말은 다음과 같다. "거 A 177
지 머리의 숲속에 거주하는 저 피조물들은 오랫동안 자신들의 거주
장소를 측량할 수 없을 만큼 거대한 구체로 생각했고 자신들을 창조
의 걸작이라고 생각했다. 그때 그들 중 하나에게는 하늘이 좀더 섬
세한 마음을 주었는데, 이 작은 퐁트넬[109)]은 예기치 않게 어떤 귀족
의 머리를 보게 되었다. 곧바로 그는 그의 거주지에 있는 모든 재인
을 불러 모아서는 그들에게 기쁨에 차서 말했다. '우리는 전 자연 안
에서 유일한 생물이 아닙니다. 여기 새로운 땅을 보십시오. 여기에는
훨씬 많은 이가 거주합니다.'" 이 결론이 웃음을 일으키는 것은 인간의
판단 방식과 동떨어져서 출발했기 때문이 아니라, 인간의 경우에서
도 동일한 원인에 기초한 동일한 실수가 이의 경우라면 더 웃음거리
로 될 수 있는 것처럼 보이기 때문이다.

편견 없이 판단해보자. 곤충인 이는 생활방식에서도 무가치성에
서도 대부분 인간의 성질을 잘 표현하며, 이러한 비유에 사용되기에

아주 적합하다. 이 곤충의 상상력에 따르면, 이 곤충의 존재는 자연
에서 무한히 중요하기 때문에, 창조의 나머지 전체가 자연의 중심점
으로서 그의 종족을 명확한 목표로 하지 않는 한, 이 곤충은 그 전체
A 178 를 무익한 것으로 생각한다. 마찬가지로 최상의 존재 단계에서 너무
나 무한하게 멀리 떨어져 있는 존재인 인간은 동일한 상상의 그림을
그리면서 대담하게 우쭐대며 자신의 존재를 필연적이라고 생각한
I 354 다. 창조의 무한성은 그것의 압도적인 풍요로움이 생산하는 모든 자
연을 동등하게 필연성으로 자신 안에 포함하고 있다. 사고하는 존재
자 중 가장 탁월한 부류에서 제일 열등한 곤충에 이르기까지 자연에
중요하지 않은 구성원은 없다. 하나가 부족하더라도 상호 연관 속에
성립하는 전체의 아름다움은 훼손되어버린다. 그러는 가운데 자연
은 최초로 일단 발생한 힘의 결합으로써 일반법칙을 생겨나게 하고,
모든 것은 이 일반법칙에 따라 결정된다. 자연은 과정에서 적절하고
질서 있는 것만 생산하기 때문에, 어떤 특정한 의도도 자연의 결과
를 방해하거나 훼손할 수 없다. 최초 형성에서 행성의 생성은 자연의
풍요로움의 무한히 작은 결과에 지나지 않는다. 그런데 자연의 그렇
게 근거가 충분한 법칙이 이러한 원자의 특정한 목적에 따른다고 하
는 것은 불합리하다. 어떤 천체의 성질이 거주하는 데 자연적 장애가
있다면 거주자가 없을 테지만, 그 행성에 거주자가 있다면 그 행성은
그 자체로 훨씬 좋을 것이다. 창조의 탁월함은 그 경우에 어떤 것도
잃어버리지 않는다. 무한한 것은 유한한 부분을 빼앗겨도 모든 크기
A 179 에서 조금도 줄어들지 않기 때문이다. 마치 그것은 목성과 화성 사이
의 공간이 불필요할 정도로 텅 비었거나 누구도 거주하지 않는 혜성
이 존재함을 탄식하는 것과 같다. 사실상 곤충이 우리에게 무가치하
게 보일 수도 있겠지만, 더 적은 수의 더욱 우수한 피조물을 유지하
기보다는 자연의 전체 부류를 유지하는 것이 자연에는 훨씬 중요하

다. 그럼에도 어떤 특정한 권역이나 지역이 이들 소수의 피조물에게서 제거되더라도, 이 피조물은 무한히 많이 존재한다. 자연은 곤충과 더 우수한 피조물의 창조에서 무진장하기 때문에 우리는 그것들이 유지되든 파괴되든 어떤 관심도 가지지 않고 동등하게 이 양자가 일반적 법칙에 맡겨져 있는 그대로 바라다본다. 필리포스의 아들은 사악한 수호신이 그에게 세계는 오직 그대만을 위해서 창조되었다고 속삭였을 때 자신의 동포·동족을 파멸로 몰아넣었지만, 거지의 머리 위에 살고 있던 저 숲속 거주자들의 소유자가 이 군락의 종족을 파멸한 것이 필리포스의 아들[110]이 했던 것보다 더 컸겠는가?

그러나 대부분 행성에는 확실히 거주자가 있고, 지금은 거주자가 없는 행성에도 언젠가는 있게 될 것이다. 그런데 중심점은 모든 것에 I 355
생명을 주는 열의 방출점이다. 우주에 있는 거주민들의 거주장소는 이 중심점과 여러 관계를 맺는다. 이런 관계에 의해서 이 여러 종류의 거주민들은 어떠한 영향을 받게 될 것이다. 왜냐하면 이들 천체의 모든 물질 가운데서 이 열이 태양과의 거리에 비례한 영향을 거주민들의 특성에 주리라는 것은 확실하기 때문이다. 모든 이성적 존재자 A 180
중 하나인 인간의 내적 성질은 여전히 미답의 문제이긴 하지만 우리가 가장 잘 알고 있다. 이 인간은 비유의 기초와 기준점 역할을 할 것이다. 여기서 우리는 인간의 도덕적 성질이나 신체적 구조는 고려하지 않을 것이다. 우리는 이성적으로 사유하는 인간의 능력과 이 능력에 따르는 신체 운동이 태양에서의 거리에 비례하는 물질, 인간에 결합되어 있는 물질의 성질에 따라 제한을 받게 된다는 것만을 검토한다. 사고력과 물질 운동 사이의, 즉 이성적 능력과 신체 사이의 무한한 거리에도 우주가 그의 신체를 통해서 영혼 속에 불러일으키는 인상에서 자신의 모든 개념과 표상을 받아들이는 인간은 이들의 명료성에 관해서도 이들을 결합하고 비교하는 솜씨, 즉 우리가 사고력이라고 부르는 솜씨에 관해서도 창조자가 인간을 묶어버린 물질의 성질에 완전히 의존한다.

인간은 세계가 그에게 가시적인 부분인 신체를 통해서 일어나게 했던 인상과 정서를 받아들이도록 창조되었다. 그리고 신체의 물질은 신체에 거주하는 비가시적 정신에 외적 대상의 최초 개념을 밀어
A 181 넣는 역할을 할 뿐만 아니라 이들 개념을 반복하고 결합하는, 한마디로 말하면 사고하는 내적 작용에서 불가피하다.* 신체가 성장함에 따
I 356 라 거기에 비례해서 그의 사고하는 본성의 능력도 적절한 완성 단계에 도달하게 되고, 기관의 조직 섬유가 강하고 지속성을 가지게 되어 발전이 완성될 때 비로소 차분하고 확고하게 성숙한 능력을 얻게 된다. 인간이 외적 사물에 의존할 때 필요한 욕구를 그가 만족시키는 능력은 상당히 일찍이 발달한다. 어떤 사람들은 이 정도의 발달에 머무른다. 추상 개념들을 결합하고, 분별을 자유롭게 사용하여 정념의 성향을 통제하는 능력은 뒤에 나타난다. 어떤 사람들은 살아 있는 동안 이에 도달하지 못하지만, 모든 사람에서 이 능력은 미약하다. 이 능력은 하등의 힘에 봉사하는데, 이 하등의 힘은 통제되어야 하며,
A 182 이 하등의 힘을 통제하는 데서 인간 본성의 장점이 성립한다. 대부분 인간의 삶을 보면, 이 피조물은 마치 식물처럼 수액을 흡수하고, 자손을 번식시키며, 결국에는 늙어서 죽기 위해 태어난 것처럼 보인다. 모든 피조물 중 인간은 자신의 존재 목적을 실현하는 데 가장 취약하다. 왜냐하면 다른 피조물들은 훨씬 못 미치는 능력으로도 더 확실하

I 355 * 심리학의 근거에서 본다면, 창조가 영혼과 신체를 상호 의존하도록 만들었던 현재 인간 상태의 결과로, 영혼은 우주의 모든 개념을 신체와의 결합과 신체의 영향을 통해서 받아들여야 할 뿐만 아니라 영혼의 사고력의 행사 자체도 신체의 구조에 의존하며, 신체의 도움을 받아서 그것의 행사에 필요한 힘을 얻는다.

고 더욱 적절하게 도달하는 목적들을 이루기 위해 인간은 자신의 탁월한 능력을 다 써버리기 때문이다. 미래에 대한 희망이 그를 고양하지 못한다면, 그리고 그 안에 닫혀 있는 힘이 완전히 전개되는 시기가 그에게 다가오지 않는다면, 적어도 참된 지혜의 눈으로 본다면, 인간은 피조물 중에서 가장 경멸할 만한 것이다.

인간의 본성을 그렇게 저열하게 하는 장애물의 원인을 검토해보면, 그의 정신의 구성 부분이 가라앉아 있는 소재가 조잡해서 섬유조직이 굳어 있고, 그의 정신 운동에 반응하는 체액이 둔하고 움직이지 않는다는 점이 발견된다. 인간의 뇌신경과 뇌척수액은 그에게 단지 조잡하고 불명료한 개념을 제공할 뿐이다. 그리고 인간은 사고의 내적 작용에서의 감각적 자극과 충분히 강력한 관념 사이의 균형을 만들 수 없기 때문에 정념에 휘둘리고, 기계적 신체를 유지하는 요소들
의 소란에 무뎌지고 어지럽게 된다. 이에 대해 항의하고, 이 혼란을 A 183
판단력의 빛으로 쫓아내고자 하는 이성의 노력은 두꺼운 구름이 계 I 357
속해서 훼방을 놓아 태양의 빛의 화창함을 어둡게 만들 때 태양의 빛
과 같다.

인간 본성의 구조에서 소재와 조직의 조악함은 영혼의 능력들을 계속해서 쇠약하고 힘이 없는 상태에 놓이게 하는 저 태만함의 원인이 된다. 반성의 작용과 이성에 따라 분명하게 되는 표상의 작용은 힘든 상태이며, 영혼은 저항 없이는 이 상태에 들어갈 수 없고, 이 영혼은 신체적 기계의 자연스러운 성향에 의해서 이 상태에서 수동적인 상태로 되돌아간다. 감각적 자극이 영혼의 모든 활동을 결정하고 지배하기 때문이다.

조악하고 몰골사나운 물질에 의존한 결과로 나타나는 사고력의 태만함은 악덕의 원천일 뿐만 아니라 오류의 원천이기도 하다. 이 사고력은 혼란된 개념의 안개를 흩어버리려는 노력, 그리고 관념의 비

교로 획득된 일반적 지식을 감각적 인상과 분리하려는 노력과 연관
된 난점에 의해 방해를 받기 때문에, 사고력은 성급하게 승인하기를
더 좋아하고, 그 본성의 무기력과 물질의 저항이 대충 보는 것조차
거의 허용하지 않는 통찰의 소유에 만족한다.

이러한 의존에서는 정신의 능력은 신체의 활력과 함께 쇠락한다.
A 184 노인이 액체의 약해진 순환 때문에 단지 신체에서 걸쭉한 액체만 남
겨놓을 때, 섬유조직의 유연성과 모든 운동에서 기민성이 감소할 때,
정신력은 마비되고 약해진다. 사고의 활발함, 관념의 명료함, 기지의
생생함과 함께 기억력도 약해지고 무뎌진다. 오랜 경험으로 획득한
개념이 어느 정도 이러한 능력의 쇠락을 보완하고, 만약 지성의 억제
가 필요한 정념의 강도가 지성과 동시에 또는 지성에 앞서 줄어들지
않는다면, 지성은 자신의 무능력을 드러낼 것이다.

이 모두에서 명료해지는 것처럼, 인간 영혼의 능력은 인간의 영혼
이 아주 깊이 결합해 있는 조잡한 물질의 방해물 때문에 줄어들고 억
I 358 제된다. 그러나 더 주목해야 할 일은 물질적 소재의 특수한 구조가
태양의 영향과 어느 정도 본질적인 관계를 맺고 있다는 사실이다. 이
에 따라서 태양은 거리에 비례하여 그 물질에 활기를 부여하고, 그
물질로 하여금 동물의 유기적 기능을 수행하도록 한다. 필요한 운동
을 하도록 물질을 유지하기 위해서, 세계 체계의 중심점에서 확산하
는 불과의 이 필연적 관계는 행성들의 여러 상이한 거주자 사이에 여
A 185 기에서 확고하게 확립되는 유추의 기초가 된다. 이러한 관계에 따라
서 이들 거주자 각각의 부류는 우주에서 지정된 장소에 그것의 본성
상 필연적으로 결합되어 있다.

지구와 금성의 거주자가 거주지를 서로 교환한다면, 두 거주자는
모두 사멸할 것이다. 지구 거주자의 형성 소재는 태양에서의 거리에
따라 열의 정도에 비례한다. 따라서 더 큰 열에 대해서는 너무나 가

볍고 민첩하며, 더욱 뜨거운 권역에서는 지구 거주자는 격렬한 운동으로 고통을 당하고, 체액의 분산과 건조 그리고 탄력적인 조직 섬유의 팽창에서 생겨나는 본성의 파멸을 겪게 된다. 조야한 구조와 그들을 형성하는 무기력한 요소로 태양의 더 큰 영향이 필요한 금성 거주자는 더 차가운 천체 권역에서는 활기가 부족해서 죽을 것이다. 이와 마찬가지로 목성 거주자의 신체는 훨씬 가볍고 활기찬 소재로 구성되어 있을 것이며, 그리하여 태양이 이 정도 거리에서 일으킬 수 있는 작은 움직임으로도 이 행성 거주자의 신체는 태양이 아래 권역에서 하는 것만큼 강력하게 운동할 수 있다. 그리하여 나는 이 모든 것을 하나의 일반적 개념으로 다음처럼 요약할 수 있다. 여러 행성의 거주자, 실로 그들의 동물이나 식물조차 형성하는 소재는 일반적으로 태양에서 멀어지면 멀어질수록 그만큼 가볍고 섬세한 종류가 되고, 그것의 신체 구조의 유리한 소질과 더불어 섬유조직의 탄력성도 더 완전하게 되는 것이 틀림없다.

이 관계는 너무나 자연스럽고 근거가 충분하기 때문에 자연과학 A 186
에서 통상 유일한 취약 근거로 간주될 수 있는 궁극 목적이라는 동인들이 이 관계로 나아갈 뿐만 아니라 동시에 행성을 구성하는 물질
의 특수한 구조의 비율, 즉 뉴턴의 계산에 따라 그리고 우주 생성론 I 359
의 근거에 따라 확정되었던 비율도 이 관계를 확증한다. 이것에 따르면, 천체를 형성하는 소재는 태양에 가까이 있는 행성보다 멀리 있는 행성의 경우에 항상 가벼운 종류이며, 이 점은 행성들에서 자신을 생성하고 유지했던 피조물에 대해서 유사한 관계를 필연적으로 수반한다.

우리는 여러 행성의 이성적 피조물과 본질적으로 결합되어 있는 물질의 성질 간의 비교를 확정지었다. 이 고찰의 소개를 따를 경우, 이 관계는 이들의 정신 능력에 관해서 어떤 결과를 가져올 것이라는

사실을 용이하게 고려할 수 있을 것이다. 그러므로 이 정신 능력이
자신이 거주하는 기계 장치의 소재에 필연적으로 의존한다면, 우리
는 다음처럼 개연적 추측을 훨씬 넘어선 결론에 도달할 수 있을 것이
다. 사고하는 본성의 탁월성, 그들 표상의 민활성, 외적 인상을 통해 그들
이 받아들이는 개념들의 명료성과 활발성, 관념들을 결합하는 능력, 마지
A 187 막으로 이것을 현실적으로 수행할 때 민첩성, 한마디로 말하면 그들의 완
전성의 전 범위는 이들의 거주 장소가 태양에서 떨어진 거리에 비례해서
점점 탁월하고 완전하게 된다는 특정한 규칙에 따른다.

이러한 관계는 확정된 확실성에서 그렇게 멀리 떨어지지 않은 정
도의 신뢰성을 가지기 때문에, 우리는 이들 상이한 거주자의 특성들
을 비교함으로써 생겨나는 유쾌한 추측을 위한 열린 영역을 발견하
게 된다. 존재의 사다리에서 말하자면 중간 단계를 점하는 인간의 본
성은 자신을 완전성의 양 극단 사이에 있는, 즉 양 극단에서 동일한
거리에 있는 존재로서 바라본다. 목성이나 토성에 거주하는 이성적
피조물이 가장 고상한 부류라고 하는 생각이 인간으로 하여금 자신
이 비천하다는 인식으로 질투와 사기 저하를 일으키게 한다면, 다른
한편으로 금성이나 화성에 인간 본성의 완전성보다 훨씬 열등한 하
등 단계가 있다는 사실을 아는 것은 인간에게 다시 만족하게 하고 안
I 360 정을 가져다줄 것이다. 얼마나 불가사의한 광경인가! 한편으로, 그들
에게 그린란드 사람이나 호텐토트 사람이 뉴턴이 되는, 그렇게 사고
하는 피조물들을 보게 되고, 다른 한편 뉴턴을 마치 원숭이처럼 여겨
경탄을 표하는 이들을 보게 된다.

A 188 최근 상위의 존재자들이 보았을 때,
최근 아주 놀랄 만한 일,
우리 가운데 죽을 수밖에 없는 누군가가 했던 것을,

그리고 그가 자연의 법칙을 펼치는 모습을. 그들은 깜짝 놀랐으며,

흙으로 빚은 피조물을 통해서 그런 일이 가능한지,

그리고 우리가 원숭이를 보는 것처럼 우리의 뉴턴을 보았다.

—포프[111)]

가장 위쪽 천체 권역에 있는 이 행운의 존재자들이 통찰하는 것이 도달하지 못할 지식의 진보는 어디까지인지! 이 통찰들의 이러한 깨달음이 그 도덕적 특성에서 얼마나 아름다운 귀결을 낳을지! 지성의 통찰이 적절한 정도의 완전성과 명료성을 소유하게 된다면, 그 통찰은 감각의 유혹보다 훨씬 매력을 가지게 되고, 이들 유혹에 승리를 거두어 그것들을 지배하고 발아래 둘 수 있다. 모든 피조물에서 자신을 묘사하는, 즉 정념의 폭풍으로도 움직이지 않는 바다처럼 자신의 상을 조용히 받아들이고 그 상을 반사하는 이들 사유하는 본성에서 자신을 묘사하는 신은 진정 영광스러운 것이 아닐까! 우리는 이들 추측을 자연학의 논문을 위해 지정된 한계를 넘어서는 데까지 확장하고 싶지는 않다. 우리는 단지 한 번 더 위에서 언급한 유추를 주목할 뿐이다. 정신계와 물질계의 완전성은 수성에서 토성에 이르기까지 혹은
아마도 토성을 넘어서까지 (여전히 다른 행성이 있다면) 태양에서의 거리에 A 189
비례해서 정확한 단계의 계열을 이루어 성장하고 진보한다.

이 유추는 부분적으로는 거주 장소와 세계 중심점의 자연학적 관계에서 자연스럽게 나오지만, 부분적으로는 적절하게 도출되었다. 다른 한편, 위쪽 권역에 거주하는 이들 존재자의 뛰어난 완전성에 어울리는 가장 탁월한 배치에 대한 실제 관측은 이 규칙을 너무나 분명하게 확증하기 때문에, 완전한 확신을 거의 요구하는 것이 틀림없다.
고상한 본성의 장점과 결합된 행위의 활발함은 무기력하고 불완전 I 361

한 피조물의 완만함보다 이들 권역의 빠른 교체 주기에 더 적합하다.
망원경이 우리에게 가르쳐주는 것은 목성에서는 10시간마다 밤
낮이 바뀐다는 사실이다. 지구 거주자가 이 행성에 간다면, 이 거주
자는 이러한 시간 분할로 실제 무엇을 할까? 10시간은 이 조야한 기
계인 지구 거주자가 수면으로 회복하는 휴식을 충분히 제공하지 못
할 것이다. 깨어 있는 동안 일할 준비, 옷 입기, 식사에 보내는 시간은
남아 있는 시간의 일부로서 무언가를 요구하지 않겠는가? 5시간 활
A 190 동했을 때 같은 길이의 어둠으로 그 활동이 중단된다면, 행동을 너무
나도 느리게 하는 피조물에게 어떻게 부주의가 일어나지 않겠는가,
또 어떻게 쓸모 있는 일을 할 수 있겠는가? 이와 대조적으로 더 탄력
적이고 더 민첩한 힘을 함께 가지고 있는 더 완전한 피조물이 목성에
서 거주한다면, 우리는 이 5시간이 인간과 같은 저열한 부류에게 낮
의 12시간과 정확하게 같거나 그 이상의 시간이라고 믿을 수 있다.
우리는 시간이 어느 정도 필요한지는 상대적임을 알고 있다. 즉 그것
은 일이 행해진 양과 그 일이 수행된 속도를 비교하지 않고는 인지되
고 이해될 수 없다. 그러므로 어떤 유형의 피조물에게는 말하자면 일
순간인 시간이 변화의 큰 계열이 빠른 행위로 해결되는 다른 피조물
에게는 긴 시간이 될 수 있다. 위에서 서술했던 것처럼 토성의 자전
주기의 개연적 계산에 따르면, 토성에서는 주야 주기가 훨씬 짧으며,
그곳 거주자의 본성에서 심지어 훨씬 더 탁월한 능력을 추측할 수 있
도록 해준다.

결국 모든 것은 위에서 인용한 법칙을 하나같이 확증한다. 분명히
자연은 자신이 마련한 것을 세계의 먼 곳까지 가장 광대하게 펼쳐보
였다. 이 행복한 권역의 부지런한 존재자에게 낮의 빛 부족을 적절하
A 191 게 보충하는 위성들은 거기에 다수 배치되어 있고, 자연은 모든 원조
I 362 를 효과적으로 제공하기 위하여 배려하는 것처럼 보인다. 따라서 거

주자들이 그것을 이용하지 못하게 할 시간이 거의 없다. 위성에 관해서 말한다면 목성은 아래쪽의 모든 행성보다 분명한 장점이 있다. 그러나 목성보다 토성에 더 큰 장점이 있다. 왜냐하면 토성은 그것을 둘러싸고 있는 아름답고 유용한 고리로 구성되어 있으며, 바로 그 구성이 아마도 더 큰 장점이기 때문이다. 이와 반대로, 이런 공급이 쓸데없이 낭비되고, 거주자 부류가 대부분 비이성에 가까이 있는 아래쪽 위성들은 그런 장점과 일치하지 않거나 단지 조금 일치할 것이다.

그러나 (여기서 나는 내가 언급했던 모든 일치를 파괴할 수 있는 반대를 예상한다) 사람들은 빛과 생명의 원천인 태양에서 더 멀리 떨어져 있는 것을 악으로 간주할 수는 없으며, 이에 대해 더 먼 거리의 행성으로 그러한 배치가 넓어진 것은 이 악을 개선하기 위한 예방책으로 강구된 것이다. 또 사람들이 이의를 제기하는 것처럼, 실로 위쪽 행성들은 우주에서 덜 유리한 위치를 점하며, 행성들은 태양의 영향을 약하게 받기 때문에 그 배치의 완전성에서 불리한 위치를 점한다. 왜냐하면 우리가 알듯이, 빛과 열의 작용은 그것들의 절대적 강도에 따라 결정되는 것이 아니라, 그것들을 흡수하고 그것들의 자극에 다소 A 192
간 저항하는 물질의 능력에 따라 결정되며, 따라서 조잡한 물질 유형에서 적절한 환경이라고 할 수 있는 바로 그 동일한 거리가 더 섬세한 유체를 분산해버리고, 이 유체에 유해한 격렬함을 보일 것이기 때문이다. 그러므로 더 활발한 요소들로 구성되어 있는 더 정제된 소재만이 목성과 토성의 태양에서의 거리를 행운의 장소로 만드는 데 적합하다.

마지막으로, 천체의 이들 위쪽 권역에서 본성의 탁월성은 자연학적 연관에 따라 가치가 있는 지속력과 결합되어 있는 것처럼 보인다. 죽음과 쇠약은 우리와 같은 낮은 본성에 영향을 미치는 만큼 많은 영향을 탁월한 피조물에게는 미칠 수 없다. 낮은 단계에서 그것의 저열

함의 특유한 원리인 물질의 무기력함과 소재의 조악함은 바로 이들
을 쇠약하게 만드는 원인이기도 하다. 동물이나 인간의 미세 섬유에
들어가서 부피를 키움으로써 이들에게 영양을 공급하고 이들을 성
장시키는 체액이 더는 이들의 맥관이나 도관을 공간적으로 팽창시
I 363 키지 않는다면, 따라서 성장이 완료된다면, 이 투입된 영양은 동물을
양육했던 정확하게 동일한 기계적 작용으로 맥관의 구멍을 좁히고
막아버리며, 점점 더 굳어져서 기계 전체의 구조를 파괴한다. 가장
A 193 완벽한 자연에서조차 무상함이 계속되겠지만, 멀리 떨어져 있는 행
성에 거주하는 더 완전한 존재자들을 형성하는 미세한 소재, 맥관의
탄력성, 체액의 경쾌함과 활발함 등에서 장점은 조잡한 물질의 무기
력의 결과인 쇠약함을 훨씬 오랫동안 지연시키고, 이들 피조물에게
그들의 완전성에 비례하는 장수를 제공하는 것이다. 그것은 마치 인
간의 쇠약함이 그것의 저열함과 적절하게 연결되어 있는 것과 같다.

나는 이러한 견해를 우리의 앞선 진술과 비교할 때 자연스럽게 일어날 수 있는 의심을 미리 고찰하지 않고는 이 글을 끝낼 수 없다. 가장 멀리 떨어진 궤도의 행성을 비추는 위성들의 수, 자전 속도, 태양의 작용에 비례하는 소재 구성에 따른 우주 배치에서 우리는 그곳에 거주하는 이성적 존재자의 이익을 위해 모든 것을 너무나 자비롭게 지시했던 신의 지혜를 인정했다. 그러나 최고의 지혜 자체가 계획했던 것이 조야한 소재에 실행되고, 자연에 대한 섭리의 지배가 그 자신의 고안에 맡겨진 방식으로, 우리가 기계적 학설과 의도의 학설을 일치시키는 일이 어떻게 가능할까? 오히려 의도의 학설은 우주의 배치가 기계적 학설의 일반 법칙에 따라서 전개되지 않았다는 점을 고백하는 것이 아니겠는가?

A 194 이들 의심은 이전에 동일한 경우 언급했던 것을 되돌아가서 생각
한다면 쉽게 해소될 수 있다. 자연적 운동의 기계적 작용은 모두, 모

든 범위의 결합에서 최고 이성의 계획과 충분히 일치하는 단지 그런 결과들을 향한 본질적 경향을 가져야만 하는 것은 아닌가? 기계적 작용이 처음부터 불규칙적인 노력을 하고, 애초에 정말 제멋대로 일탈하는 것이 어떻게 해서 가능할까? 왜냐하면 이러한 결과를 전개하는 기계적 작용의 모든 성질은 신의 지성의 영원한 이념을 기초로 I 364
해서 결정되며, 이 신의 지성 속에서 모든 것은 필연적으로 상호 관계를 맺고 서로 조화를 이루기 때문이다. 올바로 숙고해보자. 자연은 자족적인 원리이고, 그 성질에는 어떠한 원인도 없으며, 신은 자신이 의도했던 계획에 이 성질을 억지로 집어넣으려고 가능한 한 노력하고 있다고 생각하지 않는다면, 자연은 반항적인 것이어서 자연이 제멋대로 작용하는 것을 제한하는 어떤 종류의 강제를 통해서만 질서와 상호 조화의 경계 안에서 유지될 수 있었다는 견해를 어떻게 정당화할 수 있을까? 그 대신 우리는 자연은 자족적 원리이며, 그 성질에는 어떤 원인도 없고, 신은 가능한 한 자신이 의도했던 계획에 그 성질을 강요하려고 노력한다고 생각해야 한다. 자연을 자세히 알면 아는 만큼 만물의 일반적 성질은 상호 관계가 없는 것도 고립해 있는 것도 아니라는 통찰을 얻게 될 것이다. 만물에는 본질적인 친화성이 있으며, 이 친화성으로 만물은 스스로 서로를 지지할 준비를 하면서 완전한 구조를 확립한다. 즉 원소들의 상호작용은 물질계의 아름다움을 위해서, 그것과 동시에 정신계를 위해서도 이익을 가져다준다. A 195
원래 만물의 개개 본성은 전체적으로 영원한 진리의 영역에서 이미 그것들이 서로 관계하게 하는 이른바 하나의 체계를 형성한다. 따라서 우리는 만물에 고유한 이 친화성은 공통의 기원에서 유래하며, 이러한 본성들은 모두 이 공통의 기원에서 자신의 본질적 규정을 도출했다는 점을 알게 될 것이다.

그런데 이제 반복되던 앞의 고찰을 제안된 목적에 응용해보자. 가장 위쪽의 행성을 우주의 인력과 관성의 중심점에서 멀어진 장소에 위치시켰던 것과 동일한 일반적 운동 법칙은, 그렇게 하면서 동시에 이들 행성을 조잡한 물질의 관계점에서 가장 멀리 떨어져서, 그럼에도 훨씬 자유롭게 그것들이 형성을 시작하도록 가장 유리한 조건에 있게 했다. 그러나 그것과 동시에 이 운동 법칙은 이들 행성을 동일한 법칙에 따라서 동일한 중심점에서 방출된 열의 영향과도 규칙적으로 관계하도록 했다. 그런데 바로 이들 규정에 따라 첫째로, 이 떨어진 권역에서 천체의 형성은 방해를 덜 받게 되었고, 다음으로 그러한 형성에 의존하는 운동도 더 신속하게 생성되었으며, 요컨대 거기서 체계는 더 적절하게 되었기 때문에, 그리고 마지막으로 정신적 존재자는 그들과 개인적으로 밀접하게 결합해 있는 물질에 필연적으
A 196; I 365 로 의존하기 때문에 자연의 완전성이 저 두 장소에서 여러 가지 원인의 유일한 연관에서 그리고 동일한 근거에서 생겨났다는 것은 조금도 불가사의한 일이 아니다. 그러므로 엄밀히 고려한다면, 이 일치는 갑작스러운 것도 예상 밖의 것도 아니다. 그리고 정신적 존재자는 동일 원리에 따라 물질적 자연의 일반적 구조 안에 짜여 있었기 때문에, 정신계는 먼 권역에서 이 물질계를 더 완전하게 했던 것과 동일한 원인으로 더 완전하게 될 것이다.

이리하여 모든 것은 자연의 전 범위에 걸쳐 단절되지 않는 단계적 계열을 나타내며, 모든 항을 서로 관계하게 하는 영원한 조화로 연관되어 있다. 신의 완전성은 우리 단계에서도 명료하게 나타나며, 고상한 부류에 못지않게 가장 저열한 부류에서조차 찬연하게 된다.

무언가 연쇄다, 신에서 시작하는 것, 무언가 자연이다,
하늘과 땅에서, 천사[와] 인간에서 동물에 이르는 [자연],
세라빔에서 벌레에 이르기까지! 오오, 광활한 곳,

눈이 이를 수 없는 곳, 눈이 닿을 수 없는 곳,
무한에서 그대에 이르기까지, 그대에서 무에 이르기까지.
—포프[112)]

지금까지 우리는 자연학적 관계의 인도를 충실하게 따르면서 추측했으며, 그러한 추측도 이성의 신뢰의 길을 유지해왔다. 그러나 이 A 197
제 한번 이 길에서 벗어나 공상의 들판으로 들어가는 것이 어떨까? 근거의 어떤 개연성이 어디서 끝나고, 하고 싶은 대로 허구가 시작되는지 그 경계선을 누가 알 수 있을까? 죄가 우주의 다른 구체에서도 지배력을 갖는지, 아니면 거기서는 미덕만이 지배하는지 누가 감히 이야기하겠는가?

별은 아마도 거룩한 정신의 자리다.
여기서는 악덕이 지배하듯이, 저기서는 미덕이 주인이다.
—폰 할러[113)]

불행하게도 죄를 지으려면 지혜와 비이성의 중간에 있을 필요가 있지 않겠는가? 먼 천체의 주거자가 죄 안에 존재하는 어리석음에
떨어지기에는 너무 고상하고 현명한 것은 아닌지 누가 알겠으며, 아 I 366
래쪽 행성 거주자가 정의의 법정에서 자신들의 행위에 대한 책임을 지기에는 너무 단단한 물질에 속박되고 너무나 미미한 정신 능력만을 가지고 있는 것은 아닌지 누가 알겠는가? 이런 식으로 하여 지구가 그리고 아마도 화성도(그렇게 해서 불행을 함께하는 동료가 있는 비참한 위로가 우리에게서 사라지는 것은 아니다) 위험한 중앙로에 있게 될 것이다. 여기서는 감각적 매력의 유혹이 강한 힘을 가지게 되어 정신의 주권에 반항하고 타락하게 되지만, 오히려 정신이 자신을

이 유혹에 빠지게 하여 자신의 무기력에 넘어가지 않는다면, 정신은 이 자극에 저항하는 능력을 거부할 수 없을 것이다. 따라서 여기에는
A 198 약함과 강함의 아슬아슬한 중간점이 있다. 왜냐하면 하등의 부류를 넘어서 정신을 어떤 높이까지 들어 올리는 것과 동일한 이점이, 다른 곳에서는 정신을 다시 그 높이에서, 이 하등한 부류보다 무한히 저열한 곳으로 전락시키기 때문이다. 실제로 지구와 화성은 행성계의 중간 항이고, 우리가 개연성을 가지고 추측할 수 있듯이 그곳 거주자는 아마도 물리적으로도 도덕적으로도 이 두 궁극 지점의 중간에 있을 것이다. 그러나 이 고찰은 오히려 증명 불가능한 지식에 더 만족하고, 그러한 지식의 책임을 떠맡아도 상관없다고 생각하는 사람들에게 위임하는 것이 좋을 것이다.

결론

우리 의식과 감각이 인간이 실제로 무엇인지 가르쳐야 하지만, 우리는 그것을 올바로 알지 못한다. 하물며 인간이 내세에서 어떻게 될지 추측할 수 있을까! 그럼에도 인간 영혼의 지식욕은 이렇게 그 자신 동떨어진 이 주제에 대해 매우 애태우며 파악하고, 이 지식의 어둠 속에서 한 조각의 빛을 발견하려고 노력한다.

불멸의 영혼은 공간의 이 지점, 즉 우리 지구에 배속되어 죽음 자
체로 파멸되는 것이 아니라 단지 변화할 뿐인 내세의 지속성을 무 A 199
한히 유지하며 남아 있을 것인가? 이 영혼이 창조의 다른 기적을 더 I 367
욱 가까운 데서 보는 일은 결코 없을 것인가? 아득하게 떨어져서 이미 그렇게 많은 호기심을 불러일으켰던 우주의 먼 장소에 있는 구체와 배치의 탁월함을 가까운 데서 아는 것이 의도된 운명이 아닌지 누가 알겠는가? 아마도 행성계의 몇몇 구체는 우리에게 지구상에 머물도록 지정된 체재 기간이 완료된 후에, 다른 천체에서 우리가 거주할 새로운 장소를 마련하기 위하여 형성될 것이다. 목성을 도는 위성이 언젠가 우리에게 빛을 제공하게 되리라는 사실을 누가 알겠는가?

이러한 공상을 즐기는 일은 허용될 수 있으며 적절한 것이기도 하다. 그러나 내세의 희망을 이만큼 불확실한 상상력의 그림에 맡길 사

람은 없을 것이다. 무상함이 인간 본성에 대해 자신의 몫을 요구한
후 불멸의 정신은 한 걸음 도약하여 유한한 것의 모두를 넘어서고,
최고 존재자와 밀접한 결합에서 생기는 자연의 모두와 새로이 관계
하면서 자기 존재를 계속한다. 그 이후 이 고상해진 자연은 행복의
원천을 자기 안에 간직하면서, 외적인 것의 사이에서 자신의 안락함
A 200 을 발견할 목적으로 그 대상들 속으로 분산되지는 않을 것이다. 최고
의 근원적 존재자의 만족과 필연적으로 일치하는 피조물의 총체는,
자기 자신에 대해서도 틀림없이 만족할 테고, 영원한 만족 이외에 어
떤 것에도 그것을 움직이지 않을 것이다.

실제로 사람들이 이러한 고찰로 그리고 지금까지 고찰들로 자기
마음을 가득 채운다면, 맑은 밤 별이 빛나는 하늘을 우러러볼 때, 고
귀한 마음만이 느끼는 어떤 종류의 만족이 우리에게 솟아난다. 자연
의 일반적 정숙함, 감각의 평온에서 불멸의 정신의 감추어진 인식 능
력은 말로 표현할 수 없는 언어를 말하고 느끼기는 하지만 쓸 수는
없는, 풀어낼 수 없는 개념들을 제공한다. 이 행성[지구]의 사고하는
피조물 중 그 위대한 것이 이들을 매료했던 매혹에도 자신들을 여전
히 허영의 노예에 확고하게 묶어두려는 저열한 무리가 있다면 이만
I 368 큼 비참한 피조물을 키운 이 구체[지구]는 얼마나 불운한가? 그러나
다른 한편 모든 천체의 안에서 가장 큰 장점을 가진 자연의 배치가
획득할 수 있는 이점을 아득히 능가하도록 하는 행복과 존엄에 이를
수 있는 길이 우리가 받아들이기에 가정 적합한 조건 아래 열려 있다
면, 이 지구는 얼마나 행복한가?

해제

차례

『살아 있는 힘의 참된 측정에 관한 사상과 라이프니츠와
다른 역학자들이 이 논쟁에 사용한 증명에 관한 평가, 그리고
물체의 힘 일반에 관한 몇몇 선행하는 고찰』· 김상현 ············ 429

『일반 자연사와 천체이론 또는 뉴턴의 원칙에 따라 다룬
우주 전체의 구조와 기계적 기원에 관한 시론』· 이남원 ·········· 445

『살아 있는 힘의 참된 측정에 관한 사상과 라이프니츠와 다른 역학자들이 이 논쟁에 사용한 증명에 관한 평가, 그리고 물체의 힘 일반에 관한 몇몇 선행하는 고찰』

김상현 서울대학교·철학

1. 살아 있는 힘 논쟁

'살아 있는 힘'(vis viva)에 관한 논쟁은 라이프니츠가 데카르트의 운동량 이론에 대해 이의를 제기하면서 본격적으로 시작되었다. 데카르트는 1644년 『철학의 원리』(*Principia philosphiae*, Ⅱ부 § 35 이하)에서 운동량은 운동체의 질량과 속도의 곱으로 표시된다고 했다. 달리 말해서 그는 물체의 작용력, 즉 다른 물체의 운동을 야기하는 힘을 mv(m: 질량, v: 속도)로 정식화했다. 또한 그는 이 운동량은 전체 세계에서, 부분들의 변화가 있을지라도 항상 동일하게 유지되며, 이러한 전체 운동량의 불변성은 신의 불변성으로 보증된다고 주장했다. 이에 대해 라이프니츠는 1686년 『악타 에루디토룸』(*Acta Eruditorum*, 이하 *Acta Erud.*)에 게재한 짧은 논문 「자연법칙에 대한 데카르트와 다른 사람들의 기념비적 오류들에 대한 간략한 증명」[1] 에서 힘의 작용량은 질량과 속도의 제곱을 곱한 값(mv^2)으로 측정해야 하고, 이 양이 세계의 모든 변화에서도 유지된다고 주장했다.

---

1) Leibniz, 1686, pp.161-163.

'살아 있는 힘'과 관련한 당대 과학자들과 철학자들의 견해는 데카르트주의와 라이프니츠주의로 양분되었고, 이 논쟁은 수십 년간 이어졌다. 칸트도 이 글에서 언급했듯이 메랑, 파핀, 카델란 등은 데카르트 견해를 지지했고 베르누이 부자, 볼프, 헤르만, 빌핑거 등은 라이프니츠 편에서 살아 있는 힘을 옹호했다. 달랑베르(Jean-Baptiste Le Rond d'Alembert, 1717~83)는 그의 『동역학개론』(*Traite de Dynamique*, 1743)에서 이 논쟁은 '운동력'이라는 개념의 모호성 때문에 생겨난 것에 불과하다고 주장했고, 이에 대해 많은 학자는 이 논쟁을 달랑베르가 해결한 것으로 간주하기도 한다. 하지만 이 논쟁은 달랑베르 이후에도 계속되었는데, 예를 들어 라그랑주(Joseph-Louis Lagrange, 1736~1813)는 자신의 저서 『해석역학』(*Mécanique analytique*, 1788)에서 여전히 살아 있는 힘과 죽은 힘을 동역학과 정역학의 운동 차이에서 비롯하는 것으로 해석한다. 칸트의 『살아 있는 힘의 참된 측정에 관한 사상과 라이프니츠와 다른 역학자들이 이 논쟁에 사용한 증명에 관한 평가, 그리고 물체의 힘 일반에 관한 몇몇 선행하는 고찰』(*Gedanken von der wahren Schätzung der lebendigen Kräfte und Beurtheilung der Beweis, deren sich Herr von Leibniz und andere Mechaniker in dieser Streitsache bedient haben, nebst einigen vorhergehenden Betrachtungen, welche die Kraft der Körper überhaupt betreffen*, 이하 『살아 있는 힘의 측정』)은 바로 이러한 논쟁의 한복판에서 달랑베르와 마찬가지로 운동력 개념을 재정립하고, 라그랑주에 앞서서 동역학과 정역학의 정립에 초석을 마련하는 자신만의 해결책을 제시하고 있다.

우리는 『살아 있는 힘의 측정』을 근대과학의 역사에 '힘'이라는 개념을 둘러싼 논쟁만을 다루는 저작으로, 다시 말해 순전히 자연과학적 영역의 문제에 국한된 내용만 담은 저작으로 간주해서는 안 된다. 오히려 이 저작은 당대의 형이상학적 문제가 자연철학이라는 이름하에 '힘'에 관한 논쟁으로 개진되는 것으로 보아야 할 것이다. 가령 살아 있는 힘을 인정하지 않는 데카르트주의에 따른다면, 물체의 운동은 오직 외적 원인에 따라서만 발생할 수 있고, 따라서 물체의 능동적 힘이나 작용은 인정될 수 없다. 이에 덧붙여 외적 원인에 따른 결과를 수학적 원리에 의거하여 설명할 수 있다면, 세계는 기계적 인과작용의 연속체로 해석된다. 물론 살아 있는 힘을 인정한다면, 물체의 자발적 힘 또는 능동적 힘을 인정하게 되고, 나아가 세계 이해에서 수학적·기계적 관점과는 매우 다른 관점을 인정해야 할 것이다. 그밖에 심신 문제, 신의 불변성과 관련한 문제 등이 힘에 관한 논쟁의 배경을 이룬다. 따라서 이 저작은 표면적으로는 살아 있는 힘 논쟁과 관련한 물리학적 문제를 다루었지만, 사실 그 이면에는 데카르트와 라이프니츠라는 당대 거장에 도전하여 수학에 바탕한 세계관과 형이상학에 바탕한 세계관을 비판적으로 재정립하려는 칸트 자신의 철학적 기획이 담겨 있다고 볼 수 있다.

2. 기본 구성과 내용

『살아 있는 힘의 측정』은 칸트의 쾨니히스베르크대학 졸업논문이자 최초로 출간된 저서다. 연구가 대부분 완결된 시점(1746)과 저서의 출판 시점(1749)에는 상당한 공백기가 있다. 쾨니히스베르크대학의 출판허가가 지연된 배경에는 몇 가지 이유가 있었던 것으로 알려져 있다. 먼저 당시 칸트 가계는 극심한 재정난에 처해 있었고, 특히 칸트 아버지가 오랫동안 병마에 시달리다가 사망한 시기(1746)와 겹치므로 출판비를 감당하기 어려웠을 것이다. 이런 학문 외적인 문제 외에도 이 저서의 내용과 관련한 문제가 있었던 것으로 추정된다. 칸트는 이 저서에서 라이프니츠-볼프 학파를 비판했으며, 그 비판 대상에는 스승인 크누첸도 포함되어 있었다. 이런 점들 때문에 쾨니히스베르크대학 당국이 출판 허가를 지연했을 가능성이 있다. 출판을 지연할 수 있는 분명한 근거 중 하나는 이 저서가 그 당시 논문에서 요구되던 라틴어가 아니라 독일어로 작성되었다는 점 때문일 것이다. 이 지연 기간에 칸트는 헌사와 더불어 §§ 107-113과 §§ 151-156을 1747년에 추가했다.

이렇게 다소 매끄럽지 않은 과정을 거쳐 출판된 『살아 있는 힘의 측정』은 「머리말」과 본문 세 장으로 구성되어 있다. 제1장의 제목은 「물체 일반의 힘에 대하여」이며, 가장 많은 분량에 살아 있는 힘에 대한 비판의 핵심적 내용을 담은 제2장의 제목은 「살아 있는 힘에 관한 라이프니츠 학파의 정리들에 대한 탐구」다. 마지막으로 제3장은 「자연의 참된 힘의 척도로서 살아 있는 힘의 새로운 측정에 대한 설명」이라는 제목이 말해주듯이 살아 있는 힘에 대한 전면 부정이 아니라 살아 있는 힘이 성립하는 조건에 대한 칸트 자신의 의견을 개진했다.

「머리말」에는 이제 약관을 갓 넘긴 젊은 학자로서 패기와 철학적 야심, 당대 거장들을 상대로 비판적 논의를 전개하는 데서 오는 부담감이 동시에 표명되어 있다. 그는 먼저 "뉴턴과 라이프니츠의 명성도, 그것이 진리에 위배된다면 담대하게 무시할 수 있으며, 지성의 견인 외에 다른 어떤 신념에도 결코 굴복할 필요가 없다"(Ⅰ)면서 자신의 당당한 포부와 자신감을 피력한다. 그러면서도 라이프니츠의 명성으로 자신의 저작이 검토되지도 않고 폐기될 것을 염려하면서 편견과 자만심을 버리고 "학식이 뛰어난 자는 결코 더는 오류에 빠질 위험이 없다고 생각할 만큼 세상이 그렇게 불합리하지는 않다"(Ⅵ)는 완곡한 표현을 동원하여 자신이 라이프니츠보다 더 진리에 가까이 다가가 있음을 천명한다. 칸트는 거장에 대한 비판 때문에 내용과 상관없이 자신에게 쏟아질 비난을 미연에 방지하려는 의도를 겸해서 「머리말」 후반부를 이렇게 장식했다. "그러므로 나는 이 머리말을, 이제 내가 내적이라고 부르는 명예를 갖게 될 그리고 나의 부적절한 판단의 자유가 조금도 훼손할 수 없는, 우리 인식의 저 위대한 대가들에 대해 내가 항상 품고 있는 경의와 존중을 공개적으로 선언하는 기회로 활용하고자 한다."(IX) 이런 패기와 염려를 표출한 후에야 칸트는 「머리말」의 마지막 세 절(XI - XIII)에서 자신이 다루는 문제가 바로 살아 있는 힘에 관한 라이프니츠주의자들의 오류를 비판하는 것임을 안내하고 있다.

본문의 세 장 중에서 분량이 가장 적고 「머리말」보다는 약간 긴 제1장은 분량과는 반대로 힘과 운동에 관해 가장 근본적으로 고찰하고 재정립했으며, 철학적으로도 가장 풍부한 함축과 의의가 있는 부분이다. 「물체 일반의 힘에 대하여」라는 제목이 알려주듯이 이 장에서는 가장 먼저 모든 물체는 본질적 힘을 가지고 있고, 그 힘은 볼프가 말한 운동력이 아니라 라이프니츠가 명명한 것처럼 작용력이라고 불러야 마땅함을 명시했다.(§§ 1-4) 물체의 본질적 힘을 작용력으로 규정함으로써 그가 직접적으로 의도한 것은 '살아 있는 힘과 관련한 형이상학적 예비작업'(§ 15)이지만, 그에 앞서 이런 규정을 통해 심신문제 등 몇 가지 중요한 철학적 난제를 해결할 수 있음을 명시한다(§§ 5-11)고 칸트는 생각한다.

'작용력'(wirkende Kraft, vis activa)은 라이프니츠가 「제일철학의 개선과 실체개념」[2)]에서 사용한 개념이다. 라이프니츠는 작용력을 근원적 힘과 파생적 힘으로 구분했다. 근원적 힘은 모든 물체에 내재하

---

2) Leibniz, 1694, pp.111.

는 힘으로 이것이 바로 아리스토텔레스가 말한 엔텔레키라고 생각했으며, 파생적 힘은 물체들이 서로 충돌할 때 근원적 힘이 제한됨으로써 발생하는 힘이라고 했다.[3] 물체의 힘에 대한 라이프니츠의 규정과 구분을 칸트 역시 거의 그대로 수용한다. 칸트도 물체의 본질적 힘을 작용력이라고 규정했으며(§ 3), 물체의 고유한 힘을 운동력으로 규정해서는 안 되는 이유는 §§ 2-4에서 설명한다. 운동력이라는 규정은 온냉의 근거를 온과 냉을 만들어내는 힘이라고 규정하는 것과 같은 순환논증의 오류를 범했으며(§ 2), 만약 물체의 힘을 운동력으로 규정한다면, 정지 상태에서 발휘하는 물체의 힘을 설명할 수 없고(§ 3), 물체들 간의 상호작용을 설명할 수 없다(§ 4)고 논증한다.

물체의 본질적 힘을 운동력이 아닌 작용력으로 규정해야 하는 이유가 단지 위에서 언급한 논리적 오류나 현상과의 불일치에만 있는 것은 아니다. 그보다는 오히려 철학적 난제를 해결하는 올바른 해법을 제시했기 때문이다. 예를 들어 물체의 본질적 힘이 운동력이라면, 이는 영혼이 세계에 대한 표상을 어떻게 가질 수 있는가 하는 문제에 대한 답을 줄 수 없지만, 작용력이라면 이 난제가 해결된다고 보았다. 왜냐하면 만약 물체의 힘을 운동력이라고 규정한다면, 운동이란 물체의 장소 이동에 불과하므로, '운동만을 산출하는 힘이 표상들과 관념들을 만들어내는 것은 불가능'(§ 5)하지만, 물체의 본질적 힘이 작용력이라면 물체의 작용은 영혼에도 작용하여 영혼의 내적 상태를 변화시킴으로써 세계에 대한 표상들과 관념들을 가질 수 있기 때문이다. 즉, 칸트는 물체의 작용으로 영혼의 내적 상태가 변화된 것이 곧 영혼이 세계를 표상하는 것(§ 6)이라고 보았다.

또한 실체들의 상호작용이 어떠한 질서와 규칙으로 이루어지느냐

---

3) Leibniz, 1849~63, p.636(1989, p.119) 참조할 것.

에 따라 다수의 세계가 존재할 수 있다는 것이 도출된다.(§8, §11) 만약 힘을 운동력으로 규정한다면, 모든 실체의 운동은 단지 외적 작용에 따른 장소 이동 또는 위치 변경만이 가능할 것이다. 그런 경우 굳이 다수의 세계를 설정할 근거가 없어진다. 하지만 힘이 곧 작용력이라면, 일례로 그 작용의 크기가 거리에 비례한다거나 거리의 제곱에 비례한다거나 거리의 제곱에 반비례하는 방식으로 작용하는 다양한 규칙이나 원리가 존재할 수 있다. 그리고 서로 다른 원리에 입각한 작용들은 상호 영향을 미치지 않는 자립적 질서를 구축할 것이므로, 서로 다른 질서와 상호 관계의 규칙을 갖는 다수 세계가 존재할 수 있다. 후에 칸트는 이 사유를 좀더 전개하여 『낙관주의』(1759)에서 다수 세계가 존재할 수 있으며, 우리의 세계가 가능한 세계들 중 최선의 세계라는 라이프니츠적 견해를 계승한 견해를 펼치기도 한다. 이밖에도 물체의 고유한 힘을 작용력이라고 규정하고, 현실적으로 작용력이 존재해야만 연장이나 공간도 존재할 수 있다(§9)고 하는 장이론(field theory)을 연상케 하는 주장을 펼치는데, 이는 데카르트의 운동론과 연장 개념을 간접적으로 비판한 것으로 볼 수 있다. 나아가 공간이 3차원인 이유는 실체의 힘이 상호작용할 때 그 작용의 크기가 거리의 제곱에 반비례하기 때문이라는(§10) 흥미로운 주장을 펼치기도 하는데, 이런 주장을 하는 가운데 칸트 자신은 사유의 진행을 포기했지만 현대의 다차원 기하학과 유사한 사고(§9)를 했던 것으로 보인다.

칸트는 물체의 본질적 힘을 작용력으로 규정하고 그 이유와 철학적 유용성에 대한 짧지만 함축적이고 중요한 설명을 피력한 뒤 운동의 작용 방향과 관련하여 물체의 힘은 모든 방향을 향한 영속적인 분투라고 규정한 '가장 최근의 철학'(§12), 즉 볼프의 철학을 비판한다. 그런 다음 이를 바탕으로 물체의 운동은 두 가지 종류로, 즉 저항이

나 장애가 없다면 무한히 지속되는 운동(자유운동)과 외적 작용이 없다면 그 운동이나 작용이 즉각적으로 정지되는 운동(비자유운동)으로 구분(§ 15)한다. 이 구분은 칸트가 기획한 '살아 있는 힘의 측정'의 성패를 결정짓는 가장 중요한 구분이라고도 할 수 있다. 왜냐하면 이 구분을 근거로 '힘에 관한 라이프니츠의 척도를 교정'(§ 15)할 수 있기 때문이다. 칸트는 전자의 운동을 가능하게 하는 힘이 바로 살아 있는 힘이고 mv^2에 비례한다고 했다.(§ 17) 이에 반해 후자의 운동을 가능하게 하는 힘을 라이프니츠주의자들이 데카르트의 힘을 불렀던 명칭을 이어받아 죽은 힘이라고 명명하면서, 이 힘은 mv에 비례한다고 보았다. 이러한 예비 작업을 마친 칸트는 다음 장에서 본격적으로 라이프니츠 학파의 살아 있는 힘을 정밀하게 검토하고 비판 작업에 착수한다.

제2장에서는 「살아 있는 힘에 관한 라이프니츠 학파의 정리들에 대한 탐구」라는 제목에 합당하게 라이프니츠와 그 추종자들의 주장을 면밀히 검토하고 비판한다. 많은 인물과 사례들을 다루기는 하지만, 비판의 핵심은 시간과 공간 안에서 이루어지는 운동에 관한 한 라이프니츠 학파가 주장하는 것처럼 힘이 질량과 속도의 제곱에 비례하지 않는다는 것이다. 달리 말하면 물체의 현실적 운동은 수학적 분석을 기초로 측정하는 데카르트의 힘의 척도가 타당하다는 결론으로 모아진다. 주의할 것은 현실적 운동이 라이프니츠의 측정을 부정한다고 해서 이것이 살아 있는 힘 자체를 부정하는 것은 아니라는 점이다. 이 점에 관해서는 제3장에서 본격적으로 해명한다.

칸트는 힘에 관한 라이프니츠의 척도가 갖는 오류를 §§ 20-28에서 적시하는데, 그 첫 번째 오류는 라이프니츠가 살아 있는 힘을 현실적 운동에 적용했다는 점이다.(§ 23) 두 번째 오류는 라이프니츠는 일정 시간 운동하는 물체에 대해 살아 있는 힘을 부여했는데, 시간이 짧아지면 짧아질수록 물체는 살아 있는 힘의 특정을 그만큼 상실하고 죽은 힘의 특성을 갖게 된다는 점을 간과했다(§ 25)는 것이다. 그리고 라이프니츠 자신이 발견한 법칙인 연속성의 법칙에 입각하여 운동을 고찰할 때, 시간과 관련한 오류는 더욱 분명해지며(§ 26), 따라서 운동의 현실성은 살아 있는 힘을 물체에 귀속시키는 참된 조건이 아니다.(§ 27) 그런 다음 수학은 결코 살아 있는 힘을 증명할 수 없고, 오직 데카르트의 척도만을 입증할 뿐임(§ 28)을 분명히 한다.

§§ 29-36까지는 자유낙하와 관련한 사례에 대해 라이프니츠주의자들이 어떤 오류를 범하고 있는지를 분석한다. 갈릴레오는 자유낙하하는 물체가 획득하는 속도는 낙하거리의 제곱에 비례한다고 주장한 바 있는데, 라이프니츠는 이로부터 "무게가 4파운드인 물체를 1피트 들어 올리는 데 필요한 힘은 무게가 1파운드인 물체를 4피트 들어 올리는 데 필요한 힘과 동일하다"(§ 29)는 명제를 도출한다. 데카르트와 라이프니츠는 모두 이 원리가 지렛대의 평형과 관련해서도 동일하게 적용된다고 생각했다. 즉, 정지점으로부터의 거리와 물체의 무게가 반비례할 때, 지렛대는 평형상태를 이룬다는 것이다. 그런데 이 지렛대의 평형과 관련하여 데카르트는 운동시간이 동일한 경우에만 타당하다고 생각한 반면에 라이프니츠는 이 조건을 무시하고 상호 동일하지 않은 시간 동안 이루어지는 운동에 대해서는 타당하다고 추론했다. 칸트는 바로 이 점이 라이프니츠의 오류였음을 지적한다. 그리고 이와 관련하여 라이프니츠를 옹호하고자 했던 헤르만과 리히트샤이트의 논증 역시 성공하지 못했음을 논증한다.(§§ 31-36)

자유낙하와 관련한 사례에서 라이프니츠의 힘의 척도가 오류였음을 밝힌 칸트는 이번에는 탄성체의 충돌 사례에 대해 검토한다.(§§ 37-57) 여기에서도 칸트는 탄성체 충돌에 관한 라이프니츠의 옹호자였던 헤르만의 사례가 오류였음을 밝히고 베르누이, 샤틀레 등이 제시한 사례들은 오히려 데카르트의 측정을 옹호하고 있음을 지적한다. 그리고 그 근거는 바로 라이프니츠주의자들이 발견하고 주장한 '원인과 결과의 동등성'이라는 법칙임을 분명히 한다. 즉, 라이프니츠주의자들은 탄성체의 충돌에서 발생한 힘을 질량과 속도의 제곱에 따라 측정해야 한다고 주장했는데, 이는 그들 자신이 법칙으로 삼고 있는 '원인과 결과의 동등성' 법칙에 위배된다는 것이 칸트 비판의 핵심이다. 그리고 이는 질량이 동일한 탄성체 간의 충돌이든 동일하지 않은 탄성체 간의 충돌이든 마찬가지라고 논증한다.

§§ 58~66에서는 비탄성체의 충돌 사례를 통해 라이프니츠주의를 옹호하려는 시도에 대해 네 가지 반론을 제시한다. 라이프니츠주의자들은 비탄성체의 충돌에서는 힘의 손실이 생기기 때문에 데카르트주의가 틀렸다는 주장을 펼친다. 이에 대해 칸트는 먼저 힘에 대한 수학적 고찰은 비탄성체가 탄성이 없다는 것 외에 다른 어떤 것도 전제하지 않으며, 둘째 탄성체와 비탄성체의 구분이 불분명하고, 셋째 연한 물체가 충돌할 때 일부분이 압착된다는 것이 반드시 힘의 손실을 의미하지는 않으며, 마지막으로 물체의 단단함의 비율과 힘의 손실 간에는 비례 관계가 성립한다는 라이프니츠주의자들의 주장은 아무런 근거가 없다는 것을 밝힌다. 그런 다음 §§ 67-70에서 탄성체와 비탄성체를 모두 포함하여 살아 있는 힘을 물체의 충돌에서 발견하는 것은 불가능하다는 일반론으로 정리한다.

이후 칸트는 합성운동을 통해 살아 있는 힘을 옹호하려는 시도를 반박(§§ 71-78)하는데, 이 반박으로 대각선 운동에 대한 라이프니츠주의자들의 분석에 오류가 있었음을 밝힌다. 즉 라이프니츠주의자들은 대각선(A) 운동력의 크기는 그 대각선을 가능하게 하는 직사각형의 두 변(B, C)의 힘의 크기와 같아야 하는데, 그러려면 $A^2=B^2+C^2$

이라는 등식이 성립해야 하기 때문에, 속도의 제곱이 척도가 되어야 한다고 주장한다. 이에 대해 칸트는 이러한 라이프니츠주의자들의 주장은 이른바 조건무시의 오류를 범했다고 반박한다. 즉 변의 힘과 대각선의 힘은 각각 그 힘의 작용 대상에 대해 사용하는 힘의 소모량이 다르다는 조건을 무시했다는 것이다. 이 문제는 오늘날 물리학의 관점에서 보면 스칼라양과 벡터양을 구분하지 않은 데서 오는 혼동이라고 할 수 있고, 칸트는 이에 대해 대각선 운동의 운동량은 벡터 합성을 통해 구해야 한다는 것을 기하학적 도식을 이용하여 정확하게 반박한다.

이어서 칸트는 빗각운동과 원운동 사례에 나타난 라이프니츠주의자들의 오류를 분석한다.(§§ 79-85) 자연에서 빗각운동을 하면서 다른 물체에 충돌하는 물체의 힘은 그 손실이 거의 무한히 작을 수도 있다. 이런 사례에 대해 데카르트의 척도는 타당함을 보이지만, 라이프니츠의 척도는 이와는 다른 결과를 도출하기 때문에 오류라는 것이 논박의 핵심이다. 원운동은 무한히 작게 나뉜 빗각운동의 합과 같으므로 원운동 사례로 라이프니츠의 척도를 옹호하는 것 역시 불가능하다.

이렇게 자유낙하, 물체의 충돌, 합성운동, 빗각운동, 원운동 사례를 분석하여 라이프니츠주의자들의 오류를 밝힌 것으로 사실상 운동과 관련한 모든 사례가 다루어졌다고 볼 수 있다. 하지만 칸트는 제2장 후반부에서 라이프니츠가 제시한 특수한 사례들(§§ 92-102)과 볼프, 무센브뢱, 유린, 샤틀레, 리히터의 사례들(§§ 103-113)에 대해서 마지막까지 심혈을 기울여 분석하고 비판한다. 그리고 제2장의 나머지 부분은 라이프니츠주의자들을 논박했던 앞선 논의들에 대한 보충과 해명으로 이루어져 있다.

방대한 사례들을 분석해 비판을 마친 칸트는 드디어 「자연의 참된 힘의 척도로서 살아 있는 힘의 새로운 측정에 대한 설명」을 시작한다. §§ 114-126까지 칸트는 살아 있는 힘의 새로운 측정을 정립하기 위한 조건들을 명시하는 작업을 한다. 이를 위해 제1장에서 이미 언급한 두 가지 운동의 구별에 더해 수학적 대상으로서 물체와 자연에 현실적으로 존재하는 물체의 특성을 구분한다. 수학은 물체 운동의 원인을 항상 외부에서 기인하는 것으로 간주하지만, 자연 물체의 운동은 외적 원인과 더불어 이 원인에 의해 일깨워진 내적 원인 역시 운동의 원인으로 간주되어야 한다. 따라서 전자는 죽은 힘이지만, 후자는 살아 있는 힘이며 속도의 제곱을 척도로 해야 한다. 이와 같이 물체가 스스로 자신의 운동을 추동하는 이 내적 원인을 칸트는 '내재력'(Intension)이라고 한다.(§ 117) 또한 물체의 힘은 항상 살아 있는 힘의 상태가 아니므로 죽은 힘의 상태에서 살아 있는 힘의 상태로 이행해야 하는데, 이런 이행을 칸트는 생기화(Vivification) 또는 활력화(Lebendigwerdung)라고 한다.(§ 123) 이제 자유운동과 비자유운동 그리고 수학의 물체와 자연의 물체에 대한 구분에 더해 내재력과 활력화를 토대로 칸트는 힘의 새로운 측정에 대해, 라이프니츠가 아무런 조건 없이 명시했던 것을 교정하여 "자신의 속도를 자유운동을 하면서 무한히 감소되지 않도록 유지하는 물체는 살아 있는 힘을, 즉 속도의 제곱을 척도로 하는 힘을 가진다"(§ 124)라고 선언한다.

칸트는 이 새로운 측정을 천명한 후 §§ 127-138까지 라이프니츠주의자들도 살아 있는 힘이 특정한 조건하에 있는 자연 물체에 한해서 타당하다는 것을 사실상 알고 있었음에도 이 힘을 수학적·기하학적 영역에서 해결하려는 오류를 범했다는 것을 확인하고(§§ 127-129), 자유운동하는 물체가 살아 있는 힘을 가지고 있다는 것은 경험이 확증해준다(§§ 130-138)는 것을 논증한다. 그리고 이에 덧붙여 §§ 139-150에서 중력, 연성체, 유동체, 탄성체 순으로 살아 있는 힘이 외적 저항과 어떤 관계에 있는지 분석한다. 나중에 추가한 내용 중 하나인 §§ 151-156에서는 무셴브뢱이 제시한 증명에 담겨 있는 혼란을 분석·비판한다. § 157에서 마지막 절까지 칸트는 예상되는 데카르트주의자들의 반론을 검토하고 이를 재반박하면서 글을 마친다.

3. 『살아 있는 힘의 측정』의 의의

물체의 힘을 올바르게 측정하는 척도가 mv인지 mv^2인지 하는 문제가 직접적으로 제시된 이 저작의 주제다. 단지 이런 관점에서만 보면, 어쩌면 이 저작은 과학사적 가치 외에 더는 의미를 찾기 어려울지도 모르겠다. 왜냐하면 현대과학의 관점에서 볼 때, mv는 모멘텀으로, mv^2은 운동에너지($Ek=mv^2/2$)로 각각 나름대로 타당성이 있는 것으로 해결되었다고 볼 수 있기 때문이다. 또한 관성 개념에 대한 부정확한 이해나 살아 있는 힘에 대한 인정 등은 현대과학의 관점에서는 큰 가치를 부여하기 어려운 것으로 보인다.

사실 『살아 있는 힘의 측정』은 자연과학자로서 칸트가 힘의 측정에 관한 문제를 해결하려고 시도한 저작으로 읽기보다는 상반된 데카르트의 수학적·기계적 세계관과 라이프니츠의 형이상학적·역동적 세계관에 대한 비판적 종합을 시도한 저작으로 읽는 것이 더 타당할 것이다. 이 저작에서 칸트는, 비판기에는 노선을 달리했지만, 기본적으로 라이프니츠의 노선을 따른다. 그가 이 저작에서 라이프니츠주의자들을 비판하는 것은 살아 있는 힘을 부정하고 이를 근거로 라이프니츠의 사상과 결별하기 위한 것이 아니다. 오히려 이 저작을 통해 살아 있는 힘에 대한 라이프니츠의 측정을 교정함으로써 비록 본격적으로 논의하지는 않지만 수학적 자연관에서 형이상학적이고 역동적인 자연관의 구출을 기획한 것이었다고 보아야 할 것이다. 살아 있는 힘을 인정하는 것은 곧 실체의 근원적이고 능동적인 힘과 그에 따른 작용을 인정하는 것이다. 그리고 실체의 작용력이 공간과 연장에 선행하며, 실체들의 작용력의 관계 법칙에 따라 다수 세계가 가능할 수 있다. 이런 견해들의 배후에는 라이프니츠가 주장한 최선세계론과 예정조화설이 있다. 칸트는 적어도 전비판기에는 목적론을 인정했고, 그 흔적이 『낙관주의에 관한 몇 가지 시론적 고찰』에 고스란히 남아 전개된다. 나아가 예를 들어 『판단력비판』(1790)에서, 비록 반성적 판단력의 차원에서이긴 하지만, 자연의 합목적성의 원리를 자연 이해의 객관적 원리로 간주했다는 점 등을 고려한다면, 이런 초기 사상이 비판기에도 상당한 영향을 미쳤다고 봐야 할 것이다.

비판철학이 그의 남다른 시공론에 토대를 두었다는 것은 이론의 여지가 없다. 본격적으로 논의되지는 않았지만 그의 공간론은 이미 『살아 있는 힘의 측정』에서도 중요한 주제였다. 그의 공간론은 『자연과학의 제1 근거에서 운동과 정지 그리고 그와 결부된 귀결들에 관한 새로운 이론』(1758), 『공간에서 방향의 제1 구분 근거』(1768)를 거쳐 『감성계와 지성계의 형식과 원리』(1770)에 이르면 거의 완성되고, 이것이 『순수이성비판』(1781)의 「감성론」를 중심으로 비판철학을 형성하는 근간이 된다. 또한 이 저작에서 칸트는 운동량 보존의 법칙(오늘날의 에너지 보존의 법칙), 연속성의 법칙, 원인과 결과의 동등성 법칙 등이 신의 불변성과 완전성에 근거한다는 것을 여실히 보여주었으며, 실체의 능동성을 인정한 것과 더불어 근대 심신문제에 대한 초기 견해를 엿볼 수 있게 해준다. 나아가 이 저작에서 칸트는 한편으로는 라이프니츠의 측정을 인정하고(실체의 능동성), 다른 한편으로는 데카르트의 측정을 인정(실체의 수동성)해서 실체에 관한 이중적 관점을 보이는데, 이는 라이프니츠의 노선을 따르면서도 데카르트의 수학적·기계적 세계관의 영향을 수용한다는 것을 의미한다. 실체에 대한 이런 그의 관점은 『일반 자연사와 천체이론 또는 뉴턴의 원칙에 따라 다룬 우주 전체의 구조와 기계적 기원에 관한 시론』(1755), 『기하학과 결부된 형이상학의 자연철학적 사용과 그 일례로서 물리적 단자론』(1756)에서 좀더 두드러진 양상을 보이며, 궁극적으로는 그가 『순수이성비판』에서 논의한 이율배반을 이미 예고했다고 볼 수도 있을 것이다.

확실히 힘에 대한 데카르트의 수학적 자연 규정을 현상적 차원으로 국한하고, 그럼으로써 라이프니츠의 형이상학적 자연 규정을 구제하는 칸트의 철학적 근본 태도는 비판철학을 연상하게 한다. 그러므로 우리는 이 저작을 단순히 과학의 문제를 다루는 것으로 보기보다는 자연철학 또는 형이상학이라는 관점에서 그리고 칸트 사상의 노정과 비판기 사유의 연관 관계에서 독해하는 것이 더 바람직할 것이다. 그리고 이런 관점에서 보면, 이 저작은 단순히 칸트가 젊은 자연과학자로서 자신을 알린 저작으로 평가하기보다는 아직은 근대철학을 종합적으로 완성하고 현대철학을 개시하는 성숙기의 비판철학은 아니지만 비판철학적 사유의 여정을 알리는 서곡으로 간주하는 것이 마땅할 것이다.

참고문헌

Leibniz, Gottfried Wilhelm, "Brevis Demonstratio Erroris memorabilis Cartesii et aliorum circa legem naturae", in *Acta Erud.*, 1686. 3.

Leibniz, Gottfried Wilhelm, "De primae philosophicae emendatione et de notione substantiae", in *Acta Erud.*, 1694.

Leibniz, Gottfried Wilhelm, *Leibniziens mathematische Schriften*, Bd. 6, ed. C. I. Gerhardt, Berlin, 1849~63.

Leibniz, Gottfried Wilhelm, *Philosophical Essays*, trans. Roger Ariew & Daniel Garber, Indianapolis, 1989.

『일반 자연사와 천체이론 또는 뉴턴의 원칙에 따라 다룬 우주 전체의 구조와 기계적 기원에 관한 시론』

이남원 부산대학교·철학

칸트는 1755년 봄에 『일반 자연사와 천체이론 또는 뉴턴의 원칙에 따라 다룬 우주 전체의 구조와 기계적 기원에 관한 시론』(*Allgemeine Naturgeschichte und Theorie des Himmels oder Versuch von der Verfassung und dem mechanischen Ursprunge des ganzen Weltgebäudes, nach Newtonischen Grundsätzen abgehandelt*, 이하 『일반 자연사』)을 익명으로 출간했다. 그때까지 나온 그의 저술은 『살아 있는 힘의 측정』(*Gedanken von der wahren Schätzung der lebendigen Kräfte und Beurtheilung der Beweis, deren sich Herr von Leibniz und andere Mechaniker in dieser Streitsache bedient haben, nebst einigen vorhergehenden Betrachtungen, welche die Kraft der Körper überhaupt betreffen*, 1747), 『지구자전론』(*Untersuchung der Frage, ob die Erde in ihrer Umdrehung um die Achse, wodurch sie die Abwechselung des Tages und der Nacht hervorbringt einige Veränderung*, 1954), 『지구노화론』(*Die Frage, ob die Erde veralte, physikalisch erwogen*, 1754) 세 편이 전부 다였다.

칸트는 『일반 자연사』를 출판했으나, 불행하게도 이 책을 출간한 출판사가 파산했고, 창고에 쌓여 있던 상당한 분량의 책은 압류되었으며, 번지르르한 헌사(獻辭)는 프로이센 국왕 프리드리히 2세에게 전달되지 못했다. 그러나 이 책에 대한 호의적인 서평이 『자유비평과 뉴스』(*Freyen Urtheilen und Nachrichten*, Hamburg, 1755)에 게재되었으며, 이로써 이 책의 존재가 제한적이기는 하지만 세상에 알려지게 되었다. 이 책이 출간된 지 6년 후인 1761년에 람베르트(Johann Heinrich Lambert, 1728~77)가 칸트의 우주론과 유사한 내용을 담은 저서 『우주의 배열에 대한 우주론 서간』(*Cosmologische Briefe über die Einrichtung des Weltbaues*)을 출간했다. 이에 자극을 받은 칸트는 1763년에 『신의 현존을 입증하기 위한 유일하게 가능한 증명 근거』(*Der einzig mögliche Beweisgrund zu einer Demonstration des Daseins Gottes*)를 출간하면서, 제2부 일곱째 고찰 「우주 생성론」에 『일반 자연사』의 내용을 요약하여 삽입했다. 어쨌든 이를 인연으로 해서 1765년 이후 람베르트는 칸트와 상당수의 서신을 주고받았다.

『일반 자연사』는 「뉴턴의 원칙에 따라 다룬 우주 전체의 구조와 기계적 기원에 관한 시론」이라는 부제가 간결하게 제시하듯이, 태양계뿐 아니라 우주 전체의 구조와 기원이 어떤 기계론적 법칙에 따라서 이루어졌다는 점을 보여주고자 한다. 전 우주의 구조와 기원의 해명이라는 이 거대한 기획은 젊은 칸트의 야심에 찬 시도의 결과물이며, 그에게 지적 성취라는 자부심을 상당히 주었으리라 추측된다. 이 작품의 본문은 서론격의 예비 절과 3부 및 결론으로 구성되어 있다.

「머리말」에서 칸트가 밝히려고 한 점은 자신이 해명하고자 하는 주제가 피상적으로 보면 종교에 대한 적의(敵意)를 담고 있다고 생각될 수도 있으나, 결과적으로는 "최고 존재자의 영광이 매우 생생하게 빛을 발휘하면서 나타난다"(『일반자연사』 I 222; 『칸트전집』 1 264)는 것이다. 칸트에 따르면 자연에서의 아름다움과 질서는 목적론적 관점에서 설명될 수 있는 것은 아니다. 그러나 이런 이유로 칸트가 신의 존재를 부정했다고 주장하는 것은 잘못이다. 칸트는 모든 물질이 필연적으로 일정한 법칙에 종속되어 있고, 따라서 기계론적으로 설명이 가능하다 하더라도, 물질의 기계론적 질서는 필연적으로 아름다운 결합으로 나타나지 않으면 안 된다고 생각한다. 신이 자연에 질서와 아름다움을 부여했기 때문에 자연이 질서와 아름다움을 갖는 것이 아니라 물질을 지배하는 제1원인에 따라 필연적으로 조화와 아름다움이 나올 수밖에 없기 때문에 자연이 질서와 아름다움을 갖는 것이다. "자연은 심지어는 카오스에서도 규칙적이고 질서 정연한 방식 외에는 어떤 식으로도 작동할 수 없다는 바로 그 이유로, 정확하게 신은 존재한다."(『일반자연사』 I 228; 『칸트전집』 1 271)

제1부에서 칸트는 천체 운동에 관해 뉴턴이 제시한 설명의 본질적 특징들을 요약한 후 유비추리에 따라 우리 태양계의 구조와 은하의 구조가 유사하며, 더 나아가 은하와 여러 항성 간의 구조가 유사함을 보여준다. 칸트의 논의에서 실험과 관찰이라는 경험 과학적 성격이 결여되어 있는 것이 사실이라 하더라도, 칸트는 물질이 동일한 특성을 가지고 있고, 따라서 동일한 법칙에 따라 지배를 받는 한, 태양계에 관한 이론에서 은하계와 항성계에 관한 이론을 도출하는 것이 아무런 오류도 범하지 않는다고 확신한다. 태양계에 관한 이론은 이미 여러 천문학자와 뉴턴 등이 증명한 바 있다. 그러므로 여기에서 은하계와 항성계의 형성과 구성에 대해서도 동일한 결론이 나온다. 이런 의미에서 전 우주는 하나의 체계를 구성한다고 말할 수 있다.

제2부는 8장으로 구성되어 있으며, 가장 방대한 내용을 담고 있다. 제2부는 총괄적으로 "자연의 최초 상태, 천체의 형성, 천체 운동과 이 운동의 체계적 관계의 원인을 특히 행성의 구조 내에서, 그리고 창조 전체에 관해서 논"(『일반자연사』 I 259; 『칸트전집』 1 306)한다. 제2부의 제1장 「행성 우주 일반의 기원과 그것의 운동 원인에 관하여」에서 칸트는 자신의 가장 기본적인 가설, 즉 오늘날 성운(星雲)

가설이라고 일컫는 이론을 제시한다. 이 가설에 따르면 이 우주는 창조될 때 현재와 같은 모습이 아니었다. 당시에는 아직 아무것도 형성되지 않았다. 즉 카오스 상태인 성운이나 구름 상태였다. 그러나 이런 상태에서도 천체를 구성할 요소들은 존재했고, 상이한 밀도와 상이한 질량이 있었기 때문에 이 요소들은 이미 기원에서부터 오늘날 우주를 구성하는 완전함의 특징을 가지고 있었다. 이렇게 설명한 후 오늘과 같은 우주의 형성을 인력과 척력이라는 두 힘으로 해명한다. "흩어져 있는 요소 중 밀도가 높은 종류는 인력에 따라 자기 주위의 어떤 영역에서 비중이 더 가벼운 물질을 모은다. 그러나 이들 요소 자체는 자신과 결합했던 물질과 함께 밀도가 더 높은 부분이 있는 곳으로 모이며, 또 이 부분도 마찬가지로 밀도가 더 높은 부분으로 모인다. 이러한 일들은 계속 이어진다. …… 이 작용은 궁극에 가서는 여러 가지 덩어리의 합성으로 끝을 맺게 되며, 이런 형성이 완료된 후 이 덩어리들은 인력이 균형을 이루게 됨으로써 영원히 정지하게 된다."(『일반자연사』 I 264; 『칸트전집』 1 311) 우주의 형성에서 인력만이 역할을 한 것은 아니다. "이 척력 때문에 인력점들을 향해서 하강하는 요소들은 직선 운동에서 서로에 영향을 주어 측면으로 방향을 바꾸게 하며, 수직의 낙하 운동은 결국 낙하의 중심점을 포함하는 원운동으로 바뀌게 된다."(『일반자연사』 I 265; 『칸트전집』 1 318)

제2장 「행성들의 밀도 차이와 그것들의 질량 관계에 관하여」는 행성의 상대적인 밀도 차이와 질량 차이를 논한다. 우선 밀도와 관련하여 언급한다면, 일반적으로 행성의 밀도와 행성의 그 중심 물체, 즉 태양과의 거리 사이에는 역(逆)의 관계가 존재한다. "일반적으로 밀도가 더 높은 물질은 중심점에서 멀리 있는 곳에서보다 가까이 있는 곳에서 존재하게 되고, 그러므로 행성은 대단히 다양한 물질이 혼합되었음에도 행성 덩어리의 밀도는 태양에 가까이 있을수록 높아지

며, 태양에서 멀어질수록 낮아진다."(『일반자연사』 I 271; 『칸트전집』 I 318) 이런 근거에서 칸트는 뉴턴의 설을 잘못되었다고 비판한다. 칸트에 따르면 뉴턴은 "행성의 밀도와 거리가 이러한 비례관계를 갖게 된 원인은 신의 적절한 선택과 궁극목적에 대한 열의에서 발견될 것이라고 믿었다. 왜냐하면 태양에 더 가까이 있는 행성은 태양에서 나오는 더 큰 열을 견뎌내야 하고, 태양에서 더 멀리 떨어진 행성은 낮은 열로도 견뎌내며, 이러한 일은 태양에 더 가까이 있는 행성이 밀도가 높은 종류가 아니고, 태양에서 더 멀리 떨어진 행성이 더 가벼운 물질로 구성되어 있지 않다면 가능하지 않은 것처럼 보이기 때문이다"(같은 곳). 그러나 칸트에 따르면 밀도의 비(比)는 태양의 열의 비에 귀속되는 것이 아니라, 원초적인 거리에 귀속되는 것이다. 행성들의 상대적 질량에 관해 말하자면, 행성의 질량은 그 행성과 태양의 거리에 정비례한다. 칸트는 질량에 관한 자신의 설명이 뉴턴의 계산과 일치한다는 점을 보여주기 위해 여러 측면을 고려하고 있다. 일반적으로 태양에서 멀리 떨어진 곳에서 형성된 행성은 태양 가까이에 있는 행성보다 질량이 더 높다.

제3장 「행성궤도의 이심률과 혜성의 기원에 관하여」는 행성궤도의 이심률과 혜성의 독특한 특성들을 논한다. 우선 칸트는 혜성이 종류에서 행성과 완전히 구별되는 특수한 천체가 아님을 강조한다. 칸트는 행성들이 각기 상이한 밀도, 질량을 가지고 상이한 운동을 하기 때문에 행성의 궤도는 완전한 원이 될 수 없다는 점을 보여준다. 행성의 운동은 태양 가까이에 있는 것보다 멀리 떨어져 있을수록 원에서 일탈하게 된다. 이런 특성은 모든 가능한 이심률을 매개로 해서 연속적인 단계를 거쳐 마지막 행성에까지 이르게 되고 최후로는 혜성에 이르게 된다. 그러므로 혜성은 행성과 종류가 같으며, 다만 소재의 가벼움 때문에 큰 이심의 궤도를 가지게 된다. 또한 칸트는 혜

성을 구성하는 입자는 가장 가벼운 성질이기 때문에, 이것이 혜성이 가지는 증기의 구(球)와 꼬리의 원인이라고 주장한다.

제4장 「위성의 기원과 행성의 자전에 관하여」는 행성 주위를 운행하는 위성, 즉 달의 형성에 대해 언급한다. 칸트는 제1장에서 행성의 형성에 대해 언급했다. 동일한 형성 원인이 위성에 대해서도 적용된다. "태양과 그 행성에 관한 커다란 그림은 작은 규모이기는 하지만 광범위하게 분산된 인력 권역을 가지고 있는 행성을, 즉 그것의 부분들이 중심 물체의 인력에 의해서 운동하게 되는 체계의 주요 부분을 설명하는 데에도 적용된다. 원소재의 입자를 인력의 전 범위에서 운동하게 하여 행성이 형성되기 때문에, 그 행성은 이들 낙하 운동 모두를 상호작용하게 함으로써 원운동을 낳을 것이며, 마지막에는 공통 방향을 갖게 될 그런 운동을 낳을 것이다. 이들 원운동 중 일부는 자유 운동을 적절하게 완화함으로써 하나의 공통 평면에 가까이 갈 것이다. 이런 공간 안에서 만약 그런 천체의 인력 범위가 이들의 형성에 좋은 조건을 제공한다면, 태양 주위에 행성이 형성되듯이, 행성 주위에도 위성이 형성될 것이다."(『일반자연사』 I 283-284; 『칸트전집』 1 332) 목성, 토성, 지구는 위성을 가지고 있다. 화성은 상대적으로 질량이 작기 때문에 위성이 없다. 또한 이 장에서 칸트는 행성과 위성의 자전에 있는 다양한 특징을 여러 논거를 들어 논한다.

제5장 「토성 고리의 기원에 관하여 그리고 그 고리의 비율로 토성의 자전 주기를 계산함」은 태양계의 매우 특이한 현상, 즉 토성의 고리의 본성·기원·지속에 관해 논한다. 칸트는 토성을 가장 멀리 떨어져 있는 행성으로 보았다. 이 행성은 혜성과 특성이 유사하기 때문에, 최초에는 혜성과 같이 큰 이심률로 혜성 운동과 같은 방식으로 여러 번에 걸쳐 공전 운동을 했으나, 점차 원과 유사한 궤도를 돌았을 것이다. 토성이 제자리를 잡은 후 과거에 얻었던 열을 점차 잃

어버리고 온도가 내려갔으며, 토성 주위에서 확장을 계속하던 증기는 혜성의 꼬리처럼 상승하는 일을 멈추게 되었다. 즉 토성이 행성이 되는 동안 토성을 에워쌌던 증기는 여러 원인으로 계속 토성의 주위를 떠다니게 되었으며, 영원한 고리가 되어 혜성과 흡사한 예전 성질을 보유하게 되었다. 이러한 형성 과정은 철저하게 기계적인 방식에 따른다. 여기에서 일정한 높이를 유지하고, 자신의 본체를 점차 차갑게 할 경우 충분히 자전 운동을 할 수 있는 모든 혜성도 토성에서 일어난 것과 같은 과정을 겪을 것이다. 칸트는 토성의 자전 시간을 토성 고리들의 비례에서 그 고리 생성의 가설에 따라 계산한다. 수학적 계산에 따르면 토성의 자전 시간은 6시간 23분 53초다. 이것은 망원경 관찰로 확인할 수 있는 것이 아니다. 어쨌든 칸트는 여러 계산법을 들어 토성의 지름은 서로에 대해 20 대 32보다 더 큰 비가 되어야 한다는 점을 확증하는 등 토성과 관련된 여러 가지를 수학적 계산으로 추리한다.

제6장 「황도광에 관하여」에서 칸트는 황도광에 관해 언급하면서 황도광과 토성의 고리가 겉보기에는 유사한 것 같지만 본질적으로 차이가 있다는 점에 대해 짤막하게 논의한다.

제7장 「공간과 시간에서 무한한 전 범위에 걸친 창조에 관하여」에서 칸트는 설명 범위를 태양계 넘어서까지 확장한다. 이리하여 그는 시간과 공간이 무한대까지 확장되며, 우리 태양계에서 유지되는 동일한 구조가 무한한 공간과 시간에서도 유지될 수 있다는 점을 보여주고자 한다. "……항성은 모두 태양 그리고 이와 유사한 체계의 중심점이다. 따라서 유추해본다면 이들 체계가 신이 현전하는 무한한 범위인 텅 비어 있는 공간을 채웠던 요소적 물질의 극히 작은 부분에서 우리 태양계와 동일한 방식으로 형성되고 생겨났다는 것은 의심할 여지가 없다."(『일반자연사』 I 306; 『칸트전집』 1 357) 칸트는 여

기서 한 번 더 유비추리를 활용한다. 지구, 목성, 토성과 같은 행성이 태양과 맺는 관계와 동일한 관계가 더 거대한 우주에서도 성립한다. 예를 들어 어떤 은하의 중심점을 언급하는 것은 무의미한 일이지만, 상상 속에서 하나의 점을 상정하면 그 중심점에서 거대한 질량이 존재하게 되며, 이 거대한 질량을 중심으로 인력과 척력에 따라 소규모 태양계가 형성되는 것과 같은 방식으로, 더 큰 규모의 체계를 형성하여 천체들이 그 중심점을 돌게 된다. 상당수의 거대한 항성, 즉 우리 태양계보다 무한 배(培) 크기의 태양계는 우리 태양계와 마찬가지로 이 중심점에서 시간이 거듭할수록 팽창한다. 그리고 무수한 항성들로 이루어진 우주도 또한 그런 식으로 팽창할 것이다. 그러면 이 팽창의 끝은 어디인가. 창조자의 무한한 힘을 상정한다면, 창조의 끝은 결코 없을 것이다. "무한한 공간의 광대한 영역 전체에 무수하고 무한한 세계들로 활기를 불어넣기 위해서 창조는 그야말로 영원성만 필요로 한다."(『일반자연사』 I 314; 『칸트전집』 1 366) 칸트는 위대한 시인의 입을 통해 창조의 무한성을 이야기한다. "무한이여! 그대를 측정할 자 누구인가?/그대 이전에는, 세계는 하루요, 인간들은 일순간일세./지금 돌고 있는 것은 천(千) 중 하나의 태양./아직 천의 태양이 남아 있다./시계가 추에 의해 활기를 갖게 되듯,/태양은 신의 힘에 의해 서둘러 움직인다./시계의 태엽이 움직임을 멈추지만, 다른 시계가 울음을 운다./그러나 그대는 머물러 있으며, 시계의 수를 세지 않는다."-폰 할러(『일반자연사』 I 315; 『칸트전집』 1 366) 그러나 자연이 가지고 있는 유한성과 무상함은 결국 쇠퇴와 멸망으로 이어진다. 은하의 소멸과 창조의 완전성의 비교는 한 송이 꽃의 소멸과 지구의 비교와 같은 것이다. "자연이 여러 변화 장면을 가지고서 영원을 장식하는 동안 신은 더욱 거대한 세계를 형성하기 위한 소재를 만드는 끊임없는 창조의 일로 바쁘다."(『일반자연사』 I 318; 『칸트전집』 1

370-371) 칸트는 또 한 번 시인의 입을 빌린다. "그는 만물의 창조자이기 때문에,/영웅이 몰락하는 것도, 한 마리 작은 참새가 떨어지는 것도,/수포(水泡)가 도약하는 것도, 전 세계가 사라지는 것도,/동일한 눈으로 본다."-포프(브로케스 옮김)(『일반자연사』 I 318; 『칸트전집』 1 371)

제8장 「우주 전체 구조에 관한 기계적 학설이 정당하다는 것의 일반적 증명, 특히 우리 학설의 특별함에 관하여」에서 칸트는 세계가 형성이나 기원에서 자연의 일반적 법칙에서부터 기계적으로 전개되었다는 사실을 다시 확인해준다. 자연의 완벽한 아름다움과 질서는 기계적 법칙의 산물이라는 것이 칸트의 일관된 주장이다. 그러나 이런 완벽한 질서와 아름다움은 신의 의도다. 가장 뻔뻔한 일은 이러한 아름다움과 질서를 우연의 일치와 요행 탓으로 돌리는 것이다. 그래서 어떤 사람들은 신이 개입하지 않았다면 자연 안에는 무질서밖에 있을 수 없기 때문에, 모든 사건에 신의 손이 개입한다고 생각한다. 칸트는 이런 견해를 통렬히 비판한다. 매 사건에 신의 손이 개입한다고 간주하면, 자연의 모든 질서는 기적으로 바뀌게 될 것이다. 이 경우 "자연은 존재하지 않을 것이며, 세계의 변화를 낳는 기계 속에 신만이 존재할 것이다."(『일반자연사』 I 333; 『칸트전집』 1 387) 칸트는 자연에 대해서는 오직 기계적 설명만이 가능하다고 보며, 목적론적 관점에서 자연을 설명하려는 태도를 경계하고 있다. 기계적 설명은 기적도 우연적 일치도 배제하는 장점이 있다.

제3부는 부록의 형태로서 「여러 행성의 거주자에 관하여」라는 제목이 붙어 있다. 이것은 매우 의외의 내용이다. 치밀하게 분석적이고, 자연의 모든 현상을 철저하게 기계론적 측면에서 설명하고자 했던 칸트는 제3부에서 갑자기 태도를 바꾸어 '자유분방한 환상'(『일반자연사』 I 351; 『칸트전집』 1 405)을 줄 수도 있는 먼 천체의 거주

자에 대해 이야기하고자 한다. 그러나 여기서도 칸트는 법칙에 따라서 서술하려고 노력한다. "여러 행성의 거주자, 실로 그들의 동물이나 식물조차 형성하는 소재는 일반적으로 태양에서 멀어지면 멀어질수록 그만큼 가볍고 섬세한 종류가 되고, 그것의 신체 구조의 유리한 소질과 더불어 섬유조직의 탄력성도 더 완전하게 되는 것이 틀림없다."(『일반자연사』 I 358; 『칸트전집』 1 413) 그러나 제3부의 논의는 이 작품에서 칸트가 원래 제시하고자 했던 내용과는 다소 거리가 있는 것으로 생각되기 때문에, 이에 대한 언급은 이 정도로 그치고자 한다.

앞에서 언급했다시피 이 작품은 출판사가 파산해서 독자들에게 전해지지 못했으며, 칸트는 이 작품의 재발행을 시도했으나 뜻대로 되지 않았다. 이처럼 칸트의 저술이 출판되지 못한 상태에서, 람베르트는 칸트의 것과 유사한 우주발생론에 관한 책을 출판했으며, 라플라스(Pierre Simon Laplace, 1749~1827)도 역시 칸트의 성운설과 상당히 유사한 견해를 제안했다(이 설은 역사적으로 이 양자의 이름이 합쳐져서 칸트-라플라스 성운설이라 불린다). 그 후 칸트는 자기 제자이자 동료인 겐지헨(Johann Friedrich Gensichen)에게 『일반 자연사』의 발췌본 작성을 의뢰했고, 겐지헨은 천왕성 발견자인 독일 출신 영국의 천문학자 윌리엄 허셜(Friedrich William Herschel, 1738~1822)이 저술한 세 논문의 독일어 번역과 이 발췌본을 엮어 『천체의 구조』(*Über den Bau des Himmels*, Königsberg: Nicolovius, 1791)를 출간했다.

옮긴이주

살아 있는 힘의 참된 측정에 관한 사상과 라이프니츠와 다른 역학자들이 이 논쟁에 사용한 증명에 관한 평가, 그리고 물체의 힘 일반에 관한 몇몇 선행하는 고찰

1) 볼리우스(Johann Christoph Bohlius, 1703~85). 약학 및 내과의사이며, 쾨니히스베르크대학의 교수와 왕실 의사를 역임했다. 볼리우스는 칸트의 부모와 상당한 친분이 있었던 인물이다. 칸트 가족은 1740년부터 극빈자로 등록될 정도로 가계가 곤궁했고, 특히 칸트 아버지 요한 조지 칸트가 1744년 말부터 뇌졸중으로 고생하다가 1746년 유명을 달리한 기간에는 극심한 재정난을 겪었다. 칸트 아버지가 병으로 고생할 당시 볼리우스가 그의 병세를 치료하고 보살핀 것으로 알려져 있다.
2) 세네카(Lucius Annaeus Seneca, 기원전 4?~기원후 65). 스토아학파 일원이자 네로 황제의 스승으로 알려진 인물. 위에서 칸트가 인용한 그의 책 『행복한 삶에 관하여』(*De vita beata*)는 『세네카의 행복론』(천병희 옮김, 숲, 2015)이라는 제목으로 국내에도 번역되어 있다.
3) 인명을 거론할 때 칸트는 모두 'Herr'를 붙였다. 여기에서는 이 존칭어에 대한 번역을 모두 생략하고 그냥 이름만 번역했음을 밝혀둔다.
4) 티몰레온(Timoleōn, TΙμολέων, 기원전 411~기원전 337). 코린토스의 장군이자 원로 정치인. 티몰레온은 시라쿠사의 정치적 문제와 스파르타의 위협을 해결하기 위한 시라쿠사인들의 요청을 받아들여 군대를 이끌고 시라쿠사로 향했고, 결국 시라쿠스를 독재에서 해방시키고 민주주의를 정착시켰다. 하지만 후에 시라쿠사 의회의 정치인들 중 일부가 티몰레온 군대의 과거 행적과 관련하여 근거 없는 고소를 제기했다. 이에 대해 많은 사람이 은혜를 저버린 고소에 대해 응징할 것을 티몰레온에게 기대했지만, 그는 응징하지 않았다. 오히려 티몰레온은 그런 고발마저 신의 은혜로 여겼는데, 그 이유는 그런 고소

마저 시라쿠사 사람들이 항상 자유로운 발언과 비판을 할 수 있다는 증거라고 티몰레온은 생각했기 때문이다. 여기에서 칸트는 티몰레온이 그의 고소자들에게 보여준 관용을 칭송했다. 이로써 칸트는 자신이 비판하는 사람들에 대해 그들도 티몰레온의 관용을 가지는 것이 정당하다는 점을 시사하고 있다.

5) 이 글은 칸트가 오늘날로 치면 학부 졸업 논문으로 제출한 것이다. 이 글의 여러 곳에서 칸트는 젊은 학자로서 자신이 밝혀낸 새로운 진리를 당당하게 설파하는 패기를 보여주고 나아가 그런 비판 활동이 이성의 견지에서 정당하다는 것을 확신하면서도, 동시에 자신의 스승인 크누첸(Martin Knutzen, 1713~51)을 비롯하여 라이프니츠, 볼프 등 당대 거장들을 비판하는 것이 자신의 졸업에 영향을 줄지도 모른다는 염려를 표출하고 있다.

6) 여기에서 칸트가 언급하는 것은 '살아 있는 힘(vis viva)에 관한 논쟁'으로 알려진 문제다. 데카르트(René Descartes, 1596~1650)는 1644년 『철학의 원리』(*Principia philosphiae*, Ⅱ부 § 35 이하)에서 운동량은 운동체의 질량과 속도의 곱으로 표시된다고 했다. 달리 말해서 그는 물체의 작용력, 즉 다른 물체의 운동을 야기하는 힘을 mv로 정식화했다. 또한 그는 이 운동량은 전체 세계에서, 부분들의 변화가 있을지라도 항상 동일하게 유지되며, 이러한 전체 운동량의 불변성은 신의 불변성으로 보증된다고 주장했다. 이 문제에 관한 논쟁은 1686년 라이프니츠(Gottfried Wilhelm Leibniz, 1646~1716)가 데카르트에 반대하는 논문을 발표하면서 시작되었다. 라이프니츠는 『악타 에루디토룸』(*Acta Eruditorum*, 이하 *Acta Erud*.로 표기함)에 게재한 「자연법칙에 대한 데카르트와 다른 사람들의 기념비적 오류들에 대한 간략한 증명」("Brevis Demonstratio Erroris memorabilis Cartesii et aliorum circa legem naturae", 1686. 3, pp.161-163)에서 힘의 작용량은 질량과 속도의 제곱을 곱한 값(mv^2)에 의해 측정되어야 하고, 이 양이 세계의 모든 변화에서도 유지된다고 주장했다. 칸트가 이 글을 저술할 당시에는 라이프니츠의 관점이 널리 인정되는 분위기였다. 칸트는 이 글에서 두 관점의 중요한 대표자들에 대해 검증하면서 자신의 견해를 피력하고 있다.

7) '이 세기의 예의범절'(die Höflichkeit dieses Jahrhunderts)은 칸트의 시대를 말하고, '조야한 관습의 시대'(die Zeit der Rauhigkeit der Sitten)이기도 한 '차별의 시대'(Zeit der Unterscheidungen)는 칸트 이전 시대, 특히 30년 전쟁(1618~48)이 독일인 1/3을 죽이고 유럽을 황폐하게 만들었던 때를 말한다. 이 당시에도 여전히 학술적 활동이 이루어졌는데, 주로 중세 후기의 스콜라 철학과 연관되어 있었다. 종교개혁(1521~50) 이후 스콜라 전통은 프러시아와 색슨대학 등에서 프로테스탄트의 이념과 결합하여 다양한 신아리스토텔레스주의를 형성했다. 이들이 신학적 주제들에 대해 독단적 태도로 다루었기 때문에, 칸트는 '조야한 관습의 시대'이자 '차별의 시대'라고 했으며 데카르트, 라이프

니츠, 스피노자 등도 이 시대의 철학자로 포함시키고 있다.

8) 'todter Druck'. 데카르트와 그의 추종자들은 mv로 측정되는 것을 운동량이라고 불렀는데, 라이프니츠와 그의 추종자들은 자신들의 살아 있는 힘과 대비하여 이것을 '죽은 압력' 또는 '죽은 힘'(vis mortua)이라고 칭했다. 여기에서 칸트는 라이프니츠주의자들의 이 명칭을 차용했다.

9) 'Hindernisse'. 운동하는 물체의 운동 또는 힘을 방해하는 작용을 의미한다. 따라서 '저항'이라는 번역이 적절한데, 이는 'Widerstand'라는 용어와 중첩되기 때문에 여기에서는 어감상의 불편함에도 그냥 '장애'라고 번역했다.

10) 요한 베르누이(Johann Bernoulli, 1667~1748)와 그의 둘째 아들 다니엘 베르누이(Daniel Bernoulli, 1700~82)를 말한다. 요한 베르누이는 미적분학과 수력학에 기여했고, 다니엘 베르누이는 유체역학의 창시자로 알려져 있다. 이 두 사람은 모두 라이프니츠 지지자였으며 살아 있는 힘을 옹호했다.

11) 주 45)를 참고할 것.

12) 'Erfahrngen'. 직역하면, '경험들'이겠지만, 여기에서는 문맥을 고려하여 '경험사례'로 번역했다.

13) 폴레니(Giovanni Poleni, 1683~1761). 파두아대학의 천문학, 물리학, 수학 교수를 역임했다. 주요 저작에는 *De castellis, per quae derivantur fluviorum aquae*(Padua, 1718)가 있다.

그라브산드(Wilhelm Jacob van s'Gravesande, 1688~1742). 네덜란드 수학자, 자연철학자이며 뉴턴 역학을 유럽대륙에 전파하는 데 일조한 인물이다. 주요 저작에는 *Physices elementa mathematica*(Leiden, 1742)가 있다.

무센브뢱은 주 114)를 참조할 것.

14) '작용한다'는 'wirken'을 번역한 것이다. 그리고 이하에서 'Wirkung'은 모두 '작용'으로 번역했다. 물론 이 용어를 '활동(한다)'으로 번역할 수도 있다. 그런데 이 글의 주제가 '힘'에 관한 것이고, 힘을 '살아 있는 힘'과 '죽은 힘'으로 구별하는 것을 고려할 때 '활동(活動)'이라는 번역어가 자칫 '살아 있는 힘'을 자동적으로 함의할 수도 있을 것으로 판단하여 더 중립적인 용어인 '작용(하다)'으로 번역했다.

15) 엔텔레키(Entelechie, εντελέχεIα)는 '목적(Telos, τέλως)을 자신 안에 가지고 있는 것'으로 정의될 수 있는데, 아리스토텔레스에 따르면 엔텔레키는 존재자의 구조를 통제하고 가능태를 현실화하는 힘을 말한다. 그는 잠재태(Potenz)를 현실화하는 것이 바로 운동인데, 운동은 세계의 영원한 특성이며, 기본적으로 성장과 같은 양적 운동과 변화 같은 질적 운동으로 구분될 수 있다고 보았다. 운동에 따라 현실화된 잠재태를 가능태(Dynamis, δύναμIς)라고 한다. 이 경우 가능태는 현실태(Energie, ἐνέρϒεIα)에 선행하는 것이다. 그러므로 현실태는 가능태가 실현된 것을, 엔텔레키는 이런 실현을 이끄는 힘 또는 작용(Wirkung, ἔρϒον)을 말한다고 볼 수 있다.

16) 여기에서 지칭되는 철학자들은 중세까지의 아리스토텔레스 추종자만 말하는 것이 아니라 주 7)에서 언급한 라이프니츠 동시대를 포함하여 라이프니츠 이전의 신아리스토텔레스주의 철학자들도 함께 지칭하는 것으로 보인다.

17) 라이프니츠는 엔텔레키를 자연물을 통제하고 연장, 질서, 변화, 운동 등을 산출하는 목적 지향적인 내재적 힘으로 이해했다. "기하학적 대상 또는 연장을 넘어선 물체적 자연에 존재하는 것은 무엇이든 변화를 향해 분투하는 힘으로 환원된다.(…) 이 견해는 고대의 진리와 교설을 고려한 것이다" ("Specimen Dynamicum" part Ⅰ in *Acta Erud*., April 1695)라는 그의 언급을 고려해볼 때, 라이프니츠 스스로 자신의 생각이 아리스토텔레스에서 유래한 것임을 인정하고 있었다고 볼 수 있다.

18) 'Est aliquid praeter extensionem imo extensione prius'. "Specimen Dynamicum" part Ⅰ의 첫 구절.

19) '작용력'(wirkende Kraft, vis activa)은 라이프니츠가 "De primae philosophicae emendatione et de notione substantiae"(in *Acta Erud*., 1694, p.111)에서 사용한 개념이다. 또한 라이프니츠는 작용력을 다음과 같이 규정했다. "작용력은 근원적 힘이거나 파생적 힘이다. 근원적 힘은 모든 물체적 실체에 그 자체로 내재하며, 파생적 힘은 물체들이 서로 충돌할 때 근원적 힘이 제한됨으로써 생기는 것으로 크기가 다양하다. 확실히 근원적 힘(이것은 우선 엔텔레키와 다름없다)은 영혼 혹은 실체적 형상에 상응한다."(*Leibniziens: mathematische Schriften*, ed. Gerhardt, Berlin, 1849~63, 6:236; *Philosophical Essays*, trans. Roger Ariew & Daniel Garber, Indianapolis, 1989, p.119)

20) '물체는 운동하려는 성향을 갖게 된다'는 "Er strebt nach der Bewegung"의 번역이다. 이와 유사한 표현이 이하에 등장하므로 여기에서 미리 번역어에 대해 언급하고자 한다. 우선 동사 'streben'은 위와 같은 형태로 번역하고, 명사형인 'Bestrebung'은 '성향'으로 번역했다. 그리고 동사 'bemühen'은 '노력하다'로 하되 명사 'Bemühung'과 함께 쓰였을 때에는 '애쓰다'로 번역했고, 명사 'Bemühung'은 '노력'으로 번역했다. 그리고 마지막으로 'Anstrengung'은 '분투'로 번역했다.

21) '운동하는 힘'은 'bewegende Kraft'를, '운동력'은 'vim motricem(vis motrix)'을 번역한 것이다. 이하에서는 양자를 모두 '운동력'으로 번역했다. 이 용어는 뉴턴주의자였던 케일(John Keill, 1671~1721)이 그의 *Introductiones ad veram physicam et veram astronomiam*(Leyden, 1725)에서 '작용운동을 향한 능동적 가능성'이라는 의미로 사용했다.

22) 'vi calorifica oder frigifaciente'.

23) 원문에는 'vim motricem'으로 되어 있지만, 여기에서는 바로 앞 절의 내용을 고려해볼 때 'vim activam'으로 수정한 학술원판의 변경이 타당하다고 보았

기에 이를 따랐다.

24) '차원'은 'Abmessung'의 번역이다. 칸트는 이 글에서 'Abmessung'과 'Dimension'을 교체 가능한 개념으로 사용한다. § 9가 대표적으로 이런 용례를 보여준다. 사물은 공간에서 공존(동시에 존재)하고 시간에서 병존(계기적 존재)하므로, 여기에서 '둘째 차원'은 시간을 의미한다.

25) 물리적 영향론(influxus physicus)은 기회원인설, 예정조화설 등과 함께 정신과 신체의 상호작용(심신문제)에 대한 대표적 견해 중 하나다. 스콜라 철학자인 수아레즈(Francisco Suàrez, 1548~1617), 칸트의 스승이기도 한 크누첸 등이 지지했던 이론으로 심신 간의 상호 인과 작용을 인정하는 견해다. 참고로 횔링크스(Arnold Geulincx, 1624~69)가 제안한 기원원인론에 따르면, 인과적 과정은 신의 개입 덕분일 뿐, 실체들 간의 상호작용이나 실체의 내적 변화력 때문이 아니라고 주장한다. 또한 라이프니츠가 제안한 예정조화설에 따르면, 실체들 간에 상호작용은 없지만, 실체들은 자신의 내적 상태를 변화시킬 수 있다고 보았으며, 상호작용하는 것처럼 보이는 이유는 신에 의해 미리 안배된 실체들의 동시 활동 때문이다.

26) 크누첸은 *Commentatio de Commerico Mentis et Corporis*(1735)에서 영향론을 전개했다. 많은 주석가는 여기에서 칸트가 말한 '명민한 저자'가 크누첸을 지칭한다고 보고 있다. 이에 대해서는 Benno Erdmann, Martin Knutzen und seine Zeit(Leipzig: Voss, 1876), pp.84-85, p.143; Erich Adickes, *Kant als Naturforscher*, vol. Ⅰ(Berlin: De Gruyter, 1924), p.84n; Eric Watkins, "Kant's Theory of Physical Influx" in *Archiv für Geschichte der Philosophie* 77(1995)을 참조할 것.

27) 'status repraesentativus universi'.

28) 여기에서 칸트가 언급하는 것은 라이프니츠의 『신정론: 신의 선함, 인간의 자유 그리고 악의 기원에 관한 논고』(*Essais de Théodicée sur la bonté de Dieu, de la liberté de l'homme et l'origine du mal*, 1710) § 351이다. 여기서 라이프니츠는 공간이 몇 차원인지는 임의적이라고 베일(Pierre Bayle, 1657~1706)이 제기한 주장에 대해 다음과 같이 답변했다. "3차원이라는 것은 그것이 최선이기 때문에 그런 것이 아니라 기하학적으로 필연적이기 때문에 그런 것이다. 왜냐하면 기하학자들은 하나이자 동일한 점에서 교차할 수 있는 서로 다른 수직선은 오직 3개의 직선만 존재한다는 것을 증명할 수 있기 때문이다." 따라서 라이프니츠는 공간이 왜 3차원인가 하는 물음에 대해 그것은 기하학적 필연성 때문이라고 답하고 있다. 그렇다면 왜 3차원인 것이 기하학적 필연성인가라는 물음에 대해 그것은 기하학자들이 한 점에서 수직 교차하는 직선이 3개뿐이라는 것을 입증했기 때문이라고 답하는 셈이다. 이제 다시 그렇다면 왜 수직 교차하는 직선은 3개뿐인가라는 물음을 던진다면, 아마도 그것은 기하학적 필연성 때문이라고 답할 것이라고 예상할 수 있다. 이것이 칸트가

발견했다고 하는 순환논증일 것으로 추정된다.

29) 칸트는 다음을 생각했던 것 같다. 즉 처음 세 수 1, 2, 3을 지수로 만들면, n^1, n^2, n^3이 된다. 그리고 이것은 순서대로 선, 면, 입체에 상응한다. 따라서 4 이상의 모든 수를 지수로 하는 수들이 모두 n^1, n^2, n^3으로 환원된다면 n^1, n^2, n^3이 가장 근원적인 지수화를 의미하게 된다. 칸트는 이런 지수화의 근원성에 입각하여 공간 역시 존재할 수 있는 근원적 차원이 1, 2, 3차원일 수밖에 없다고 추리해보았던 것으로 보인다. 수학적 관점에서만 보면, 확실히 4제곱 이상의 모든 제곱은 3제곱 이하의 제곱으로 환원할 수 있을 것이다. 그리고 지수를 자신의 근과 곱하는 일도 수학에서는 가능할 것이다. 하지만 이런 일이 기하학에서는 가능하지 않기 때문에 칸트는 이 생각을 철회한 것으로 보인다. 우선 칸트 자신이 밝힌 바와 같이 4제곱은 4차원이 되는데, 이를 '공간에 대한 상상력을 통해 표상한다는 것은 부조리'하기 때문에, 당장 4제곱부터는 수학적 특성이 기하학적 특성과 동형적이지 않게 된다. 나아가 수에서는 예를 들어 2의 제곱을 다시 제곱할 수 있고 2의 세제곱을 그 근인 2와 다시 곱할 수도 있다. 이 경우 모두 16이 된다. 하지만 가령 기하학이 한 점에서 수직 교차하는 직선이 2개인 경우를 2차원으로 규정하고, 3개인 경우를 3차원으로 규정한다면(당시 기하학은 유클리드 기하학이므로, 이렇게 규정하는 것이 타당할 것이다), 이런 기하학에서는 2차원(2의 제곱에 상응)에 다시 2차원을 곱한다거나 3차원을 그 근과 곱하는 경우 이에 상응하는 차원(한 점에서 수직으로 교차하는 선분의 수)을 그려낼 수 없다. 따라서 기하학에서는 어떤 제곱도 자기 자신과 곱해질 수 없고 세제곱도 자신의 근과 곱해질 수 없다. 이런 이유로 공간이 필연적으로 3차원인 이유를 수의 제곱이 갖는 특성에서 찾을 수 없다는 결론을 도출한 것으로 생각된다.

하지만 이런 칸트의 추정에는 몇 가지 결함이 있다. 가장 먼저 최소의 세 수의 지수화를 환원 불가능한 것으로 간주한 것은 오류다. 가령 칸트가 근원적이라고 생각했던 n^3에 대해 생각해보자. $n^3=n^{1+2}=n^{1+1+1}$이므로, $n^3=n^1*n^1*n^1$이 된다. 결과적으로 모든 제곱은 n^1으로 환원될 수 있다. 만약 칸트가 이 점을 인지했다면, 그는 아마도 1을 제외한 2와 3이라는 수가 다른 수로 환원될 수 없는 근원적 소수라는 점을 염두에 두었던 것으로 추정된다. 그렇다 하더라도 수의 제곱과 공간의 차원이 왜 동형적이어야 하는지를 증명해야만 수의 특성을 통해 공간의 차원을 도출할 수 있는데, 이 점에 대한 아무런 논의가 없다. 하지만 칸트의 이런 추정이 실재하는 공간 또는 경험적 공간이 3차원인 이유를 증명할 수는 없을지라도 0차원에서 무한차원을 수리기하학적으로 생각해볼 수 있는 가능성을 시사했다는 점에서(칸트 자신은 이를 자각하지 못했을지라도) 전혀 무의미한 시도는 아니었다고 볼 수 있다.

30) '더 성숙한 판단'은 『새로운 해명』(Ⅰ 414; 『칸트전집』 2 113)과 『교수취임논문』(Ⅱ 408; 『칸트전집』 3 325)에서 나타나는데, § 8과 이곳(§ 11)에서 언급한

내용과 연속선상에 있고, 따라서 철회하지 않았다고 볼 수 있다.

31) '가장 최근의 철학'은 볼프(Christian Wolff, 1679~1754)의 철학, 특히 그의 『일반 우주론』(*Cosmologia Generalis*, 1731)에 나타난 견해를 지칭한다.

32) § 2에서 언급한 운동력 개념에 대한 비판을 참조할 것.

33) 함베르거(Georg Erhard Hamberger, 1697~1755). 예나대학의 의학·물리학 교수. 힘을 이동을 위한 무규정적인 노력이라고 정의한 볼프와 달리 규정적인 분투라고 했다. 또한 물체의 불가침투성을 모든 방향으로 동시에 동일하게 작용하는 힘인 내재력(vis insita)으로 설명하기도 했다.(*Elementa physices methodo mathematica in usum auditorii conscripta*, 1727, § 36, p.7) 모든 물체가 모든 순간에 모든 방향으로 자기 자신에서 외부를 향해 작용한다(같은 책, § 44, p.9)는 그의 주장은 칸트가 물체의 반발력에 대한 이론을 형성하는 데 영향을 준 것으로 보인다. 칸트는 이에 대해 § 51(I 60)에서 다시 거론한다. 거기에서 칸트는 단지 '작용하는' 운동이 아니라 정지에서 운동이 발생할 수 있다는 것을 설명했으며, 특히 액체의 표면장력의 작용으로 생기는 운동현상들에 대해 언급했는데, 이것은 칸트 자신도 밝힌 것처럼 명백히 함베르거의 영향을 받은 것이다.

34) 볼프의 『일반 우주론』을 지칭한다.

35) 공간이 비어 있는지 그렇지 않은지에 관해 데카르트와 라이프니츠는 모두 비어 있지 않다는 점에서 일치한다. 데카르트의 실체론에 따르면 빈 공간은 존재할 수 없다. 그는 운동을 소용돌이 이론(vortex theory)과 자리바꿈으로 설명하며, 눈에 보이지 않는 매우 미세한 물질들이 공간에 존재한다고 보았다. 라이프니츠 역시 그의 모나드론에 따를 때 빈 공간은 존재할 수 없다. 그의 공간론은 현대 물리학의 장이론(field theory)과 유사한 면이 있다고 볼 수 있다. 아리스토텔레스가 공간을 채우는 물질, 즉 에테르를 언급한 바 있는데, 이들은 모두 각자의 관점에서 아리스토텔레스를 계승했다고 볼 수 있다. 반면에 뉴턴의 절대공간은 완전히 공허한 빈 공간이다. 칸트가 여기에서 '무한히 정교한 공간'이라고 표현한 것이나, 같은 절에서 '무한히 작은 질량들(unendlich kleine Massen)', '작은 입자들(kleine Moleculas)'이라고 표현한 것들은 현실적 공간에 관해 뉴턴이 아니라 데카르트와 라이프니츠의 노선을 따름을 보여준다.

36) 칸트가 여기에서 언급한 것은 뷜핑거(Georg Bernhard Bülfinger, 1693~1750)의 「운동체의 힘과 척도에 관하여」("De Viribus Corpori Moto Insitis et Illarum Mensura", 이하 *De Viribus*)다. 이 논문은 『페터부르크 아카데미 주석』(*Commentarii Academiae Petropolitanae*, 1728)에 발표되었다. 칸트가 "항상 진리 탐구의 규칙으로 사용"(I 32)하고 있다고 한 것은 다음과 같은 뷜핑거의 언급을 염두에 둔 것으로 보인다. "확실히 상반된 측면에서 찬동받을 만한 가치가 있는 의견들이 있다. 그러나 그것들이 진정 동시에 참일 수 있을까?

그와 같은 경우 나는 보통 각각의 견지에서 그 작업을 재검토하고 그 편에서 어떤 것을 인정한다. 통상 한 진영은 다른 편에서 진리를 발굴해내고 또 나머지 진영 역시 다른 편에서 그렇게 한다."(*De Viribus*, § 16, p.87) 이러한 태도를 오늘날 논리학에서는 '자비의 원리'라고 한다.

37) '단순 속도(bloße Geschwindigkeit)만을 부여'한다는 것은 F=mv에서 힘(F)이 속도와 정비례하는 것을 나타내며, 데카르트는 이를 『철학의 원리』(*Principia Philosophiae*, 1644) 2부 § 36에서 언급했다.

38) 여기에서 '압력'(Druck)은 § 15 이하에서 언급한 '죽은 힘'을 의미한다. 거기에서도 언급했듯이, 칸트는 살아 있는 힘은 속도의 제곱에 비례하지만, 죽은 힘은 단지 속도에만 비례한다는 점을 다시 상기시키고 있다.

39) 'Nach der Regel posita rations ponitur rationatum'.

40) 'rationata sunt in proportione rationum suarum'.

41) 'Notion'.

42) 'Grundsatz'. 통상 '원칙'으로 번역되지만, 여기에서는 문맥을 고려해볼 때 말 그대로 '근거명제'라고 하는 것이 더 적절하다고 보았다.

43) 'rationatum'.

44) 'ratio'.

45) 라이프니츠, *Acta Erud.*, 1686, p.161.

46) 헤르만(Jacob Hermann, 1678~1733). 야콥 베르누이의 제자이며 파두아(Padua), 프랑크푸르트에서 수학 교수로 그리고 페터부르크를 거쳐 마지막에는 바젤에서 도덕철학 교수를 지냈다. 여기에서 칸트는 그의 논문 「물체의 힘의 측정에 관하여」("De mensura virium corporum")(『페터부르크 아카데미 주석』 I, pp.1-42)의 내용을 언급하고 있다.

47) 'Versuch'. 여기에서는 § 28 마지막 단락에서 § 29절로 이어지는 내용과 연관되어 있으므로, '시도'로 번역하는 것보다 '검증'으로 번역하는 것이 더 적절하다고 보았다.

48) 샤틀레(Marquise du Chastelet, 1706~49). 근대과학 최초의 여성과학자로 불리는 프랑스 과학자. 샤틀레는 『살아 있는 힘의 문제에 대한 답변』(*Réponse sur la question des forces vivae*, 1741)에서 메랑(아래 주 참조)에 반대하여 살아 있는 힘을 옹호했고, 『물리학』(*Institutions de Physique*, 1740, § 567, pp.420-423)에서는 헤르만의 증명을 이용했다.

49) 메랑(Jean Jacques d'Ortous Mairan, 1678~1771)은 『물체 운동의 측정과 양에 관한 논고』(*Dissertation sur l'estimation et la mesure des forces motrices des corps*, 1741)와 『살아 있는 힘의 문제에 관해 샤틀레 부인에게 보내는 편지』(*Lettre à Madame du Chastlete sur la question des forces vives*, 1741)에서 살아 있는 힘을 반대했다.

50) 리히트샤이트(Ferdinand Lichtscheid, 1661~1707). 칸트는 그의 논문 「다양

한 호를 그리는 진자의 높이와 속도에 관한 고찰」("Considerationes Quaedam circa Altitudines et Velocitates Pendulorum in Diversis Circulis", 1741)을 언급하고 있으며, 이 논문은 *Acta Erud.*, 1691, pp.494-500에 수록되어 있다.

51) 칸트는 다음과 같은 사실은 언급하고 있다. 리히트샤이트는 위에서 언급한 그의 논문 말미에 라이프니츠가 지지한 말을 첨가했는데, 거기에서 라이프니츠는 다음과 같이 썼다. "걸출한 리히트샤이트 경이 기하학을 통해 검증한 것이 아니라 그 대신 실험을 통해 검증한 진자의 운동과 관련하여 정교하게 발견한 것은 독자들을 즐겁게 할 것이다."

52) 'Stärke'. 강도(Intensität)와 같은 의미로 사용되었다.

53) 'Wirkung'. 이 표현은 '작용을 미치는 것'과 '작용을 미친 결과' 양자를 모두 의미할 수 있다. 대부분 '작용'으로 번역하되, 분명하게 후자를 의미할 경우에 한해서 '결과'라고 번역했다.

54) 렌(Christopher Wren, 1632~1723), 월리스(John Wallis, 1616~1703), 호이겐스(Christian Huygens, 1629~95). 이들은 1668년과 1669년에 왕립학회에 충돌법칙에 관한 논문을 제출한 바 있다. 충돌 전은 물론 충돌 후에도 살아 있는 힘이 유지된다는 주장을 담은 호이겐스의 충돌법칙은 그의 사후에 출판되었다.

55) 볼프의 『역학』(*Elementa mechanica*, 1748)을 말한다.

56) 주 46)에서 언급한 논문.

57) 헤르만은 살아 있는 힘($F=mv^2$)을 옹호하기 위해 다음과 같이, 즉 이제 만약 $F=mv$라면 공 A의 힘은 $1\times2=2$이고, 공 B와 C의 힘은 각각 $3\times1=3$, $1\times1=1$이므로 합해서 4가 된다고 보았다. 그런데 이를 원인과 결과의 동등성이라는 법칙에 따라 생각해보면, 원인은 2인데 결과는 4이므로 이 법칙에 위배되고, 따라서 헤르만은 받아들일 수 없었다. 그런데 만약 $F=mv^2$가 타당하다면 A의 힘은 $1\times2^2=4$이고, B의 힘은 $3\times1^2=3$, 그리고 C의 힘은 $1\times1^2=1$이 된다. 그러므로 A의 힘 = B의 힘+C의 힘의 등식이 성립하여 원인과 결과의 동등성이라는 법칙에 합당하게 된다. 따라서 $F=mv$가 아니라 $F=mv^2$여야 한다고 추론한 것으로 보인다.

58) 'per hypothesin'. 이 가설은 $F=mv$를 지칭한다. 이에 따르면, 힘은 질량과 (단순) 속도에 비례하고, 질량과 속도는 서로 반비례한다.

59) 'Conflictus'.

60) 'argumentum ad hominem'.

61) 유린(James Jurin, 1684~1750). 영국 의사이자 왕립학회 의장. 『물리-수학 논고』(*Dissertationes Physico-mathematicae*, 1732)를 저술했고, 칸트는 *Acta Erud.* (1735)에 게재된 이 책에 대한 관보(p.205 이하)를 언급하고 있다.

62) 샤틀레의 『물리학』을 지칭한다.

63) 요한 베르누이를 지칭한다.

64) § 32.
65) 'Phoronomie'.
66) 'modum cognoscen'.
67) 'qualitas occulta'.
68) 요한 베르누이를 지칭한다.
69) 'Gedanke'.
70) 'fallaciae ignorationis elenchi'.
71) 여기에서 입사각(angulus incidentiae)은 충격 벡터와 수직면에 의해 형성되는 각도가 아니라 충격 벡터와 수평면에 의해 형성되는 각도를 지칭한다. 그리고 총사인값(sinus totius)은 90°의 사인값이 1인 것을 말한다. 칸트는 이 용어를 볼프의 『역학사전』(*Mathematical Lexicon*, 1716)에서 차용했다.
72) 'Lehrsatz(lemma)'. 다른 진술이나 명제가 참임을 검증하기 위해 사용되는, 참이라고 전제하는 진술이나 명제.
73) 'per resolutionem virium'.
74) 'Zentralkräften'.
75) 'Sinui verso'. 1−cos θ 때의 각 θ.
76) 'ein unendlich kleines vom zweiten Grade'.
77) 'die nach dem Rectangulo der in sich selbst multiplizierten Geschwindigkeit geschätzten Kraft'. '속도의 제곱에 따라 측정된 힘'을 의미한다.
78) 볼프가 자신의 『역학』 § 327에서 요한 베르누이의 수상논문[『운동전달 법칙에 관한 논고』(*Discours sur les loix de communication du mouvement*), 1727, pp.53-55]을 인용한 것을 말한다.
79) sin30°=1/2이다. 이제 물체의 속도가 2이므로, 이 물체의 입사각의 사인값은 2×1/2=1이 된다.
80) 샤틀레는 『물리학』(*Institutions de Physique*, 1740, § 567, pp.420-423)에서 헤르만의 증명을 이용하여 살아 있는 힘을 옹호한 바 있으며, 메랑의 반박에 대해서는 주 49)에서 언급한 편지를 참고하라.
81) 'in motibus isochronis solum actiones sunt ut vires, non in nisu mortuo'.
82) 'der Mathematikkundige'.
83) 카텔란(François de Catelan). 프랑스 교구 소속 신부이자 데카르트주의자. 라이프니츠가 행한 데카르트에 대한 공격에 대해 『문인 연합 소식지』(*Nouvelles de la république des lettres*, 1686, pp.999-1003)에서 반론을 제시했다. 라이프니츠는 그의 반론에 대해 「중력의 원인」("De causa gravitatis", in *Acta Erud.*, 1690, pp.228-239)에서 답했다.
84) 마로(Publius Vergilius Maro, 기원전 70~기원전 19). 고대 로마의 시인. 칸트가 인용한 문구는 『아이네이스』(*Aeneid*)의 다음 글이다. 'Si Pergama dextra defendi possent, eitam hac defensa fuissent'.

85) 'Zusammenverfassung'.

86) 'effectus quilibet aequipollet viribus causae plenae'.

87) *'Acta Erud.'*(1691). 원문은 다음과 같다. 'Sequeretur etiam causam non posse iterum restitui suoque effectui surrogari; quod quantum abhorreat a more naturae et rationibus rerum faile intelligitur. Et consequens esset: decrescentibus semper effectibus, neque unquam crescentibus, ipsam continue rerum naturam declinare, perfectione imminuata, neque unquam resurere atque amissa recuperare posse sine miraculo. Qae in physicsis certe abhorrent a sapientia constantiaque conditoris'.

88) 플라쿠스(Quintus Horatius Flaccus, 기원전 65~기원전 8)는 고대 로마의 서정시인이다. 칸트가 인용한 문구는 『시론』(*Ars poetica*)의 다음 글이다. 'Nec Deus intersit, nisi dignus vindice nodus Inciderit'.

89) 파핀(Denis Papin, 1647~1712). 마르부르크대학의 수학 교수. 여기에서 칸트는 파핀의 논문 "Mechanicorum de viribus motricibus sententia, asserta a D. Papino adversus Cl. G. G. L. objectiones"(in *Acta Erud.*, 1691, pp.6-13)을 인용했으며, 인용된 원문은 주 91)과 주 92)이다.

90) 'Quomodo autem per translationem totius potentiae corporis A in corpus B juxta Cartesium obtineri possit motus perpetuus, evidentissime demonstrat atque ita Cartesianos ad absurdum reductos arbitratur. Ego autem et motum perpetuum absurdum esse fateor, et CI. Vir. Demonstrationem ex supposita translatione esselegitimam'.

91) 'Sed hypothesis ipsius possibilitatem tranlationis nimirumtotius potentiae ex corpore A in corpus B pernego, etc'.

92) *'Acta Erud.'*(1691). 원문은 다음과 같다. 'Cum Florentiae essem, dedi amico aliam adhuc demonstrationem pro possibilitate translationis virium totalium etc. corpore majore in minus quiescens, prorsus affinem illis ipsis, quae Clariss. Papinus ingeniosissime pro me juvando excogitavit, pro quibus gratias debeo, imo et ago sinceritate eius dignas'.

93) 원문에는 A로 되어 있으나, 내용상 2A를 지칭하는 것이 타당하다고 판단하여 2A로 수정 번역했다.

94) 원문에는 A로 되어 있으나, 내용상 1A를 지칭하는 것이 타당하다고 판단하여 1A로 수정 번역했다.

95) 주 93)과 같다.

96) 'vis inertiae'.

97) 'Trägheitskraft'. 이 말은 오늘날 '관성력'으로 번역된다. 하지만 여기에서는 첫째, 아직 현대와 같은 관성력 개념이 정립되어 있지 않고, 둘째, 앞서 '관성력'으로 번역한 'vis inertiae'와 구별할 필요가 있으며, 마지막으로 지금 다

루는 주제가 '한 물체에서 다른 물체로 힘이 완전히 전달될 수 있는가'이므로, '전달력'이라고 번역하는 것이 타당하다고 보았다. 물론 칸트도 뉴턴의 관성력 개념을 알고 있었지만, 라이프니츠와 데카르트가 논하는 살아 있는 힘이라는 개념은 뉴턴의 관성력 개념을 아직 완전히 수용하지 않았다는 것을 의미한다. 이에 대해서는 § 132 참조.

98) 'Federkraft'.

99) 모멘텀은 물리학에서는 운동량 또는 가속도를, 기하학에서는 곡선 위 한 점의 기울기를 뜻한다. 여기에서는 물체가 가진 힘, 속도 등을 의미하는데, 일반적으로 번역하지 않고 그냥 '모멘텀'으로 쓰므로, 이 말을 그대로 사용했다.

100) 원문은 다음과 같다.

'… vires in ventum effudit, et ultro
Ipse gravis graviterque ad terram pondere vasto
Concidit: ut quondam cava concidit aut Erymantho
Aut Ida in magna radicibus eruta pinus'.

101) 볼프의 논문 "Principia dynamica"(1728)를 지칭한다.

102) 주 89)에서 언급한 파핀의 논문을 지칭한다.

103) 주 101)에서 언급한 볼프의 논문(p.221, § 14)을 지칭한다.

104) 'effectus innocuos'.

105) 주 101)에서 언급한 볼프의 논문(p.224, § 29). 원문은 다음과 같다. 'Si duo mobilia per spatia inaequalia transferuntur, effectus innocui sunt ut spatia'.

106) 'Effekt'.

107) 'Wirken'.

108) 'gleichförmig'.

109) 주 101)에서 언급한 볼프의 논문(p.228, § 47). 원문은 다음과 같다. 'Actiones, quibus idem effectus producitur, sunt ut celeritates'.

110) 'Aktion'.

111) 주 101)에서 언급한 볼프의 논문(p.229). 원문은 다음과 같다. 'Quoniam hic eadam est ratio massarum, quae in casu priori erat temporum, ratio vero celeritatum eodem modo sese habet: perinde est, sive massae sint eaedem et tempus diversum, sive massae diversae et tempus idem etc'.

112) 'Aktivität'.

113) 'Haupttheorm'.

114) 'Grundlage'.

115) 무센브뢱(Pieter van Musschenbroek, 1692~1761). 내과의사이자 자연철학자로 그의 주저 *Epitome elementorum physico-mathematicorum conscripta in usus academicos*(Leiden, 1726)를 고트셰트(Johann Christoph Gottsched, 1700~66)

가 『자연과학의 근본학설』(*Grundlehren der Naturwissenschaft*, Leibzig, 1747)이라는 제목으로 번역했다.

116) 'Lehrsätze'. 문맥상 '정리'보다는 '교설'이 좀더 적절하다고 보았다.

117) 'Cathetus'.

118) 카발리에리(Francesco Bonaventura Cavalieri, 1598~1647). 이탈리아의 수학자. 17세기 미분적분학의 형성에 큰 역할을 한 『불가분량에 의한 연속체의 신기하학』(*Geometria indivisibilibus continuorum quadam ratione promota*, Bologna, 1635)을 저술했다. 두 가지 도형의 면적을 비교할 때 각 도형을 구성하는 불가분량의 비율을 대조하는 그의 생각은 오늘날 '카발리에리의 정리'라는 이름으로 알려져 있다. 카발리에리의 무한소 기하학은 J. 케플러의 구적법(求積法)과 함께 아르키메데스의 고대 구적법을 대신한 근대적 구적법의 효시가 된다.

119) 이 부분은 무셴브뢱의 착각이 있었던 같다. 왜냐하면 삼각형 ABC=1/2×AB²이기 때문이다.

120) 이 부분은 약간 부정확한 인용이다. 고트셰트가 번역한 『자연과학의 근본학설』 § 188에 다음과 같이 되어 있다. "그러나 위력은 압력을 가하는 힘에서 압력을 받는 물체로 넘어가기 때문에, 피운동체에는 자신에게 일정한 속도를 전달하는 힘의 크기에 비례하는 힘이 지속적으로 발생한다."(Weil aber die Gewalt aus der druckenden Kraft in den gedruckten Körper übergeht, so entsteht beständig in dem bewegten Körper eine Kraft, die sich wie die Anzahl der Kräfte verhält, die ihm einige Geschwindigkeit mitteilen)

121) Vuneribus foecunda suis erat ille: nec ullum
De centum numero caput est impune recisum,
Quin gemino cervix haerede valentior esset.
Ovid. Metam.

122) 유린의 『물리-수학 논고』 중 "De vi motrice"을 지칭한다.

123) 라이프니츠의 "Specimen Dynamicum"을 지칭한다.

124) 이 부분은 원전에는 B로 되어 있으며, 아마도 라이프니츠의 오류로 보인다. 칸트도 이를 수정하지 않고 B로 표기했지만, 여기에서는 라스비츠(Lasswitz)의 학술원판 교정 편집본에 따라 C로 수정 번역했다. 칸트가 인용한 (C로 수정한) 원문은 다음과 같고, 강조는 칸트가 한 것이다. Cum igitur comparare vellem corpora diversa aut diversis celeritatibus praedita, equidem facile vidi: si corpus A sit simplum, et B sit duplum, utrisque autem celeritas aequalis, illius quoque vim esse simplam, huius duplam, cum praecise, quicquid in illo ponitur semel, in hoc ponatur bis. Nam in B est bis corpus ipsi A aequale et aequivelox nec quicquam ultra. **Sed si corpora A et C sint aequalia, celeritas autem in A sit simpla et in C dupla, videbam non**

praecise, quod in A est, duplari in C, etc.

125) 샤틀레는 『물리학』(*Institutions de Physique*, Paris, 1740, pp.442-444)에서 이 반론을 제시했다.

126) 'fallaciam ignorationis elenchi'.

127) 리히터(Georg Friedrich Richter, 1691~1742). 라이프치히대학 수학과 철학 교수. 인용된 논문은 "Responsio ad viri Cl. Jac. Jurini, Demostrationes de mensura virium corporearum"(in *Acta Erud*., 1735)을 지칭한다.

128) '…welches sie selber doch verneinen müssen'. 여기에서 'sie'는 복수로 되어 있는데, 앞에서 복수를 받을 것이 없다. 이에 학술원판 편집자의 제안에 따라 '라이프니츠주의자들'을 지시하는 것으로 번역했다.

129) 'Desine igitur quaerere nodum in scirpo'.

130) 'Wirksamkeit'.

131) 'Schwerdrückung'.

132) 'Intensität'.

133) 'das Rectangulum aus dieser in die Zeit'.

134) LEC를 학술원판에 따라 LIC로 바꾸어 번역했다.

135) LEC를 학술원판에 따라 LIC로 바꾸어 번역했다.

136) 'ridendo dicere verum'(진리를 비웃으면서 말하는 것). 바로 다음에서 동일한 내용을 독일어로 반복해서 표현했기 때문에 여기에서는 그냥 '비웃음'이라고 축약하여 번역했다.

137) 'Non capio, quid pertinacissimus adversarius, si vel scepticus esset, huic evidentissimae demonstrationi opponere queat'.

138) 'Certe in nostra potestate non est, aliquem eo adigere, ut fateatur, discere, quando videt solem horizontem ascendere'.

139) 'Cautele'.

140) 'Menge der Materie'.

141) 'aequales rationes sibi substitui invicem possunt'.

142) 'Tempora, quibus duo mobilia, si sunt aequalia, eosdem effectus patrant, sunt reciproce ut celeritates'.

143) 'Massae corporum inaequalium, quae eosdem effectus patrant, sunt reciproce ut celeritates'.

144) 'Actiones, quibus corpora aequalia eosdem effectus patrant, sunt ut celeritates'.

145) 'Actiones, quibus corpora inaequalia eosdem effectus patrant, sunt etiam ut ipsorum celeritates; celeritates autem eorum sunt reciproce ut masse'.

146) 'Effekt'.

147) 'Aktion'.

148) 'Wirkung'.
149) 'Effekt'.
150) 'Axiomatum'.
151) 'Zahl'.
152) 'Einheit'.
153) 'Zahl'.
154) 'Basis der Aktivität'.
155) 'Intension'. 주 33) 참조. 외적 작용 또는 외재력(Extension)에 대비하여 힘의 내적인 잠재력을 의미한다.
156) 'Produkt'. 현재처럼 '곱한 값'이라고 풀어서 번역하되, 문맥상 '적수(積數)'라는 말이 더 도움이 된다고 판단한 경우에는 '적수'로 번역했다.
157) 'Steifigkeit'.
158) 여기에서 칸트는 바로 다음 절에서 밝힌 것처럼, 질량은 무시했으며, 공간은 완전히 빈 것으로, 즉 전혀 저항이 없는 것으로 전제했다. 그러므로 힘이 어떤 크기를 갖는지는 내재력과 속도라는 두 가지 요소로 결정된다. 즉 힘=내재력×속도로 표시된다. 그런데 내재력이 단지 한순간만 발휘된다고 가정했으므로 물체의 속도가 어떤 속도이든 관계없이 내재력은 힘을 표시하는 위의 방정식에서 고려할 필요가 없는 계수가 된다. 따라서 이 경우 힘은 물체가 어떤 속도이냐에 따라 결정된다. 그러므로 내재력이 점과 같다면, 힘의 방정식에서 속도가 힘을 결정하는 계수가 된다. 따라서 이 경우 힘은 속도에 비례하게 된다.
159) 'Wirkung'.
160) 'Einheit'.
161) 'Zwischengrad'.
162) 'Lebendigwerdung'.
163) 'Vivification'.
164) 'Zwischenzeit'.
165) 'Element'.
166) 'Maßgebung'.
167) 이 인용은 베르누이의 글(*Acta Erud.*, 1735, p.211, § Ⅲ)과 약간 차이가 있다. 칸트가 작성한 인용문은 다음과 같다. 'Vis viva est aliquid reale et substantiale, quod per se subsistit, et quantum in se est, non dependet ab alio; … Vis mortua non est aliquid absolutum et per se durans etc. etc'. 그리고 베르누이의 원문은 다음과 같다. 'Hinc patet, vim vivam(quae optius vocaretur facultas agenda; Gallice le pouvoir) esse aliquid reale et substantiale, quod per se subsistit, et, quantum in se est, non dependet ab alio'. 죽은 힘에 관한 문장은 베르누이의 원문에 있는 것이 아니라 베르누이 논문 § Ⅳ의 내용을 칸트

가 요약한 것으로 추정된다.

168) 'reale et substantiale, quod per se subsistit et est aliquid absolutum'.

169) 'qoud non est aliquid absolutum, sed dependet ab alio'.

170) 'in einem zusammengesetzten und scheinbaren Beweise'.

171) 칸트의 원문은 니클라우스 베르누이(Niclaus B., 1687~1759)로 되어 있으나 학술원판 편집자의 교정에 따라 다니엘 베르누이(Daniel B., 1700~82)로 고쳐서 번역했다. 언급한 부분은 다니엘 베르누이의 "Examen principiorum mechanicae et demonstrationes geometricae de compositione et resolutione virium"(in *Acta Petropolitanae* I, 1726, pp.126 이하, §§ 5-6)에 있는 내용이다.

172) 이 부분은 칸트가 부정확하게(또는 의도적으로 고쳐서) 번역했다. 헤르만의 원문(『페터부르크 아카데미 주석』 I, 1728, p.24)은 다음과 같다. 'Cum incrementum istud vis vivae *dV*, nascatur a gravitate *g* in corpus C agente, quod corpus jam habet celeritatem *u*, et massam *M*, atque adeo motus quantitatem M*u*, quantitatis hujus motus necessario ratio habenda est, nam in hoc statu in quo est mobile, celeritas ab ipso in separabilis est; componetur igitur incrementum vis vivae ex hisce tribus, nempe ex *g*, M*u* et *dt*, eritque adeo necessario dV=*g*Mu*dt*, non vero, ut vulgo supponitur, dV=*g*M*dt*'. 여기에서 칸트는 헤르만이 언급한 세 가지 요소(운동량 M*u*, 중력 *g*, 시간요소 *dt*)를 대신하여 질량 M, 속도 *u* 그리고 중력의 요소 *gdt*로 바꾸어 쓰고 있다.

173) 'bei einigen Graden Geschwindigkeit'.

174) 오늘날 우리가 '관성의 법칙'이라고 하는 뉴턴 역학의 제1법칙이다. 뉴턴의 원문은(『자연철학의 수학적 원리』(*Philosophiae naturalis principia mathematica*, vol Ⅰ, 1687, p.53) 다음과 같다. 'Corpus omne perseverare in statu suo quiescendi vel movendi uniformiter in directum, nisi quatenus a viribus impressis cogitur statum illum mutare'. 칸트가 쓴 인용문은 다음과 같다. 'Corpus quodvis pergit in statu suo, vel quiescendi, vel movendi, uniformiter, in directum, nisi a causa externa statum mutare cogatur'.

175) 'Mittelraum'.

176) 'Vermögen'.

177) 'Fähigkeit'.

178) 'alle Elemente dieser zweiten Abmessung'.

179) 'Quantität'.

180) 이 사례가 한번에 저항을 행사하지 않음으로써 아주 작은 장애만으로 커다란 위력을 무화하는 사례인 것은 맞지만, 이 사례에 대한 칸트의 해석 또는 적용이 정확한지는 의문이다. 왜냐하면 양모더미는 충격에 대해 '순차적'으로 저항을 행사한다기보다는 다양한 방향으로 충격을 분산해 흡수하기 때문이다.

181) 'Körperchen'.

182) 'Sollizitation'. '자극을 주다', '~을 유발하다'는 뜻의 라틴어 'sollicitare'에서 유래한 명사다. 내용상 '중력이 행사하는 외적 자극이나 영향'을 의미하므로, '외력'이라고 번역할 수 있을 것이다. 하지만 그냥 '외력'이라고 할 때에는 앞에서 계속 언급한 '외적 원인' 또는 '외적 작용'과 잘 구별되지 않는다는 문제점이 있다. '진동'이라는 번역어도 생각해볼 수 있다. 왜냐하면 중력의 작용을 미세한 물질들이 퍼져서 운동체 내부에까지 영향을 미치는 것으로 생각하고 있고 이미 뉴턴 시대에 빛의 입자설과 파동설이 대립했으므로 현대과학이 사용하는 용어인 물질파의 작용과 유사한 것으로 해석할 수도 있기 때문이다. 하지만 이렇게 하려면 중력파라는 개념까지 염두에 두어야 하는데, 그런 경우 '진동'보다는 '파장'이라는 말이 더 적절한 것으로 보이며, 이것은 지나치게 현대과학적 해석이 개입되는 것으로 여겨진다. 그래서 여기에서는 일단 이러한 문제를 보류하고, '중력이 운동체에 대해 외부에서 작용하되, 그 물체의 내면에 이르기까지 영향을 미친다'는 본문의 의미를 최대한 반영하는 번역어를 선택했고, 이에 따라 '침투력'이라고 번역했음을 밝혀둔다.

183) 'ein kleines Theilchen Materie'.

184) 'Widersetzen'.

185) 'Widerstrebung'.

186) 'flüssiger Körper'.

187) 마리오트(Edme Mariotte, 1620~84). 자연철학자이자 예수회 수사이며 프랑스 과학 아카데미 창립 멤버 중 한 사람. 오늘날 우리가 보일의 법칙(또는 보일-마리오트의 법칙)이라고 부르는 법칙을 보일(Robert Boyle, 1627~91)과 별도로 독자적으로 발견한 바 있다. 칸트가 언급하고 있는 실험은 마리오트가 『물과 기타 다른 유동체의 운동에 관한 논고』(*Traité du mouvement des eaux et des autres fluids*, Paris, 1686)에서 기술한 실험을 말한다.

188) 주 127)에서 언급한 논문 p.513 이하.

189) 'Mittelraum'.

190) 'Körperteilichen'.

191) 'elastischer Körper'.

192) 그림 26. 이 그림은 칸트의 원전에는 없는 것을 학술원판 편집자가 삽입한 것이다.

193) $10^2 : 7.07^2 = 100 : 49.9849 \doteqdot 2 : 1$이므로 이 값은 질량 1과 2에 반비례한다.

194) 'motu uniformiter accelerato'.

195) 'weiche Materie'.

196) 리치올리(Giovanni Battista Riccioli, 1598~1671). 천문학자이자 지도제작자이며 코페르니쿠스의 태양중심설을 반대한 인물. 주요 저작에는 『신천문

학 집대성』(*Almagestum novum*, Bologna, 1651)이 있다.
197) 'Gegengewicht'.
198) 'Widerstrebung'.
199) 'Renisus'.
200) 'Quantität'.

일반 자연사와 천체이론 또는 뉴턴의 원칙에 따라 다룬 우주 전체의 구조와 기계적 기원에 관한 시론

1) 원본에는 차례가 없다.
2) 'Areopagus'는 살인자에게 여러 재판, 예컨대 자기 어머니를 죽인 오레스테스(Orestes)의 재판과 연관된 아테네 아크로폴리스 인근 언덕이다. 이 용어는 실제적이든 은유적이든 중요한 문제에 대해 판결을 내리는 모든 최고 법정에서 사용되었다. 여기서 칸트는 정통 루터교의 심판관을 언급하고 있다.
3) 'Weltbau'.
4) '자연주의자'는 자연을 모든 사물의 궁극적 근거로 보는 사람을 지칭한다. 뒤에 칸트는 그 용어를 무신론자에 대한 완곡어법으로 사용한다. 예컨대 I 223에서 그는 그 용어를 '종교의 옹호자'와 대비했다. 그 용어는 당시 용법과 같은 의미를 가지지 않는다. 칸트는 메트리(La Mettrie)와 같은 유물론자를 염두에 두었을 수도 있다.
5) 천체의 회전운동을 가장 단순한 원운동으로 간주한다면, 이 운동은 두 운동의 합성으로 볼 수 있다. 하나는 중심을 향해서 수직으로 낙하하는 운동이며, 다른 하나는 이 수직의 선에서 측면으로 도약(Schwung)하고, 원의 접선 방향으로 직진하는 운동이다. 뒤에 나오는 논의에서 분명해지는 것처럼, 칸트는 이 두 운동의 원인으로 뉴턴의 인력과 척력을 상정하고, 이것에다 다양한 명칭을 부여했다. 엄밀히 대응하기는 힘들지만, 인력에 해당하는 것은 '낙하력', '중력', '구심력', '중심력'이고, 척력에 해당하는 것은 '도약력', '직진력', '원심력', '속력(속도)'(거의 수직운동의 속도라는 의미로 사용되지만, 낙하운동의 속도를 가리키기도 한다), '회전속도', '투사력' 등이다.
6) 'Wirkungsgesetze'.
7) 'Weltbaues'.
8) 칸트는 『판단력비판』 V 392-393에 이르기까지 에피쿠로스에 대한 이런 식의 비판을 계속했다.
9) 칸트는 여기서 바움가르텐(Siegmund Jacob Baumgarten, 1714~62)의 『초기에서 현재에 이르기까지의 일반자연사』(*Üersetzung der Algemeinen Welthistorie die in England durch eine Geselschaft von Gelehrten ausgefertigt worden: nebst den*

Anmerkungen der holländischen Uebersetzung auch vielen neuen Kupfern und Karten genau durchgesehen und mit häufigen Anmerkungen vemehret, Halle: Gebauer, 1744) 1:80을 인용했다. 강조는 칸트가 한 것이다. 영어 텍스트는 *An Universal History from the Earliest Time to the Present compiled from Original Authors and Illustrated with Maps, Cuts, Notes, Chronological and Other Tables*, vol. 1(London: Batley, 1736).

10) 'Unterfangen'.

11) 'Weltsystems'.

12) 'eines einmal eingedrückten Schwunges'(도약력). 칸트는 원운동에서 물체의 도약력에 대해 'Schwung'이라는 용어를 사용한다. 이 운동은 구심력에 의해 가속화된다. 도약력은 칸트의 설명에 따르면 직선 운동을 계속한다. 도약력과 구심력은 서로 작용하여 원운동의 원인이 된다.

13) 'unverwirrten'.

14) 이심률(Excentricität). 2차 곡선이 갖는 상수의 하나로 이심률이 1보다 작은가, 큰가, 같은가에 따라서 타원, 쌍곡선, 포물선이 결정된다. 그리고 이심률이 0일 때는 원이 된다.

15) 'Weltwissenschaft'.

16) 듀르햄(Tomas Wright of Durham, 1711~86)은 영국의 천문학자, 수학자다. 그는 『신우주설 원론』(*A Original Theory of New Hypothesis of the Universe*, 1750)으로 알려지게 되었다. 이 책은 은하의 형태를 시각적 효과에 의존하는 것으로 설명한다. 또 그는 희미한 성운은 멀리 떨어져 있는 은하계라고 생각했다. 그의 저작은 『함부르크 자유비평과 과학과 역사 일반을 준비하기 위한 뉴스』(*Hamburg Freie Urteile und Nachrichten zum Aufnehmen der Wissenschaften und der Historie überhaupt*)의 1월 1, 5, 8호 3회분에 요약되었다(pp.1-5, pp.9-14, pp.17-22).

17) 브래들리(James Bradley, 1693~1762)는 영국의 유명한 천문학자다. 처음에는 신학을 공부했지만 뒤에 천문학자가 되었다. 옥스퍼드대학 교수, 그리니치 천문대장을 역임했다. 여기서 칸트가 인용한 문장은 "몇몇 항성에서 관찰된 시운동(視運動)에 관해 매클레스필드의 얼에게 보내는 편지"(A letter to the RT. Hon. George Earl of Macclesfield concerning an apparent motion observed in some of the fixed stars, December 31, 1747)의 일부 축어역(逐語譯)이다.

18) 'Declination'(적위). 천구상의 천체 위치를 나타내는 적도 좌표는 지구의 양극과 적도를 천구상에 그대로 투영한다. 천구상에 투영된 지구의 위도를 적위라 한다.

19) 브라헤(Tycho Brahe, 1546~1601). 덴마크의 천문학자. 그가 남긴 방대한 관측 자료는 만년의 제자인 케플러(Johannes Kepler, 1571~1630)가 천문학을 완성하는 데 크게 기여했다. 케플러는 독일의 수학자이자 천문학자다. 그의 관

찰과 계산 결과 태양계에서 행성의 운동을 기술하는 세 가지 법칙이 도출되었다.

20) 플램스티드(John Flamsteed, 1646~1719). 영국의 천문학자. 그리니치천문대의 초대 대장. 그의 관측 자료는 뉴턴의 『프린키피아』에 이용되었다.

21) 'Winkelentfernung'(각거리). 겉보기 거리라고도 한다. 공간에 있는 두 점 A, B 사이의 거리는 관측자(원점 O)와 두 점을 각각 연결한 직선(시선방향이라 한다)이 이루는 각(α)으로 나타낼 수 있다. 천문학에서 주로 쓰이는데, 멀리 떨어진 천체 사이에서는 실제 거리를 잴 수 없으므로 일반적인 길이 대신 각거리로 거리를 나타낸다. 천체의 각거리를 측정하는 데는 육분의가 사용된다. 예를 들면, 달과 태양의 지름은 각거리로 0.5°, 북두칠성의 사각형 끝에 있는 두 별 사이의 각거리는 5°이다.

22) 모페르튀이(Pierre-Louis Moreau de Maupertuis, 1698~1759)는 프랑스의 저명한 수학자, 철학자, 자연과학자다. 뉴턴 물리학의 영향을 받았으며, 라플란드(Lapland) 탐험을 통해서 지구가 편원(扁圓)이라는 뉴턴의 이론을 실증했다. 유럽의 여러 과학 아카데미에 선임되었으며, 프리드리히 2세의 요청으로 프로이센 로열 아카데미 원장이 되었다. 칸트가 여기서 언급한 책은 『별의 형태론』(*Discours sur la Figure des Astres*, Paris, 1742)이다.

23) 잡지의 원명은 *Acta Eruditorum*. 1682~1782년 사이 독일어로 발행한 최초의 과학학술지.

24) 잡지의 원명은 *Ouvrage diverses de Msr de Maupertius*.

25) 호이겐스(Christian Huygens, 1629~95)는 네덜란드의 수학자, 물리학자, 천문학자다. 1666년 파리 과학 아카데미가 창설되었을 때 초대되어 최초의 외국인 회원이 되고, 1681년 낭트 칙령 폐지에 앞서 귀국하기까지 여기서 연구에 종사했다. 곡선과 곡면의 구적(면적을 구하는 것) 등의 수학상 연구에 이어 자작 망원경으로 1655년 토성의 고리와 위성을, 이듬해 오리온좌의 성운을 발견했다. 또 1657년 진자(振子)시계를 처음으로 제작하고, 1673년에는 사이클로이드 진자를 만들었다. 이것과 연결하여 역학 연구를 하고 1669년 충돌 문제를 풀어 운동량에 관한 법칙을 발견했으며, 나아가 역학적 에너지 보존의 법칙을 유도했다. 1678년 복굴절 현상을 파동설에 따라 설명했다. 호이겐스의 원리에 의해 빛의 직진, 굴절, 반사를 설명하고 파동설의 기초를 만들었지만, 뉴턴의 입자설에 눌려 그다지 인정받지 못했다.

26) 핼리(Edmund Halley, 1656~1742)는 영국의 천문학자다. 뉴턴과 친분이 두터웠다. 뉴턴의 『프린키피아』 출판을 정신적·물질적으로 도왔다. 1682년 대혜성(大彗星)의 출현을 관측하고 그것을 1456년, 1531년, 1607년 등 거의 76년마다 회귀하는 주기혜성이라고 주장하면서 1758년에 다시 나타날 것을 예언했다. 이것이 핼리 혜성이다. 그리니치천문대 대장을 지냈다.

27) 원문은 '*Anglical. Trans*'.

28) 더햄(William Derham, 1657~1735)은 영국의 신학자, 물리학자다. 저서로는 『천체신학 또는 천체의 관찰에 의한 신의 존재와 속성의 입증』(*Astro-Theology, or a demonstration of the being and attributes of God from a survey of the heavens*, London, 1715)이 있다. 칸트는 Ⅰ 254에서 다시 언급했다.

29) 헤벨리우스(Johannes Hevelius, 1611~87)는 독일의 천문학자다. 천문관측자로서 뛰어난 업적을 남겼다. 특히 달 표면의 관측으로 유명하다.

30) 겔레르트(Christian Fürchtegott Gellert, 1715~69)는 독일의 소설가, 시인이다. 라이프치히대학에서 시학, 수사학, 윤리학을 가르쳤으며, 교훈적 우화, 시, 희곡, 소설을 다수 집필했다. 독일 계몽주의 시대의 대표 작가다. 「한스 노드」(Hana Nord)는 협잡꾼인 한스 노드가 '머리와 다리' 모두를 목이 좁은 항아리에다 집어넣겠다고 약속하면서 한 그룹의 런던 사람들에게 돈을 어떻게 편취했는지를 기술한 시다.

31) 'Regung'.

32) 'Dünnigkeit'.

33) 뷔퐁(George Louis Comte de Buffon, 1707~88)은 프랑스의 박물학자다. 왕립아카데미 회원으로 광범위한 연구를 수행했다. 주저인 『일반 자연사와 특수 자연사』(*Histoire Naturelle, générale et particuliére*, 1749)에서는 지구의 역사를 논했다.

34) 포프(Alexander Pope, 1688~1744)는 영국의 유명한 시인, 호메로스 번역가, 섹스피어 작품의 편집인이었다. 칸트가 인용한 것은 포프의 『인간론』(*Essay on Man*)의 서간 I을 브로케스(B.H. Brokes)가 독일어로 번역한 것이다. 포프의 영어 원문은 다음과 같다. 'Is the great chain that draws all to agree, And drawn supports, upheld by God or thee?' 브로케스의 독일어 번역은 다음과 같다. 'Seht jene große Wunderkette, die all Theile dieser Welt/Vereinet und zusammenzieht und die das große Ganz' erhält'.

35) 호이겐스는 1655년에 토성의 위성들 중 하나를 발견한 첫째 인물이었고, 이탈리아 출신 프랑스 천문학자 카시니(Giovanni Domenico Cassini, 1625~1712)는 위성을 네 개 발견했다(1761, 1672, 1684).

36) 'schießende Kraft'(직진력).

37) 칸트는 케플러의 제2법칙을 언급하고 있다. 제2법칙에 따르면 행성은 동일한 시간에 동일한 면적을 그린다.

38) 'Senkungskraft'.

39) 'Schwung'.

40) 'Lehrbegriff'.

41) 1610년에 갈릴레이가 목성의 위성을 4개 발견한 이후 1655년에 호이겐스는 토성의 위성을 처음 발견했으며, 2년 뒤에는 토성의 고리를 관측했다. 그 후 호이겐스가 살아 있을 때 카시니가 토성의 4개 위성을 발견했다.

42) 'gegen einen Hauptplan der Räume, die sie einnehmen'.
43) 'Weltsysteme'.
44) 'Kraft der Umwendung'. 칸트는 뒤에 '회전력'을 '회전을 위한 도약력'으로 대체한다.
45) 'Irrsterne'.
46) 'etwas Scheinbares'.
47) '150만 년'과 '4,000년'은 2배로 계산되어야 한다. 21,000의 세제곱의 제곱근은 300만 년이며, 1도 가는 데 걸리는 시간은 8,000년이다.
48) 이르(Philippe de la Hire, 1640~1718)는 화가이자 건축가였지만, 뒤에 프랑스 왕립 아카데미의 수학 교수가 되었다.
49) 잡지의 원명은 '*Mémoires*'.
50) 리치올리(Giovanni Battista Riccioli, 1598~1671)는 이탈리아 천문학자였다. 그는 달에 대한 광범위한 관찰을 수행했다.
51) 칸트의 요구에 따라 겐지헨(Johann Friedrich Gensichen, 칸트의 제자. 칸트는 겐지헨에게 자기 저작의 발췌 작성을 의뢰했다)은 다음의 주를 추가했다. "은하가 우리의 행성계와 유사하게 운동하는 태양들의 체계라는 의견은 람베르트가 1761년 『우주의 배열에 대한 우주론 서간』 초판의 생각과 유사한 구상을 공표하기 6년 전에 칸트 교수가 이미 제출했다. 따라서 어느 누구도 아직 소유하지 않았던 것에 대한 첫째 소유권은 칸트 교수에게 귀속된다. 게다가 람베르트 생각은 칸트 생각과 다른 것처럼 보이며, 또 내가 보기에는 칸트 생각에 미치지 못하는 것처럼 보인다. 왜냐하면 람베르트는 은하를 무수하게 작은 부분으로 나누고, 우리 행성계는 이러한 부분들 중 은하 외성군(外星群) 모두와 경계 부분들 중 하나에서 발견되리라고 상정했기 때문이다." 람베르트(Johann Heinrich Lambertm, 1728~77)는 독일의 수학자, 천문학자, 철학자로서 1765년 이후 칸트와 서신을 주고받았다. 주요 저서로서는 『우주의 배열에 대한 우주론 서간』(*Cosmologische Briefe über die Einrichtung des Weltbaues*), 『신 오르가논』(*Neues Organon*, 1764), 『건축학 기초』(*Anlage zur Architectonic*, 1771)가 있다.
52) 원문은 '*Abhandlung von der Figur der Sterne*'. 1732년 출판된 *Discours sur la figure des astres*의 독일어 번역본.
53) 모페르튀이의 작품 어디에서 인용되었는지 불분명하다.
54) 칸트가 언급한 사람은 더햄(William Derham, 1657~1735)이다.
55) 칸트의 요청에 따라 겐지헨은 둘째 주를 추가했다. "람베르트는 성운을 어떻게 생각해야 좋을지에 대해 확신을 가지지 못한 것처럼 보인다. 왜냐하면 그의 편지 몇몇 구절을 살펴볼 때, 그가 성운을 멀리 있는 은하로 보았다는 사실을 확인할 수 있지만, 다른 구절들을 살펴보면 그는 성운들을 혹은 적어도 오리온좌의 희미한 빛을 그 자체로는 어두운 중심 물체지만 그 인근 태

양에서 받은 빛이 우리에게 반사된 것으로 간주했기 때문이다. 람베르트는 여러 은하가 존재하는 것은 아닌가 생각했던 것처럼 보였지만, 성운도 멀리 떨어져 있는 은하라고 생각했던 것 같지는 않다. 그 때문에 에르크스레벤이 1772년 자연학 540쪽에서 그렇게 말하고 있고, 리히텐베르크 씨에 의한 증보판에서도 그대로 남아 있었던 것은 잘못되었다. 즉 이 사상을 람베르트가 처음으로 제출한 것으로 간주할 수는 없다. 왜냐하면 이 사상은 칸트가 1755년에 이미 제출한 것이고, 사실상 매우 결정적인 방식으로 서술되기 때문에 이 사상의 우선권이 어디 있는지는 의심할 여지가 없기 때문이다. 에르크스레벤(Johann Christian Polycap Erxleben, 1744~77)은 독일의 자연학자로서 『자연론 입문』(*Anfangsgründe der Naturlehre*, 1768)을 출간했다. 이 책을 칸트는 1776년에 시작하는 자연학 강의에 활용했다. 리히텐베르크(Georg Christoph Lichtenberg, 1742~99)는 대중 작가, 수학자였으며, 독일에서 처음으로 실험 자연학 교수가 되었다. 그는 『자연론 강의』(*Vorlesungen zur Naturlehre*)를 출간했다. 이것은 명백히 에르크스레벤의 『자연론 입문』에 기초한 것이었다.

56) 칸트의 텍스트는 '반비례한다'로 되어 있다. 이것은 잘못인 것처럼 보인다. 문맥상 이 관계는 반비례라기보다 비례가 분명하기 때문이다.

57) A판이 주를 달았듯이, '감소'가 아니라 '증가'일 것이다.

58) 칸트가 인용한 것은 포프의 『인간론』(*Essay on Man*) 서간 III에 나오는 것을 브로케스가 독일어로 번역한 것이다. 포프의 영어 원문은 다음과 같다. 'See plastic Nature working to this end,/The single atoms each to other tend./Attract, attracted to, the next in place,/Formed and impelled its neighbour to embrace,/See Matter next, with various life endu'd,/Press to one centre still'. 브로케스의 독일어 번역문은 다음과 같다. 'Schau sich die bildende Natur zu ihrem großen Zweck bewegen,/Ein jedes Sonnenstäubchen sich zu einem andern Stäubchen regen,/Ein jedes, das gezogen wird, das andere wieder an sich ziehn,/Das nächste wieder zu umfassen, es zu formiren sich bemühn./Beschaue die Materie auf tausend Art und Weise sich/Zum allgemeinen Centro drängen'. 칸트는 마지막 줄의 마지막 반인 '일반적 선'(ihr allgemeines Gut)을 빠뜨렸다.

59) A판에는 아홉 개 위성으로 나와 있다.

60) 선분은 길이의 단위다. 그것은 12분의 1인치 혹은 2mm를 약간 상회하는 길이와 같다.

61) '결국'은 칸트가 나중에 추가한 단어다.

62) 'Grundstoff'.

63) 겐지헨에 따르면, 칸트는 다음처럼 보완했다. "처음에는 천천히(화학적 인력에 의해서), 그러나 그다음에는 빠르게(이른바 뉴턴의 인력에 의해서)."

64) 겐지헨의 발췌본 초고에는 '말하자면 수평으로'로 보완되어 있다.

65) '높고 낮음'이나 '상하'라는 말은 중심 물체로서 태양을 향해 '낙하하는 것'을 형상화하기 위한 표현이다. '크고 작다'는 표현은 태양에서의 거리가 '멀고 가깝다'는 것을 뜻한다. '~의 거리'는 '~이 태양에서(혹은 중심 물체로서 행성이나 항성) 떨어진 거리'를 의미한다.
66) '물체의 원인'이 아니라 '물체 운동의 원인'일 것이다.
67) 칸트는 뒤에 다음처럼 보완했다. "이에 반해서 더 가벼운 유형의 요소들은 더 빠르게, 즉 그것들이 중심으로 그만큼 가까이 가기 이전에, 그것들이 낙하하는 직선에서 휘게 되고, 궤도운동을 하게 된다. 이 더 가벼운 요소들은 요소들로 가득 차 있는 공간으로 가까이 가는 것이 허용되지 않기 때문이다. 그래서 가벼운 요소들의 운동은 이들 요소의 저항에 따라 옆으로 돌게 되어 자유로운 운동에 필요한 속도를 얻게 된다. 그러므로 자유로운 운동을 하기에 충분한 도약력을 얻은 이후에, 더 먼 거리에서는 공중에 떠다니게 될 테고, 요소들로 가득 찬 공간을 뚫고 태양 가까이까지 다가가지 못하며, 이 운동도 이들 요소의 저항에 따라 약해지는 일도 없고, 중심점 가까이에서 공전하기 위해 필요한 정도의 높은 속력을 얻을 수도 없을 것이다."
68) 원문은 'hängen'이지만 겐지헨의 발췌본에는 'schweben'으로 되어 있다.
69) "몇몇 혜성과 같은 천체만 형성되었을 뿐이다"가 겐지헨 발췌본에는 "이러한 공간의 크기를 고려한다면"으로 되어 있다.
70) 칸트는 여기서 지름과 반지름을 착각했다. '8,000조 배'가 정확하다. 이하 수치도 여기에 맞추어 정정되어야 한다.
71) 정확하게는 '260.5'이다.
72) 칸트가 여기서 물에 대해 사용하는 값은 뉴턴이 『프린키피아』(*Principia: Philosophiae Naturalis Principia Mathematica. Editio ultimaauctior et emendatior*) 제3판에서 사용한 값과 다르다.
73) 겐지헨의 발췌본 초고에는 "물질이 행성 각각의 고유한 인력에 따라 배분되었다"라고 보완되었다. 굵은 글씨가 추가되었다.
74) 'Mattigkeit'.
75) 이것을 논한 칸트의 논문은 『지구 자전론』(*Untersuchung der Frage, ob die Erde in ihrer Umdrehung um die Achse, wodurch sie die Abwechselung des Tages und der Nacht hervorbringt, einige Veränderung*, 1754)이다.
76) 주야평분 권역(Äquinoctialzirkel). 춘분과 추분 때에 태양이 통과하는 길. 이 때 밤낮의 길이가 같다. 거의 황도대와 같다.
77) 'Schwung'.
78) 이 장은 겐지헨의 발췌본에서는 다음처럼 시작한다. "토성은 형성을 완료한 이후에도 자전을 계속하며, 그 표면의 매우 가벼운 소재가 열의 작용으로 토성 위로 상승했다고 가정하면, 토성을 도는 고리의 기원은 다른 많은 자연 현상보다도 더 명료하게 설명될 수 있다."

79) 'gemeinschaftlichen'.

80) 여기서 칸트는 호이겐스의 수치를 사용하여 계산하지만 칸트의 기술은 상당히 부정확하다. 칸트는 나중에 『신의 현존을 입증하기 위한 유일하게 가능한 증명 근거』(1763)에서 이 부분을 좀더 정확하게 다음처럼 썼다. "고리의 내부 테두리를 차지하는 입자들은 정확하게 토성의 적도 위 어떤 점이 가지고 있는 속도와 정확하게 동일한 속도를 가지고 있으며, 더 나아가 이 속도는 중력의 법칙에 따라서 원운동에 적합한 크기이므로, 고리 내부 테두리에 있는 입자들의 궤도 시간이 계산될 수 있다는 결론이 뒤따르기 때문이다. 이러한 사실에 더해, 이 계산은 한편으로는 토성의 하나의 위성과 토성 중심 간의 거리, 다른 한편으로 고리의 내부 테두리와 토성 중심 간의 거리 간의 관계를 사용함으로써 수행될 수 있겠다. 또 위성의 회전에 소요되는 시간을 사용하여 이런 계산을 할 수 있다. 고리의 내부 테두리에 있는 입자들의 궤도 시간과 고리의 가장 짧은 지름과 토성 자체의 지름의 관계를 사용함으로써 토성의 자전 시간을 계산할 수 있다. 계산 결과 토성의 자전 시간은 약 5시간 40분이라는 것을 알 수 있다."(『신현존 증명』 3 Ⅱ 150; 『칸트전집』 2 378)

81) 아마 칸트가 말하고자 한 것은 극(極)의 지름과 적도의 지름 차이일 것이다.

82) 'die den Mittelpunkt fliehende Kraft des Äquators'.

83) "즉, 지구의 지름과 지구 축의 비는 289 대 288.5 또는 578 대 577이다" (*Discours sur la cause de la pesanteur*, 1690, 156쪽).

84) 뉴턴의 가설은 『프린키피아』 제3권, 명제 19, 문제 3에 진술되어 있다.

85) 'Zusammensatz'.

86) 여기서 가장 직접적으로 연관된 뉴턴의 정리는 『프린키피아』 제3권, 명제 19, 문제 3에 나온다.

87) 카시니(Giovannni Domenico Cassini, 1625~1712). 이탈리아에서 태어나 볼로냐대학의 천문학 교수를 지냈고, 프랑스에 초빙되어 파리 천문대 초대 회장이 되었다. 다수의 천체를 관측하고 발견했으며, 토성 고리에 있는 공극(空隙)을 발견했다. 이 공극은 그의 이름을 따라 '카시니의 공극'이라고 한다.

88) 파운드(James Pound, 1669~1724). 영국의 천문학자이자 영국 학술원 회원.

89) 케플러의 제3법칙.

90) 슈타인베르(Wolf Balthasar Adolph von Steinwehr, 1704~71). 독일의 과학 저술가, 고전 수집가, 신학자, 철학자로서 파리 왕립 과학 아카데미의 비망록을 독일어로 번역하여 출판했다.

91) 'Zodiakallicht'. 일몰 후 서쪽 하늘에 해가 나오기 전 동쪽 하늘에 태양이 출몰하는 주위를 중심으로 보이는 삼각 형상의 빛줄기를 말한다. 관측에 최적인 시기는 춘분 즈음의 석양, 추분 즈음의 일출이다. 현재로서는 행성궤도면에 분포되어 있는 행성 사이의 먼지가 태양광을 산란하게 하는 현상으로

본다.

92) 메랑(Jean-Jacques D'Ortous De Mairan, 1678~1771), 프랑스의 수학자, 물리학자, 천문학자. 파리 왕립 과학 아카데미에 다양한 자격으로 봉사했으며, 유명한 과학 정기 간행물인 『스캐반 저널』(*Journal des sçavans*)의 편집자가 되었다. 그의 가장 잘 알려진 저작 『북극광의 물리적·역사적 조약』(*Traite physique et historique de l'Aurore Boreale*)이 1733년 파리에서 출간되었으며, 1754년 『스캐반 저널』에 다시 게재되었다.

93) 'Weltgebäude'.

94) 'Weltbaues'.

95) 바이텐캄프(Johann Friedrich Weitenkampf, 1726~58). 칸트의 쾨니히스베르크대학 동료 학생이었다. 그는 라이프치히와 할레에서 더 공부한 후 브라운쉬바이크에서 목사가 되었다. 여기서 문제가 되는 책은 다음과 같다. 『이성과 종교의 중요한 진리에 대한 사유』(*Gedanken über wichtige Wahrheiten aus der Vernunft und Religion*, Braunschweig/Hildesheim: Schröder, 1753~55)와 『세계의 종말에 관한 교설』(*Das Lehrgebäude vom Untergange der Erde*, Braunschweig/Hildesheim: Schröder, 1754).

96) 'Ausbildung'.

97) 'Auftritte'.

98) 할러(Albrecht von Haller, 1708~77). 스위스의 의사, 생리학자, 식물학자이자 인기 있는 시인이었다. 칸트는 "영원성에 관한 미완의 송시(頌詩)"(Unvollkommene Ode über die Ewigkeit)를 인용했다. 이 시는 『스위스 시론』(*Versuch schweizerischer Gedichte*) 제3판에 수록되어 있다(Danzig, 1744).

99) 'Zeug'.

100) 포프의 『인간론』 서간 I을 브로케스가 독일어로 번역한 것이다. 포프의 영어 원문은 다음과 같다. 'Who sees with equal eye, as God of all/A hero perish or a sparrow fall/Atoms or systems into ruin hurl'd/And now a bubble burst, and now a world'. 브로케스의 번역문은 다음과 같다. 'Der stets mit einem gleichen Auge, weil er der Schöpfer/Sieht eine Wasserblase springen und eine ganze Welt vergehn'.

101) 'Zeugungen'.

102) 다시 칸트는 할러의 "영원성에 관한 미완의 송시(頌詩)"를 인용했다.

103) 애디슨(Joseph Addison, 1672~1719)은 영국의 시인, 극작가, 정치가. 스틸(Richard Steele)과 함께 잡지 『스펙테이터』(*The Spectator*)를 창간했다. 이 시는 원래 『스펙테이터』 453(1712. 8)에 실렸다. 고트셰트(Johann Christoph Gottsched, 1700~66)는 독일 계몽주의 시대의 대표적 문학자다. 고트셰트의 번역은 『관객』(*Der Zuschauer*), 9권(Leipzig: Breitkopf, 1749~51)에 수록되어 있다. 애디슨의 시 영어 원문은 다음과 같다. 'When Nature fails, and

day and night/Divide Thy works no more,/My ever grateful heart, O Lord,/ Thy mercy shall adore./Through all Eternity to Thee/A joyful song I'll raise;/ For, Oh! Eternity's too short/To utter all Thy praise'. 고트셰트의 독일어 번역문은 다음과 같다. 'Wenn dereinst der Bau der Welt in sein Nichts zurück geeilet/Und sich deiner Hände Werk nicht durch Tag und Nacht mehr theile/Dann soll mein gerührt Gemüthe sich, durch dich gestärkt, bemühn,/ In Verehrung deiner Allmacht stets vor deinen Thron zu ziehn;/Mein von Dank erfüllter Mund soll durch alle Ewigkeiten/Dir und deiner Majestät ein unendlich Lob bereiten;/Ist dabei gleich kein vollkommnes: denn o Herr! so groß bist du,/Dich nach Würdigkeit zu loben, reicht die Ewigkeit nicht zu'.

104) 'Weltbau'.

105) 헤일(Stephen Hales, 1677~61)은 영국의 화학자, 생리학자, 발명가다. 그는 식물과 동물의 삶에서 공기와 물의 역할을 연구했다. 칸트가 언급한 실험은 헤일의 『식물 정역학』(*Vegetable Staticks*, 1727)에 보고되어 있다. 칸트는 1735년 출간된 뷔퐁의 프랑스어 번역으로 그 내용을 잘 알고 있었다.

106) 'Universi'.

107) 실제로 허셜(Frederick William Herschel, 1738~1822)이 1781년 발견한 천왕성과 토성의 거리는 토성과 목성 거리의 거의 2배다. 허셜은 독일에서 태어난 천문학자, 전문적인 기술자, 작곡가다. 19세에 영국으로 이민 갔다.

108) 포프의 『인간론』 서간 I의 인용이다. 포프의 영어 원문은 다음과 같다. 'He, who through vast immensity can pierce,/See worlds on worlds compose one universe,/Observe how system into system runs,/What other planets circle other suns,/What varied Being peoples every star,/May tell why Heaven has made us as we are'. 브로케스의 독일어 번역문은 다음과 같다. 'Wer das Verhältniß aller Welten von einem Theil zum andern weiß,/Wer aller Sonnen Menge kennet und jeglichen Planetenkreis,/Wer die verschiedenen Bewohner von einem jeden Stern erkennet,/Dem ist allein, warum die Dinge so sind, als wie sie sind, vergönnet,/Zu fassen und uns zu erklären'.

109) 퐁트넬(Bernard de Bovier de Fontenelle, 1657~1757)은 프랑스의 철학자이며, 신구논쟁에서는 근대파에 서서 활약했다. 근대과학을 찬미하고 과학 계몽서를 다수 집필했다. 칸트가 여기에서 언급한 그의 저서는 『우주의 다양성에 관한 대화』(*Entretiens sur la pluralité des mondes*, 1686)다.

110) 마케도니아의 알렉산드로스 대왕을 말한다.

111) 칸트가 인용한 것은 포프의 『인간론』 서간 II에 나오는 것을 브로케스가 독일어로 번역한 것이다. 포프의 영어 원문은 다음과 같다. 'Superior beings, when of late they saw/A mortal man unfold all Nature's law,/Admired such wisdom in an earthly shape,/And show'd a NEWTON as we show an ape'.

브로케스의 독일어 번역문은 다음과 같다. 'Da jüngst die obern Wesen sahn,/Was unlängst recht verwunderlich/Ein Sterblicher bei uns gethan,/Und wie er der Natur Gesetz entfaltet: wunderten sie sich,/Daß durch ein irdisches Geschöpf dergleichen möglich zu geschehn,/Und sahen unsern Newton an, so wie wir einen Affen sehn'.

112) 인용은 포프의 『인간론』 서간 I에서 온 것이다. 포프의 영어 원문은 다음과 같다. 'Vast chain of being! which from God began;/Natures ethereal, human, angel, man,/Beast, bird, fish, insect, who no eye can see,/No glass can reach; from infinite to thee;/From thee to nothing'. 브로케스의 독일어 번역은 다음과 같다. 'Welch eine Kette, die von Gott den Anfang nimmt, was für Naturen/Von himmlischen und irdischen, von Engeln, Menschen bis zum Vieh, /Vom Seraphim bis zum Gewürm! O Weite, die das Auge nie/Erreichen und betrachten kann, /Von dem Unendlichen zu dir, von dir zum Nichts!'

113) 이것은 할러의 『악의 기원에 관하여』(*Über den Ursprung des Übels*, 1734)의 제3권에서 인용한 것이다.

찾아보기

『살아 있는 힘의 참된 측정에 관한 사상과 라이프니츠와 다른 역학자들이 이 논쟁에 사용한 증명에 관한 평가, 그리고 물체의 힘 일반에 관한 몇몇 선행하는 고찰』

ㄱ

거리의 제곱에 (반)비례 46

관성력 50, 84, 97, 98, 110, 160

그라브산드 34, 249

ㄴ

내재력 202-204, 208-210, 218, 226, 230, 233, 246

내적 상태 38, 42

ㄷ

다수의 세계 47

다차원 공간 44

단순 속도 53, 59, 65, 66, 69, 80, 86, 114-116, 123, 127, 205, 206, 210, 213, 219, 228, 229, 232, 233, 237, 245

데카르트 (학파) 33, 34, 57, 59, 63, 67-71, 73, 83, 95, 100, 101, 117, 118, 122, 126-128, 132-134, 138, 149, 153, 156, 157, 163, 171, 173, 175, 199-201, 211, 212, 219, 229, 239, 240, 243, 248

등가속 운동 248

ㄹ

라이프니츠 (학파) 23, 28, 32-34, 36, 37, 45, 51, 57-59, 62, 63, 67-70, 73, 74, 76, 79, 90, 91, 93, 96-98, 100, 103, 113, 117, 126, 128, 129, 132-134, 138, 147, 150, 155, 157-159, 162, 163, 171, 176, 177, 179, 185, 187, 198, 211, 212, 216, 217, 230, 238-240, 242, 243, 246, 248, 255

리히터 180-182, 238

리히트샤이트 74-76

ㅁ

무센브뢱 34, 171, 174, 242-249

무한소 133, 173

물리적 영향[론] 40, 41

ㅂ

베르누이 23, 33, 88-90, 109, 134, 150, 185, 192-194, 198, 214, 216

부명제 128, 129, 133

비탄성체 85, 87-89, 103-113, 115

ㅅ

3차원 45-47

살아 있는 힘 26, 28, 32-34, 36, 53, 54, 56, 59-68, 70, 73, 76, 78-80, 82, 84, 86, 88, 90, 91, 93, 96, 97, 103-106, 112-115, 117, 118, 128, 131, 134, 135, 138, 142, 144, 147, 149, 157, 159, 163, 170, 187, 205-209, 211-217, 219, 222, 224-238, 240, 241, 243, 249, 250, 253

상호작용 41, 42, 43, 46, 117

생기화 209, 210, 218, 220, 223

샤틀레 73, 86-88, 102, 103, 136, 179, 186, 188, 191

속도의 제곱에 비례 59, 132, 147, 205, 229, 236-238, 249, 250

수학적 물체 200

실체 38, 39, 41-46, 48-50, 53, 54, 214, 215

ㅇ

엔텔레키 36, 107

연속성의 법칙 62, 184, 207, 208, 221, 236, 255

영속적 운동 149, 151, 154, 157, 204

영혼 40-42, 46

운동력 37, 38, 40, 41

원인과 결과의 동등성(법칙) 80, 84, 115

유린 87, 177-180, 182, 188, 201, 224, 237, 238

ㅈ

자연적 물체 199, 201

자유운동 52, 54, 65, 128, 131, 210-212, 216, 217, 220, 223, 224, 238, 239

작용력 37, 38, 41

죽은 압력 32, 51-53, 58, 95, 143, 145, 146, 219

죽은 힘 51, 60-62, 64, 65, 67, 69, 139, 145, 205-207, 214, 215, 245

ㅊ

침투력 233, 234, 237, 243

ㅋ

카발리에리 173

ㅌ

탄성체 78-81, 84, 86, 87, 91, 96-102,

106, 109, 115, 138, 161, 182, 194, 240, 241

ㅍ

파핀 157-159, 160, 162, 165
편견 25, 31, 34, 35, 54, 171, 175, 179, 217
포물선 운동 187
폴레니 34, 249
표상 40-42, 45, 46, 60, 144, 167, 180, 183, 191

ㅎ

함베르거 48, 94, 95
합성 운동 117, 118, 134
헤르만 23, 33, 70-73, 77, 81-86, 136, 150, 198, 217
현실적 운동 32, 58-60, 66, 93-95, 115, 118, 143, 146, 183
활력화 209, 210, 217-222, 224
힘의 척도 56-58, 60, 114, 116, 129, 139, 175, 180, 192, 240, 243

『일반 자연사와 천체이론 또는 뉴턴의 원칙에 따라 다룬 우주 전체의 구조와 기계적 기원에 관한 시론』

ㄱ

가설 279, 280, 284, 297, 309, 321, 325, 327, 340, 343, 345, 347, 353, 354, 367, 368
거주자 405-409, 412, 414, 416, 417, 421, 422
금성의 ~ 412
지구 ~ 413, 416
여러 행성의 ~ 326, 398, 413
계시 303, 354, 360, 369, 374, 375, 393
고트셰트 375
공통 평면 275, 285, 291, 296, 300, 305, 307, 321, 332, 355, 358, 359, 389, 391
공허 372
관계평면 275, 295, 297, 298, 314, 316, 329, 336, 337, 352, 382
구심력 288, 330, 367, 389, 395, 402
근원적 존재자 269, 424
근일점 305, 331, 340
금성 288, 304, 320, 323, 331, 338, 339, 399, 400, 412-414
기계적 264, 267, 285, 325, 342, 370, 389, 393, 394, 396, 411, 418, 419
~ 결과 314, 341, 389
~ 근거 274
~ 기원 270, 282, 285, 389, 393
~ 방식 343
~ 법칙 343, 363, 373

~ 생성 388, 401
~ 설명 방식 393
~ 원인 274, 307
~ 이론 285
~ 학설 285, 323, 418
~ 형성 325
기원 263, 268, 270, 271, 273, 274, 282-285, 307, 309, 310, 311, 315, 323, 332, 336, 341, 355-357, 369, 386, 388-390, 393, 394, 396, 419
기적 362, 387, 423
기하학 280, 288, 289, 339, 390, 392

ㄴ

낙하력 288, 289, 305, 312, 389, 392
내세 423
노아의 홍수 284
뉴턴 270, 275, 279, 283, 285, 296, 308, 318-321, 324, 345, 347, 350, 369, 393, 394, 396, 398, 413, 414
~식 망원경 350
~ 철학 273

ㄷ

달 288, 289, 319, 320, 336, 338, 339, 343, 399
데모크리토스 270
데카르트 272
도덕적 성질 409
도약력 273, 290, 291, 304, 305, 312, 313, 338, 348, 349, 352, 355, 359, 390, 391, 393-395, 402

ㄹ

라이트 275, 277, 285, 294, 383
레우키포스 269, 270

ㅁ

망원경 300, 338, 339, 344, 345, 347, 350, 416
메커니즘 341, 349, 359, 394, 398
모페르튀이 301, 302
목성 288, 304, 320, 322, 323, 328, 330, 333-336, 339, 346, 347, 352, 358, 396, 398-400, 402, 406-408, 413, 414, 416, 417, 423
무신론자 269
무한성 284, 293, 303, 365, 366, 367, 370, 373, 385, 408
물질계 415, 419, 420
밀도 283, 285, 310, 311, 317-320, 322-325, 330, 331, 339, 345-347, 363, 376, 377, 396, 397, 400

ㅂ

반성(伴星) 352, 384, 411
법칙 265, 267, 268, 271, 272, 275-277, 279, 282, 283, 289, 293, 296, 299, 304, 313, 318-323, 336, 343, 355, 364, 368, 370, 371, 380, 385, 386, 388, 389, 393, 408, 415, 416, 420

구심운동의 ~ 313
기계적 ~ 263, 343, 363, 373
운동의 ~ 273, 323, 329, 351
인력의 ~ 268, 342, 346, 355
일반적 ~ 265, 386, 388, 397, 402, 403
자연~ 267, 354, 387, 389, 392, 395, 401, 407
작용 ~ 265
정역학의 ~ 318, 319
형성 ~ 352, 359
북극광 283
뷔퐁 283, 325, 400
브래들리 299, 350
브로케스 371
비중 310, 311, 317, 318, 337, 339, 341

ㅅ
사고하는 존재자 286, 405, 406
성운 278, 280, 301-304
수대 358
수성 288, 304, 319, 320, 323, 328, 390, 400, 415
수학적 275, 280, 309, 344
시리우스 299, 382
신 264, 265, 270-272, 285, 286, 308, 310, 318, 343, 354, 357, 360-362, 364-367, 369, 370, 372, 375, 383, 385-388, 390-393, 396, 397, 401, 402, 406, 415, 418-420
신체 286, 409-413

ㅇ
액체 337, 345, 412
양극 331, 338
에피쿠로스 264, 269, 270
~ 학도 387
요소 270, 282, 283, 309-317, 320, 324, 327, 329, 330, 332, 333, 337, 357, 363, 365, 368, 372-374, 376, 377, 379, 381, 395, 411, 413, 417
요철(울퉁불퉁) 338, 339
우연 268, 270, 271, 294, 316, 325, 333, 385, 388, 400, 401
우주생성론 283, 376
원물질 361
원심력 296, 297, 312, 335, 339, 344-347, 349, 351, 352, 356, 362, 389
원자 270, 317, 388, 408
위성 284, 288, 289, 293, 297, 300, 307, 320, 324, 332-334, 336, 337, 344, 352, 358, 389, 397, 402, 416, 417, 418, 423
유성 275
유추 278, 280, 283, 285, 289, 297, 299, 300, 302, 323, 325, 354, 357, 363, 367, 384, 389, 390, 391, 393, 394, 400, 412, 415
유비 302, 395, 404
은하 275, 282, 294, 295, 297-300, 302, 303, 358-360, 370

이성적 409
~ 존재자 383, 384, 406, 409, 418
~ 피조물 343, 375, 385, 401, 402, 413, 414
이심률 274, 280, 282, 283, 304, 305, 316, 326-329, 331, 340
인력 268, 270, 273, 274, 279, 282, 283, 289, 290, 296, 307, 309-314, 317, 320, 322, 323, 328, 329, 332-335, 342, 346, 348, 350, 354-360, 362, 363, 365, 367, 373, 376, 383, 389, 391, 394-398, 406, 420
입자 270, 283, 284, 311-318, 320-328, 330-337, 341-344, 348-350, 354-356, 364, 368, 376-379, 398

ㅈ

자연력 389
자연학(자) 279, 309, 344, 347, 415, 417, 421
자유사상가 267
적도 연장 면 307
접착력 350
종교 263-265, 267, 272, 285, 354, 387
주요 평면 294, 299
중력 283, 288-290, 335, 339, 344-346, 347, 351, 352, 355
중심력 291, 316, 321, 327, 341, 349, 355
중심 물체 282-285, 290, 291, 312, 313, 320, 321, 332, 335, 363, 376, 377, 382, 398, 400
지구의 고리 352
직진력 288, 400
질량 280, 283, 285, 304, 312, 320-324, 327, 330, 331, 334, 335, 358, 359, 373, 382, 396-400

ㅊ

창조(자) 263, 264, 284, 293, 296, 300, 302-304, 306, 309, 353, 360-371, 373, 374, 383, 384, 392, 406-410, 423
척력 269, 270, 279, 283, 311, 312, 357, 373, 383
천문학(자) 294, 299, 301, 329, 343, 347, 406
체계적 구조 282, 287, 291, 292, 298, 300, 358, 359, 364, 365, 367, 370
최고 존재자 263, 383, 387, 393, 424
측면 운동 291, 312, 395

ㅋ

카시니 347
카오스 264, 268, 271, 272, 279, 280, 284, 310, 311, 343, 359, 364-368, 372, 373, 381, 384
케플러 289

ㅌ

태양 266, 267, 275, 283, 285, 286,

288-291, 293, 296-300, 302, 304, 307, 311-315, 317-336, 339, 340, 343, 349, 355-358, 366, 370, 372, 373, 376-382, 390, 392, 394, 396, 398-400, 402, 404, 405, 409, 411-415, 417, 418
~계 276, 288, 289, 293, 296, 297, 302, 304, 307-309, 329, 332, 356-359, 363, 373, 392, 400
~의 작용 331, 349, 355, 418
텅 빈 공간 324, 397
토성 282, 284, 288, 296, 304, 305, 320-324, 326, 330, 334, 337, 339-353, 355, 356, 358, 398-400, 402, 414-417
~의 위성 344, 346
~의 자전 284, 341, 343, 344, 416
~의 고리 280, 284, 337, 343, 348, 350, 355, 356
티코 276

ㅍ

파운드 347
편평률 345, 347
포프 287, 306, 371, 404, 415, 421
퐁트넬 407
플램스티드 276
필리포스의 아들(알렉산드로스 대왕) 409

ㅎ

항성계 280, 284, 287, 295-297, 300, 301, 359, 360, 382
행성 275, 280, 282-284, 286, 288-291, 293, 297, 300, 304-309, 314-337, 339-342, 344-349, 351-353, 357, 358, 372, 373, 376, 377, 389, 390, 391, 393-404, 406-409, 412, 413, 415-418, 420, 421, 424
~의 궤도 284, 305, 315, 329, 334, 336, 391
~의 질량 283, 397
~의 자전 284, 335, 337, 351
~의 거주자 404
~의 적도 336, 351
~의 밀도 318, 377
혜성 280, 283, 284, 288-291, 293, 296-298, 304, 305, 309, 319, 321, 324-326, 328-332, 340-343, 354, 372, 376, 390, 392, 394, 395, 403, 408
호이겐스 293, 298, 299, 345, 346
화성 288, 304, 323, 327, 328, 334, 335, 337, 398, 400, 402, 408, 414, 421, 422
황도 283, 336, 337, 358
~대 297, 300, 329
~광 284, 356, 380
회전 타원체(형) 345, 347

지은이

임마누엘 칸트

1724년 4월 22일 프로이센(Preußen) 쾨니히스베르크(Königsberg)에서 수공업자의 아들로 태어났다. 1730~32년까지 병원 부설 학교를, 1732~40년까지 오늘날 김나지움(Gymnasium)에 해당하는 콜레기움 프리데리키아눔(Collegium Fridericianum)을 다녔다. 1740년에 쾨니히스베르크대학교에 입학해 주로 철학, 수학, 자연과학을 공부했다. 1746년 대학 수업을 마친 후 10년 가까이 가정교사 생활을 했다.

1749년에 첫 저서 『살아 있는 힘의 참된 측정에 관한 사상』을 출판했다. 1755/56년도 겨울학기부터 사강사(Privatdozent)로 쾨니히스베르크대학교에서 강의를 시작했다. 『자연신학 원칙과 도덕 원칙의 명확성에 관한 연구』(1764)가 1763년 베를린 학술원 현상 공모에서 2등상을 받았다. 1766년 쾨니히스베르크 왕립 도서관의 부사서로 일하게 됨으로써 처음으로 고정 급여를 받는 직책을 얻었다. 1770년 쾨니히스베르크대학교의 논리학과 형이상학을 담당하는 정교수가 되었고, 교수취임 논문으로 『감성계와 지성계의 형식과 원리』를 발표했다.

그 뒤 『순수이성비판』(1781), 『도덕형이상학 정초』(1785), 『실천이성비판』(1788), 『판단력비판』(1790), 『도덕형이상학』(1797) 등을 출판했다.

1786년 여름학기와 1788년 여름학기에 대학 총장직을 맡았고, 1796년 여름학기까지 강의했다. 1804년 2월 12일 쾨니히스베르크에서 사망했고 2월 28일 대학 교회의 교수 묘지에 안장되었다.

칸트의 생애는 지극히 평범했다. 그의 생애에서 우리 관심을 끌 만한 사건을 굳이 들자면 『이성의 오롯한 한계 안의 종교』(1793) 때문에 검열 당국과 빚은 마찰을 언급할 수 있겠다. 더욱이 중년 이후 칸트는 일과표를 정확히 지키는 지극히 규칙적인 삶을 영위한다. 하지만 단조롭게 보이는 그의 삶은 의도적으로 노력한 결과였다. 그는 자기 삶에 방해가 되는 세인의 주목을 원하지 않았다. 세속적인 명예나 찬사는 그가 바라는 바가 아니었다.

옮긴이

김상현

서울대학교 철학과에서 「칸트의 미감적 합리성에 대한 연구」로 철학 박사학위를 받았으며, 서울대학교 강의교수를 거쳐 현재 성균관대학교 학부대학 전임대우교수로 있다. 저서로는 『미술은 철학의 눈이다: 하이데거에서 랑시에르까지, 현대철학자들의 미술론』(공저), 『이성의 운명에 대한 고백: 순수 이성 비판』 등이 있고 옮긴 책으로는 『임마누엘 칸트: 판단력 비판』이 있다.

이남원

경북대학교에서 1988년 『칸트의 선험적 논증』으로 박사학위를 받았다. 현재 부산대학교 사범대학 윤리교육과 명예교수이다. 칸트의 『실용적 관점에서 본 인간학』, 『칸트의 형이상학 강의』와 찰리 브로드가 쓴 『칸트철학의 분석적 이해』를 옮겼다.

Immanuel Kant
Vorkritische Schriften I (1749~1755)
Translated by Kim Sanghyun, Lee NamWon
Published by Hangilsa Publishing Co., Ltd., Korea, 2021

칸트전집 1
비판기 이전 저작 I (1749~1755)

지은이 임마누엘 칸트
옮긴이 김상현 이남원
펴낸이 김언호

펴낸곳 (주)도서출판 한길사
등록 1976년 12월 24일 제74호
주소 10881 경기도 파주시 광인사길 37
홈페이지 www.hangilsa.co.kr
전자우편 hangilsa@hangilsa.co.kr
전화 031-955-2000~3 **팩스** 031-955-2005

부사장 박관순 **총괄이사** 김서영 **관리이사** 곽명호
영업이사 이경호 **경영이사** 김관영
편집 백은숙 노유연 김지연 김대일 김지수 김영길
관리 이주환 문주상 이희문 원선아 이진아 **마케팅** 서승아
디자인 창포 031-955-2097
CTP 출력 · 인쇄 예림 **제본** 영림

제1판 제1쇄 2021년 2월 25일

값 35,000원
ISBN 978-89-356-6788-8 94160
ISBN 978-89-356-6781-9 (세트)

• 잘못 만들어진 책은 구입하신 서점에서 바꿔드립니다.

• 이 도서의 국립중앙도서관 출판예정도서목록(CIP)은
서지정보유통지원시스템 홈페이지(http://seoji.nl.go.kr)와
국가자료공동목록시스템(http://www.nl.go.kr/kolisnet)에서 이용하실 수 있습니다.
(CIP제어번호: CIP2020054460)

• 이 『칸트전집』 번역사업은 2013년부터 2016년까지 정부(교육부)의 재원으로
한국연구재단의 지원을 받아 수행된 연구임.
(NRF-2013S1A5B4A01044377)